하늘에다 베틀놓고 별을잡아 무늬놓고

한국민속문화 깊이읽기 2

한민족의 생활

하늘에다 베틀놓고 별을잡아 무늬놓고

이 화 형

도서출판 월인

생명을 중시한 한국인의 생활

외국인들은 '한국' 하면 맨 먼저 '문화'라는 이미지를 떠올린다는 조사결과가 최근에 언론에 보도된 바 있다. 우리가 문화국가라는 말이니 듣기는 좋지만 우리 문화의 특성이 과연 무엇인가 하고 생각해보면 쉽게 대답을 하기는 어렵다.

몇 년 전 우리 문화를 체계적으로 이해해 보고 싶은 의도 아래 먼저 지배계층의 문화를 대상으로 하여 『한국문화의 힘, 휴머니즘』이라는 책을 세상에 내놓은 바 있다. 그 이후 서민층의 문화에 관한 연구를 계속하여 이 책을 쓰게 되었고 그 결과 이 책은 민중들의 삶과 정신이 무르녹은 민속문화서의 성격을 띠고 있다. 무엇이 완벽하게 되어서 내놓는다기보다는 오히려 새롭게 시작하기 위해 책을 내게 된다.

그런데 문화 공부를 하면 할수록 새로운 것을 깨닫기보다는 놀랍게도 늘 나를 사로잡는 게 있음을 확인하게 되었다. 다름 아닌 '생명존중', '인간생명', '인본주의', '휴머니즘'과 같은 개념어들이다. 결국 앞으로도 한참동안 '생명' 혹은 '인간'이 우리 문화를 보는 나의 핵심적 시각이 될 것이다.

개인적인 삶을 보면, 우리는 사소한 옷가지 하나를 가지고도 부자나 모녀간에 또는 이웃이나 친척이 같이 입을 수 있었다. 음식도 이웃과 서로 나누어 먹으며 맛을 공유했다. 높은 담도 없이 집을 지어 살았고 자기만의 공간에 갇히는 경우가 드물었다. 이렇듯 우리의 의식주만 보더라도 사람과 사람을 소통시켜주는 한국문화의 특징이 잘 드러난다. 일생의례와 관련하여 '초상집 또는 잔칫집에 손님이 없으면 집안이 망한다'고 하는 것도 공동체의식의 발로다.

다음으로 사회적 활동의 경우를 보더라도 우리 민족 특유의 집단적 인본주의 정신이 잘 드러난다. 먼저 생업과 관련해 보면, 게을러 농사를 망치는 자가 있으면 마을에서 벌을 주기까지 했다. 근면하며 정직하게 사는 것이 인간 본연의 삶임을 절실히 인식하고 있었던 우리 민족의 미덕의 일단이다. 우리의 세시풍속은 민족사의 역경과 고난 속에서 피어난 민족적 슬기요 축제문화의 정수라 할 수 있다.

우리가 태어나면서 한 살을 먹고, 백일을 크게 축하하는 것은 태아마저 온전한 생명으로 여기는 우리 민족의 전통적 발상이다. 모태 1년을 동일한 인간으로 인식하고 태교를 강조하는 우리 문화야말로 과학을 중시하는 서구적 사고가 넘기 힘든 속 깊은 정신문화이다. 부모님이 운명하시면 재생을 바라는 마음으로 소복을 입으며 집 가까이 무덤을 쓰고 집안에 신주를 모시고 함께 사는 등 부모에 대한 도리를 다하려는 인간적 정리와 더불어 생명존중의식 때문에 사람이 죽어도 일정한 기간이 지난 다음에 입관하는 등 시신을 처리하기까지는 여러 단계를 거쳐 확인하였다.

우리는 가축이나 짐승도 함부로 다루지 않았다. 한 집안에서 밥을 먹고 사는 식구처럼 소를 생구(生口)라는 이름으로 불렀다. 우리 민족에게는 불교의 살생 금지나 유교의 인(仁) 등 외래사상이 들어오기 전에 이미 가축을 그 이용가치 이상으로 사랑하는 정신이 있었던 것이다. "소더러 한 말은 안 나도 처더러 한 말은 난다"는 속담에서도 소를 얼마나 믿음직스러워했는지 알 수 있다. 황희 정승이 "비록 미물일지라도 그 마음은 사람과 다를 것이 없다"고 했던 이야기는 유명하다. 꿩사냥을 다한 늙은 매를 산으로 돌려보내는 인정이 우리에게는 소중한 것이었다.

우리는 첫서리가 내리고 감을 딸 때도 모조리 다 따버리지 않고 까치밥이라 해서 겨우내 먹을 것이 별로 없는 새들을 위해 몇 개를 남겨 두었다. 예로부터 사찰에서는 불교도들이 해마다 방생을 실천했다. 보통 3월 3일이나 8월 15일에 많이 행했는데 물고기나 짐승을 놓아주는 이 방생은 중생들에게 뭇 생명의 존엄성을 깨우쳐 주기 위한 가르침이었다. 심지어 한국의 어머니들은 설거지물을 버릴 때에도 뜨거운 물을 버리면 도랑 속에 사는 작은 벌레들이 놀라고 죽을까 물속에 손을 넣어보고 식은 후에야 물을 버렸다. 생명을 존중하는 우리네의 정신은 본능에 가까울 정도였다. 우리 민족 고유의 자연숭배사상에서 보듯 우리는 자연을 신처럼 모셨다. 그리고 그 속에 사는 모든 인간에 대해 덕을 베풀고자 하는 마음을 지녔다. 경전에 나오는 것처럼 남들에게 관대하고 자신에 대해서는 엄격하고자 노력했던 것이다. 미국의 노벨상 수상 작가 펄 S. 벅 여사는 한국을 "고상한 사람들이 사는 보석 같은 나라"라고 했다.

21세기는 문화가 사회의 모든 분야를 이끌어가는 새로운 힘으로 등장했고 문화산업은 영상, 공연, 음반, 음식, 패션, 디자인, 건축 등 그 영역이 한없이 확대됨으로써 새로운 시장수요를 창출하고 있다. 이 시점에서 지금까지 우리의 문화적 가치가 정당한 평가를 받아왔는지 돌이켜봐야 한다. 동북아시아의 중국이나 일본 같은 국가들의 편향적 지배 논리에 의해 푸대접을 받은 면도 없지 않다. 편견 없는 시각과 공정성을 중시하는 인식에서 출발하여 한국문화의 정체성을 확보해야 할 시점이다. 이제 동북아시아의 문화적 가치를 새롭게 자리매김하기 위해서도 우리의 문화 코드를 분명히 정할 필요가 있다. 더구나 최근에 불어 닥친 한류라는 대중문화의 힘이 헛되지 않도록 한국의 문화적 전통을 확고하게 재창조해야 한다.

이 저서를 내는 데 흔쾌히 도움을 주신 도서출판 월인의 박성복 사장님을 비롯하여 직원 모두에게 감사드린다.

2007. 2. 1.

이 화 형

차 례

사회적 활동

I. 무슨 일을 하면서 살았는가

II. 철에 따른 풍속은 무엇이었는가

개인적인 삶

Ⅰ. 어떤 옷을 입고 무얼 먹으며 어디서 살았는가

Ⅱ. 일생동안 겪는 주요 의례는 어떤 것인가

I. 어떤 옷을 입고 무얼 먹으며 어디서 살았는가

얼마 전 미국의 유력 일간지에서 한국인들은 구찌 핸드백을 들고 스타벅스 커피를 마시면서 반미(反美)를 한다며 야유하는 글을 본 적이 있다. 세계적 문명 속에서 우리를 내세우는 성숙한 민족의식이 필요하며, 이를 위해서는 자신부터 제대로 아는 것이 급선무이다.

우리 조상들이 현실 속에서 실제로 어떤 생활을 했는지 궁금하지 않을 수 없다. 어떤 옷차림을 하고 무엇을 먹으며 어떻게 집을 짓고 생활을 했는지 자세히 알아볼 필요가 있다. 유교적 생활 속에서 의식주를 부덕시한 한계도 간과할 수는 없다. 그러나 본능적 욕구를 넘어서는 고상한 정신적 지향을 오히려 우리 의식주 문화의 특징이자 한국문화의 힘으로 해석할 수도 있을 것이다.

한국의 옷처럼 아름다운 옷은 없다. 우리의 우아하고 풍성한 복식은 민족의 유연하고 여유로운 정신의 소산이다. 아가씨가 입으면 그 화사함과 단아함에 뭇남정네가 설레게 되고 장정이 입으면 든든함과 사내다운 기상이 멋스럽게 배어난다. 이 의복에 있어서는 한국 복식의 기본형과 특징 등을 살펴보고자 한다.

우리의 음식은 종류가 다양하고 맛과 영양에서 뛰어난다. 그리고 무엇보다 우리 민족은 발효저장식품을 만드는 데 탁월했다. 따라서 발효식품과 관련하여, 김치를 비롯해서 거기에 들어가는 고추와 젓갈, 그리고 된장·고추장·간장 등의 장류를 다룬 다음 술과 떡과 차 등을 살펴보도록 한다. 다만 명절(세시) 음식은 세시풍속에서 다루기로 한다.

우리의 주택은 지붕이나 담장에서 알 수 있듯이 외형적으로 매우 아름다우며 권위적이거나 기교적이지 않은 소박한 구조다. 방안에 가득 차는 은은한 햇빛이나 널찍한 마당에서 느낄 수 있듯이 공간적 구성에서도 대단히 과학적이고 멋스럽다. 이 주택에 있어서는 공간적 측면과 구조적 측면으로 나누어 논의해 보고자 한다.

1. 복식(服飾)

한복이 요즈음 새삼스레 귀한 대우를 받고 있다는 느낌이 든다. 무엇보다 전통한복의 기능이 점점 명절복이나 의례복으로 특수화되는 경향을 보이고 있음에 주목하게 된다. 명절때 평소와 달리 한복을 곱게 갖춰 입는 사람들은 여유 있는 계층이라 할 수 있다. 여름에 양복이 아닌 모시나 삼베로 깔끔하게 차려입은 사람들은 아마도 경제적으로 힘들게 사는 계층이 아닐 것이다. 한편 생활한복이 과거 전통한복이 일상복이었던 것처럼 널리 보급 착용되고 있는 편이다. 이렇게 볼 때 현대에 맞게 변모되고 있는 생활한복이 앞으로 우리 민족의 새로운 전통한복으로 자리 잡아 갈 전망이다.

요사이 입는 생활한복은 전통한복과 다르다. 생활하기에 편리하고 안전한 쪽으로 옷이 변화된 것이다. 옷고름이 매듭형식의 단추로 바뀌고, 번번히 갈아 달던 종이로 된 동정도 천으로 고정되었다. 허리띠가 바지말기에 부착되었으며, 대님도 단추나 호크로 바뀌었다. 한복문화가 옷의 기능에 의해서 달라졌음을 말한다.

베짜는 기술이 뛰어나다

인간이 왜 옷을 입을까? 복식의 기원에 대해서는 몸을 보전하기 위한 보호설, 겉을 꾸미기 위한 장식설, 치부를 가리기 위한 정숙설, 눈을 끌기 위한 흡인설 등이 있다. 어쨌든 의복은 인간생활에 없어서는 안 되는 것이다. 우리 속담에 "입은 거지는 얻어먹어도 헐벗은 거지는 못 얻어먹는다"는 말도 있다. 특히 옷은 생활환경과 미의식을 반영하므로 시대에 따라 끊임없이 변천하여 왔으며, 옷은 사회성을 드러내는 수단이기 때문에 우리는 때와 장소를 가려서 옷을 입었다.

한편 우리는 기후의 변화에 따라 옷을 갈아입었다. 여름이면 왕골로 만든 등거리를 옷 속에 넣고, 겨울에는 토시를 끼고 천과 천 사이에 솜을 넣었다. 저고리만 하더라도 여름에는 홑저고리 즉 적삼, 봄과 가을에는 겹저고리, 겨울에는 솜저고리를 입었다. 옷감의 변화로써 각 계절의 변화를 나타내는 것은 서양복과 아주 다른 표현법이다. 또는 연령에 따라 여러 가지 종류의 의복을 착용하였으며, 인지의 발달에 따라 옷을 달리 입기도 했다.

한복의 종류는 매우 다양하며, 여러 기준으로 나눠볼 수 있다. 성별·계급별은 물론, 용도에 따라 예복·평상복·노동복 등으로 고찰해볼 수도 있다.[1] 노동복 같은 경우 팔이나 다리의 길이를 칠부 정도로 하여 일을 하는 데 옷이 방해가 되지 않도록 한다는 특징이 있다. 위에 입는 것

1 가령 상류계층의 복식으로서 관리들의 옷이 조회때 입는 조복(朝服), 제사때 입는 제복(祭服), 공적인 모임이 있을 때 입는 공복(公服), 평상시에 입는 상복(常服) 등 네 가지로 구분되고, 또 품계에 따라 옷색깔과 옷장식도 달랐다. 왕의 경우도 신하의 알현을 받을 때 입던 조복에는 원유관(遠遊冠)을 쓰고 강사포(絳紗袍)를 착용했다. 원유관은 제26대 고종이 대한제국 황제 위에 오르면서 통천관(通天冠)으로 바뀌었고, 강사포는 색이 붉고 장문(章紋)이 없는 것으로 달라졌다. 평소 집무 볼 때의 상복으로는 익선관(翼蟬冠; 왕의 청렴과 검소함을 상징)에 용포(龍袍)라고도 부르는 곤룡포(袞龍袍)를 입었다. 왕비의 경우에도 대례복으로는 적의(翟衣)를, 소례복으로는 원삼(圓衫)을, 평상예복으로는 당의(唐衣)를 착용했다. 조선시대 왕비의 예복 중 가장 으뜸되는 옷을 적의라 한다. 조선시대 궁중이나 상류층 여성들의 특별한 행사에 입던 당의가 요즈음 사극에서는 마치 궁중의 일상복인 것처럼 처리되어 안타깝다.

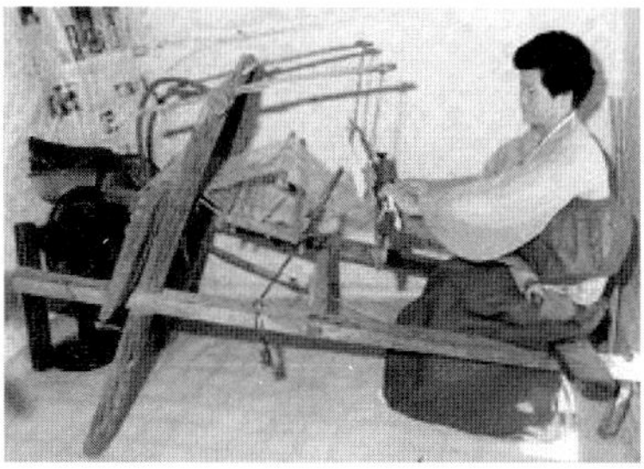
베짜기

은 등거리라고 하며 주머니가 달려 있고, 하의는 잠뱅이(가랑이가 무릎까지 오는 짧은 바지)라고 하는데 허리를 끈으로 묶을 수 있게 하였다. 노동복 중에는 제주도에서 농부들이 입었던 무명옷에 감물을 들인 '갈옷'이 유명하다.

무엇보다 삼국말기 당나라 복식을 모방하는 등 끊임없이 선진외래문화를 수용하면서도 우리 민족은 고유한 복식문화를 확립해갔다. 중국의 한족은 자신들이 유구한 역사를 가지고 있다고 자랑한다. 그러나 그들에게는 자신을 표현할 자기 민족의 옷이 없다. 우리가 알고 있는 중국옷은 청대의 것으로 만족(蠻族)의 옷이다. 우리 민족도 우리의 옷을 잃어가고 있지는 않은가 하는 우려 속에서 최근 나름대로 한복을 살려 입으려는 노력에 희망을 가져 본다.

우리는 신석기시대부터 식물에서 실을 뽑아 뼈바늘로 베를 짜서 옷을 지어 입고, 철기시대부터 누에를 쳐서 옷감을 만들어 입었다.[2] 그 후 의생활은 꾸준히 발달했다. 고구려 대안리 1호 무덤의 <베짜는여인> 그림 등은 당시의 발달된 직조기술의 일면을 잘 보여준다. 백제도 고이왕때 서소 같은 직공을 일본에 보내 길쌈기술을 가르칠 정도로 방직기술이 뛰어났으며, 신라에서는 한가위 행사로 '베짜기대회'를 열 만큼 양잠과 직조가 중시되었다.

삼베(마포)는 땀을 빨리 흡수하고 건조가 빠르며 통풍이 잘되고 질기며 물에 대한 강도가 커서 세탁할 때 손상이 적은 장점 때문에 우리나라에서는 일찍부터 의복의 소재로 널리 이용되었다. 최고의 옷감으로 손꼽히는 안동포는 올이 곱고 빛깔이 아름다워 조선시대에는 궁중에 진상되기도 했다. 한산세모시는 잠자리 날개처럼 가볍고 섬세하여 질 좋기로 전국

2 『삼국지』 위지 동이전 한조(韓條).

의 제일이다. 신라의 진덕여왕은 당태종에게 비단에 <태평송(太平頌)>이라는 시를 수놓아 보낼 정도로 우리의 비단은 품질이 우수하여 주요한 수출품목에 들었다.

여자도 원래 바지를 입었다

삼국시대에 이르러 확립된 우리의 기본적인 의상을 보면, 상의로는 저고리, 하의로는 바지와 치마를 입은 형태를 하고 있다. 원래 바지란 수렵활동과 함께 풀을 밟고 말을 타는 데 적합하도록 통이 좁게 만들어진[3] 북방유목민계통의 의복으로서 남녀공통으로 착용했던 것이나 그후 우리 민족에게 맞도록 다양하게 변용되었다.[4] 삼국시대 고분벽화에 등장하는 여자들이 바지를 많이 착용한 사실을 보면 남녀 모두 바지를 일상복으로 즐겨 입었음이 증명된다. 그 뒤로 남방 또는 중국 계통의 치마가 들어오면서 대부분의 여인들은 치마 특히 주름치마를 입었다고 할 수 있다.

그러니까 삼국시대 이후 남자는 저고리와 바지를, 여자는 저고리와 치마를 입는 의생활전통이 형성되었다고 하겠다. 이토록 상하가 분리되는 우리의 옷차림은 위아래가 하나인 중국의 치바오나 일본의 기모노와 달리 활동하기에 편리하다. 물론 채금석 교수는 삼국시대복식을 보면 일본옷의 원류가 한국에 있음을 알게 된다고 말한 바 있다. 사실 치마와 저고리란 명칭은 고려말에 나온 용어이기도 하다. 어쨌든 우리옷은 중국·일본의 옷이나 코르셋에 바짝 허리를 졸라맨 서양옷처럼 몸에 딱 붙지 않

3 일제강점기에 입었던 '몸빼'도 특기할 만한데, 몸빼는 1940년대초 태평양전쟁 막바지에 여성인력의 동원을 목적으로 간편한 복장이 요구되자 강제로 입혔던 옷이다.

4 우리의 바지는 서양인의 바지보다 여유가 많아 좌식생활에 편리한 옷이다. 바지의 통이 상당히 넓기 때문에 허리에는 끈으로 된 같은 옷감으로 만든 허리띠를 매어서 고정시키고 바지길이가 발목보다 길고 바짓가랑이도 넓으므로 양쪽 바짓부리를 발목에서 대님으로 묶어 입는다. 또한 허리에서부터 밑 위까지의 길이가 서양식바지보다 훨씬 길기 때문에 방이나 마룻바닥에 앉아 생활하는 한국인의 생활방식에 잘 맞게 되어 있다.

아 생활하기에 적합한 구조다.

한복은 다른 나라 전통의상에 비해 몸놀림이 훨씬 자유로운 넉넉함을 자랑한다. 그래서 몸에 꼭 맞게 옷을 맞추는 여성들더러 우리들은 박복하다고 했다. 양복·양장은 몸에 맞지 않으면 표가 나서 못 입지만 한복은 웬만큼 차이가 나도 품에 맞는다. 편리하도록 넉넉하게 마른 옷은 다른 사람들도 입을 수 있다. 옷이 개인의 소유로 그치는 것이 아니라 공유하는 '우리' 옷이 된다. 이런 옷에 대한 개념은 자연스럽게 '옷물림'의 습속을 낳았다. 남도지방에서는 딸이 시집갈 때 어머니가 몇 달을 걸려 누비바지를 지어주면 그 딸은 다시 딸에게 전수했다. 사내아이들이 장성해서 아버지 옷을 물려받을 때는 축하의 잔치를 베풀었다.

가체 대신 족두리를 써라

남성복식에 비해 여성복식은 매우 우아하고 복잡하다고 할 수 있다. 짧고 단정한 저고리에 길고 풍성한 치마를 갖추는 것뿐만 아니라 머리모양도 성장함에 따라 달랐다. 10살 이전에는 종종머리[5]를 땋았고, 처녀시절에는 머리를 땋아 댕기를 들인 귀밑머리(땋은머리)를 했으며, 시집간 후에는 쪽을 지고 얹은머리(어여머리) 즉 가체(加髢)를 하는 등 다양했다.[6] 조선중기 한 때 가발을 이용한 가체머리가 유행했는데 가체는 머리카락으로 만들어 가격이 소 한 마리 값이나 됐으므로 영조 32년 조정에서는 비싼 가체 대신 족두리를 쓰도록 했다. 족두리는 원래 몽고에서 사대부가의 여인들이 외출할 때 쓰던 모자[7]였으나 고려말에 우리나라에 들어온

5 어린아이는 머리가 짧기 때문에 땋을 수가 없어 다홍색 실을 넣어 바둑판같이 갈라 땋았다. 머리에 따라 둘이나 넷으로, 혹은 여섯으로 가르기도 하여 종종머리라고 하였다.

6 상고시대 빗거나 땋아 머리 뒤로 내릴 줄만 알다가 삼국시대엔 위로 올린 헤어스타일이 등장했다. 통일신라 때 가발을 이용해 화려함의 극치를 보이다가 고려시대에는 위로 올려 묶은 머리카락이 옆으로 기울어진 상태로 약간 흔들리는 모습의 '추마계'라는 머리모양이 유행했다. 조선의 일반적인 머리모양은 쪽진머리와 땋은머리였다. 조선여성의 청순하고 세련된 모습을 대표하는 머리가 쪽진머리였다.

7 최남선, 『고사통(古事通)』, 삼중당, 1982.

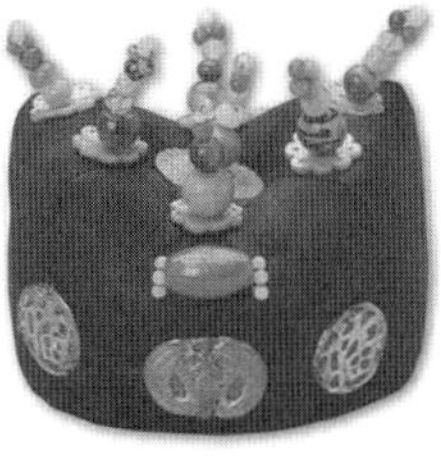

족두리

화관

뒤 머리장식품으로 바뀌었다. 머리를 아름답게 꾸미려고 머리 위에 족두리나 화관을 쓰는 등 화려한 장식이 이루어진 것이다.

영조의 발제(髮制)개혁 후 쪽진머리가 더 일반화되자 그때부터 비녀와 뒤꽂이의 사용도 일반화되었다. 비녀는 신분에 따라 재료와 모양이 다르다. 서민층의 부녀들은 나무·뿔·뼈 등으로 된 비녀만을 쓰고 장식이 없거나 버섯모양 따위를 한 비녀를 꽂았다. 평상시에는 작고 짧은 것을 사용하고 예식이 있을 때는 크고 긴 것을 사용했다. 댕기의 경우, 여자들은 혼인한 후에도 쪽찐머리에 쪽댕기를 하는 등 여러 댕기로 멋을 내었다. 댕기를 여름에는 홍갑사로 하였고 겨울에는 양단이나 빨간 명주로 하였다. 붉은 댕기를 매단 것은 잡귀의 접근을 막기 위한 주술적 의도가 담겨 있다.

남바위, 아얌, 조바위, 풍차 등의 쓰개류도 간과할 수 없다. 이것들은 예의를 갖추기 위한 것이자 방한용으로 많이 착용되었다. 또한 여성들이 외출할 때는 검은 비단으로 된 몽수(蒙首)를 썼는데, 고려시대에는 너울을 쓰고, 조선시대에는 장옷을 쓰고 다녔다. 너울은 장옷과 달리 주로 상류계층에서 사용했는데, 둥근 갓 테두리에 자루모양의 얇은 천을 어깨가 덮일 정도로 드리웠으며 얼굴이 있는 부분은 항라나 망사를 대어 앞을 투시할 수 있도록 했다. 값이 비싸서 서민여성은 착용하기 힘들었다.

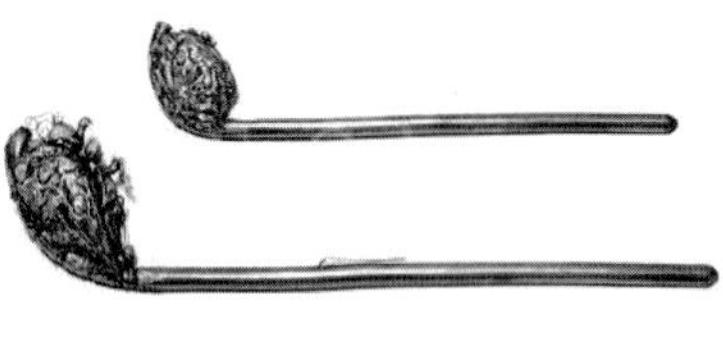

비녀

조바위

상박하후(上薄下厚), 삼회장저고리와 12폭치마

양반계급여성들이 평상복으로 착용했던 저고리는, 노랑이나 연두색 바탕에 자주빛 천의 깃·끝동·고름을 단 반회장저고리였다. 남색끝동에 자주고름을 단 반회장저고리를 많이 입었는데, 남색끝동을 다는 것은 남편이 있다는 표시이고, 자주고름은 자식이 있다는 표시였다. 겨드랑이에까지 자주빛 천으로 된 곁마기를 댄 삼회장저고리는 민간에서 최고의 예복으로 쳤다.

우리의 저고리를 매는 방식은 원래 남녀 모두 중국과 달리 왼쪽여밈이다. 그러나 당나라 복식의 영향으로 통일신라 이후에는 오른쪽여밈으로 바뀌어 현재까지 이어지고 있다. 고구려복색인 긴 저고리에 허리띠를 매던 것이 사라지고, 저고리가 짧아지고 현대의 남녀저고리의 형태가 갖추어지기 시작한 것은 고려시대 원나라 문화의 영향이었다. 하지만 한복이 오늘날과 같은 모습으로 발전한 것은 조선시대이며, 조선중기이후 저고리의 길이가 점점 짧아진 것도 특징적인 일이다.

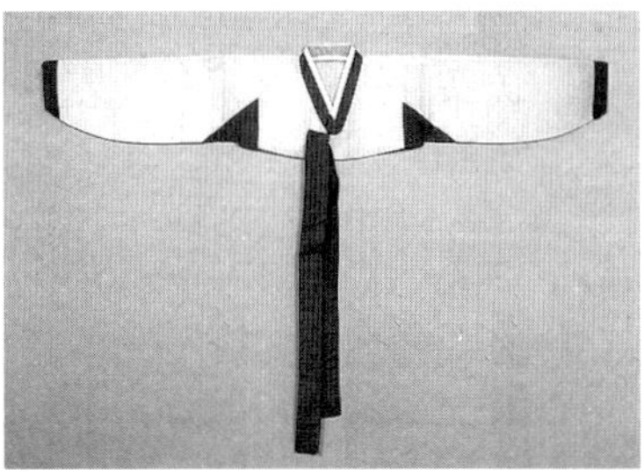

삼회장저고리

조선후기에는 저고리의 길이가 가슴을 가릴 수 없을 정도로 짧아서 요사스럽다는 지탄이 따르기도 했다. 1900년경이 저고리가 가장 짧아지는 시기였는데, 겨드랑이 밑이 약 1cm로 살을 가리기 어려울 정도였으며, 극단적인 것은 겨드랑이 밑으로 내려오지 않고 배래선에서 그대로 도련선으로 연결되는 것도 있었다. 이러한 경향은 1920년대까지 지속되었다. 사실 한복의 모든 치장은 어깨에 걸친 작은 저고리에 집중된다고 해도 과언이 아니다. 동정의 정갈한 선과 삼회장의 분명한 윤곽뿐만 아니라, 옷소매의 아랫부분인 배래기의 풍부한 선은 한국미를 한껏 표현해준다.

'12폭치마'란 말이 나올 정도로 우리의 치마는 풍성하고 길어 기능적으로 온돌생활에 적합하며, 미적으로도 우아하고 고상한 멋을 더해준다. 19세기 서양에서 유행한 밧슬 스타일(bustle style)이 이미 우리나라에선 16세기에 이루어질 정도였다. 오늘날 입고 있는 치마의 형태는 조선시대에 갖추어진 것이다. 조선시대에는 평상시에 입는 것으로 겹치마와 홑치마가 있었고, 예복용으로는 스란치마, 대란치마 등이 있었다. 또 양반층에서는 긴 치마를 입었고 서민층에서는 짧고 좁은 치마를 입었다. 스란은 금박장식을 한 단인데, 치마에 한 단만 장식한 것을 스란치마라 하고 두 단을 장식한 것을 대란치마라 한다. 치마 속에 입는 하의의 경우 속바지와 속치마만으로도 족한 지금과 달리 다리속곳, 속속곳, 고쟁이, 바지, 단속곳(겉속곳), 속치마(무지기) 등으로 다양한 것도 매우 흥미 있는 일이다. 문화인류학자 마거릿 미드가 "한국의 치마저고리는 입는 옷이 아니라 싸는 옷이라" 한 것도 이런 걸 두고 한 말일 것이다. 삼국시대부터 여성들의 옷소매가 매우 길어 손을 가린 것이 많은데, 이는 당시의 여성들이 손끝을 내보이는

대란치마

속바지

여성 한복(저고리, 치마)

것을 경계하였기 때문이다.

여성의 일상복인 치마와 저고리의 외형과 구조는 끊임없이 변화하는데, 이와 같은 변화가 가장 급격하게 이루어진 것은 조선후기이다. 이때 여성옷의 기본형태는 한마디로 '상박하후'로 요약된다. 짧아진 저고리와 겹겹이 잘 받쳐 입은 속옷들로 치마는 한층 풍성해진 것이다. 일제탄압이 시작되면서 왕실에만 원삼과 당의를 허용하고 그 외는 못 입게 하였다. 대신 평상복이던 남치마에 옥색저고리를 예복화하도록 지시가 내려졌다.

우아하면서도 절제된 선과 입체감을 통해 표현된 아름다움은 너그럽고 유연한 우리 민족의 정신적인 일면을 나타내고 있다. 처녀들은 주로 다홍치마에 노랑저고리를 입었고, 신부는 다홍치마에 연두저고리, 부인은 자주색고름과 남색 끝동을 달았다. 고려시대에는 신분에 관계없이 모든 여성들이 흰 모시저고리에 노랑치마를 입기도 했다. 여성의 한복은 한국문화의 아름다운 선과 조화를 잘 이루며 예술적인 미감까지 보여준다.

미의식의 표현, 장신구

몸치레는 인간의 원초적인 미의식을 나타내주는 장식적 기능과 함께 악령을 퇴치하는 주술적 기능, 그리고 부와 권력 또는 종족의 표시수단인 신분적 기능 등으로 나눌 수 있다. 일찍이 상고시대부터 착용한 귀걸이, 목걸이, 팔찌, 반지 등의 몸치레의 종류가 많은데, 이들 귀금속 장식품은 양뿐만 아니라 디자인 면에서 세계적으로 자랑할 만하다.

노리개

특히 귀걸이는 기술적 정교함이나 예술적 창조의 측면에서 세계에서 독보적인 위치를 차지한다. 귀걸이의 경우, 고려시대에는 귀에 구멍을 뚫어 작은 고리를 다는 풍습이 유행했으나, 이는 오랑캐의 습속이라 하여 민간에서는 달기를 주저하고 싫어하는 경향이 많았다. 조선시대에 들어와서도 신체에 구멍을 뚫는 행위가 호풍(胡風)이라는 공격과 함께 효에 어긋난다고 하여, 양반층의 부녀자들보다 서민층의 부녀들과 기녀들이 즐겨 달았다. 한편, 조선시대 여인들은 손의 아름다움을 더하기 위해 반지를 애용했다. 부부간 사랑과 언약의 정표로 끼는 가락지를 계절에 따라 재료를 달리 사용하기도 했다.

조선시대의 여인들은 몸을 단장하고 그 맵시를 더 한층 아름답게 꾸미기 위해 많은 몸치레를 했다. 화장품은 자연식물 같은 데서 채취하였고, 몸치레를 하는 데는 귀금속 장식품뿐만 아니라 노리개와 주머니,[8] 옷을 여미기 위한 단추, 각종 화장용구, 머리를 장식하는 수식품(首飾品) 등 여러 가지를 동원했다.

허리띠나 옷고름에 차는 패물에는 노리개와 주머니가 있다. 노리개의 경우, 서민층의 부녀자들은 금·은·옥 등의 좋은 재료가 아닌 오색의 비단 헝겊조각을 이용하여 정성껏 수놓아 만든 괴불[9]을 찼다. 민간에서 혼례 때는 주로 은삼작을 찼으며, 이때 사용하고는 백지에 싸고 또 비단보에 싸서 보물상자 속에 간직해 두었다가 친척의 혼인 때나 꺼내 썼고 후

8 장식용 매듭은 궁중에서뿐만 아니라 민가에서의 수요도 적지 않았다. 50여년 전만 해도 서울 시구문(屍軀門 ; 조선시대 서소문과 함께 시신을 내보내던 문)안 일대가 매듭의 본고장이었다고 한다. 그곳에서 만든 노리개술·주머니끈·허리띠 등을 횃대에 뻗쳐들고 길로 다니며 팔기도 했고, 동상전(東床廛, 지금의 종로 종각 뒤)이나 시구문·애오개 등의 물건을 진열해놓고 파는 오방(五房)이라고 하는 곳에서도 매매하였다고 한다.

9 대개 삼각형모양에 솜을 넣어 주위를 색실로 곱게 꿰맸다.

주머니

에는 자녀들의 혼인 때 물려주는 가보로 간직했다. 노리개에는 향낭(香囊)이나 향갑(香匣)과 같이 은근한 향기가 풍기는 것이 있고, 바늘집이라 할 수 있는 침낭(針囊)노리개가 있으며, 장신구 겸 호신용이자 실용성까지 갖춘 장도(粧刀)노리개도 있다. 조선시대에 와서는 저고리 길이가 짧아지고 옷고름이 생기고 여기에 알맞는 노리개가 더욱 더 유행했다. 지금도 색깔과 재질이 조화를 이룬 노리개가 많은 이들의 눈길을 끌고 있다.

요즈음은 거의 쓸모없이 되었다고 하겠지만 예전에는 삼국시대부터 남녀노소 누구나 주머니를 지니고 다녔다. 우리의 옛 의상에는 주머니가 없어 모든 소지품을 별도의 주머니에 의존할 수밖에 없었기 때문이다. 용도에 따라 종류도 많았다. 궁중뿐만 아니라 평민층에서도 돌잔치 · 환갑잔치에는 주머니를 선물하는 것이 풍습이었다. 새댁이 처음으로 친정나들이 갔다가 시댁으로 돌아올 때는 효도주머니라 하여 손수 정성껏 지은 주머니를 시댁어른들께 드릴 정도였다. 대개 헝겊으로 만든 자그마한 가방(주머니)에 돈이나 열쇠 등을 보관했다. 현재와 같은 형태의 호주머니가 바지에 달린 것은 16세기 중엽부터라고 한다.[10] 중국에는 19세기 서구열강의 침략때 양복과 함께 전해졌으며, 우리나라에는 중국으로부터 건너왔기 때문에 '호(胡)주머니'라 부르게 되었다. 특히 갑오경장 이후 남자옷에 조끼가 생겨 이른바 호주머니가 주머니를 대신하게 되었고, 여성의 경우도 편리한 복장으로 바뀌면서 주머니의 필요성이 쇠퇴하게 되었다.

이렇듯 우리의 복식구조를 보면 옷에 다시 귀걸이, 목걸이, 반지, 팔찌,

10 16세기 중엽 암살자들이 단도(短刀)를 숨겨 다닐 수도 있다고 두려워한 프랑스의 샤를 9세(?~1560)가 재봉사들에게 돈주머니를 만들지 못하게 한 데서 호주머니가 대중화되고 크게 유행했다.(박영수, 『테마로 보는 동서문화풍속』, 학민사, 2002, 131쪽).

주머니, 노리개 등의 장식물이 첨가되기도 한다.

평민도 검은 갓을 쓰다

우리 고유복식의 기본형은 옷에다가 관모(冠帽), 허리띠, 신발이 첨부된다. 남자들이 열 살이 되면 으레 관모를 쓰는 풍습이 있었다. 관모는 형태에 따라 관(冠,) 모(帽), 갓(笠), 건(巾)으로 나눌 수 있다. 한편 책(幘)이라는 것은 건과 같은 것으로 앞이 낮고 뒤가 높은 형태로서 관리들이 썼다.

관은 이마에 두르는 부분 위에 앞에서 뒤로 연결되는 다리가 있는 것으로서 집에서만 썼다. 관에는 사각의 방관(方冠), 세층으로 된 정자관(程子冠) 등이 있다.

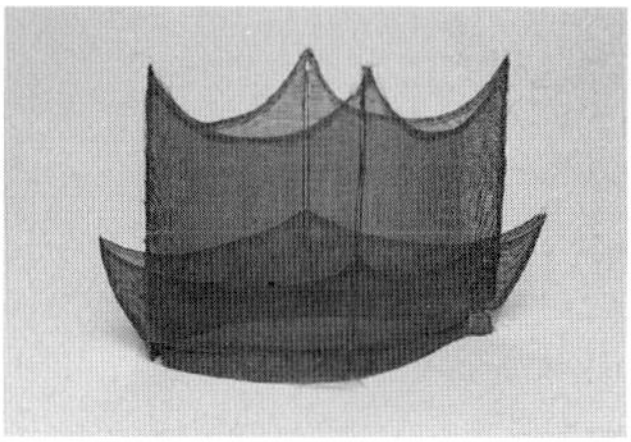
정자관

모는 머리전체를 싸는 형태로 복두(幞頭), 사모(紗帽), 변형모(弁形帽, 일명 절풍(折風)[11]) 등이 이에 속한다. 이 중에 복두는 원래 천으로 머리를 동여매는 머리수건이 발전한 것으로 누구나 쓸 수 있었다. 직급이 높은 관리들은 비단으로 만든 복두를, 하급관리와 평민들은 질이 낮은 천으로 만든 것을 썼다. 고려시대에는 복두보다 건이나 갓이 더 보급되었다. 조선시대에는 복두를 관리들만 쓰게 하고 평민들의 사용을 금했다. 한편 고려말에서부터 조선시대에 걸쳐 벼슬아치들이 관복을 입을 때 쓰던 일반적인 것이 사모였다.

갓은 양태라는 넓고 둥근 차양이 있는 것[12]으로서 말총으로 만든 흑립(黑笠)을 비롯하여 풀로 만든 초립(草笠; 풀갓)[13]이나 대나무로 만든 패랭

11 바람을 가린다는 글자의 뜻대로 활동하는데 간편한 머리쓰개로 검은 색의 테와 앞 쪽에 흰색의 가리개를 붙이고 양 옆에 끈을 달았다. 고깔과 비슷한 생김새다.

12 사실 갓은 원래 운두와 차양의 구별이 없는 삿갓이나 방갓(원추형)과 같은 단순한 형태로 발생했다. 삿갓은 주로 평민들이 이용했으며, 방갓은 승려들이 나들이할 때 썼다.

13 풀이나 왕골 같은 것으로 만든 초립에는 백초립·흑초방립 등이 있다.

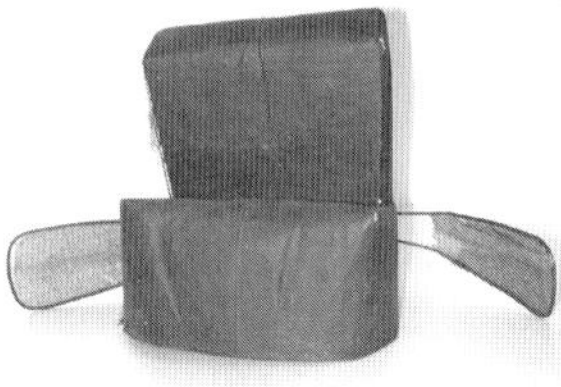

복두

사모

흑립

패랭이

이 등이 이에 속한다. 삼국시대부터 썼다는 갓, 곧 흑립은 조선초부터 1895년 단발령이 내려질 때까지 5백여년 동안 예의를 중시하는 선비들이 평상복을 입을 때 일반적인 모자로 애용되어 왔다. 우리의 갓은 중국이나 일본의 것과 다른 독특한 것이었다. 갓에는 품질에 따라 최상품인 진사립(眞絲笠)을 비롯해 포립(布笠) 등 네 종류가 있으며, 통영갓을 최고로 쳤다.

선비들의 상징으로서 관리들의 평상복에 사용되던 갓은 차츰 착용범위가 넓어지게 되었다. 서민도 외출, 제사, 기타 의관을 갖출 때 착용하였다. 조선말기에 이르러서는 흑립도 누구나 쓸 수 있게 되었다. 참대갓은 고려시대 가난한 백성들이 썼으며, 초립은 누구나 쓰는 것이었다. 보부상처럼 신분이 낮은 사람이나 천민이었던 백정 같은 사람들은 일반의 갓을 쓰지 못했다. 갓 대신 일명 평량자(平凉子)라고 하는 대나무를 가늘게 쪼개 갓모양으로 만든 패랭이를 쓰고, 갓끈도 일반이 사용하는 검은 비단을 쓰지 못하고 실을 꼰 것을 이용하였다.

건은 한 조각의 천으로 싸는 가장 간단한 형태로 망건(網巾),[14] 당건(宕

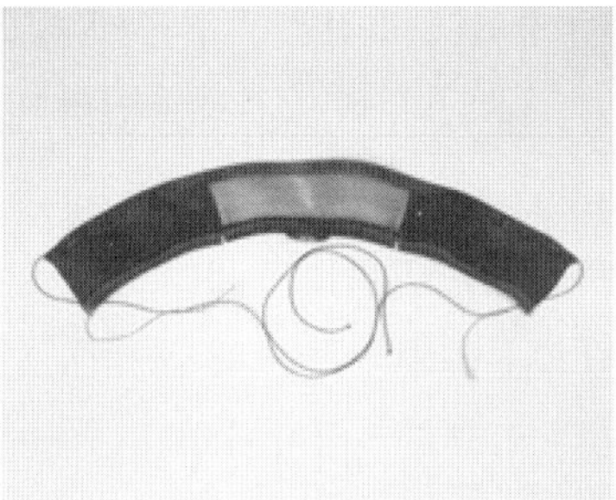

망건

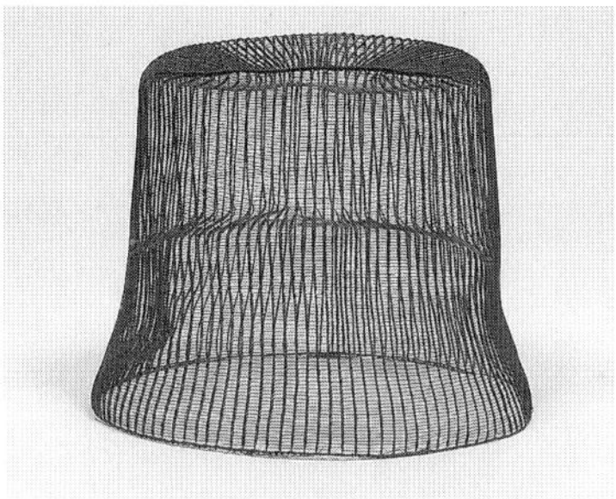

탕건

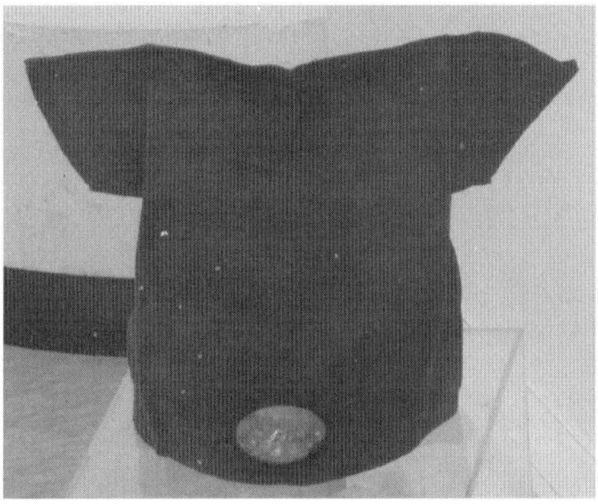

유건

복건

巾),[15] 유건(儒巾), 복건(幞巾)[16] 등이 이에 속한다. 망건에는 상투를 졸라 매기 위한 당줄이 있으며, 망건에 부착된 장식물에는 풍잠(風簪)과 관자(貫子)가 있다. 풍잠은 중앙에 갓을 고정시키는 장식이며, 관자는 당줄을 잡아매는 고리구슬이다. "닷새를 굶어도 풍잠 멋으로 굶는다"는 속담이 있을 만큼 풍잠은 체면과 멋의 상징이었다. 관자는 재료에 따라 신분과 계급을 나타냈다. 탕건은 집에서 쓰는 관모로 개화기에 단발령 이후 탕건

14 상투를 틀기 위해 머리카락이 얼굴로 흘러내리지 않게 이마부분에 두르는 띠로서 말총으로 만든다.

15 탕건은 갓 아래 받쳐 쓰던 망건의 덮개이다. 말총을 잘게 세워서 뜨는데, 앞쪽은 낮고 뒤쪽은 높아 턱이 졌다.

16 현재는 흔히 어린사내아이가 명절이나 돌날 등에 쓴다.

국이라 할 정도로 누구나 일상적으로 착용했다. 유건은 흑색의 베·모시·무명 등으로 만드는데 양측으로 귀가 나 있다. 복건의 경우 검은 비단으로 위는 둥글고 뾰족하게 하고 뒤에는 넓고 긴 자락이 늘어졌으며 끈으로 뒤에서 잡아매게 만든 것이다. 평민들은 거의 쓰지 않았다.

일본 통치자들의 강요로 상투는 잘랐으나 그들이 쓰는 모자는 쓸 수 없다 하여 맨머리로 버티던 백성도 있었다. 그러나 임금이 승하하자 맨머리로는 국상에 참여할 수 없어 백립(白笠)과 비슷한 파나마모자[17]와 맥고모자를 쓰게 되었다. 우리 고유의 관모는 차츰 사라지고 파나마모자, 맥고모자, 중절모자 등이 나타나 전국적으로 유행하기에 이르렀다.

외국에서 들어온, 단령·마고자·조끼

직령

남성들의 평상복에는 허리품이 여유롭고 통이 매우 넓은 바지와 함께 대개 곧은 깃의 직령(直領)에 품이 넉넉하고 허리까지 오며 소매통이 좁은 저고리가 있다. 직령은 서민의 경우 고려말에서 조선 세조 때까지 착용했고, 이후에는 양반의 옷으로 승격되어 외출복으로 입었다. 여성의 치마와 저고리는 외형의 변화가 많았지만 이에 비해 남성의 바지와 저고리는 삼국시대부터 조선시대까지 그 형태가 커다란 변화없이 유지돼왔다.

그러나 당나라 복식의 영향으로 우리는 삼국시대에 깃을 둥글게 만든 단령(團領) 즉 원피스 형태의 통옷을 받아들였다. 신라 진덕여왕 2년(648)에는 김춘추가 단령을 당태종에게서 받아 가지고 들어와 귀족계급부터 평민에 이르기까지 단령을 입게 되었다. 물론 삼국시대까지 저고리는 남

17 파나마풀의 잎을 가늘고 길게 잘라 중절모와 비슷한 형태로 만든 여름용 남성모자다.

배자

녀 모두 엉덩이를 덮을 정도로 길었으므로 허리를 띠로 매어 입었다.

보통 저고리를 입은 다음 조끼를 입고나서 그 위에 마고자라고 하는 웃옷을 더 입는다. 마고자는 저고리보다 1cm 정도 길며, 깃이나 동정이 없어 밋밋한 대신 단추가 옷의 품격을 높인다. 저고리와 조끼 위에 덧입는 마고자는 마괘자(馬褂子)라고도 하는데, 원래는 만주인의 옷이었던 것을 흥선대원군이 만주에서 입고 귀국하여 우리나라에 퍼지기 시작했다고 한다. 조선말기 이후에는 특수계층에서 방한을 겸한 사치복으로 입었다.

조끼는 우리 고유복식에 없었으나 양복의 조끼를 본떠 만들어 입게 되었다. 조끼가 우리나라에서 처음 착용되기 시작한 것은 갑오경장 이후인 듯하다. 그 전에는 남녀노소 모두 저고리 위에 어깨만 붙어 있고 겨드랑이 아래가 트여 있어 긴 끈으로 앞에서 매는 배자를 덧입었다.

배자에는 주머니가 달려 있지 않아서 불편함이 있었는데 비하여 조끼는 주머니가 여러 개 달려 있기 때문에 매우 편리하여 일반에게 널리 보급되었다. 서양의복을 받아들여 우리나라 저고리와 마고자에 잘 어울리도록 한 것은 우리 의복문화의 지혜라 하겠다.

누구나 편리하게 두루마기를 입다

사대부의 평상복이나 서민복으로 조선초부터 가장 많이 입은 것은 고려시대 원에서 들어온 철릭과 전복(戰服)이다. 철릭은 소매가 넓은 직령으로 도포와 비슷하지만 허리 아래 주름을 잡은 편한 복장이다. 철릭은 조선말기로 내려오는 동안 융복으로 상하 통용되는 옷이 되었다. 임진왜란 때는 왕 이하 관리 모두가 철릭을 입어 전쟁이 끝난 이후 융복으로

철릭

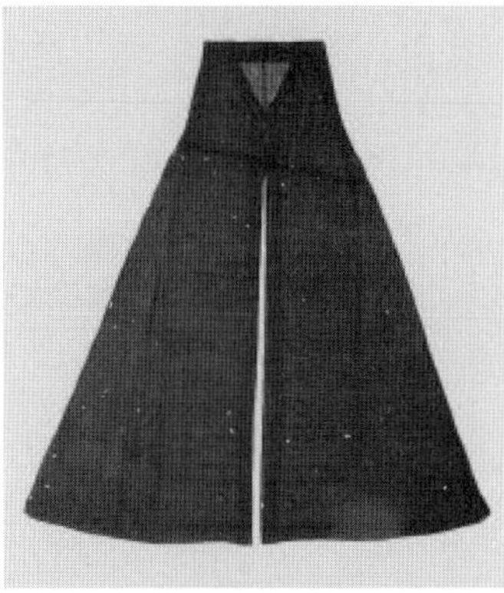
전복

제도화되었다. 물론 사치스러운 복색으로 유명한 별감이나 악공, 무당 등도 철릭을 입었다.

전복은 답호 또는 쾌자라고도 하는데, 옆트임이 있는 반소매옷이다. 소매뿐만 아니라 무와 안섶도 없고 허리부분 이하 뒷솔기가 터졌다. 주로 사대부의 겉옷 위에 덧입던 옷이다. 일종의 마상의(馬上衣)라고 볼 수도 있다. 한편 심의(深衣)는 유학자들의 법복으로 고려시대 성리학과 더불어 송에서 들어왔다. 흰색으로 상의와 치마가 허리에서 붙은 옷으로 검은색 선을 둘렀다. 심의에는 복건을 썼다.

2005년 11월 아태경제협력체(APEC) 회의를 마친 정상들이 일곱 가지 색 두루마기를 입고 기념촬영을 했다. 외출할 때나 행사 때 두루마기를 착용하는 것은 의복의 포피적 의의를 좀더 강화시킨 것이다. '두루마기'란 트임 없이 두루 막혔다하여 붙여진 이름으로 삼국시대부터 신분과 귀천을 가리지 않고 남녀노소가 입었던 옷이다. 평등을 상징하는 이 두루마기를 여자들은 방한용으로 입었으나 남자들은 예의를 갖추기 위해 입었다.[18] 심지어 남자들의 경우 계절에 관계없이 외출할 때는 반드시 두루마기를 입었고, 남의 집을 방문했을 때는 집안에서도 두루마기를 벗지 않는 것이 예의였다. 마고자 차림으로 외출하는 것은 예의에 어긋난다.

1800년대를 전후하여 많이 입었다. 1884년 고종은 사대부에게 두루마기 착용을 권장하는 복제개혁을 단행했다. 그러자 사대부가 어찌 상놈의

18 아이들은 다섯 색깔 까치두루마기를 입었다.

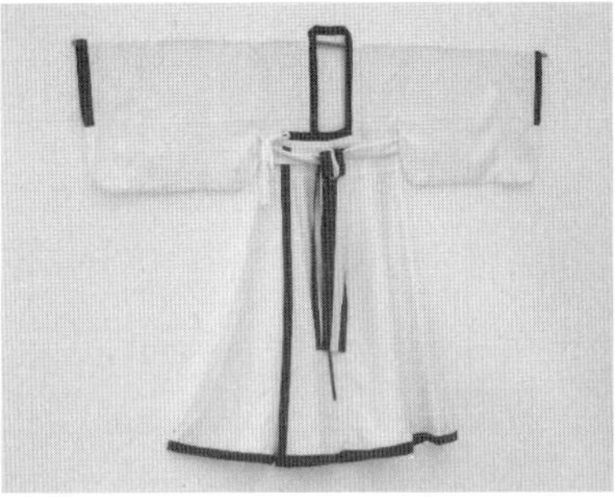

심의

두루마기

옷을 입겠느냐고 반발했으나 두루마기의 간편함을 알고 10년 안에 오히려 넓은 소매의 고루함을 비웃기에 이르렀다. 근래에 와서는 먼 곳에 갈 때만 두루마기를 입고 가까운 이웃에 갈 때나 손님의 방문을 받았을 때는 두루마기 대신에 마고자만 입고도 예의에 어긋나지 않게 되었다.

두루마기가 이처럼 모든 이에게 처음부터 사랑받은 것은 아니었다. 조선조 양반 사대부들은 두루마기 이전에 소매가 치렁치렁하고 길이도 긴 도포(道袍)나 중치막(中致莫)을 입었다. 양반들은 체면을 지키느라 집안에서도 동저고리 위에 겉옷으로 중치막을 입고 머리에는 망건이나 탕건을 썼다. 그러다가 외출시에는 중치막 대신 도포를 입고 머리에는 갓을 썼다.

조선조 양반들이 반드시 갖춰 입던 도포는 중치막과 비슷하지만 4폭인데다 등뒤를 두 겹으로 하였고 무가 있으며 소매가 길고 넓은 것으로, 조선후기에 널리 유행했다. 도포는 뒤가 터져 있고 그 위에 한 폭의 전삼(展衫)이 달려 있는데 전삼이 바람에 우아하게 펄럭이는 풍류를 양반들은 즐겼다. 전삼이 도포의 가장 큰 특징이다. 직령에서 도포가 나와 직령은 무관의 옷이요, 도포는 관료 사대부의 옷으로 된 것이다. 양반들의 도포용 비단은 주로 중국에서 수입한 것이었다.

중치막 역시 도포처럼 소매가 매우 넓으나 무가 없고 양 옆과 뒷자락이 트인 세 자락의 옷이다. 겨드랑이부터 옆이 트여 안쪽 옷이 보인다. 흰모시나 옥색모시로 만들었고 홑겹이다. 중치막을 입을 때는 도포처럼

도포

중치막

창옷

가는 색실 술띠[19]를 띠었다. 평민들의 경우는 도포와 중치막을 입는 것이 금지되어 있었으므로 외출하거나 행사에 참여할 때 소매가 좁고 무가 없는 창옷[小氅衣]이나 두루마기를 입었다. 도포나 중치막은 옷소매에 사소한 물건을 넣는 주머니처럼 달린 공태가 있으나 창옷에는 그것이 없다. 중인들은 보통 철릭을 입었다.

결국 보다 활동적인 의복이 필요해짐에 따라 넓은 소매나 뒷자락이 덧붙은 도포보다 간편한 옆이 터진 창옷이나 중치막을 입다가 이보다 더 편리한 두루마기를 입게 된 것이다. 도포나 중치막 등이 크기도 하고 사방이 터지기도 하고 소매가 넓기도 하여 불편한 데 비하여 두루마기는 소매가 좁으며 두루 막힌 단정한 옷이다. 그리하여 주로 하류층의 외출복으로 착용되던 두루마기는 고종조 이후 사계절 남녀귀천 없이 누구나 입는 옷이 되었다.

19 남자의 쾌자 · 도포 등에는 둥근 다회(多繪, 끈)의 양끝에 딸기술을 단 띠가 따르게 마련이었다. 긴 쾌자띠를 가슴에 둘러 생동심결로 매고 두 끝을 무릎 아래까지 보기좋게 늘어뜨렸다. 보통 붉은색 · 자주색 · 검정색의 띠를 두르나, 상복에는 흰띠를 둘렀다.

맨발은 예의가 아니다

박지원의 <양반전>에 “양반은 더위에도 버선을 벗지 말아야 한다”는 내용이 나온다. 한국인들은 전통적으로 남에게 맨발을 보이지 않는 것을 예의로 알았다. 때문에 발에는 남녀 모두가 흰색의 무명이나 광목 따위로 만든 버선을 신었다. 버선은 발의 모양이나 크기에 따라 만들어질 뿐만 아니라 미적인 가치에도 세심한 손길이 미치게 된다.

신발은 형태면에서 북방계통의 목이 긴 화(靴)와 남방계통의 목이 짧은 이(履)·혜(鞋)가 있다. 미투리를 포함한 짚신은 모두 혜에 속한다. 짚신이나 미투리를 초혜(草鞋)·마혜(麻鞋)·망혜(芒鞋)라고 하는 것도 이 때문이다. 삼국시대 귀족들은 ‘이’를 신었고, 통일신라시대와 고려시대에는 ‘화’와 ‘이’를 병용하였으며, 조선시대에는 ‘혜’가 대표적인 신발이었다. 상류층의 남자는 주로 ‘화’를 신고 여자는 ‘이’를 신었다.

신을 만드는 재료에는 크게 가죽·비단·나무·삼 등이 있다. 가죽으로 만든 갖신에는 태사혜(太史鞋)·녹피혜(鹿皮鞋)·유혜(油鞋)가 있다.

목화

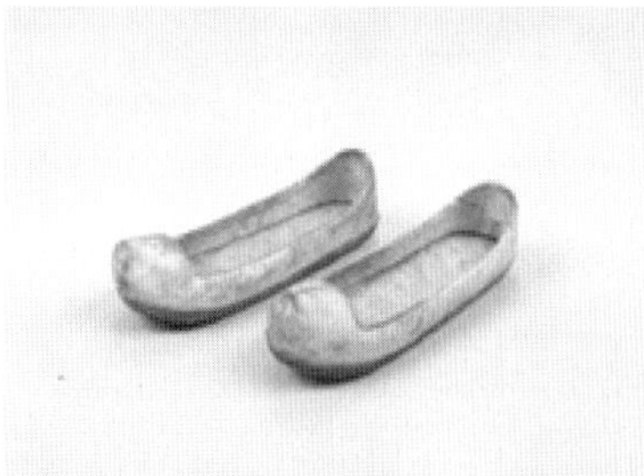

태사혜

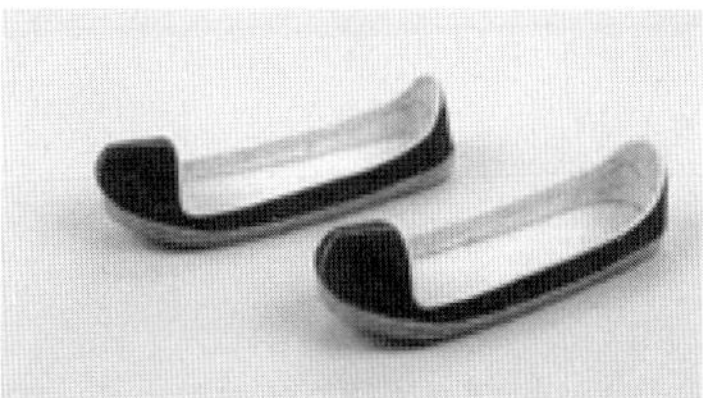

흑혜

녹피혜

태사혜는 조선시대 사대부가의 남자들이 편복(便服 ; 평상시에 입는 옷)에 신던 가죽신으로 신코와 뒷축에 흰줄무늬[太史紋]를 새겼다. 녹피혜는 사슴가죽으로 만든 신이다. 유혜는 남녀가 신는 신으로 바닥에 징을 달아서 '징신'이라고도 한다. 징은 진흙이 신발에 묻는 것을 방지하는 역할을 했다. 가죽에 들기름을 입혀 진 땅에서 신는다 하여 '진신'이라고도 했다. 비단으로 만든 신에는 당혜(唐鞋) · 운혜(雲鞋) · 흑혜(黑鞋) · 태사혜 등이 있다. 특히 흑혜는 조선시대 문무백관들이 제복과 조복에 신었던 신발로 장식이 없고 조선후기엔 유학자들이 편복과 함께 신기도 했는데, 조선말기에는 신발에 끈이 달리기도 했다.

가난한 양반은 나막신을 신었다

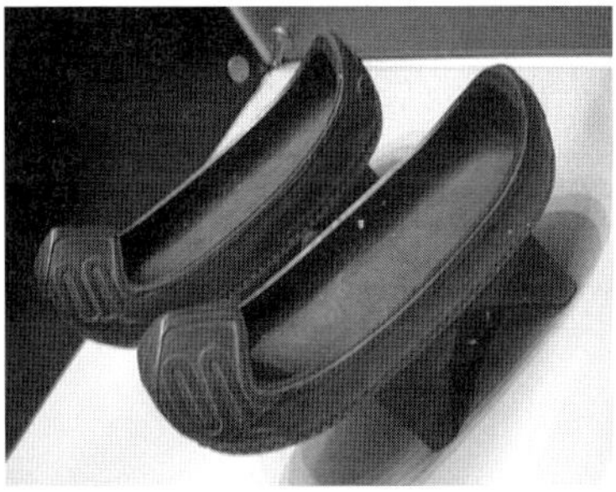

나막신

놋으로 만든 놋신, 나무로 만든 나막신, 풀이나 대마로 만든 짚신과 미투리도 있다. 삼국시대부터 신어 온 가장 대중적인 신발은 짚신이었다. 삼한시대에도 짚신을 신었다는 기록[20]이 있을 만큼 짚신의 종주국은 우리나라지만, 중국 · 일본 등 동남아는 물론 멕시코 · 과테말라 · 미국 등 세계 곳곳에서 짚신이 발견되고 있다. 짚신은 농군들이 신는 막신이 있었고, 처녀나 색시가 신는 꽃신이 있었다. '털멩이'라고도 하는 막신은 볏짚으로 투박하고 튼튼하게 삼은 것이다. 꽃신은 일명 '고운신'이라고도 했는데, 왕골이나 한지에 물을 들여서 알록달록 곱게 삼았다. 짚신은 요즘의 구두와 달리 덥지 않은 이점이 있다.

20 『후한서』 동이전 한조(韓條).

짚신 삼기

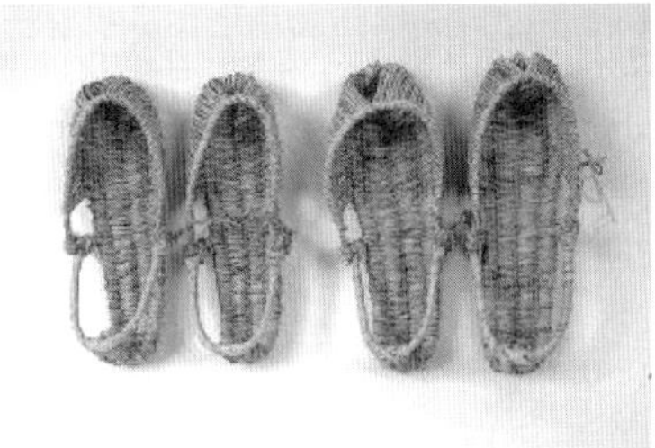

짚신

미투리

서민들 중에서 상류층에 속하는 사람들은 삼으로 촘촘히 엮어서 만든 삼신 즉 미투리를 신었다. 흔히 미투리는 짚신 열 켤레 값에 맞먹는다고 한다. 짚신은 대개 거칠고 투박한 반면, 미투리는 매끈하고 고왔다. 가죽신을 신을 형편이 못되는 가난한 양반들은 체면상 상민들이 신는 짚신은 신을 수 없어 비가 오지 않는데도 나막신을 신고 다녔다. 대개 오리나무나 소나무를 파서 만드는데, 일본의 게다와 달리 바닥에 굽이 달려 있다. '남산골 딸깍발이'라는 말은 서울 남산에 많이 살던 가난한 선비들의 나막신에서 딸깍거리는 소리가 났기 때문에 생긴 것이다.

한복, 직선과 곡선의 조화

우리의 남성옷은 점잖음을 나타내며 여성옷은 정숙함을 표현한다. 이는 우리의 소탈하고 은은한 의식의 반영이라 하겠다.[21] 또한 우리옷의 경우 화려한 색채보다 선을 통한 심미성이 돋보인다. 다시 말해 한복의 아름다움은 무엇보다 간결한 직선과 부드러운 곡선[22]이 서로 어우러져 만들어내는 단아한 선의 흐름에서 찾을 수 있다. 저고리의 경우 남녀 모두 팔을 폈을 때 윗쪽은 직선이고 아래쪽은 가운데가 넓은 부드러운 곡선을 이루고 있어서 모양이 우아하고 아름답다. 여성복의 경우 이점이 두드러진다. 풍만하면서도 고운 여성의 자태를 곡선으로 잘 살려내고 있는 어깨와 둥근 옷소매, 수런거리는 여심을 절제와 단정함으로 묶는 곧고 긴 동정과 고름, 땅에 스쳐 닿을 듯 말 듯 늘어진 긴 치맛자락, 끄트머리를 살짝 치켜올린 하얀 외씨버선[23]으로 사뿐사뿐 걷는 모습을 바라보는 것은 오히려 황홀하기까지 하다.

서양옷의 단추구실을 하는 고름은 앞이 터져 있는 저고리의 앞부분에 달린 끈으로서 저고리를 맵시 있게 묶어 여미게 되어 있으며, 짧은 저고리와 긴 치마를 조화시켜 주기도 한다. 동정은 저고리나 두루마기의 깃 가장자리를 따라 감싸서 대는 좁고 긴 하얀 헝겊인데, 더러움이 잘 타는 목 주변에 꼭 맞게 나타나는 하얀 선은 한복저고리에 한층 정갈한 아름

---

21 우리 민족을 백의(白衣)민족이라 부르는 것은 예로부터 우리가 흰옷을 숭상하여 왔기 때문이다. 이 말 속에는 순결과 평화를 사랑한다는 뜻을 담고 있다. 일제강점기 우리가 '백의민족'을 강조하고 일제가 흰옷을 저항의 상징처럼 인식했던 것도 흰옷이 지닌 순수성 때문일 것이다. 선조때 명상 이원익의 청백함을 포상하는 뜻에서 인조가 흰이불과 흰요를 하사한 일도 있다. 또한 '백의종군(白衣從軍)'이라는 말 속에 민중의 신분으로 전장에 나간다는 의미가 있듯이 '백의'는 한민족의 기본복색임을 알 수 있다. 최남선은 『조선상식문답』에서 "태양의 자손으로서 광명을 표시하는 흰빛을 자랑삼아 흰옷을 입다가 나중에는 온 겨레의 풍속이 된 것"이라 했다. 물론 고려시대까지 염료가 귀하여 평민들은 염색을 못하도록 규제하였다고도 한다.

22 배래기에서 버선코에 이르는 한복전체에서 일어나는 곡선미는 한국미의 정수라 하겠다.

23 긴 치마 밑으로 살짝 보이는 하얀 버선코의 아름다움은 우리 옷만이 가지는 멋이다.

다움을 가져다준다. 우리 의상만큼 세계에서 여유로움과 품위를 지켜주면서 아름다운 의상도 없을 것이다. 특히 우리는 넉넉한 옷 매무새로 심신의 조화를 꾀했다고 본다. 조선시대의 예복이었던 원삼, 활옷 등을 오늘날 전통혼례식이나 회갑잔치 등에서 볼 수 있는 것도 시사하는 바가 크다. 활옷에 있는 모란과 연꽃의 문양은 부귀와 다산에 대한 기원을 표출한 것이다.

중요민속자료로 지정된 한복은 덕온공주(德溫公主) 당의, 심동신[24] 금관조복(金冠朝服), 광해군 내외 및 상궁 옷, 이단하[25] 내외 옷, 김병기[26] 일가 옷, 정원상(鄭元常) 의대(衣帶)의 6종이 있다.

조선조 복식

사대부들은 평상시 집안에 거처할 때 흔히 도복에 맞는 복건, 네모지게 생긴 방관, 위는 터지고 세 봉우리지게 두 층으로 된 정자관,[27] 그와 모양이 비슷한 동파관(東坡冠)을 쓰고, 조정의 벼슬아치는 탕건을 쓴다. 그러나 거리에 나다닐 때는 모두 갓을 쓰고 신코와 뒷꿈치에 당초문(唐草紋)을 새긴 당혜, 앞코에 구름 모양의 무늬가 있는 운혜를 신는다.

선비는 도포를 입는다. 조정 벼슬아치의 평상복 착용 시에도 역시 이것을 입는다. 그러나 무관은 늘 깃이 곧게 세워진 직령을 입는다.

겨울에는 털가죽의 모선(毛扇)[28]을 갖는다. 그 만듦새는 양쪽 기둥을 담비

24 심동신(沈東臣)은 강화도조약이후 동래부사, 황해도관찰사를 지냈다. 1885년 의금부사로 재임하면서 임오군란 당시 청나라로 잡혀간 대원군의 송환문제를 처리했다.

25 이단하(李端夏)는 판서 이식(李植)의 아들로 송시열 문하의 조선후기 대표적인 학자였다. 예조판서, 우의정 등을 지내면서 굶주리는 백성들을 돌보고자 노력한 정치인이다.

26 김병기(金炳冀)는 철종때 안동김씨의 세도정치하에 이조판서, 판돈녕부사 등 화려한 벼슬을 지냈다. 흥선대원군이 집정하면서 안동김씨 일파가 대부분 제거되었을 때도 예조판서, 이조판서 등을 두루 역임했다.

27 송나라 대석학인 정호와 정이 형제가 만든 관이란 뜻으로 말총으로 산(山)자 모양을 짜거나 떠서 만든 관의 하나이다.

28 벼슬아치가 추운 겨울에 얼굴을 가리는 방한 도구로서 네모 반듯하게 겹친 비단 양편에 털 있는 가죽으로 싼 긴 자루가 달렸다.

털의 누런 털로 싸서 대나무 마디의 모양으로 만들고 검은 비단 한 폭으로 잇는다. 혹 수달피(水獺皮)로 기둥을 싸기도 한다. 그것으로 손을 따뜻하게 하고 얼굴을 보호한다. 봄·가을에는 비단 한 폭으로 먼지를 막게 하고 노루 가죽으로 기둥을 싼다.

옷에 차는 작은 칼에는 물소뿔·대모갑(玳瑁甲)·침향목(沈香木)·흑각(黑角)[29]·화리(華梨) 등을 사용하여 자루와 칼집을 만든다. 더러 검은 빛의 구리로 칼집과 자루를 만들고 자루에 무늬를 새긴 것은 왜놈들의 제품을 모방한 것이다.

여염집의 부녀자들은 녹색의 웃옷을 입는다. 그러나 길에 나갈 때는 따로 하나의 옷으로 머리를 가린다.

『경도잡지(京都雜誌)』 1권

유득공이 지은 『경도잡지』는 두 권으로 나누어 서울의 문물제도와 풍속·행사를 기술하고 있다. 윗글은 제 1권의 민속 가운데서 의복에 관한 것만을 다룬 것이다. 구체적으로는 선비의 모자와 신발, 도포와 방한구를 서술하고 나서 여인들의 장도와 옷에 대해 진술하였다.

도포라는 말은 조선 명종 19년(1564)에 처음 나오는 것으로서 서민들은 입지 못하고 사대부들이 외출복, 제사복, 수의로 입었던 옷이다. 지금도 강원도에서는 신부가 혼수품으로 준비해가서 신랑이 제사 지낼 때 입다가 수의로 착용한다. 도포에는 갓이나 관을 쓰고 가는 띠를 매었다. 장도는 원래 남녀가 지니고 다니던 작은 칼이다. 그러나 조선시대에 들어와 여인들의 장식물이나 호신용 도구로 쓰이게 되었다. 특히 은장도는 조선시대 여성들이 생명처럼 소중히 여긴 정조를 지키기 위해 착용했던 호신용 노리개로 유명하다.

마지막 여인의 장옷에 대한 언급이 특별히 흥미가 있는데, 조선시대 여자들은 열 살만 되면 문 밖에 나갈 수가 없었다. 그래서 외출할 때 여러 가지로 얼굴을 가렸는데 양반층의 경우 쓰개치마를 썼고, 서민층의 경우

29 검은 물소의 뿔이다.

장도

장옷을 착용했으며, 하류층은 천의를 사용했다.

쓰개치마는 치마와 비슷하나 길이가 짧고 폭도 좁으며 흰 모시로 만든 것으로서 머리와 얼굴이 보이지 않을 만큼 치마허리부분으로 이마부터 턱까지 둘러쓰고 턱밑에서 양쪽 끝을 둘러모아 속에서 손으로 잡고 다녔다. 허리길이를 얼굴둘레 정도로 하여 손에 쥐도록 짧게 하고 주름을 폭폭 잡아서 쓰면 맵시가 났다. 장옷은 두루마기와 유사하나 깃과 고름과 무를 각각 다른 색으로 만들며 소매의 끝부분은 흰색 천을 대었다. 이마위에서 턱아래로 둘러쓰는데 깃은 좌우가 대칭을 이루며 앞은 마주 닿도록 하여 아래에는 단추를 달았고 위에는 이중의 고름이 양쪽에 달려 손으로 잡아 오므리도록 되어 있다. 천의는 장옷보다 길이가 짧고 소매가 없으며 겉은 다홍색에다 안은 초록으로 솜을 두

신윤복 〈월하정인〉-쓰개치마

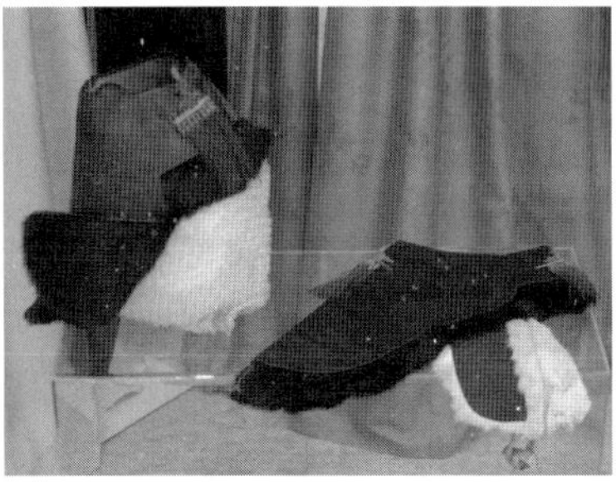

남바위

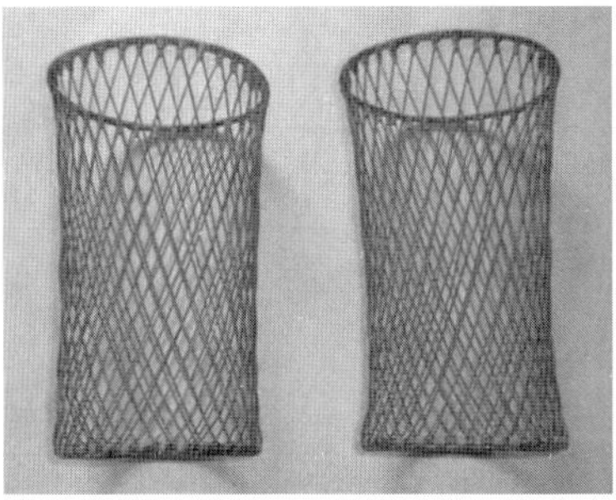

토시(여름용)

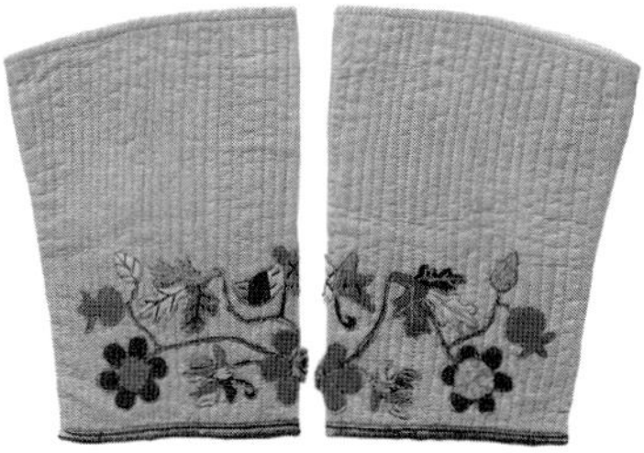

토시(겨울용)

어 방한용으로 노동하는 여자들이 사용했다. 조선시대 여자들의 방한용 머리쓰개로 널리 쓰였던 것은 남바위가 변형된 아얌이나 조바위였다.

의복의 발달은 계절이나 기후와 밀접한 관계를 갖는데, 우리나라는 사계절의 기온 차이가 뚜렷하기 때문에 의복도 그에 따라 아주 다양하다. 즉 의복의 구조가 추위를 막고 더위를 견디기에 알맞도록 되어 있어 시기에 따라 적절히 갈아입을 수 있었다. 가령 여름에는 삼베나 모시로 지어 입고, 왕골이나 대나무 등거리를 넣은 적삼, 바지 속에는 잠뱅이를 각각 밑받침으로 입어 더위를 이겨냈다. 겨울에는 무명이나 명주와 같은 천에 얇게 솜을 넣어 누비옷을 지어 입고, 솜이나 털로 만든 누비토시를 끼고 머리·귀·얼굴에도 방한용구를 써서 추위를 막았다. 토시는 1920년대부터 외래품 장갑이 들어오면서 차츰 자취가 사라지기 시작했다.

2. 음식(飮食)

외국인들은 '한국' 하면 맨 먼저 '문화'라는 이미지를 떠올리고, 문화항목 중에서는 '음식'을 최우선으로 꼽는다는 조사결과가 2003년말 언론에 보도된 바 있다. 2006년 9월 LA한국문화원이 현지인 330명에게 '한국을 떠올리게 하는 문화 아이콘'을 물었더니 '한식'이 43%로 으뜸이었다고 하는 언론보도도 있었다. 중국음식은 혀로 먹고, 일본음식은 눈으로 먹는데 비해 한국음식은 맛으로 먹는다고 한다. 나라마다 음식문화의 특색이 있을 텐데, 과연 우리 음식문화의 정체성은 무엇일까? 한국 음식의 특성이 무엇이며[30] 이러한 음식들을 우리가 어떤 방식으로 향유했는지 꼼꼼히 살펴볼 필요가 있다.

신석기시대까지 우리는 고기잡이나 사냥을 통해 먹을 것을 해결하거나 나무열매를 따먹는 정도의 생활을 하였다. 신석기시대 후기에는 원시적이나마 농사를 짓기 시작하고 청동기시대에 이르러 농경생활이 정착되면서 우리의 음식의 역사가 시작되었다고 볼 수 있다. 인류문명을 발전시킨 원동력이 먹기 위한 욕망이었다고 한다. 더욱이 우리나라만큼 먹는 것을 중시한 나라도 드문 듯하다. "밥 먹었느냐?"가 인사말이 된 것은 우리의 상식이다.[31]

그러나 먹을거리가 넉넉치 못하던 시절 먹을 걸 걱정하고 챙기는 일은 어쩌면 당연할지 모른다. 문제는 생활이 여유로워 먹을 것이 넘치는 이 시대에도 '식사했는가?'를 묻는 습관이 이어져온다는 점일 것이다. 더구나 우리에게는 이와 상반되게 먹는 걸 인간의 본능적 행위로 인식하여 자제하려는 경향이 있음도 지적하지 않을 수 없다. 결국 우리가 음식자체

30 우리의 음식을 신분, 지역 등 여러 기준에 따라 달리 구분할 수 있다. 가령 궁궐이나 양반가의 음식과 평민들의 음식으로 나눠볼 수 있다. 또한 우리네 음식은 일상음식과 특별음식으로 나뉘어지기도 한다. 특별음식은 의례·종교 등과 관련된 상차림에서 등장하는 음식이며, 일상음식은 밥과 반찬을 축으로 하는 상차림을 기본으로 한다.

31 정연식, 「조선시대의 식생활과 음식문화」, 『조선시대 사람들은 어떻게 살았을까』 1, 청년사, 1996, 233쪽.

를 귀하게 여기면서도 식탐(食貪)하는 것을 경계했던 사실에 주목해야 한다고 본다.

주식과 부식이 분리된다

한국음식문화의 제일 큰 특징 중의 하나로, 주식과 부식의 구분이 뚜렷하다[32]는 점을 들 수 있다. 아울러 부식이 발달한 점[33]이 우리 음식문화의 특징이라 하겠는데, 한 그릇의 밥에 많은 반찬이 딸려나오는 것이 단적인 예이다. 우리나라 전통적인 상차림을 '반상(飯床)차림'이라 하는데, 밥·국·김치를 기본품목으로 하여 추가되는 반찬 수에 따라 반상의 명칭이 달라진다.[34]

밥과 국이 본격적으로 우리 식생활의 기본적인 상차림의 구조가 된 것은 고려시대부터다. 고려시대 와서 국이 우리 식생활의 대표적인 부식이 된 것이다. 국이 중요하고 다양하다는 점은 우리 음식문화의 특징이 될 수 있다. 조선시대 문헌에 등장한 국요리만도 총 200여종에 이른다. 간장으로 간을 한 맑은 장국, 된장으로 간을 한 토장국, 고기를 고아서 끓인 곰국, 국물을 차게 한 냉국 등이 대표적이다. 맑은 장국에는 가을철의 무국을 비롯하여 미역국, 콩나물국 등이 있다. 토장국에는 쌀뜨물이나 날콩가루를 넣기도 한다. 곰국에는 설렁탕, 영계백숙, 육개장 등이 있다. 냉국으로는 미역냉국과 오이냉국이 대표적이다.

다양한 맛을 가지고 있는 재료들의 혼합으로 이루어지는 우거지탕, 도가니탕, 갈비탕 등의 탕(湯) 같은 음식의 발달도 특기할 만하다. 서유구의 『임원경제지(林園經濟志)』(1827)에 기록된 탕반류만도 무려 58여종이나

32 부족국가시대에 이미 곡류를 주식으로 하고 어패류를 부식으로 하는, 주부식 분리의 조건이 모두 갖추어졌다고 본다.(강인희, 『한국식생활사』, 삼영사, 1990, 72~73쪽).

33 부식이 발달했어도 주식위주의 식사관습에는 변함이 없다.

34 3첩에서 12첩반상까지 있는데, 3첩은 최하층의 상차림이었고, 5첩은 어느 정도 여유가 있었던 서민층의 상차림였으며, 7첩·9첩은 양반가의 상차림, 12첩은 수라상차림였다.

된다. 아예 탕에다가 밥을 말아 먹는 민족은 우리밖에 없을 것이다. 국밥은 애초부터 밥을 국에 말아놓은 것인데 이런 식생활풍습은 전 세계에 유일한 것이라고 한다.[35]

국이나 탕이 발달할 수 있었던 것은 우리의 식습관과 관련이 있다고 본다. 우리는 식사를 빨리하는 습관이 있었다. 그리고 음식을 나눠먹는 게 우리의 미덕이었다. 국이나 탕은 짧은 시간에 여러 사람이 함께 나눠 먹을 수 있는 음식으로 적격이었을 것이다. 물론 관점에 따라 국이나 탕이 발달한 원인을 달리 논의할 수도 있다.[36]

우리나라에서만 유독 숟가락이 많이 쓰이고 있는 것은 항상 상에 오르는 국물음식 때문일 것이다. 또 손잡이가 긴 숟가락이 크게 발달한 것도 국물이나 죽[37] 등 마실 수 있는 식품의 발달과 관련이 있으며, 또한 이는 찌개류를 중간에 놓고 공동으로 먹는 식습관과도 관련이 있을 것이다. 부족국가시대에 이미 현재와 비슷한 형태의 뼈나 청동으로 된 숟가락이 나타나고 있다.

부식이 다양했던 만큼 그릇에 무엇을 담는가에 따라 식기의 모양이 달라질 뿐만 아니라 식기의 종류가 엄청나게 불어났을 것이다. 이처럼 부식의 발달이 식기의 발달을 초래했다고 보는 것도 우리 식문화사의 특기할 만한 일이라 하겠다.

음식이 차가워서는 안 된다

한국식문화의 특징으로, 음식을 따뜻하게 해먹는 온식(溫食)문화를 들 수 있다. 우리는 모락모락 김이 오르는 밥, 뜨거운 국물, 지글지글 끓는

35 정연식, 앞의 논문, 243쪽.

36 이규태 씨는 네 가지로 설명한 바 있다. "첫째 우리는 과거에 가난한데다 식구가 많기 때문에 적은 분량의 식품을 여럿이 나누어 먹기 위해서는 국을 만들어야 했다. … 셋째는 외침에서 따라 피난살이를 하면서 급히 식사를 해결해야 했다.…"(이규태, 『한국인의 의식구조』 1, 신원문화사, 1991, 90~91쪽).

37 조선시대 요리서에는 죽요리가 144종이나 수록되어 있다.

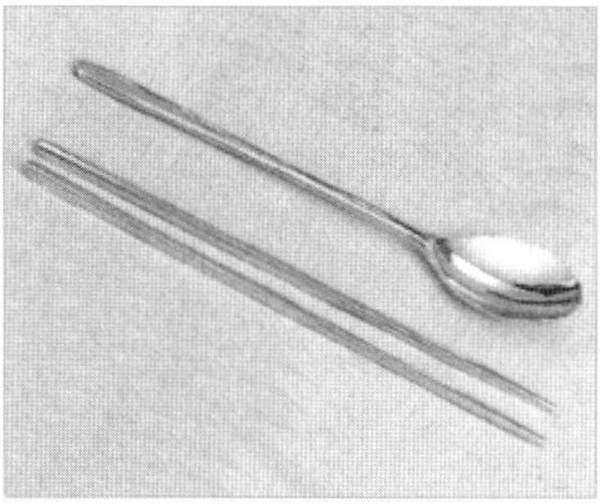

금속 수저

찌개를 후후 불어가며 먹어야 충족감을 느낄 수 있다. 딸 둘을 둔 여인이 셋째 딸을 낳고 친정에서 산후조리를 할 때 친정어머니가 "네가 지금 따뜻한 밥을 먹을 수 있니"라고 한다는 것이다. 구박받는 처지를 '찬밥신세'라고 하는 것도 온식문화에서 비롯된 것이다. "거지도 부지런하면 더운밥을 먹는다"는 속담도 있다. 식기들은 열 발산을 막고자 입체화되어 있고 뚜껑까지 있다.[38] 다습한 몬순기후로 미생물의 기생이 왕성하기에 살균하는 온식문화가 발달한 것이다.[39]

이렇듯 우리의 음식은 물기가 많고 따뜻한 것이 주류를 이루고 있기 때문에 동남아에서처럼 음식을 손으로 집어먹는 버릇이 없고 수저문화가 발달한 것이다. 특히 뜨거운 국이나 탕이나 찌개 등을 뜨기 위한 숟가락의 사용이 두드러졌으며, 숟가락의 중요성은 생활 속에서 자연스럽게 묻어나왔다. 곧 중국·일본에서 주로 젓가락만을 사용하는 데 비해[40] 숟가락은 음식문화의 핵심적인 자리를 차지하다시피 하여 사람이 죽으면 '숟가락 놓았다'고 표현하기에 이르렀다. 중국·일본과 달리, 목재가 아닌 금속젓가락의 발달도 국물음식과 무관하지 않을 것이다.

탕이나 찌개 등 국물을 뜨겁게 유지시켜주는 뚝배기의 발달도 온식문화의 영향이다.

더욱이 음식은 불이 직접 닿게 굽거나 강한 열로 튀기면 독성물질이

38 질그릇, 사기그릇 등 도자기가 발달한 것도 온식을 위한 보온성 때문이었다. 밥그릇·국그릇·반찬그릇 등 밥상 하나를 차리게 만든 한 벌의 그릇을 반상기(飯床器)라 한다.

39 삭히는 발효음식이 발달한 것도 기후와 관계가 있다.

40 한국의 젓가락은 중국의 저(箸)에서 유래한 것으로 숟가락에 비해 뒤늦게 일반화되었다. 현재 젓가락은 중국의 한자문화를 받아들인 지역에서 사용되고 있다. 중국에서는 밥그릇 이외에는 손으로 받쳐 들지 않으며, 국물이 있는 음식은 반드시 숟가락으로 떠서 먹는 게 예의다. 그러나 일본에서는 장국은 그릇을 들고 마시며, 젓가락만으로 식사를 하는 게 예의다.

생기기 때문에 삶거나 찌거나 끓이는 쪽으로 온식문화가 발달했는데, 이는 중국이나 일본만큼 튀김문화가 발달하지 않았음을 말해준다. 인류가 불을 발명하여 다른 영장류와 차별화되었음을 고려할 때 옛부터 불을 소중히 여기고 가꾼 우리 민족의 지혜가 돋보이는 대목이다.

음식이 자연친화적 · 철학적이다

자연친화적 음식의 발달을 우리 식문화의 특징으로 삼을 수 있다. 무엇보다 우리 민족은 김치, 장, 젓갈, 술 등 삭혀먹는 발효저장식품을 만드는 데 탁월했다. 우리가 먹는 전통음식의 80% 이상이 이러한 발효식품일 만큼 세계에서 가장 발효음식이 발달했다.

곡식으로 만든 독한 소주는 거의 반년에 가까운 추위와 관계되며, 김치나 장아찌는 긴 겨울을 나기 위한 저장법의 결실이다. 국물을 마시는 식사법도 추위와 관련이 있을 만큼 우리 음식의 제조와 발달은 우리의 풍토와 환경에서 나온 것이다. 봄의 두견주나 가을의 국화주 외에도 더운 여름에 약주를 맛보기 어려웠던 우리 조상들은 과하주(過夏酒)를 만들어 먹었다. "그 나물에 그 밥"이라는 말이 있을 정도로 중요한 수많은 나물은 모두 우리의 산과 들에서 생산된 자연식품이다. 김치의 종류도 채소의 계절성에 따라 구분해볼 수 있다. 겨우내 먹는 김장김치 외에도 봄철의 나박김치와 돗나물김치, 여름의 오이소박이와 열무김치, 가을김치인 섞박지가 계절김치의 대표적인 예이다. 국도 계절의 맛을 살려 봄에는 냉이국, 여름에는 오이냉국, 가을에는 토란국, 겨울에는 우거지국 등을 먹었다.

우리 식문화의 특징 가운데 하나로 우리 음식에 철학이 깃들어 있음을 지적할 수 있다. 무엇보다 쌀을 신성시하면서 쌀밥을 생명의 원천으로 여겼다. 백설기와 시루떡에 건강과 정화의 의미를 부여했고, 희망과 기원의 뜻을 담아 송편을 만월(滿月) 이전의 반달이나 초생달 모양으로 빚었다. 천하의 절미라 하여 인절미로 명명하기도 했다. 떡살에 아름다운 무늬를 수놓아 무병장수와 수복강녕을 빌었다. 특히 절편의 표면에 여러 소박한

다식판

기원을 담아 꽃무늬를 새겼다. 또한 조선시대에는 다식이 제례의 필수음식이었으므로 다식판을 집집마다 한 두 개씩 갖추고 있었다. 위아래로 나뉘어져 있는 다식판의 아래 것을 보면 표면에 길상(吉祥)문자나 기하학적인 선과 꽃무늬 등이 새겨져 있다.

우리는 항상 음식을 나눠먹었다

자기 접시의 음식만을 거두는 서양의 방식과 달리 맛을 함께 공유한다는 점에서 우리의 식문화가 특별함을 알 수 있다. "숨어서 음식을 먹으면 감기든다"고 하는 금기어도 있다. 우리나라 사람들은 혼자 식사하는 것을 좋아하지 않으며, 찌개 같은 경우는 아예 서로의 숟가락을 그릇 하나에 넣고 휘저으면서 먹는다. 우리는 함께 식사를 하는 사람들과 공동체적 유대감을 강하게 느낀다.

2006년 문화관광부가 100대 민족문화상징에 자장면을 선정한 것도 자장면이 중국에서 유래됐지만 가장 서민적이고 누구나 즐긴다는 점 때문이었다. 그릇에 남아 있는 음식 한 점을 서로가 쉽게 가져가지 못하는 것도 집단의식을 함부로 깨지 못하는 우리의 공동체적 사고에서 나오는 것이다. "굶주린 사람을 보고 밥을 먹을 때는 음식의 간이 맞지 않음을 탓해서는 안 된다[41]고 할 정도였다. 우리의 문화는 '한솥밥'이라는 말로 대변할 수 있을 것이다.

별다른 음식이라도 생기면 이웃끼리 나눠먹는 것이 오랜 습관이다. 옛날 장자고을은 천석군이 살던 곳인데, 매일 손님이 10여명 이상은 되니 이 집 며느리의 손에는 물이 마를 날이 없었다. 하루는 어떤 스님이 대문 밖에서 시주하라고 염불하는 것을 보고, 며느리가 "내 손에 물 좀 마르게 해주면 시주를 많이 하겠다"고 했다. 스님은 살강 밑에 구멍이 하나 있을 텐데 가락고를 가지고 툭 찌르면 손님이 저절로 마를 것이라 가르쳤다. 스님이 돌아가자마자 시킨 대로 했더니 갑자기 구름이 일고 뇌성벽력이 치며 억수 같은 비가 퍼붇더니 장자의 집도 없어져버렸다고 한다.[42] 손님 접대를 잘 하는 것이 우리의 생활이요 윤리였음을 단적으로 시사한다.

이덕무는 "식사중에 손님이 오면 반드시 손님에게 식사를 권하되 손님이 사양하면 그만둔다"고 하면서 "주인은 육식을 하고 손님에게 채식을 대접하는 것은 아름다운 일이 아니다, 또 손님과 같은 나이이거나 나이가 조금 많다고 해서 주인이 먼저 밥상을 받아서도 안 된다"[43]고 했다. 새삼 부란 독점하는 것이 아니라 공유하는 것이어야 함을 깨닫게 한다. 나아가 대상에 불과한 물질을 주체적 인간으로서 가치화하는 인식을 엿볼 수 있다. 우리는 손님이 오면 정성껏 많이 차려놓고도 "'차린 건 없지만 많이 드십시오"라고 권한다. 정성과 겸손으로 손님을 정중하게 대접하는 게 우리의 풍습이다. 굶주리는 사람들이 있으면 국가가 나서서 구제 부양하고자 애썼던 것[44]도 예외가 아니다. 폭군이라고 하는 광해군이 기근으로 굶

41 이덕무, 『청장관전서』 사소절.
42 최래옥, 『한국구비전설의 연구』, 일조각, 1981, 286쪽.
43 이덕무, 앞의 책.
44 고려시대의 흑창(→의창)설치와 진휼제도, 조선시대의 복지제도 명문화(경국대전) 등을

주린 유랑민들의 이야기를 듣고 하루저녁 내내 울고는 어탕금(御帑金)을 한 푼 남기지 않고 구휼에 내놓았다고 하는 나라다.

비빔밥 · 술을 즐겼다

"먹는 데 귀천이 없다"는 속담처럼 우리 음식문화의 특징으로 계층간의 교류가 활발했던 점을 들 수 있다. 이덕무도 "색다른 음식이 있을 때는 아무리 적어도 노소 · 귀천간에 고루 나눠먹어야 한다"[45]고 했다. 지금도 사랑받는 비빔밥이 이를 뒷받침하는 좋은 예이다. 논밭에서 일하는 사람들이 간편하게 식사를 하거나,[46] 섣달그믐날 부엌 찬장에 남은 반찬과 찬밥들을 모두 처리해야 하던 때 먹던 음식이 바로 비빔밥이다. 이렇듯 비빔밥은 서민층에서 유행하다가 나중에 모두가 즐기게 되었다. 제사를 마치고 비빔밥을 만들어 한 양푼에 놓고 떠먹는 관습도 서로간의 유대를 강화하는 한국특유의 문화다. 더욱이 비빔밥에 제삿밥을 반드시 넣음으로서 죽은 조상까지 '우리' 속에 포함시키는 공동체적 정신의 극치를 보게 된다. 2006년 세계 기내식대회에서 1등을 한 것도 대한항공의 비빔밥 아니었는가.[47] 한편, 궁중의 음식이 양반들에게 봉송(封送)으로 내려지고 이것이 남아서 다시 아랫사람들에게 '꾸러미'로 전해지던, 이른바 궁중식이 민간에 전래되는 풍습[48]도 있었다. 특히 조선전기 중인계급의 대두로 인해 상하층의 식생활교류가 가속화되었다.

중국이나 일본과 다르게 차보다 술을 더 일상적인 음식으로 여겼던 점도 우리 식문화의 특징이라 하겠다.[49] 더구나 서민의 술이라는 막걸리조

들 수 있다.

45 이덕무, 앞의 책.

46 농사꾼들이 농번기에 공동으로 협력한 뒤 함께 먹는 음식(밥)을 두레밥이라 했다.

47 물론 전주비빔밥 그대로는 아니다. 서양인들이 안 먹는 고사리는 빼고 대신 버섯류와 서양인이 좋아하는 채소를 넣어 만든 것이었다.

48 잔치가 끝나고 음식을 싸서 선물을 보내는 '봉송돌린다', '반기를 나눈다'는 풍습이 여기서 비롯된 것이다.

49 우리나라에 왔다간 독일 상인 오페르트(Ernst Oppert)는 『조선기행』(한우근 역, 일조각)

비빔밥

차 임금도 즐겼던 사실[50]을 상기할 수 있다. 마침내 한국인이 동질성을 강하게 느낀다는 막걸리와 소주를 2006년 100대 민족문화상징으로 뽑았다. 술은 임금으로부터 서민에 이르기까지 두루 식용되었다. 술은 힘겨운 생활 속에서 피로를 풀고 흥을 돋구는 역할을 해내는 일상음료였다. '주주객반(主酒客飯)'이라는 말이 있는데, '주인은 손님에게 술을 권하고, 손님은 주인에게 밥을 대접한다'는 뜻이다. 이렇듯 술은 우리사회에 필수적인 음식으로서 애용되어왔다.

특히 우리는 서양인들과 달리 홀로 술을 마시지 않는 편이다. 술자리에서도 우리는 소외되는 사람이 없게 잔을 돌려가며 마시는 습관이 있다. 애초부터 좌석에 잔을 하나만 놓고 이것으로 순서대로 돌아가며 권하는 풍습도 없지 않다.[51] 흔히 늦게 온 사람에게 술 석 잔을 권하는 '후래자삼배(後來者三盃)'라는 말도 우리 일상생활에서 차지하는 술문화의 성격을 부각시키는 예라 하겠다.

"과일을 천신(薦新)하지 않고 먹으면 다음해에 많이 열리지 않는다"는 믿음과 더불어 "산에서 음식을 먹을 때 조금 떼어버리지 않으면 해롭다"고 하는 신앙적 금기어가 있다. 이렇듯 우리는 신이나 자연의 동물과도 먹을 것을 나누고자 했다. 또 음식을 먹기 전에 조금 떼어내서 '고수레'라고 외치며 허공을 향해 던지는 풍습이 전해지고 있다. 이와 같은 행위를 하지 않고 음식을 먹으면 체하거나 탈이 난다고 믿었기 때문이다. 음

에서 중국과 같이 차를 마시지 않음을 지적하며, 차나무가 조선의 중남부 어디서나 자라고 있고 조금만 가꾼다면 현저한 성과를 거둘 수 있는데 왜 재배에 힘쓰지 않는지 모르겠다고 한 바 있다.

50 세조는 태종의 딸인 숙근옹주(淑謹翁主)의 남편 화천군(花川君) 권공(權恭)의 집에서 막걸리를 마셨다.(『세조실록』 8년 4월 14일).

51 강인희, 앞의 책, 333쪽.

식을 먹기 전에 감사의 뜻으로 신에게 음식물을 바치는 행위는 농경문화를 지닌 국가들에서는 공통적으로 나타나는 현상이다. 그러나 다른 동물들과 음식을 함께 하는 현실적인 의미의 우리나라 고수레 행위는 주목할 만하다. 가을에 감을 따면서 새들을 위해 남겨놓는 습속도 예외가 아니다. "돌떡을 먹을 때 조금 떼어서 땅에 놓고 먹지 않으면 나쁘다"는 속신도 있다.

우리가 어릴 때 밥상 앞에 앉으면 어머니가 밥 위에 또는 숟가락 위에 맛있는 반찬을 얹어주던 일은 잊을 수가 없다. 뿐만 아니라 갓난아기시절 우리의 어머니들이 음식을 먼저 자신의 입안에 넣어 식히거나 심지어 씹은 다음 아이의 입안에 넣어주던 일을 기억한다. 여기에 비위생적 또는 비합리적인 것이 끼어들 여지는 없다. 무엇보다 우리에게는 인간적 정리(情理)와 공동체적 유대감이 소중하게 인식되었던 것이다.

음식을 보약으로 여겼다

한국음식문화의 특징 가운데 하나는 '약식동원(藥食同源)'이다. 음식 따로 약 따로가 아니라 평소에 음식을 고루 섭취하면 그것이 곧 보약이라는 것이다. 『동의보감』에서 "병이 난 곳을 알아서 음식으로 치료한 후에도 낫지 않으면 다음에 약으로 구하는 것이다"라고 했고, 빙허각 이씨의 『규합총서(閨閤叢書)』에서도 "음식으로 의약을 삼아 나날이 좀 부치듯하게 먹어야 한다"라든가 "좋은 약으로 알아 형상의 괴로운 것도 고치게 하라"고 했다. 한여름에 원기를 보충하기 위해 먹는 개장국이나 삼계탕은 대표적인 '약식동원' 음식이라 할 수 있다. 약주, 약과, 약식 등의 음식명도 '약식동원'의 정신에서 나온 것이라 하겠다.[52] 건강을 위해서는 약보다 식생활이 기본이라는 시각이다.

52 '약식동원'사상은 중국에서 발상되어 한국에 전해졌으나, 일본에서는 받아들이지 않았다.

심지어 맛을 내고 영양을 보충해주는 양념을 몸에 이로운 '약을 다루는 마음으로 취급해야 한다'는 뜻의 '약념(藥念)'이라 하는 것도 이러한 관념의 소산이다. 우리음식의 기본양념이 되는 장류의 영양가는 정평이 나있다. 설탕, 고춧가루, 깨소금, 참기름, 파, 마늘 등 양념이 크게 발달하면서 '갖은 양념'을 통해 맛과 영양의 조화를 극대화하는 것도 우리 식문화의 성격이라 하겠다. 특히 우리는 식품 자체의 맛보다는 양념에 의한 복잡한 맛을 즐겼다.[53] 간장이나 소금으로 끓인 담백한 맛보다 여러 맛이 한데 어우러진 얼큰한 맛을 더 좋아하는 편이다. 양념이 대부분의 음식에 비슷하게 들어가는 바, 온갖 양념을 한꺼번에 사용한다. "한 고을의 정치는 술에서 보고, 한 집안의 일은 양념맛에서 본다"고 하는 옛말에서도 양념이 차지하는 문화적 비중을 느낄 수 있다.

밥이나 김치만으로 식사를 해도 필수영양소를 모두 얻을 수 있다고 한다. 각종 탕이나 비빔밥의 발달이 말해주듯이 우리가 한꺼번에 다양한 맛과 영양을 즐겼던 것도 간과할 수 없는 일이다. 우리의 조화로운 오색(五色) 음식문화에서 다섯 색깔이 오장육부와 연결된다는 점은 한국인의 지혜를 증명해준다. 대추 · 팥 등 붉은 음식은 심장을, 단호박 · 치자 등 노란 음식은 위를, 김 · 표고버섯 등 검은 음식은 신장을, 배추 · 도라지 등 흰 음식은 폐를, 시금치 · 쑥갓 등 푸른 음식은 간을 튼튼하게 한다.[54] 이밖에도 우리는 많은 음식을 한꺼번에 차려놓고 먹기 때문에 중국음식처럼 돼지기름 같은 동물성 기름을 쓸 수 없으므로 비만을 크게 걱정하지 않아도 되는 과학적 식문화를 지녔다. 장이나 김치 등 발효식품을 담가 숙성시키고 저장하는 데 쓰인 옹기가 인체에 좋다는 사실 또한 과학적으로 증명되었다.

---

53 일본인들의 음식이 담백한 데 비해 우리는 여러 가지가 섞인 조화미를 즐기는 습성이 있다고 본 것(강인희, 앞의 책, 278쪽)도 이와 무관하지 않다고 하겠다.

54 윤숙자(한국전통음식연구소장), 조선일보, 2006. 10. 23. 25쪽.

식사를 간소하게 했다

식사시간이 짧고 식사횟수가 적은 것도 우리문화의 특성이라 하겠다. 유교적 생활이 몸에 배어 있다보니 우리들에게는 잠재적으로 의식주를 본능적인 것으로 폄하하는 인식이 있었다. 배불리 먹는다는 것은 부도덕한 것으로 간주되거나, 식탐을 하게 되면 '주접스럽다' 하여 부정적으로 보는 편이다. 따라서 음식 타박하는 것을 못마땅하게 여기는 건 자연스러운 일이다.

『규합총서』에서 "마음에 과하고 탐내는 것을 막아 법을 삼아라"고 했음은 시사하는 바가 크다. 이덕무도 "탐식해서는 안 된다"고 하면서 "아무리 나쁜 음식이라도 싫어하거나 부끄러워하는 마음이 없어야 한다"고 경고했다.[55] 송의 서긍이 『고려도경』에서 우리나라 사람들이 배불리 먹는 것만 좋아하는 듯하다고 했는데, 서민들이 배고픔을 해결하고자 했던 정도로 이해해야 할 것이다. 수다를 떨면서 늦게까지 밥상에 앉아 있으면 어른들로부터 빨리 일어나도록 질책을 받곤 했다.

자연히 우리는 부지런히 식사를 하고 자리에서 일어나 일터로 가는 데 익숙해졌다. 중국이나 라틴계통의 민족처럼 몇 시간동안 먹고 낮잠까지 자면서 여유를 보이는 식사문화가 아니다. 이는 외국처럼 부식위주가 아닌, 우리의 주식위주의 식습관과도 관련이 있을 것이다. 우리는 지금도 식사때가 되면 대다수가 "밥 먹으러 가자"고 할 만큼 우리의 식사는 밥을 중심으로 한다. 물론 밥위주의 빠른 식습관을 형성하는 데 국·탕·비빔밥 등의 발달이 크게 기여했으며, 역으로 식사를 빨리하는 습관이 국물음식이나 비빔밥의 발달을 가져오기도 했다고 본다.

식사의 횟수에 있어서도 중국이나 서양처럼 네 끼나 다섯 끼를 먹는 게 일반화되지 않았으며 우리는 두 끼가 기본이었다.[56] 우리가 식사 대신

55 이덕무, 앞의 책.
56 유럽에서도 프랑스혁명 이전에는 서민들이 보통 하루 두 끼의 식사를 했다.

'조석(朝夕)'이라는 말을 써온 것도 이 때문이다. 우리가 지금처럼 연중 세끼를 먹게 된 것은 개화기 이후부터다. 그 이전에는 통상 해가 짧은 가을·겨울에는 두 끼를 먹었으며, 해가 긴 봄·여름에만 세끼를 먹었다. 세끼에는 점심(點心)이 들어가는데, 점심은 실학자 이규경의 말과 같이 간단히 시장기를 면한다는 뜻의 '요기(療飢)' 수준에 불과했다. 이규경은 점심의 어원에 대해, 중국에서는 새벽녘에 간단히 먹는 밥을 점심이라 했으며, 모든 굶주림은 마음으로부터 나오는 것이요, 먹을 것으로 점을 찍듯 그 마음을 찍으면 굶주림을 생각지 않게 된다고 하여 생긴 말일 것이라고 했다.[57] 본래 '점심'이란 중국의 스님들이 새벽이나 저녁 공양 전에 문자 그대로 '뱃속에 점을 찍을 정도로' 간단히 먹는 음식을 가리키는 말이었다고 한다.[58]

좌식에, 예절을 중시했다

좌식(坐食) 식사양식도 우리 식생활의 특징이라 하겠다. 동굴이나 움막에서 살던 부족국가시대부터 앉아서 식사하는 습속이 있었음[59]은 추측키 어렵지 않다. 그러나 벽화에서 볼 수 있듯이 고구려때 주방이 입식으로 되어 있으며, 고려때도 식탁차림으로 식사를 했다. 그러고 보면 오늘날과 달리 식사양식이 확고하게 좌식이 된 것은 조선시대부터라고 하겠다. 조선초·중기에 걸쳐 온돌설비가 일반화되면서 식사양식도 좌식으로 일원화되었다고 할 수 있다.

좌식에 맞게 상(床)도 발달했다. 상면(床面)의 형태에 따라 네모반·팔각원반 등이 있고, 다리모양에 따라 호족반(虎足盤, 호랑이다리소반)·구족반(狗足盤, 개다리소반)·단각반(單脚盤, 외다리소반) 등이 있다. 크기에 따라서도 소반·두레반 등으로 나눌 수 있는데, 술과 밥을 담아 옮기

57 『오주연문장전산고』 복식재량변증설.
58 정연식, 앞의 논문, 234쪽.
59 김정기, 「한국주거사」, 『한국문화사대계』 IV, 고려대 민족문화연구원, 1964, 51쪽.

팔각반

는 작은 밥상을 소반이라 하고, 비교적 많은 음식을 차릴 때 쓰는 큰 밥상을 상이라 부른다. 용도에 따라 밥상·다과상·주안상·교배상·돌상·제상 등으로 구분할 수 있다. 단풍나무·대추나무 등으로 만든 것이 매끄럽고 가벼워 쓰기에 좋다. 밥상은 나주와 통영에서 제작된 나주반과 통영반이 가장 유명하다. 밥상이 발달하면서 조선시대까지 높은 받침대(굽)가 붙어있던 그릇이 사라지게 된 것도 특기할 만한 일이다.

옛말에 '예절은 밥상머리에서 배운다'고 했다. 전통적으로 가장의 식기는 크고 좋으며, 수저도 재질이나 문양 등에서 다른데, 아직도 이런 현상은 남아 있다. 손님이나 어른들에게 먼저 쌀밥이나 맛있는 반찬을 올리고, 웃어른이 먹던 밥상을 물려 아이들이 먹는 '상물림'의 관습이 있었다. 해방이후 온 가족이 함께 식사를 하더라도 가장이 수저를 들 때까지 자녀들은 기다리는데, 이 관습은 지금까지도 상당히 지속되고 있다.[60] 어른을 모시고 식사할 때 다 먹자마자 숟가락을 내던지고 먼저 일어나서는 안 되는 것도 어린이의 식사예절이었다.[61] 아직 남자는 밥 먹을 때 밥상 모서리에 앉지 않는다는 금기어가 살아 있기도 하다.

식사예절은 자신의 교양을 나타내주는 척도이기도 하다. "음식 먹을 때 잔소리 많이 하면 가난해진다"고 했던 것도 예의범절을 중시한 데서 나온 말이다. "누워서 음식을 먹으면 가난해진다"고 했던 것도 예절을 강조하는 것임은 물론 여기에는 소화불량을 우려하는 과학적 인식까지 내

60 중국, 러시아, 일본, 한국 등 가부장사회에서는 가정경제를 책임지고 있는 가장을 대우해주기 위해 가장이 수저를 든 후에 가족들이 식사하는 습관이 일찍부터 자리 잡았다.
61 이덕무, 앞의 책.

포된다. 그릇을 포개놓고 음식을 담아먹지 않으며, 혓바닥으로 그릇을 핥지 않는다. 혓바닥으로 그릇을 핥으면 복이 나간다고 한다. 밥을 먹으며 짭짭거리는 소리를 내지 않고, 밥을 먹으며 발을 까불지 않는다. 발을 흔들면 복이 나간다고 한다. "밥을 먹을 때엔 개도 안 때린다"는 말도 있다. 우리는 식사때 깍듯이 예절을 지켜야 했다.

서양에서 식사예절이 까다롭게 발전한 것은 17세기 이후로 여럿이 한 식탁에서 맨손으로 집어 먹던 습속에서 유래되었다고 한다.[62]

쌀밥은 곧 생명이었다

밥이 문헌에 처음 보이는 것은 삼국시대부터이다. 밥은 우리 식생활에 가장 기초가 되는 주식이다. 귀한 손님이 오면 밥을 사발에 넘치도록 수북하게 담아주는 것이 상례였다.[63] 우리는 고기나 과일을 많이 먹어도 밥을 먹지 않으면 양이 차지 않는다고 여길 만큼 한 끼라도 밥을 먹지 않으면 허전해 하는 민족이다. 밥은 곧 생명으로 인식되었으므로 사람이 죽었다는 뜻으로 '밥숟가락 놓았다'라고도 했다.

『임원경제지』에서는 "남쪽사람은 쌀밥을 잘 짓고 북쪽사람은 조밥을 잘 짓는다"고 하여, 우리의 주식이 밥이라는 사실을 뒷받침하며 남북의 주식에 차이가 있음을 시사하고 있다.[64] 남쪽지역의 쌀 가운데도 경기미가 품질이 좋은데, 특히 여주·이천·김포 산이 인기가 가장 높다. 멥쌀로 지은 흰밥(일명, 백반) 즉 쌀밥은 생명의 원천으로 여겨올 만큼 우리 민족에게 쌀은 신성시되던 것이었다. 쌀알로 점을 치기도 하고, 집안 최고신인 성주에도 쌀주머니를 놓아두고, 역질이나 재앙 따위를 물리쳐달라고 비손

62 정연식, 앞의 논문, 244쪽.

63 조선시대 사람들은 보통 아침·저녁 두 끼를 먹었는데, 대신 식사량이 많아 한 끼에 현대인들이 먹는 양의 세 배정도 되는 2.1홉(420cc)를 먹었다. 19세기말 『조선교회사』를 지은 서양인 달레는 "조선사람들의 가장 큰 결점은 대식(大食)이다"라고 한 바 있다.

64 조선시대 쌀 중에서는 황해도 산을 최상으로 쳤다. 이곳의 쌀은 쌀알이 길고 크며 차진 것이 특징이다. 궁궐의 대비와 중전의 수라를 마련하는 데도 이 쌀을 썼다.

을 할 적에도 쌀을 담은 그릇을 놓는다. 또 제사상의 음식도 쌀로 지은 메, 쌀로 빚은 송편과 떡을 어김없이 올린다. "밭 팔아 논 살 때는 이밥 먹자는 뜻"이라는 속담도 있을 만큼 쌀밥을 귀하게 여겼던 것이다.

우리는 유럽이나 중국 사람들처럼 밀가루나 감자로 조리한 음식을 주식으로 하지 않았다. 해방후 미군들은 왜 한국인들은 사과나 고기도 함께 먹지 않고 쌀만 모자란다고 아우성치는지 모르겠다며 고개를 갸우뚱거렸다. 사과나 고기가 풍부하지도 않았지만 우리 민족의 식생활 정서를 몰랐기 때문에 그런 말을 한 것이다. 우리 민족의 믿음과 정서가 담긴 쌀밥의 상징적 의미를 알기는 쉽지 않다. 더욱이 밥은 건강에 이로운 보약이라 할 수 있다. 쌀을 주식으로 하는 경우 각종 질병을 예방할 수 있기 때문이다. 쌀은 대장에서의 발효과정에서 낙산(酪酸)이 생겨나 대장암의 발생을 억제시키고, 혈중콜레스테롤을 낮추어줄 뿐만 아니라 섬유질성분이 있어 구리·아연·철 성분 등과 결합하여 우리 몸에 해로운 중금속이 인체에 흡수되는 것을 막아준다. 또 수분 유지력이 커서 변비를 막아주고 인슐린분비는 적게 하여 비만, 고혈압, 동맥경화 등 성인병을 예방하는 데 도움을 줄 수 있다.

쌀밥의 영양가치가 과학적으로 드러난 만큼 이제는 밥 자체를 보약이라 해도 지나치지 않을 것이다. 쌀밥을 먹고 살아왔기에 한국인의 소장이 다른 민족보다 80cm나 길며 이것이 각종 스포츠나 노동의 뒷심을 보장하는 지구력을 형성해왔다고 한다. 하지만 1960년대까지만 해도 쌀밥은 일부계층에서만 주식으로 매일 먹을 수 있었다. 대부분의 서민들은 보리와 조 같은 곡물을 물에 말아 먹었다. 농민들의 경우는 새참으로 국수와 막걸리를 많이 먹었다.[65] 그러나 1960년대 이후 밀가루음식이 크게 보급되면서 이제 우리의 밥문화는 일대 전환기를 맞고 있다.

65 "곡식을 가지고 장난하면 곰보색시(신랑) 얻는다"는 속담이 있는 것을 보면 과거에 식량을 얼마나 소중이 여겼는가를 짐작할 수 있다.

김치는 SARS를 물리친다

김치광(김치움)

니혼 게이자이(日本經濟) 신문이 2004년 1월 한국의 김치가 일본고유의 반찬인 다꾸앙(澤庵漬)을 제치고 1위를 차지했다고 보도한 바 있다. 김치는 우리에겐 끼니마다 없어서는 안 될 중요한 반찬이며 세계에 내놓을 만한 한국음식의 최고 자랑거리이다. 김치는 원래 채소를 겨우내 보관하기 위해 입동을 전후해서 소금을 넣어 화학적으로 숙성시킨 것이라 할 수 있다. 우리나라는 겨울추위가 심하여 한겨울에는 신선한 채소나 과일이 없으므로 엄동 3~4개월 동안 먹을 식품을 개발해야 했고 그 결과 김장김치를 담게 되었다. 그러므로 우리는 옛부터 김장김치를 '반양식'이라 말해 왔다. 우리 선조들은 겨울철에도 김치가 얼지 않고 적당한 온도가 유지되도록 김치독을 땅에 묻어 보관하였다.[66] 김치를 장기간 맛의 변질 없이 보관하는 방법으로 흙의 단열효과를 활용한 조상의 지혜를 엿볼 수 있다.

채소의 소금절임에 관련된 최초의 기록이라 할 수 있는 『시경』에는 오이를 이용한 채소절임을 뜻하는 것으로 추정되는 '저(菹)'라는 글자가 나온다. 우리는 삼국 이전부터 정착생활을 시작하면서 곡물을 경작하였는데, 사계절이 뚜렷한 기후의 특성으로 인해 동절기 식생활에 대비한 채소류의 독자적인 저장법이 개발되었을 것이다. 김치에 관한 기록은 고려중

66 김치독을 묻고 그 위에 움집형태의 원뿔모양의 덧집이나 인삼밭 그늘막처럼 생긴 짚막을 세운 것을 김치움(김치광)이라 한다. 이 같은 장기보존용의 저장김치 외에도 즉석용으로서 무침김치가 있다.

기 이규보가 지은 『가포육영(家圃六詠)』에 처음 보이며 그의 문집인 『동국이상국집』에는 '염지(鹽漬)'라 하여 무를 소금에 절여 만든 김치의 일종인 짠지를 먹었다는 내용이 나온다.

어원적으로도 김치가 담근다는 뜻의 '짐[沈]'과 절인다는 뜻의 '치(菹)'에서 '짐치'라는 합성어가 만들어졌다가 김치로 변했음을 알 수 있다. 따라서 김치라면 일반적으로 절인 김치를 뜻하게 되며 짠지는 김치의 기본형이다. 그러나 채소를 소금에 절이면 풀이 죽는데 발효의 마술을 거친 김치는 채소의 신선도와 촉감을 유지시킨다. 따라서 초나 소금에 절인 서양의 피클(pickle), 독일의 자우어크라우트(Sauerkraut), 인도네시아의 아차르(acar)는 물론 중국의 쭈(菹)나 파오차이(泡菜), 일본의 오싱코나 다꾸앙으로 대표되는 쯔게모노(漬物)와 비교될 수 없을 정도로 우리 김치는 감칠맛, 곧 아미노산맛이 나는 우수한 식품이다.

녹황색 채소가 주원료인 김치는 영양면에서 비타민C나 무기질이 풍부한 알칼리성식품일 뿐만 아니라 아삭아삭 씹히면서 새콤달콤한 맛이 일품이다. 숙성 중에 생성되는 유기산이 상쾌한 맛을 느끼게 해준다. 이 중 젖산은 장내의 부패균 번식을 억제할 수 있다. 또한 유산균[67]의 작용으로 소화촉진을 비롯해 대장암 · 동맥경화 · 빈혈 등 성인병예방에 좋고 섬유질이 풍부해 변비예방에도 효과적이다. 마늘이 많이 들어가 항암효과도 기대할 수 있고, 고춧가루에 포함된 캡사이신(capcisin)은 다이어트에도 좋다. 이렇듯 김치는 맛과 영양에서 뿐만 아니라 생체조절 및 질병예방 등 인체에 복합적인 효과가 있으므로 오늘날 국내외 많은 영양학자들이 김치를 미래식품으로 손꼽고 있는 것이다. 2002년에는 유엔본부 주식당의 정식메뉴에 한국김치가 올랐다는 보도가 있었다.

2003년 SARS(중증급성호흡기증후군)라는 신종 바이러스가 사그라지면서 한국김치 수요가 기하급수로 늘어나 베이징 등 주요도시에서 김치

---

67 2005년 3월 유산균이 조류독감이나 위궤양을 치료하고 식중독을 예방한다는 연구결과가 보도된 바 있으며, 유산균을 화장품의 천연 방부제로 개발했다고도 한다. 김치를 얼굴에 바르게 될 날도 머지 않았다.

가 동이 났었다. 한국사람 앞에 사스가 맥을 못춘 이유도 우리가 늘 먹는 김치 때문이었다고 한다. 사실 사스를 물리친 것은 김치 속의 마늘이라고 한다. 마늘을 먹는 나라가 세계에서 우리만은 아니며, 이탈리아요리에서도 구운 마늘 등이 자주 요리재료로 쓰인다. 마늘은 살균력이 높은 알릴설파이드라는 자극성물질을 갖고 있어 동맥경화나 암을 예방하는 효과가 있다. 그러나 마늘을 발효시킨 형태, 즉 김치 속에 넣거나 장아찌 등으로 활용해서 먹는 나라는 지구상에 우리나라가 유일하다. 사스의 공포에서 무사했던 것도 실은 그냥 마늘이 아니라 발효시킨 마늘이라고 한다.

김치는 조리가공식품으로 변신

우리 민족이 김치를 담아먹은 것은 삼국시대부터일 것으로 추측한다. 다만 삼국시대는 정착생활이 보편화되는 시기로서 채소류의 저장성을 높이기 위한 단순한 소금절임이 성행했을 것으로 추정된다. 짠지 · 싱건지 · 오이지 등 김치류에 요즘도 '지'가 붙듯이 우리나라는 김치를 '지(漬)'라 불렀는 바, 초기의 김치는 단무지나 장아찌에 가까웠을 것이다. 지금도 전라도에서는 김치를 '지'라고 하며, 배추로 만든 백김치를 '백지(반지)'라고 한다. 고려시대 『향약구급방』에 처음으로 배추에 관한 기록이 나오는 한편, 고려시대에 이르면 채소재배가 발달하여 무 · 오이 · 가지 등과 여러 가지 산나물이 김치에 쓰였다. 따라서 이 시대의 김치는 순무장아찌에서 동치미, 나박김치 등의 국물김치[68]로 나아갔다. 단순한 소금절임에서 벗어나 파, 마늘 등 향신료가 가미된 양념형김치도 나타났다.

지금과 같은 김치형태가 시작된 것은 18세기말 중국에서 처음 재배됐다는 크고 맛이 좋은 결구배추가 도입되면서부터라고 본다. 김치는 거의

68 나박김치나 동치미 등의 국물김치가 개발된 것은 통일신라 때일 것으로 본다.(고대 민족문화연구소편, 『한국민속대관』 2, 1980, 451쪽).

백김치

가지김치

오이가지김치

나박김치

오이소박이

섞박지

모든 채소로 담글 수 있지만 배추로 가장 많이 담기 때문에 김치라고 하면 배추김치를 가리키는 것이 일반적이다. 그후 우리나라 풍토에서 더욱 우수한 결구배추 품종들이 개발되어 미국, 캐나다, 멕시코, 및 중남미로 전해졌다. 게다가 파, 마늘, 생강을 넣거나 소금만으로 간한 담백한 맛의 김치에 고춧가루를 넣어 빨갛게 버무린 김치와 더불어 김치의 담금이 다양해졌다. 조선시대 김치는 고추가 도입되면서 비약적으로 발전하게 된 것이다. 김장철에는 '고추때'라 하여, 고추밭에 나가 고추밭을 사서 따오는 예도 많았다. 그러나 이제 김치는 단순히 겨울용 저장식품뿐만 아니라 계절에 따라 즐겨 먹는 조리가공식품으로 변신하기 시작했다.

조선시대 문헌에 나오는 김치를 지칭하는 용어만도 150여종에 이를 만큼 김치의 종류는 많다. 김치의 종류는 채소의 계절성에 따라 구분해볼 수 있다. 봄철의 나박김치와 돗나물김치, 여름의 오이소박이와 열무김치, 가을김치인 섞박지가 계절김치의 대표적인 예다. 섞박지는 배추를 썰어 절인 다음 무우를 비롯하여 미나리 · 갓 · 파 · 생강 · 젓갈 · 고춧가루로 버무려 담는다. 김치라면 겨우내 먹는 김장김치가 제일이다. 김장김치의 대명사격인 배추김치는 김장의 기본품목이다. 배추김치는 속이 꽉 찬 통배

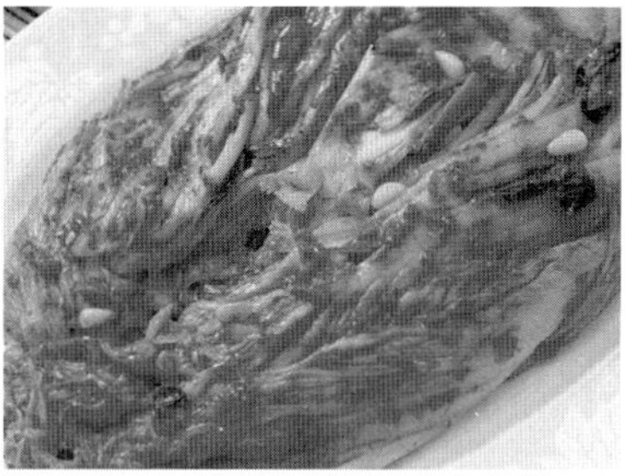
배추김치

보쌈김치

추를 하룻밤 소금물에 절인 후 채 썬 무와 젓갈, 고추가루, 파, 마늘 등을 버무려 만든 소를 배춧잎 사이사이에 고르게 채운 다음 겉잎으로 잘 싸서 독에 넣어 한 달쯤 지나면 발효 완성되는 것이다. 이 밖에 김장김치에는 큰 배춧잎으로 싸서 익힌 보쌈김치,[69] 산간지대의 독특한 갓김치, 파김치, 깍두기, 동치미 등 김치의 종류가 수없이 많다.

밥도둑 젓갈 / 비타민 덩어리 고추

김치와 관련된 우리의 음식에 있어 양념은 빼놓을 수 없는 요소라 할 수 있다. 그 가운데 소금은 인류가 이용해온 가장 오래되고 중요한 것이며, 그 소금에 절여 발효시킨 젓갈은 우리의 양념을 대표한다고 하겠다.[70] 조선시대 문헌에 나오는 것만 해도 무려 160여종이나 된다. 서울 마포나루는 각종 젓갈의 집산지로서 이른 새벽 골목길에 '새우젓 사~려', '조개젓 사~려'하면서 항아리에 담은 젓갈을 지게에 지고 팔러 다니던 시절을 떠올리게 한다.

69 개성지역은 그곳에서 재배하는 배추의 잎이 넓고 길었으므로 넓은 잎에 차곡차곡 싸서 담는 보쌈김치가 발달했다.

70 고려시대 소금의 전매가 국가차원에서 이루어져 식생활에 큰 변혁을 가져왔고, 소금을 매체로 장, 젓갈, 김치 등의 저장식품이 발달된 것이 우리 식생활사의 특징이다. 조미료 가운데 천초(川椒)와 생강 등은 우리나라가 원산지며, 후추는 송에서 들어온 것이다.

"젓갈은 밥도둑이다"라는 말이 있을 정도로 젓갈의 곰삭은 발효미는 밥맛을 돋구어준다. 결혼하는 왕비가 가져가는 폐백음식 중에 들어 있었다[71]는 젓갈은 칼슘과 단백질의 함량이 높은 알칼리성식품으로 체액을 중화시킨다. 채소를 절이는 데 소금을 사용 삼투작용에 의해 맛과 질을 좋게 하는 것은 중국이나 일본과 비슷하나, 담백한 맛을 내는 젓갈의 이용은 우리나라의 독특한 것이다. 특히 일본김치는 우리 김치와 달리 맵지 않고 단맛이 강하며 젓갈이 들어가지 않기 때문에 싱거운 편이다.

기후가 온화한 중부이남에서는 김치를 담글 때 간을 짜게 하고 신선미를 보완하기 위해서 젓갈을 많이 쓴다.[72] 예전부터 영호남에서는 멸치젓을 주로 쓰고, 중부이북에서는 조기젓과 새우젓[73]을 많이 쓰며, 동해안지역에서는 갈치·명태를 넣기도 하는데, 충청·경기 지역에서는 까나리젓이라는 액젓을 널리 쓴다. 대개 새우젓·멸치젓 등은 김치의 부재료로 쓰이고, 명란젓·소라젓·오징어젓·참게젓·창란젓·어리굴젓·조개젓 등은 반찬으로 이용된다. 조기젓국 김치의 맛은 국물이 맑고 상쾌하며, 멸치젓국 김치는 감칠맛이 많다. 그런데 젓갈의 비린내를 막기 위해서는 고추가 들어가야 되기 때문에 젓갈은 19세기이후에나 김치에 들어갔다.

16세기말에 멕시코가 원산지인 고추가 남방으로부터 들어오면서[74] 우리 음식의 맛이 크게 달라졌다. 고추는 채소류의 색과 맛이 변하거나 냄새나는 것을 막고, 소금이나 젓갈과 어우러져 몸에 좋은 효소를 만들어낸다. 즉 채소에 고추와 함께 젓갈을 슬기롭게 조화시켜 한국음식을 대표하는 훌륭한 김치를 만들게 되었다.

한편 고추는 몸속 피의 흐름을 좋게 하고 몸의 지방성분을 산화시켜 열이 나게 함으로써 추위를 덜 타게 한다. 또 다이어트효과가 있고 간암

---

71 신문왕이 김흠운(金欽運)의 딸을 왕비로 삼을 때 예물로 보낸 품목에 술, 장, 젓갈 등이 들어 있다(『삼국사기』 권8, 신문왕 3년).

72 예전부터 젓갈이 흔했던 강경은 요즈음 전국 최대의 젓갈시장으로 위상을 되찾았다.

73 새우젓은 돼지고기 먹을 때 양념이나 국의 간을 맞출 때 이용하며, 돼지고기나 감을 먹고 체했을 때 민간요법으로 쓰였다.

74 고추가 우리나라에 전래될 당시의 이름은 '남만초(南蠻椒)', '왜겨자(倭芥子)'였다.

세포의 증식을 억제한다. 고춧가루의 매운맛을 내는 성분인 캡사이신이 항암과 진통의 효과에 뛰어난다. 중국인이 대장암이나 위궤양 발생률이 높은 것은 고추를 적게 먹기 때문이라는 국립싱가포르대의 연구결과가 보도된 바 있다. 그리고 우리 겨레는 긴 겨울 동안 부족하기 쉬운 비타민C를 고추로 버무린 김치를 통해서 섭취했던 것이다. 우리나라의 고추는 다른 나라의 것과 달리 매운맛에 비해 단맛성분의 감칠맛이 많고, 색소는 강렬하면서 비타민C 함유량이 매우 많아 사과의 50배이다.

사실 우리 김치의 경우 종류가 많은 건 둘째 치고 김치 하나에 별의별 양념[75]이 다 들어간다. 다만 지리적 여건에 따라 양념을 넣는 방식에 차이가 있다. 북쪽지방은 춥기 때문에 고춧가루나 젓갈 등을 적게 쓰고 싱겁게 담는 편으로 백김치 · 보쌈김치 · 동치미 등이 유명하다. 그에 비해 남쪽지방에서는 짜게 담아야 변질을 막을 수 있는데 소금만으로 짜게 하면 맛이 없으므로 젓국을 많이 쓴다. 그런데 젓갈이 많이 들어가면 곁내가 생기기 쉬우므로 고춧가루를 많이 넣고 찹쌀풀을 넣어 이를 보완한다. 고추에 있는 매운 성분인 캡사이신은 젓갈의 산패를 방지하는 효과가 있다. 요컨대 남쪽은 맵고 짜게 고춧가루 · 마늘 · 소금 · 젓갈 등을 많이 넣는데, 호남지방은 매운 김치, 영남지방은 짠 김치가 특색이다.

콩은 우주인의 식량 / 간장 / 고추장

우리의 부식류 중 으뜸을 차지해온 것이 왕비의 혼수품목에도 들어갔던 장류(醬類)이다.[76] 장은 삶은 콩을 발효시켜 만든 메주를 이용해서 만드는데, 장의 주원료인 콩[大豆, soybean]의 원산지를 알아보면 만주로 되어 있다. 만주는 고구려의 옛땅으로 고구려사람들은 적어도 3세기경에 콩의 발효식품을 만들어 먹었으며,[77] 신라에서도 이미 장류식품을 만들어

75 '아지노모도'라는 일제 화학조미료가 우리의 천연조미료를 누르고 양념의 패자가 된 것은 안타까운 일이다.

76 메주를 띄워 만든 간장 · 된장 · 고추장 등은 부식의 발달을 촉진했다.

메주

먹었음이 확실하다. 딴 나라들에서는 육장(肉醬)·어장(魚醬)이 발달했지만 한국에서는 두장(豆醬)이 발달했으며, 실학자 이익이 '대두(大豆)국력론'[78]을 폈을 만큼 콩은 국력이기도 했다. 2003년 우주공간에서 온도·공기·수분을 조절하여 콩을 길러 식량조달에 성공했다는 NASA의 발표가 보도된 바도 있다.

콩의 주성분은 단백질(40%)·탄수화물(30%)·지질(20%) 그 밖의 무기성분 등인데, 콩의 영양가는 쇠고기등심보다 월등히 높다. 그리고 항암작용이나 동맥경화예방, 치매예방은 물론 양질의 단백질과 비타민E가 풍부하여 기미방지, 노화방지 등에 탁월한 효능이 있다는 것은 잘 알려진 사실이다. 장류인 간장, 된장, 고추장은 우리 음식의 원천이 되는 조미식품이며 특히 국물음식을 만드는 데 꼭 필요한 재료이다. 가정에서 반드시 해야 할 일 중의 하나가 장 담그는 것이었기 때문에 "구더기 무서워 장 못 담글까"라는 속담까지 나오게 되었다.

메주를 쑤어 두세 달 볕에 말리고 아랫목에서 띄운 다음 독에 넣고 소금과 물을 1대 3의 비율로 부운 후 60~90일 정도 지나면 까만빛의 물이 생기는데, 이것을 솥에 달이면 간장이 된다. 간장은 '간이 들어간 장'이라는 뜻으로 붙여진 이름인데, 조선시대에는 간장을 '청장(淸醬)'이라고도 했다.[79] 우리의 전통간장은 달고 짠 맛이나 독특한 향이 뛰어나며 짧게는

77 고구려가 세계에서 처음으로 콩을 재배하기 시작했음을 말한다. 콩은 보리나 벼에 비해 토지에 수분이 적어도 되므로 재배하기도 쉽고 가뭄에도 잘 견디므로 많이 재배되었다. 고구려인은 콩을 어두운 곳에서 발효시켜 소금을 섞은 '시(豉)'라는 식품을 만들었는데 이는 일종의 메주다. 된장과 관련된 가장 오래된 기록은 중국의 『삼국지』위지 동이전에서 말하고 있는 "고구려사람들은 발효식품을 잘 만든다"는 내용이다. 두부는 고구려가 개발하여 중국과 일본에 영향을 주었으며, 중국에서는 더욱 발전하여 다양한 형태의 두부가 등장했다.

78 "곡식이란 사람을 살리는 것으로 주장을 삼는다면 콩의 힘이 가장 크다."(이익, 『성호사설』 9권, 인사문).

고추

고추장

1년에서 길게는 몇 년 동안 음식의 기본이 된다. 그 집의 운수를 알려면 장독의 간장을 찍어보면 안다는 것은 김유신 이래 오늘날까지 전통으로 내려오고 있다. 백제와의 전투에 급히 나선 김유신 장군은 자기집 앞을 멀리 지나다가 간장을 가져오게 하여 찍어 먹어보고 맛이 변치 않았음에 집안과 노모가 평안함을 확인하고 맘 편히 출전했다는 일화는 유명하다.

비교적 육류 소비량이 적어 아미노태질소가 부족하기 쉬운 한국인들에게 간장은 이 영양소를 보충해주고 있다. 2006년 3월 언론에서는 '농산물도 오래 묵히면 골동품 명품이 된다'면서 '60년 된 간장 1.5kg이 1억원'이라고 보도한 바 있다. 2006년 10월에는 충북 보은 보성 선(宣)씨 참의공파 종가집의 350년 묵은 덧간장 1리터가 500만원에 팔린 바도 있다. 이 간장은 햇간장 만들 때 넣는 묵은 간장으로 보은산 무공해 콩으로 쑨 메주에다 1년이상 묵힌 천일염간수를 섞어 햇간장을 담근 후, 발효성분이 풍부한 덧간장을 섞어 고유의 맛을 보전한 것이라 한다.

된장과 간장은 중국·일본에도 있지만 고추장은 우리나라에서만 생산되는 전통식품이다. 외국에 갈 때도 가지고 나갈 정도로 고추장에 대한 애정은 극진하다. 고추장은 곡물로 떡을 안친 후 고춧가루, 메주가루, 소금으로 버무려 담근다. 고추장은 맵고 달고 구수한 맛이 잘 어우러지며

79 된장이나 고추장과 달리 액체이자 발그스름하고 맑게 보이기 때문에 붙여진 이름이다.

곡물에 들어 있는 탄수화물, 메주의 단백질, 고추의 비타민 등이 녹아 있어 영양소도 매우 풍부하다. 2001년 일본에서 한국고추장 열풍이 일어 매장이 400여곳으로 늘어났다는 보도가 있었다. 우리에게 고추를 전해줬다는 일본인들은 국교가 불교였기도 했지만 육식을 하지 않는 체질 때문에 위장에 자극을 지나치게 많이 주는 고추를 즐겨 먹지 않았다.

전북 순창고추장은 전국은 물론 해외에까지도 소문날 만큼 유명하다. 『증보산림경제(1766)』에는 순창지방의 명물인 고추장에 대한 기록과 함께 고추장 담그는 법이 나온다. 순창은 고추장·된장 같은 전통 발효식품 생산량이 전국의 38%를 차지한다. 2006년 32,000명이 사는 순창에 100세를 넘긴 노인이 여덟 명이라는 보도를 들은 적이 있다.

항암효과 탁월한 된장 / 똥배 들어가는 청국장

간장을 퍼내고 남은 메주만 가지고 하거나 거기에다 메주가루를 좀더 넣고 소금으로 간을 맞춰 됨직하게 삭히면 된장이 된다. '되게 만들어진 장'이라는 뜻으로 붙여진 이름의 된장은 토장이라고도 하는데, 빛깔이 흙처럼 보이기 때문이다. 국과 찌개에 많이 쓰이는 된장은 구수한 맛과 향이 있고 단백질 공급원이기도 하다. 하얀 곰팡이가 핀 것을 두고 "메주꽃이 피었네" 하고 좋아했던 건, 곰팡이가 콩 단백질을 아미노산으로 분해해 장맛을 구수하게 해줬기 때문이다.

된장은 한국의 발효식품 중에도 항암효과가 가장 탁월한 것으로 알려졌다.[80] 또 된장은 간기능 증진에도 효과가 크며, 노화방지 효과는 더 잘 알려졌다. 된장은 고혈압이나 골다공증을 예방하고 뇌졸중이나 뇌출혈 등 혈액순환장애로 인한 질병을 예방할 수 있으며, 동맥경화나 심장 질환의 예방, 당뇨개선에도 좋다. 다만 바실러스균은 열을 가하면 파괴되기

80 된장에서 지방산이 포함된 활성물질을 추출하여 발암물질인 아프라톡신 등을 박멸하는 발암억제효과를 확인한 바 있다.

된장

때문에 된장은 날로 먹는 게 좋다. 따라서 된장찌개를 끓일 때는 5분을 넘기지 않도록 해야 한다. 옛날에는 된장이 상처에 바르는 구급약으로도 사용되었다.[81] 특히 '절 된장 한 바가지는 보통된장 다섯 바가지와 맞먹는다'고 할 만큼 절에서는 요긴하게 쓰인다. 조선시대 된장으로는 고종이 즐겨 먹었다는 창의문(彰義門)된장을 비롯하여 남한산성된장, 전주 남문된장 등이 유명했다.

청국장은 푹 삶은 콩을 반 정도만 으깨지게 살짝 절구질해서 여기에 우거지, 김치, 돼지고기 등을 송송 썰어 넣고 소금간을 해서 뚝배기[82]에 끓여낸 것이다. 문헌에 기록된 청국장의 원래 이름은 전시에 빨리 만들어 먹을 수 있는 장이란 뜻의 전국장(戰國醬)이다. 청국장의 역사는 고구려시대로 거슬러 올라간다. 만주지방에서 말을 몰고 다니던 고구려인들은 콩을 삶아 말 안장 밑에 넣고 수시로 먹었다. 말의 체온(37~40°C)에 의해 자연발효된 콩이 청국장이 됐다는 것이다. 한국이 원조인 청국장문화는 일본[83]은 물론 실크로드를 따라 중국의 서역, 태국, 인도네시아 등 동남아시아로 퍼져나갔다.

청국장은 우리의 장류 중 유일하게 소금을 첨가하지 않고 고온(40~50°C)에서 속성으로 발효시킨 것이 특징이다. 삶은 콩에 볏짚을 군데군데 꽂아 온돌에서 숙성시키면 2~3일 만에 하얗게 끈적끈적한 실이 생기게

81 신라에 호랑이에게 물린 상처에 흥륜사 된장을 발라서 낫게 되었다는 이야기가 있다.

82 찌개나 탕을 담는 뚝배기와 같은 질그릇은 뜨거운 음식물을 담아도 그다지 뜨겁지 않고 기름기 있는 음식물도 잘 식지 않으며 그릇자체에 열을 가할 수 있어 편리하다.

83 우리의 청국장과 비슷한 일본의 낫토(納豆)는 자연발효가 아닌 인공배양된 것이며, 우리 된장보다 더욱 끈끈한 점액성 발효식품이다.

띄워지는데 여기에 영양과 맛의 비밀이 있다. 이 끈끈한 점액의 주성분이 폴리글루탐산으로서 항암능력을 지녔고 노화를 방지한다. 완전건강식품인 청국장의 발효의 주역은 볏짚에 붙어 있는 바실러스균인데, 이 좋은 세균이 유산균음료보다 1,000배나 들어있다. 청국장은 고혈압이나 콜레스테롤을 떨어뜨리고 골다공증 같은 갱년기증상도 없앤다. 한 달만 먹어도 변비가 사라지고 똥배가 들어가는 등 건강효과는 이루 헤아릴 수 없다. 특히 비타민B^2가 많아 간의 해독기능을 좋게 한다. 문제는 청국장 특유의 역한 냄샌데, 얼마 전부터 볏짚서 발효균만 골라내 냄새가 거의 없는 청국장이 나왔다. 청국장은 한겨울의 추위를 막아주는 좋은 음식이다.

경상도지방에서 많이 먹는 막장이란 봄철에 보리나 밀, 메주가루 등을 적당히 섞어서 소금물을 되직하게 붓고 숙성시킨 장이다. 막장은 감미로우며 간장을 떠내지 않으므로 독특한 맛을 낸다. 연중 저장하고 먹는다.

장맛 보고 딸 준다

옛날부터 장맛을 보면 그 집 주부의 솜씨를 알 수 있다고 했으며, "장맛 보고 딸 준다"는 속담도 있다. 이렇게 집안의 길흉흥망을 가늠하는 척도[84]였던 장인만큼 장 담글 땐 많은 정성을 들이고 금기를 철저히 지켰다. 법도가 엄한 집에서는 장 담그는 여인의 입을 창호지로 봉하고서 작업을 시켰는데, 침이 튀는 것을 막기 위해서가 아니라 여성의 음기가 건강에 좋지 않다는 속설 때문이었다. 장 담그는 부녀자는 사흘 외출을 삼갔으며 하다못해 개를 꾸짖어도 안 됐다. 특별히 좋은 물, 좋은 소금을 가려 쓰고자 했다.

장을 썩지 않게 온도와 습도 등을 흡수 조절할 수 있는 옹기[85] 즉 장독은 집안의 보물과 같다. 옹기들은 효율성 높은 단열재로서 외기의 온도변

84 장맛이 변하면 가운이 다했거나 집안에 변고가 생길 조짐이라 해서 무척 신경을 썼다.
85 옹기 표면에는 공기가 드나들 수 있는 숨구멍이 있기 때문이다.

장독

화로부터 음식물을 잘 보호하여 변질을 막아주는 구실을 한다. 더군다나 쉽사리 싫증을 느끼게 되는 매끈한 사기나 도자기보다 투박하고 거친 미적 감각이 돋보인다. 뿐만 아니라 독성 있는 유약을 써서 빤질빤질하게 광을 낸 그릇에 비해 음식물을 담는 그릇으로서 건강성까지 담보해준다. 최근에는 스테인리스 장독이 등장했으나 발효식품을 담가 숙성시키고 저장하는 데는 역시 옹기임이 과학적으로 증명되었다. 따라서 그 동안 못난이 그릇으로 하찮게 취급되어 오던 독·항아리·단지[86]들이 다시 사랑받게 되어 다행스럽다.

집집마다 음식맛을 좌우하는 것이 바로 장이었고, 따라서 장독을 잘못 관리하면 장맛에 이상이 생기고 이것이 집안식구들의 건강에 나쁜 영향이 미칠 수 있기에[87] 신경을 쓰지 않을 수 없었다. 그래서 장독은 별이

86 장독·김장독·새우젓독 등과 같이 큰 항아리를 독이라 하며, 꿀단지·신주단지·요강단지 등처럼 작은 항아리는 단지라 부른다.

주막

바르고 통풍이 잘 되며 배수가 잘 되도록 약간 높은 곳에 반듯하게 놓고자 했다. 장맛이 변치 않도록 햇볕에 쪼이고 빗물이 들어가지 않게 조심하고 벌레가 꾀지 않도록 애쓰는 일은 주부로서 기본적인 관심사였다. 새벽이면 뚜껑을 열어 맑은 공기를 쐬게 하고 아침볕을 쪼이게 한다. 새로운 공기와 맑은 햇빛은 장의 숙성과정에 필수조건이기 때문이다. 매일같이 장독을 청결하게 닦아 잡균이 들지 않도록 유의하였다. 청소할 땐 반드시 행주로 닦았는데, 물을 끼얹으면 '가시가 난다' 했다. 장맛이 변한다는 말이다. "간장독을 깨뜨리면 집안이 망한다"고도 했다.

장독 윗부분에 숯이나 고추 등을 띄우는 것도 장맛이 변치 말라고 하

87 "말 많은 집 장맛도 쓰게 변한다"고 하는 것도 변치 않는 장맛의 가치를 부각시키는 예다.

는 것이었다. 숯은 냄새와 곰팡이 등을 흡입하고, 고추의 매운맛은 소독 작용을 하며 붉은 고추의 비타민이 장의 맛과 영양에 보탬을 주기도 한다. 장독에 부정타지 말라고 금줄을 두르기도 했다. 장독대주변에 빨간 맨드라미나 봉선화를 심었던 것도 잡귀를 막으려는 주술적 의도가 있다. 좋은 날을 택하여 몸과 마음을 정결히 한 후 온갖 정성으로 담근 장은 여름의 뙤약볕과 소나기, 가을의 맑은 바람과 겨울의 눈서리를 맞으며 알맞게 익어 갔다.[88] 장독대의 모습은 그 집안살림의 격조를 말해주는 척도였다.

발효주, 청주와 탁주

우리의 대표음식으로 술을 들지 않을 수 없다. 중국에서 전래되었을 것으로 추정되는 술은 우리에게 특별한 때 마시는 것이 아니라 평상시 어려운 노동에 흥과 힘을 돋우기 위한 활력소로 쓰였으며, 중국이나 일본과 달리 손님에게도 차보다 술을 대접할 만큼 일상음료에 가까웠다.[89] 우리는 저녁식사를 할 때 대체로 반주(飯酒)를 든다. 반주는 밥을 먹기에 앞서 한두 잔 마시는 술인데, 피로를 풀고 식욕을 돋구기 위한 것이다. 위스키의 본 고장인 영국에서조차 혀를 내두를 정도로 세계 1·2위를 다투는 양주 수입국이요, 둘째가라면 서러워할 1인당 술 소비량에, 음주운전 사고가 가장 많은 나라인 것도 이해된다. 고려 성종 2년에는 주점(酒店)이 처음 설치되었고, 이것이 나중에 주막(酒幕)[90]이 되었다.

조선시대 가정에서는 주부의 솜씨로 술을 빚어 비축해두고 썼는데, 이

88 음식은 천 가지 재료, 만 가지 재주보다 한 가지 정성이라고 한다.

89 고구려는 스스로 술을 빚어 저장을 잘 할 정도였다(『삼국지』 위지 동이전). 우리의 술에 관한 역사는 신화시대로 거슬러 올라간다. 해모수가 하백의 셋째딸을 유인할 때 그녀가 오는 곳에 미리 술을 마련해 놓아 그녀가 돌아가지 못하게 했다는 기록이 있기 때문이다.(최남선, 『조선상식』 풍속편, 동명사, 1948).

90 주막 밖에도 목로집이 있는데, 이는 술청에 목로(木壚)를 베풀고 술을 판다고 하여 붙여진 이름이다. 목로의 형태는 길고 좁으며 전을 붙여 목판처럼 되어 있다.

용수

를 가양주(家釀酒)라 한다. 가양주는 반주에 쓰일 뿐만 아니라 큰 잔치가 있을 때도 사용되었다. 조선시대문헌에 등장하는 술은 무려 260여종에 이른다. 술은 크게 둘로 분류하여 발효주와 증류주로 나눌 수 있는데, 농업을 생업으로 한 결과 우리나라 술은 모두 곡주계통이며, 주로 멥쌀로 만든 것이다. 우리 술의 가장 큰 특징을 들라면 밀기울 누룩[91]을 재료로 쓰고 술맛이 달다는 점이다.

발효주는 먼저 쌀을 쪄서 고두밥(지에밥)을 지은 후에 누룩과 물을 넣고 잘 섞어 발효시킨 것이다. 발효주는 삼국이전부터 있어온 것으로서 청주(淸酒)와 탁주(濁酒)로 나눌 수 있다. 청주는 조선 선조 때부터 약주(藥酒)라고 불렸는데, 밀누룩 같은 곡물을 발효시켜서 만든 술 속에 용수를 박아 걸러낸 맑은 술이다. 용수란 대나무줄기·버들가지 등으로 엮어서 원통형의 깊숙한 모양으로 만든 소쿠리를 말한다. 술이 알맞게 익었을 때 용수를 술독에 박아놓고 고이는 맑은 술을 떠낸다. 조선시대 발달했던 가양주가 대부분 이 청주에 속했으며 이 술이 제사는 물론 각종 요리에 조미용으로 쓰였다.

민속주 가운데 백제왕실이 마셨다는 한산소국주는 향토주 중에서 가장 오래 된 것으로 18도의 약주이다. 조선초부터 가장 많이 알려진, '소국주(小麴酒)'란 누룩을 적게 쓰는 까닭에 붙여진 이름이다. 충남 한산 건지산 계곡의 물에 찹쌀로 빚은 것으로 맛이 좋아 내키는 대로 들이켜다가 일

91 누룩은 밀로만 만드는 것이 아니라 다른 곡식으로도 만든다. 보통 누룩은 복중 더운 날에 물로 반죽하여 곰팡이가 피어나도록 바람이 잘 통하는 곳에 걸어서 말린다. 서양의 과실주는 물론 맥주나 위스키 같은 곡주도 엿기름으로 만들어지는데 비해 한·중·일 3국은 누룩으로 술을 빚는다. 중국은 찹쌀을 주로 쓰고 일본은 쌀만을 사용하며 한국은 쌀·찹쌀·잡곡을 함께 사용한다

어나지도 못한다 하여 '앉은뱅이 술'로도 불린다.[92] 고려시대 이래 가장 애용되어온 백하주(白霞酒)는 흰 아지랭이와 같다고 하여 붙은 이름이다. 연노랑 빛을 띠고 은은한 향기가 나는 동동주는 고려시대이후 알려진 술인데, 달면서도 콕 쏘는 맛이 있어 더운 여름철에 시원하면서도 입맛을 돋우는 역할을 한다. 찹쌀로 빚은 맑은 술을 뜰 때 밥알이 동동 뜬다 해서 '동동주'요, 그 모양이 개미가 물에 떠있는 것과 같다 해서 '부의주(浮蟻酒)'라고도 한다. 최근 들어 경기지방의 민속주로 정해졌다.

가야곡왕주는 찹쌀, 야생국화, 구기자, 솔잎 등을 넣어 백일동안 정성스레 익힌 짜릿하고 달콤한 약주다. 약초냄새가 나는 이 술은 조선말 명성왕후의 친정인 민씨집안에서 곡주와 조선중엽에 성행했던 약술을 접목한 술로 왕에게 진상하던 것이다. 조선시대 청주의 대표격은 삼해주(三亥酒)로서 이는 고급약주에 속한다. 경주의 법주와 면천의 두견주도 유명하다. 이밖에 술에 향미를 더하는 가향주(加香酒)로는 도화주(桃花酒), 죽엽주, 국화주, 연엽주, 송화주, 구기자주 등이 있다.

강화도조약(1876) 이후 이 땅에 들어온 일본의 정종이 청주의 통칭명이 되기도 했다. 두산이 1992년도에 처음 내놓은 '설화(雪花)'는 현재 시판되고 있는 국산 청주 중에서 최고급으로 꼽힌다. 산딸기를 이용해 담근 복분자주(覆盆子酒)는 비타민이 풍부해 몸에 좋기로 유명한 약술로 '한국의 전통와인'으로 통한다. 최근 APEC 및 노벨평화상 수상자 정상회의의 공식 만찬주로 '보해 복분자주'가 선정되었다.

탁주는 술이 발효된 상태에서 청주를 떠내지 않고 그대로 막 걸러냈기 때문에 '막걸리'라고도 한다. 막걸리는 누룩의 종류에 따라 밀누룩으로 빚은 것을 일반막걸리, 쌀누룩으로 빚은 것을 순막걸리라 부르기도 한다. 농가에서 직접 만들고 농민들이 즐겨 마신다하여 '농주(農酒)'라고도 한다. 제주도에 유배된 인목대비의 어머니 노씨(盧氏)가 술지게미를 재탕한

92 과거보러 가던 선비들은 그 맛과 향에 취해 과거날짜를 넘겼고, 도둑은 훔치기를 잊은 채 술을 마시다 잡혔다고도 하는 등 소국주에 얽힌 얘기는 한두 가지가 아니다.

막걸리를 팔아 생계를 유지했다고 해서 '모주(母酒)'라고도 불린다.

고려시대부터 사람들에게 널리 알려진 대표적인 막걸리로 이화주(梨花酒)가 있는데, 막걸리를 만들 때 쓰는 누룩을 배꽃이 필 무렵에 만든다 하여 붙은 이름이다. 안동 이화주, 포천이동 막걸리, 김포 막걸리 등이 유명하다. 박정희 전 대통령이 즐겼다는 이야기를 듣고 김정일 국방위원장이 2000년 우리측에 요청해 맛봤다는 고양 쌀막걸리도 유명하다.

막걸리 속에 포함된 효모균체는 단백질과 비타민의 함량이 높아 영양이 풍부하고 장내 유해미생물의 번식을 억제하는 젖산균과 같은 정장제로 이용된다. 또 막걸리에는 인체의 조직합성에 기여하는 라이신과 같은 간질환을 예방하는 메티오라는 물질이 있고 톡 쏘는 맛을 내는 유기산에는 장수효과를 갖는 성분이 들어있기도 하다.

소주와 약소주

화학이 고도로 발달했던 아라비아에서 시작되었다고 하는 증류주, 즉 소주(燒酒)는 고려말 몽고군으로부터 유입된 것으로서 쌀 같은 곡류나 감자 등으로 발효시킨 술덧을 다시 증류시켜 만든 술이다. 우리나라의 소주 산지로 유명한 개성, 안동, 제주도 등이 모두 원나라의 일본정벌과 관련된 지역이었음도 우연이 아니다. 본래는 소주가 약용으로만 쓰였으며 따라서 유입당시 소주잔은 매우 작았다.[93] 일반 양조주는 알콜도수가 낮아서 오래 두게 되면 대개 식초가 되거나 부패하게 되는데, 이런 결점을 없애기 위해 고안된 것이 증류주인 것이다.

증류장치로 처음에는 '는지'라는 것을 쓰다가 나중에는 좀더 발전된 '고리'를 사용했으며, 소주 만드는 것을 '소주 내린다'고 한다. 소주고리는 항아리가 아래위층으로 나뉘어 있는 듯이 보이나 허리가 잘록한 채

93 이수광, 『지봉유설』. 소주 외에도 원에서 받아들인 음식으로 포도주, 만두(霜花), 양고기 등이 있다.

이어져 있으며, 잘록한 부위에 소주가 흘러나올 수 있도록 '귓대' 즉 아가리가 아래로 향하여 붙어 있다. 소주는 어떤 곡물로 만들었느냐에 따라 찹쌀소주, 멥쌀소주, 밀소주, 보리소주 등으로 나눈다. 밑술을 고아서 이슬처럼 받아내는 술이라 하여 소주를 '노주(露酒)'라 하기도 하는데, 찹쌀과 멥쌀을 섞어 만든다. 이밖에 소주에 각종 약재를 넣어 만든 술을 '약소주'라 한다. 약소주에는 죽력고(竹瀝膏), 감홍로주(甘紅露酒), 이강고(梨薑膏), 매실주, 구기자주 등이 있다. 죽력고는 대나무토막을 항아리에 넣고 불을 지폈을 때 흘러내리는 기름이다. 죽력에 솔잎, 생강, 창포 등을 넣고 소주 내리는 방법으로 증류시켜 만든 것이다. 즉 푸른 대쪽을 불에 구워서 받은 진액을 섞어 만든 소주에다 꿀을 넣어 만든다. 한방에서 아이들이 중풍으로 갑자기 말을 못할 때 구급약으로 써왔다. 감홍로주는 소주에 꿀과 자초(紫草)를 넣은 것이다. 이강고는 배와 생강의 즙을 내어 받친 다음 흰 벌꿀을 섞어 소주병에 넣은 후 중탕한 것이다.

소주고리

우리나라를 대표하는 소주를 셋 들라면 문배주를 비롯하여 안동소주와 전주이강주를 꼽는다. 원나라가 일본을 정벌할 계획으로 안동에 병참기지를 만들면서 전파시킨 안동소주는 1987년 경상북도 무형문화재로 지정되면서 기능보유자 조옥화 여사가 1990년부터 민속주 안동소주를 제조하여 판매하기 시작했다. 안동지방의 물로 쌀을 쪄서 증류시킨 알콜도수가 높은 45도 술인데도 은은한 향취와 감칠맛이 있어 인기가 대단하다. 전북지방 민속주인 이강주는 이 고장의 명물인 배와 생강을 넣어 빚은 술로 전라도 전주, 익산, 완주 지방에 전해 내려오는 우리나라 최고급에 속하는 술이다. 1987년 무형문화재로 지정된 이강주는 원기회복과 간보호에 효과가 있는 것으로 알려졌다.

소주는 청주나 탁주에 비해 곡식이 많이 들어가고 제조공정이 복잡한 만큼 값이 비싸므로 아무나 즐길 수 있는 술이 아니었다. 이렇듯 가정에서 만들어 내던 옛 소주는 주정도수가 매우 높은 술이었다. 그러나 1965년부터 양곡관리법의 발효와 함께 증류식 소주제조가 금지되었다. 그리하여 오늘날 일반적으로 마시는 소주는 소주 원액에 물을 타고 첨가제를 섞어 공장에서 대량 생산하는 희석식 소주이다.

경주법주 · 면천두견주 · 문배주

술을 좋아한 민족이기에 조선시대의 문헌에 전하는 것만 해도 200종을 훨씬 넘었었는데 일본이 주세법을 만들고 밀주단속을 벌이면서 한국을 대표할 만한 술은 거의 사라져갔다. 오늘날 우리의 술 가운데 세 종류가 국가지정 문화재가 되었다.

첫째 경주교동법주는 12대 만석꾼을 자랑하던 경주최씨 집안이 빚는 술로 조선시대 임금이 즐겨 마셨다는 중요무형문화재이다. 숙성과정이 길고 빚는 날과 방법이 엄격하고 힘들어 법주(法酒)[94]라는 이름이 붙었다. 16도의 등황색 빛을 띠는, 우리 약주를 대표할 만한 술이다.[95]

둘째 면천두견주는 누룩, 찹쌀, 두견화 등으로 만든 술로서 약주 중에

94 이름 있는 절간 주변에서 빚어지고 있는 술을 모두 법주라고 부르기도 했다

95 연암 박지원이 청나라 사람과의 필담에서 우리나라에 법주가 있다고 자랑한 바 있다. (박지원, 『열하일기』 성경잡지(盛京雜誌). 요즘 나오는 경주법주의 '화랑(花郎)'은 양질의 국산 찹쌀만 사용하여 맛이 매우 부드럽다. 찹쌀은 『본초강목』 등 고서에 따르면 위를 보호하는 식품으로 알려져 있다.

가장 높은 19도이다. 술에 독특한 향이 들어간 두견주(杜鵑酒)는 진달래꽃을 쓴 것으로 진달래 꽃에는 꿀이 많아 술에 단맛이 돈다. 두견주의 명산지로 충남 면천이 알려져 있다. 복지겸의 딸 영랑이 아미산에 만개한 두견화 꽃잎과 찹쌀로 처음 빚어 아버지의 병을 낫게 했다고 한다.

경주법주

셋째 문배주는 술이 익으면 문배나무 꽃향이 난다 하여 붙여진 이름이다. 고려시대부터 제조되어 내려온 평안도지방의 민속주로서 '평양소주'라고도 불린다. 현재 김포양조장에서 생산되고 있는 문배술은 원래 평양 대동강변의 주암산 물로 빚던 북한술이다. 문배술이 남한술이 된 것은 이기춘(李基春) 양조원 사장의 선친인 이경찬(李景燦) 옹이 1・4 후퇴때 가족을 데리고 남하했기 때문이다.[96] 밀로 누룩을 만들고 좁쌀을 쪄서 밑술을 만드는데, 밀누룩 20%・조 32%・수수 48%의 비율로 배합한다. 증류된 술은 엷은 황갈색을 띠며 40도 정도의 알콜도수로 일반 증류주와 달리 매우 부드러운 술이다. 클린턴 전 미국대통령 방한시 접대했던 술이며, 2000년 김대중 전 대통령이 남북정상회담차 평양방문때 가져간 이후 더욱 유명해졌다.

우리의 된장・소주, 일본으로

우리와 비슷한 음식문화권에 속한 일본과의 갈등이 계속되고 있는데, 2001년 일본은 제네바에 있는 세계지적재산권회의에 일본된장인 미소(味噌)[97]를 Miso로, 일본소주인 쇼추를 Shochu로 등기하려다가 우리측의 반

96 1대 박씨할머니, 2대 이병일씨, 3대 이경찬씨, 4대 이기춘씨에 이어 그의 아들 이승용(李丞鏞, 29, 중요무형문화재 전수자)씨가 5대째 가업을 잇고 있다.

97 우리 된장이 순 콩만을 이용하는 데 비하여 미소는 쌀・보리・밀가루 등을 첨가함으로써 달짝지근하며 고기맛을 내는 특징이 있다.

발로 실패했다. 여러 나라에서 먹고 있는 된장을 한 나라의 고유한 이름으로 국제화시켜서는 안 된다. 일본에서 장(醬)이라는 말이 처음 등장하는 것은 『대보율령(大宝律令)』이라는 문헌으로 서기 710년인데 비해 우리나라의 『삼국사기』에는 신라 신문왕 3년(683) 폐백품목으로 장이 나온다. 일본말로 미쇼나 미소는 한국의 메주가 전음(轉音)된 것임을 일본학자들도 공인하고 있다. 송나라 손목(孫穆)이 지은 『계림유사』에서는 "장(醬)을 미소[密祖]라 한다"고 했다.

소주도 일본 최초의 기록은 규슈의 가고시마에 있는 하치만(八幡)신사 해체작업 때 기둥에 쓰인 1558년의 낙서로 주지가 인색하여 소주 한 번 사주지 않았다는 것이다. 이에 비해, 우리 소주의 경우 몽고군의 침입때 전래된 것으로 『고려사』 열전 최영전에는 소주바람에 왜적에게 패배한 사례가 나온다. 일본 『고사기(古事記)』 응신천황조에는 백제인 수수보리(須須保理, 별명 仁番)가 누룩으로 술을 빚는 기술을 전함으로써 비로소 일본에 술다운 술이 생겼다고 한다. 베짜는 기술자인 궁월군의 증손인 수수보리가 일본에 가서 응신천황에게 술을 빚어 바쳤더니 천황이 "수수보리가 빚은 술에 나도야 취했네 태평 술 즐거운 술 나도야 취했네"라고 노래했다는 것이며, 수수보리는 그 후 일본의 주신(酒神)으로 추앙 받았다는 것이다. 이렇듯 된장이나 소주가 우리나라에서 건너갔음은 기록으로 입증된다.[98]

최근엔 산소주, 종가집김치, 해찬들고추장, 양반김, 농심신라면 등의 일본수출량이 한류열풍을 타고 부쩍 늘었다. 진로소주는 일본 소주업계에서 압도적인 1위를 달리고 있다.

---

98 일본의 된장이나 술이 한국에서 건너갔음을 일본의 학자가 단언한 바 있다.(와타나베(渡邊 實), 『일본식생활사』, 吉川弘文館, 60~63쪽).

의례에 꼭 필요한, 떡

우리 민족의 먹거리 중에 빼놓을 수 없는 것이 떡이다. 조선시대 문헌에 나오는 것만도 240여종에 이른다. "떡 본 김에 제사 지낸다"는 속담이 있고, 『삼국유사』 <가락국기조>에도 떡이 제수로 나오고 있듯이 떡은 통과의례나 종교의례에서 으뜸으로 꼽히는 특별음식이다.

지금도 서울의 종로와 낙원상가를 비롯한 떡집은 불경기가 없다. 의례에 소요되는 떡의 수요가 많기 때문이다. 서울의 유명한 산과 변두리에 있는 굿당에 떡을 비롯한 의례음식을 배달하는 업종이 성업을 이룬다고도 한다. 이제 온라인망을 통해 영업을 하는 곳만도 수십 곳이나 되는 것을 보면 백일이나 돌, 혼례, 제례 등의 의례에 쓰이는 떡의 수요가 만만치 않음을 말해준다.

처음에는 사람들이 음식을 직접 불에 익혀 먹었다. 토기가 등장함에 따라 물로 삶은 요리가 가능해졌다. 그러나 음식물이 토기에 달라붙기 때문에 물과 함께 끓여서 죽처럼 만들어 먹었을 것이다. 그후 음식물을 수증기로 찌는 시루가 등장한다. 고구려 고분벽화에서 시루로 음식을 찌고 있는 주방의 모습을 볼 수 있다. 실제로 삼국시대의 고분에서 떡시루가 발견되고 있다. 이로 보아 우리 선조들이 농경의 시작과 함께 별식으로 떡을 만들어 먹기 시작한 것으로 추측된다. 이 같이 시루가 쓰이던 시기에는 찐밥, 찐떡 등을 평상시의 음식으로 먹었던 것으로 보인다.

현대 떡집

떡

그러다가 솥이 등장하는데, 솥에 대한 기록으로는, 다리와 귀가 달린 솥을 고구려의 대무신왕(大武新王)이 부여를 공격할 때 사용했다는 것이 최초이다.[99] 삼국시대 후기쯤에 이르면 무쇠로 만든 가마솥으로 발전하게 된다. 무쇠솥이 일반화되면서 쌀을 솥에다 끓여 밥을 짓게 되었다.[100] 밥짓기는 떡만들기에 비하여 용이하고 간편한 조리법이다. 이렇게 되어 떡은 특별음식이 되고 밥이 상용음식으로 자리 잡게 되었다. 한편 이보다 앞서 낙랑 유적지에서 발견된 청동시루와 토기시루는 부족국가시대에도 이미 떡을 만들어 먹었다는 것을 짐작하게 한다.

우리 떡은 보통 쌀가루를 쪄서 만든다

떡은 만드는 방법에 따라 시루에 찌는 시루떡과 시루에 찌지 않고 가루를 물로 반죽하여 모양을 만드는 물편으로 나눌 수도 있다. 그러나 일반적으로 조리법에 따라 떡의 종류를 크게 네 가지, 즉 찐떡(시루떡)·친떡·삶은떡·지진떡으로 구분한다.

찐떡은 시루 '증(甑)'자를 써서 증편(甑餠)이라고도 한다. 찐떡은 멥쌀이나 찹쌀을 물에 담갔다가 가루로 만들어 시루에 안친 뒤 김을 올려 익힌 것이다. 찐떡 가운데 무리떡은 고물 없이 쌀가루에 간만 하여 그대로 시루에 안쳐 쪄낸 떡으로 '설기떡'이라고도 한다. 무리떡에 아무것도 섞지 않은 것을 흰무리(백설기)라 하며 어린아이 돌상에 많이 낸다. 켜떡(켜시루떡)은 멥쌀가루나 찹쌀가루와 팥, 녹두, 깨 따위의 고물을 켜켜이 안쳐 찌는 떡을 말한다. 붉은 팥의 시루떡은 가장 대표적인 켜떡이다. 찐떡은 이밖에 느티떡, 두텁떡, 기주떡 등이 있다.

둘째, 친떡은 도편(擣餠)이라고도 한다. 친떡은 시루에 찐 다음 절구나 안반(떡판) 등을 놓고 떡메[101]로 친 것이다. 멥쌀가루를 쪄서 친 떡을 '흰

99 『삼국사기』 고구려본기, 대무신왕 4년(AD21)조.

100 곡물의 조리법으로서 최초의 것은 죽이고 이어서 떡으로 진전되고 다음으로 밥짓기가 이루어졌던 것이다.

기주떡

수리취떡

송편

삼색경단

가래떡' 또는 '절편'이라 하고, 찹쌀을 날알채로 찐 다음 쳐서 고물을 묻혀 만든 떡을 '인절미'로 통칭한다. 인절미라는 이름이 생긴 것은 조선 인조가 이괄의 난을 피해 공주땅에 내려갔을 때 백성 중 한 사람이 떡을 만들어 올렸고 떡의 맛에 반한 인조가 천하의 절미라고 하여 '절미'로 이름을 붙여주었다는 데서 유래한다. 떡을 바친 사람의 성이 임씨라 하여 임절미로 불렀고 그후 인절미가 되었다는 것이다. 인절미는 황해도 연안·백천의 인절미를 제일로 치는데, 그곳에서 좋은 찹쌀이 나기 때문이다. 친떡으로는 인절미, 개피떡, 절편, 단자 등이 있다. 절편에는 '떡살'로 문양을 찍는다. 떡살에는 여러 가지 문양이 있는데, 5월 단오일에 만들어 먹는 수리취절편[車輪餠]은 차바퀴모양의 문양을 새긴 떡살로 찍는다.

101 떡쌀을 안반에 놓고 찰지게 치는 도구로서 주로 소나무나 피나무로 만든다.

안반(떡판)과 떡메

떡살(나무떡살)

셋째, 삶은떡은 물편이라고도 하며, 빚는 떡이라고도 할 수 있다. 단자(團子), 경단(瓊團), 송편 등이 이에 속한다. 단자는 찹쌀가루를 물을 내려서 찌거나, 익반죽하여 반대기를 만들어 끓는 물에 삶아 내어 꽈리가 일도록 쳐서 적당한 크기로 빚거나 썰어서 고물을 묻힌다. 단자에는 밤단자, 대추단자, 유자단자, 석이(버섯)단자 등이 있다. 경단은 찹쌀가루나 수수가루 등을 익반죽하여 동그랗게 빚어서 끓는 물에 삶아 건져내어 콩고물이나 깨고물 등을 묻힌 떡이다. 송편은 멥쌀가루를 익반죽하여 콩, 깨, 밤 등을 소로 넣고 조개처럼 예쁘게 빚어서 시루에 넣고 쪄낸다. 쌀가루에 쑥이나 송기를 섞어서 쑥송편, 송기송편 등을 만든다.

넷째, 지진떡[煎餠]은 찹쌀가루를 끓는 물로 개어 둥글납작하게 모양을 만들어 기름에 지지는 떡으로 화전(花煎)이나 주악, 부꾸미 등이 있다. 산에 만발한 진달래꽃을 뜯어다가 쌀가루에 반죽하여 참기름을 발라 지져 먹는 화전은 봄의 미각을 한층 돋워주는 별식이다. 서당 유생들이 화전을 지져 먹느라고 들에 나가거나 산에 올라 하루를 즐기며 보내는 '꽃다림'이 널리 유행했었다.

우리의 떡은 보통 멥쌀을 쪄서 만든다. 이에 비해 중국은 밀가루로 만들어 구워 먹고, 일본은 찐 찹쌀가루를 끈기가 있도록 쳐서 먹는 편이다. 한국인에게 떡은 단순한 식품 이상의 의미를 갖고 있다. 떡은 혼인·환갑 등의 잔치나 상례·제례를 치를 때를 비롯하여 농경의례, 무속의식 등 크고 작은 행사에 쓰인다. 또 계절에 따라 즐기는 절식, 선물용 음식 등에

떡카페

떡 케이크

서 토착성과 전통성이 가장 깊이 배어 있는 게 떡임을 알 수 있다. 우리 조상들은 떡을 단순히 배를 채우는 음식으로만 보지 않았다. 떡살로 다양한 무늬를 내며 소박한 삶의 철학을 담아 무병장수와 수복강녕을 빌며 아름다움을 추구했다.[102] 떡살은 특히 절편의 표면에 꽃무늬를 새기는 용구로 생김새는 여러 가지가 있으며, 나무로 된 것과 사기나 백자로 된 것이 있다. 요즈음은 전통 향토떡에 현대적인 감각을 가미하여 떡샌드·커피편·보슬단자 등의 떡들을 개발하여 어른들뿐만 아니라 젊은이들의 입맛에 다가가고 있으며, 퓨전 스타일의 떡카페까지 생기고 있다.[103]

잔치날 먹는, 국수

조선시대에 국수는 정월대보름을 비롯하여 혼례·생일 등 잔칫날에 먹을 수 있었다. 현재도 결혼식 때는 국수를 먹는 것으로 알려져 있는데,[104] 이는 국수가 결혼식에만 먹는 음식이 아니라 잔칫날에 먹는 특별한 음식이었던 역사에서 기인한다. 간단한 손님접대시나 생일날 점심에 국수상을 차리는데, 점심은 '낮것'이라 하여 평소에는 마음에 점을 찍을 정도로

102 앞서 말했듯이 단오날에 수리취를 섞어 만든 수리취절편에 수레바퀴모양의 떡살을 찍어 장수를 기원했던 것이다.

103 서울 종로구 와룡동 국악거리에 위치한 떡박물관과 떡카페인 '질시루'는 각각 한국전통음식연구소 건물의 1층과 3층에 자리잡고 있다.

104 '국수를 먹다'는 말이 '결혼하다'라는 뜻으로 쓰이고 있다.

메밀국수

가벼운 음식이다. 우리나라 전래의 국수상은 국수 한 그릇만으로 한 끼의 음식이 되도록 만든 것이 아니다. 보통 국수상을 차릴 때는 냉채, 전과, 편육, 잡채, 떡, 한과, 과일 등을 함께 차린다. 국수는 고려 때 송에서 들어온 음식으로서 원래 제례 등 우리의 고유한 의례에서는 쓰이지 않다가 나중에는 제사 때도 국수가 놓이는데, 생전의 덕을 길이 추모하려는 의미가 담겨 있다.

우리나라의 국수로는 메밀국수와 밀국수가 기본품목이었다. 특히 메밀에 녹두를 섞어 만든 가는 메밀국수[白麵]를 으뜸으로 친다. 우리나라는 옛날부터 일부 추운지방에서 메밀을 재배하였지만, 밀은 삼국이 성립되던 시기에 중국으로부터 도입되었으나 기후 때문에 주작물이 아니었다. "잔치때는 면을 성찬으로 하는데, 밀가루가 부족하여 북경으로부터 수입하므로 비싸다"는 기록이 있다.[105] 국수가 새로운 잔치음식으로 각광받았으며, 밀가루가 수요에 비해 부족했음도 알 수 있다. 주로 봄에는 밀가루로 비빔국수를 만들어 먹었다.

밀가루와 녹두녹말을 섞어 만든 녹말국수도 쓰였으며, 닭고기국물에 밀가루반죽을 얇게 밀어 가늘게 썬 칼국수도 있었다. 칼국수는 여름철의 입맛을 돋구는 데 좋은 음식이었다. 복중에 더위를 피하여 물놀이 갔을 때 물가에서 닭을 푹 고고 그 국물에 미역을 넣고 끓이다가 칼국수를 넣고 끓인다. 여름 한철의 기분을 만끽하는 계절음식이다. 6.25 동란 이후 미국의 구호식품으로 밀가루가 들어오기 시작하면서 밀국수가 지금까지 국수의 주종을 이루고 있다. 최근에는 쌀가루로 만든 국수가 생산되어 시판되고 있다.

105 『고려도경』 권22 풍속 1.

겨울에 먹는 냉면 / 양반이 즐기는 수제비

북쪽지방에서는 녹말이나 메밀가루로 만들어 차게 먹는 냉면이 명물이었다. 냉면은 본래 평양지역의 겨울음식이다. 닭국물·양지머리국물 등을 차게 식히고 여기에 메밀국수를 말고 웃고명으로 양지머리편육·알지단 등을 얹어 놓는다. 찬 음식이지만 여름음식이기보다는 차가운 동치미 국물이 있는 겨울철의 음식이었다. 함흥지방의 회냉면도 유명하다. 본 고장에서는 감자녹말을 반죽하여 빼낸 국수를 삶아서 위에 가자미를 매운 양념으로 무쳐서 얹는다. 지금은 가자미 대신 홍어살을 새콤달콤하고 새빨갛게 무쳐서 얹는다. 남한지역에서 냉면집이 시작된 것은 6·25 동란으로 이북지역에서 냉면솜씨가 좋은 사람들이 피난을 온 게 동기가 되었다.

수제비는 6·25 전쟁을 겪은 서민층에게는 굶주림의 고난과 함께 연상되는 추억의 음식이다. 수제비는 일찍이 530~550년 사이에 중국에서 지은『제민요술(濟民要術)』에 '박탁(餺飥)'이라는 이름으로 나오는 오래된 음식이다. 우리나라에는 통일신라 전후해서 들어왔다고 보는데 정확한 기록은 없다. 사실 수제비뿐만 아니라 밀가루를 재료로 하는 음식에 대한 기록이 통일신라시대까지 보이지 않는다. 고려시대에 밀가루 음식이 등장하나 밀의 생산이 여의치 못해 수제비를 비롯한 밀가루 음식을 서민들이 먹기는 힘들었다. 더구나 수제비는 좋은 밀가루에 다진 고기, 기름, 파, 장, 후춧가루 등을 넣고 반죽하여 닭국물에 끓여 내고 닭고기를 얹어 먹을 만큼 고급스러운 음식이었다.

신라 때부터 지리산일대가 차밭

중국 당나라때 고승인 조주(趙州)선사는 "어떻게 선(禪)을 해야 하느냐?"고 묻는 사람들에게 "끽다거(喫茶去: 차나 한 잔 마시고 가라)"라는 화두를 던졌다. '다선일여(茶禪一如)'라 하지 않는가. 차를 마시는 것과 마음을 닦는 일이 그만큼 통한다는 뜻이다. 달마선사가 소림굴에서 9년

보성 녹차밭

의 면벽수도 중 졸음을 쫓기 위해 뽑아 던진 눈썹이 다음날 차나무로 변해 있었다는 일화도 차 마시는 것이 곧 수행임을 말하는 것이리라.

우리나라에 차가 전래된 것은 신라 때이다. 『삼국사기』에 "차는 선덕여왕(632~647) 때부터 있었다."는 기록이 이를 뒷받침한다. 또 『삼국유사』에는 "승려 충담사가 매년 3월 3일과 9월 9일에 차를 끓여 경주 남산의 삼화령에 있는 미륵세존께 올렸고 경덕왕의 요청으로 왕에게 차를 끓여 바쳤다."는 기록이 있다. 그리고 『삼국사기』를 보면 신라 흥덕왕 3년(828) 당나라에 사신으로 갔던 김대렴(金大廉)이 차나무를 들여와 지리산일대에 심었고 진감선사가 널리 보급함으로써, 그때부터 차 마시는 풍속이 성행했다고 전하고 있다. 그곳은 현재 쌍계사와 칠불암을 중심으로 한 하동군 일대를 말하는데 국내에서 생산되는 차의 절반 이상이 여기서 난다. 보성군일대에서도 국내 차의 40% 이상이 생산된다. 보성군 회천면 황성산 기슭에 자리 잡은 보성차밭은 국내 최대규모로 84만여평에 달한다.

『삼국유사』에 나오는 바와 같이 차는 제사를 지내는 데도 이용되었으며, 『동국여지승람』에 따르면 화랑들도 차를 즐겼다. 그렇지만 우리나라

차의 성쇠는 불교문화와 때를 같이 하고 있다 해야 할 것이다. 차는 신라시대 주로 왕가와 절에서 마시기 시작하여 관민 모두가 절을 중심으로 즐겨왔다.

고려때는 차가 왕실에서 애용되거나 문인들의 벗이 되기는 했으나 귀족들에게는 일상음료가 아니라 기호품이었다. 한편 연등회나 팔관회 같은 모든 의식에서 차를 사용했다. 특히 고려시대에는 불교적인 관습과 함께 차의 재배가 성행했다. 심신이 합일하는 선경(禪境)에 이르기 위한 좌선의 과정에서 잠을 쫓는 방편으로 카페인이 주성분인 차가 절과 밀착된 것이다. 한국의 차밭이 사찰 인근에만 있는 것도 이 때문이다. 고려시대 차의 성행은 도자기의 발달과 함께 훌륭한 다구(茶具)를 많이 구워내게 되었고 이것이 뒷날 일본에 많은 영향을 주었다. 일본에 차가 들어가기는 우리보다 360년 후이다.

조선시대에는 승려들이 주로 차를 마실 뿐 양반층조차도 차를 즐겨 마시지 않았다. 사실 우리는 중국이나 일본과 달리 차를 잘 마시지 않는 편이며, 차 대신 숭늉을 마셨다. 우리나라는 수질이 뛰어났기 때문에 차 마시는 것이 일반화되지 않았다고 할 수 있다.[106]

그런 가운데서도 정약용은 전남 강진에서 차를 재배하면서 자신의 호를 '다산(茶山)'이라 했을 만큼 차를 즐겼다. 당시 정약용에게 차에 대해 가르침을 준 해남 대흥사는 차의 본고장이었다. 일찍부터 초의선사(草衣禪師)가 이끄는 차모임이 이곳에서 이루어졌다. 대흥사는 다인과 문인들의 왕래가 그치지 않는 명사들의 집결지로 유명했다. 결국 조선말엽에는 초의선사가 다산 정약용, 추사 김정희 등과 교유하며 스러져가던 다맥(茶脈)을 되살려내기도 했다.[107] 초의선사가 지은 『다신전(茶神傳)』과 『동다

106 '다반사(茶飯事)'라는 말이 우리의 일상용어임에도 불구하고 차보다는 술을 많이 마시는 쪽으로 풍습이 흘러왔다. 따라서 차는 민족의 일반음료로 보급되지는 못하였다. 그런데 『세종실록』에 보이는 바와 같이 중국사람들은 누구나 기름과 고기를 많이 먹기 때문에 차를 마셔 그 기운을 내려야 했다.

107 다산은 "술을 마시면 나라가 망하고 차를 마시면 나라가 흥한다"는 말을 했다. 추사는 동갑내기 지기이자 한국차의 중흥조라 불리는 초의스님의 차를 유달리 즐겨 마셨다.

송(東茶頌)』 등에는 찻잎 따는 법에서부터 마시는 법까지 모든 것이 들어 있다. 이 시대에는 어린 찻잎으로 만든 작설차(雀舌茶 ; 잎이 참새의 혀처럼 생겼다 하여 작설이라 함)가 유명했다.

한국차는 아홉번이나 덖는, 덖음차

차는 차나무의 어린잎을 달이거나 우린 물을 말하는데, 차는 찻잎의 채취시기[108] 또는 가공방법 등에 따라 다양한 종류로 나눌 수 있다. 차나무에서 따낸 잎은 보통 인공적으로 가열하여 말린다. 그러므로 발효 유무와 정도에 따라 불발효차, 부분발효차, 발효차로 나눈다.

불발효차를 녹차로 부르는데, 녹차는 익히는 방식에 따라, 가마에서 볶아내는 덖음차(부초차)와 시루에서 쪄내는 증제차가 있다. 불발효차는 맨 먼저 잎을 화열 또는 증기로 가열하여 타닌성분이 효소에 의해 산화되지 않도록 하여 녹색을 유지시키는 것이다. 가마솥 화열로 볶는 것이 중국녹차고, 증기를 사용하여 찌는 것이 일본의 녹차다. 우리나라의 경우 경남 하동지역은 화열로 볶고, 전남지역에서는 증기로 찌는 편이다. 화열로 볶은 덖음차는 달고 부드러운 맛이며, 증기로 찐차는 쉬 우러나고 카페인의 자극성이 강하며 떫은 맛이 있다.

부분발효차는 잎을 햇볕에 노출시켰다가 그늘에서 말려 시들게 하여 성분의 일부를 산화시킨 다음 방향(芳香)이 풍길 때 가마솥에 넣고 볶는다. 부분발효차를 우롱차(烏龍茶)[109]라 하는데, 우롱차는 60~70% 발효되

108 차는 찻잎을 따는 시기에 따라 우전(雨前)·곡우·입하차 등으로 구분되며, 언제 딴 찻잎으로 만드느냐에 따라 품질이 결정된다. 4월 중순에서 5월 초순에 딴 잎으로 만든 차를 '첫물차'라고 하는데, 맛과 향이 가장 뛰어난 차다. 특히 비가 내리고 본격적인 농사가 시작되는 곡우(양력 4월 20일쯤) 이전에 따는 첫물차는 '우전차'라고 해서 더욱 귀한 대접을 받는다. 그밖에 찻잎의 크기 즉 거칠기에 따라 세작(細雀), 중작(中雀), 대작(大雀)으로도 분류한다. 찻잎은 모양이 가늘고 광택이 있는 게 좋으며 손으로 쥐어봐 단단하고 무거운 느낌이 드는 것이 상품이다.

109 차가운 회를 먹고 난 후에는 따뜻한 성질을 지닌 우롱차나 철관음 같은 차가 좋다.

화차(花茶)

며, 자스민차[110]는 15~20% 발효된다.

발효차는 홍차로 부른다. 발효차는 잎을 덖지 않고 볕이나 그늘에서 말려 잘 비벼서 잎성분을 충분히 산화시킨 것이다. 1960년대 유행하던 빛깔이 붉고 향기가 진한 홍차가 지금은 녹차에 밀리고 있다. 요즘 인기 높은 보이차(普洱茶)[111]는 찻잎이 완전히 건조되기 전, 곰팡이 번식을 통해 다시 발효시킨다고 해서 후발효차라고 한다. 발효기간이 길수록 맛이 부드러워지고, 따라서 오래될수록 비싸다. 20년 이상 숙성한 것을 상품으로 친다.

제조방법에 따라서는 차를 덖음차, 잎차, 떡차, 가루차(말차) 등으로도 나눈다. 덖음차는 손으로 덖고 비벼서 만든 차인데, 한국차를 대표하는 것은 이 차다. 성숙된 찻잎을 따다 열 번 쯤 덖고 볶아야 우리 전통의 덖음차가 된다. 잎차는 차나무 잎을 그대로 볶거나 찌거나 발효시키기도 하여 모양을 변형시키지 않고 원래대로 보전시킨 것을 말한다. 떡차는 찻잎을 시루에 넣고 수증기로 익혀서 절구에 넣어 떡처럼 찧어서 틀에다 박아낸 것을 말한다. 가루차는 시루에 쪄서 그늘에 말린 다음 가루를 내

110 청국장이나 김치찌개 같이 강력한 냄새를 풍기는 음식에는 자스민과 같은 화차(花茶)가 제격이며, 자스민차는 마신 뒤 찻잎으로 얼굴에 20분 정도 팩을 하면 주름살이나 여드름 제거에 효과적이다.

111 불고기를 비롯한 육류섭취 후에는 소화를 잘 시켜주는 보이차나 홍차 같은 강발효차가 어울린다. 보이차는 피부미용에도 좋고 몸안의 기운을 돌려주는 효과가 있어 거의 보약에 가깝다.

어 만든 차이다. 떡차를 가루내서 만든 가루차는 우리나라의 전통적인 가루차이지만, 잎차를 가루내서 만든 가루차는 요즘에 일본에서 유입된 것이다.

흔히 한국차는 덖음차, 중국차는 발효차, 일본차는 찐차라고 한다. 우리의 덖음차 중 좋은 것은 아홉 번 덖어 은은한 연갈색에 연한 푸른빛이 돌며 약간 떫고 구수한 배냇향이 난다. 차의 발상지인 중국에는 차의 종류가 약 2000종[112]인데 그 중 90%가 덖음차 즉 녹차이며, 우롱차를 비롯 자스민차와 철관음이 유명하다. 찐차는 물에 불리면 녹색이 되므로 녹차라 하는데, 우리 고유의 연갈색과는 다르다. 사실 녹차라는 말은 일본의 찐차를 말하는 것으로 최근에 등장한 이름이다. 일본의 대표적인 차로는 센차(煎茶)와 맛차(抹茶)를 들 수 있는데, 끝맛이 깨끗한 센차는 일본차의 약 80%를 차지한다. 한국차는 맛으로, 중국차는 향으로, 일본차는 빛깔로 먹는다고 한다. 이 말은 각국의 차문화를 이해하는 단서가 된다.

요즈음은 마실거리를 모두 차라고 부르지만 엄밀히 말하면 차가 아니다. 차 대신 다른 재료를 써서 마시는 음료로서 대용차(代用茶)이다. 대용차로는 두충차, 돌외차(덩굴차), 율무차, 솔차, 모과차, 생강차, 유자차, 인삼차 등이 있다. 이러한 대용차와 구별하기 위해 차를 따로 작설차, 참차, 고유차, 혹은 전통차라고도 한다. 『해동역사』 <동다송(東茶頌>에는 차가 수입되기 이전부터 차의 대용으로 백산차(白山茶)가 있었다고 하여, 우리 고유의 차가 일찍부터 있었음을 말해준다. 이 밖의 음료류로 곶감을 물에 담가두어 불어난 다음 생강을 달인 물에 넣고 꿀을 타서 잣을 띄운 수정과, 쌀밥과 엿기름가루를 따끈한 물에 넣어 삭힌 다음 꿀이나 설탕을 넣고 유자·감·잣·밤·배 등을 넣어 만든 식혜 등이 있다. 대개 떡을 먹을 때 수정과·식혜 등의 음료수를 곁들여 먹었다.

112 '중국인은 밥은 굶어도 차는 마셔야 한다'는 말이 있다.

조선조 음식 몇 가지

술 이름에는 소국주·도화주·두견주가 있는데, 이것들은 모두 봄에 빚는 것으로 가장 좋은 것들이다. 평양의 감홍로주, 황해도의 이강고, 전라도의 죽력고 등은 어느 것이나 선물용으로 쓰이는 좋은 것들이다.

전골 끓이는 냄비 이름에 전립투라는 것이 있다. 벙거지 모양에서 이런 이름이 생긴 것이다. 채소는 그 가운데 움푹하게 들어간 부분에다 넣고 데치고 변두리에는 고기를 굽는다. 안주를 만들거나 밥을 짓는 데도 모두 좋다.

탕평채[113]는 청포묵[114]·돼지고기·미나리싹을 실같이 썰어 초장에 묻힌 것으로 매우 시원하여 봄밤에 먹기 좋다.

막김장은 새우젓을 끓인 국물에 무우·배추·마늘·고춧가루·소라·전복·조기 등을 독 속에다 섞어 버무려 겨울을 묵힌 것으로 맛이 몹시 맵다.

웅어는 속칭 위어(葦魚)[115]라고도 하는데, 한강 하류의 행주에서 나온다. 늦은 봄·초여름에 사옹원에선 관원이 그물로 잡아다 진상한다. 그러면 고기장수들은 거리로 돌아다니며 웅어를 사라고 소리친다. 이 웅어는 횟감으로 좋다.

복숭아꽃이 떨어지기 전에 복어국을 먹는다. 그 독을 꺼리는 사람은 숭어를 대신하여 끓이기도 한다.

『경도잡지』 1권

윗글을 통해서 주로 봄철에 만들어 먹는 술을 비롯한 음식이 무엇인지를 대강 알 수 있다. 술에는 위에 제시된 바와 같은 유명한 약주나 소주들이 있는데, 봄의 두견주나 가을의 국화주 외에도 더운 여름에 약주를 맛보기 어려웠던 우리 조상들은 과하주를 만들어 먹었다. 과하주는 여름을 넘기는 술이라는 뜻으로 소주에 여러 가지 과일이나 꽃을 섞어서 술

113 원문에 쓰인 탕평채(蕩平菜)란 청포묵에 여러 가지 나물을 섞어 무친 음식이다. 조선 영조가 탕평책을 논하던 날 처음 선을 보였기 때문에 붙여진 이름이라 한다.

114 원문에 나오는 녹두유(菉豆乳)란 청포묵으로서 물에 불린 녹두를 갈아 전대에 담아 짜서 그 물로 쑤어 굳힌 묵이다.

115 갈대 숲에 알을 낳고 한 동안 머무르기 때문에 위어라고도 불린다.

의 도수를 20° 대로 만들어 오래두고 마셨다. 김천의 과하천에서 흘러나오는 물을 사용했다고 붙여진, 경북 김천의 과하주는 임금에게 진상되던 전국 72가지 술 가운데서도 최상품으로 꼽혔다.

소주 중에서도 푸른 대쪽을 구워 빼낸 진액으로 만든 죽력고나 배즙과 생강즙을 넣어 만든 이강고는 약술로 이름이 높았다. 최남선이 쓴 『조선상식문답』에 따르면 죽력고는 평양의 감홍로주, 전주의 이강고와 함께 우리나라의 3대 명주로 꼽힌다. 특히 매천 황현이 쓴 『오하기문(梧下記聞)』에는 전봉준이 순창 쌍치에서 일본군에 잡혀 흠씬 두들겨 맞고 만신창이가 된 상태로 서울로 압송될 때 죽력고를 먹고 기운을 차렸다는 기록이 있다. 한방에서는 중풍, 해열, 천식 등의 치료에 죽력고가 쓰인다고 알려져 있다.

윗글의 둘째 단락은 우리 고유음식인 전골의 기원을 말해준다. 요즈음도 낙지전골, 두부전골, 김치전골 등 재료에 따라 다양한 이름이 붙는 전골을 즐기고 있다. 그런데 이 전골은 상고시대에 군인들이 야전에서 머리에 쓰고 다니던 전립(戰笠)을 벗어 음식을 끓여 먹던 데서 유래되었다. 조선시대의 전골요리는 '전립투'라는 도구를 사용했고, 그후 전립모양의 냄비에 조리한 음식을 전골이라 한 것이다.

묵은 한국에만 있는 고유한 식품으로서 녹두, 도토리, 메밀 등의 녹말을 뽑아내서 반고체상태로 만든 것이다. 주로 여름과 가을에는 도토리묵을 먹고 겨울에는 메밀묵을 먹는다. 봄에는 녹두로 만든 청포묵을 먹는데, 이 묵은 하얗고 말갛게 비치며 맛이 담백하고 깨끗한 것이 특징이다. 묵 중에서 제일로 치는 것은 녹두묵인데, 노란녹두로 만든 것을 '황포'라 하고 파란녹두로 만든 것을 '청포'라 한다.[116] 묵에다가 여러 부재료를 섞어 만든 요리를 '묵채'라 하는데, 윗글에서와 같이 청포묵에 돼지고기·

116 묵은 한자로 '포(泡)'라 한다. 점술가들이 정신이 맑아진다고 하여 청포묵을 먹는다. 저칼로리 음식으로 인체내부의 중금속과 여러 유해물질을 흡수 배출하는 기능이 있는 것으로 알려진 묵을 패스트푸드로 만드는 등 세계화시키기 위한 계획을 문화관광부는 2006년말 발표했다.

도토리묵

미나리·김·초장 등을 넣어 무친 것을 '탕평채'라 한다. 묵은 원래가 담백한 음식이기에 특별한 맛이 없다. 양념을 잘 해야 한다. 그래서 '묵맛은 양념맛'이라고도 한다. 대체로 깨소금, 총총 썬 김치, 삭힌 고추를 썰어넣고 구운 김을 부숴넣은 다음 조선간장으로 맛을 낸다. 냉수 먹고는 체해도 묵 먹고는 체하는 법이 없을 만큼 금방 소화되는 서운 섭섭한 음식이 바로 묵이기 때문에 낱알이 오들오들하게 씹히는 조밥을 곁들인 조밥을 먹어두어야 나중까지 뱃속이 든든하다.

위 내용으로 보아 김치에 새우젓을 사용하는 서울·경기지방의 김치제조법이 당시에 정착되고 있었음을 알 수 있다. 한편 봄의 음식으로 청포묵이나 막김치 또는 웅어 같은 것 말고도 여러 가지 음식이 있는데, 가령 떡집에서는 멥쌀로 희고 작은 떡을 만들어 판다. 그 가운데서도 산병(散餅)이라고도 하는 곱장떡, 증병(甑餅)이라고도 하는 시루떡 등을 많이 빚는다.

이 밖에도 봄철음식으로 한국인의 가장 기본적인 반찬의 하나인 나물을 들 수 있다. 나물류는 일상 상차림뿐 만아니라 제사 상차림에서도 반드시 올라가는 반찬류이다. 조선시대 문헌에 나오는 나물만도 150여종이나 된다. 김치가 채소를 소금에 절인 음식이라면 나물은 기름으로 채소를 볶거나 무친 음식이다.[117] 한국인들은 옛부터 봄철에 햇나물을 장만하여 어른께 올리는 풍습이 있었으며, 봄철이 가까워 오면 입맛을 돋궈줄 신선한 맛을 찾게 마련이어서 무기질과 비타민이 풍부한 나물반찬을 만들어 먹었던 것이다. "봄나물은 독이 없으니 먹어도 좋다"[118]고 했다. 우리나

117 콩나물은 우리나라에서 개발한 나물류로 손꼽힌다. 콩을 가공한 콩나물과 두부는 고려시대 처음 나온다.

118 『증보산림경제』 권6.

라 사람들이 성인병에 강한 것도 나물 덕분이다.

나물은 쓰이는 재료에 따라 날것으로 무친 생채(生菜), 익혀서 무친 숙채(熟菜), 말린 재료로 조리한 진채(陣菜)로 나눌 수 있다. 생채는 날 재료에다 간장・참깨・파・생강 등으로 양념하여 먹는 것으로 달래・도라지・무・미나리・오이 등이 쓰인다. 대체로 신맛이 나게 무친다. 김치처럼 양념을 하지만 '겉절이'도 생채라 할 수 있다. 숙채는 생채와 반대되는 것으로 보통은 숙채를 '나물'이라 한다. 숙채에 쓰이는 채소는 호박・죽순・고춧잎・숙주・두릅・싸리버섯・콩나물 등 수없이 많다. 가을의 숙주나물은 별식이다. 녹두를 콩나물처럼 시루에 물을 주어 기른 이 숙주나물은 전라도에서는 '녹두나물'이라 한다. 진채는 무우말랭이・가지말랭이를 비롯해 버섯・고사리・고춧잎 등을 말려서 저장해두었다가 다시 물에 불려서 요리하는 묵은 나물을 말한다. 이런 나물들을 정월보름에 먹으면 더위를 타지 않으며, 한 해 동안 질병에 걸리지 않는다는 기록도 있다.

위에서 언급한, 멸치과에 속하는 웅어는 조선시대 임금이 즐기던 봄의 진미로서 갈치처럼 몸색깔이 은백색이고 깊은 맛이 난다. 한강이나 금강 하류에서 4월 중순서부터 5월 초순에 잡히는데 뼈째로 먹어도 되며 살이 부드럽고 기름져서 고소하다. 웅어를 잘게 토막내어 회로 먹거나 고추장 찌개를 끓인다.

지방이 거의 없고 비타민 B가 풍부한 저칼로리・고단백 식품인 복어국[119]이 언급되었는데, 복에 파란 미나리와 기름과 간장을 섞어 국을 끓이면 그 맛은 참으로 진기하다. 더불어 독성에 대해서 지적한 것도 주목할 만하다. 사실 복어의 알・눈알・내장에는 '테트로도톡신'이라는 맹독이 있어 한 마리에서 나오는 독으로 33명의 사람을 죽일 수 있다고 한다. '복 한 마리에 물 한 섬'이란 말이 나올 정도로 복어는 손질하기가 까다롭고 그만큼 귀하고 비싼 요리로 정평이 나 있다. 복어 대신 먹는 숭어

119 복어에는 혈중 콜레스테롤을 낮추고 시력회복과 빈혈에 효과가 있는 타우린, 숙취해소에 좋은 글루타치온 등을 비롯해 신경계통에 효능이 있는 성분이 다량 함유돼 있다.

역시 계절생선으로 훌륭하다.

복어

금강하류인 강경지방에 황복이 5월 중순에서 6월 하순에 산란하려고 강을 거슬러 올라오는데 바다복보다 살이 연하고 감칠맛이 난다. 한강하류인 김포지방에서도 5~6월 황복잡이가 한창이다. 황복은 1kg당 10만원을 호가한다. 미식가로 소문난 소동파[120]가 양쯔강변 양주의 장관으로 있을 때 황복철이면 복 찾아 먹느라 정사를 게을리 했음은 잘 알려진 사실이다. 서민들은 상류층과 달리 육류보다는 해산물을 많이 먹었음을 알 수 있다.

우리나라는 사계절의 변화가 뚜렷하여 식품생산에 계절성이 특출하다. 이와 같은 계절에 맞는 음식[121]의 형태나 풍습을 통해서 느낄 수 있는 것은 우리 조상들이 자연물의 감각을 살리려고 노력했다는 점이다. 이것이 바로 우리나라 사람들의 지혜롭고 아름다운 문화적 전통일 것이다. 우리는 이 음식문화의 전통을 되살림은 물론 지역적인 특산물을 재생시켜 계승하고 발전시켜야 할 것이다.

3. 주택(住宅)

한국인이 생활해온 터전은 광활하지도 준험하지도 않은 야산지대[122]며, 그런 곳에 우리는 나지막한 집을 짓고 온돌방에서 좌식생활을 해왔다. 주

120 정쟁에 휘말려 유배되어 갔던 황강에서 자기가 즐기던 돼지고기를 실컷 먹으며 요리를 새롭게 개발하여 '동파육(東坡肉)'으로도 유명하다.

121 계절에 따라 달리 만들어 먹는 음식을 시식(時食)이라고 한다면, 명절에 만들어 먹는 음식을 절식(節食)이라 하는데, 이 절식은 '세시풍속'에서 다루기로 한다.

122 세계에서 한국처럼 인간이 오르내리기에 적당한 높이의 산들이 전 국토의 70%를 차지하는 나라는 없다고 하겠다.

택을 포함하는 건축을 논의대상으로 삼을 때 먼저 예술적 접근이냐 혹은 과학적 접근이냐 하는 문제가 대두될 수 있다. 얼마 전 한국의 건축문화를 언급하는 자리[123]에서는 지배계층의 문화답게 미적인 측면이 강조되었다. 지금부터 말하는 주택은 대체로 실용성과 미학성을 동시에 충족시키면서 건축구조나 생활공간으로서의 의미도 내포하는 개념이 될 것이다.

흔히 건축물은 궁궐,[124] 관청, 사찰 등의 공적인 것과 사대부를 비롯한 일반서민이 생활하는 사적인 것으로 나눌 수 있다. 여기서 다루고자 하는 것은 주로 사적인 주택으로서, 주택의 경우 신분계급에 따라 규모·형태·재료·장식 등을 법으로 제한하였는데, 이를 가사(家舍)규제라 했다. 이 규제는 삼국시대부터 조선시대에 이르기까지 주거문화의 계층적 특성을 이루는 중요한 역할을 하게 되었다. 그러나 조선왕조의 기반이 굳어지면서 주택의 건축이 너무나 자의적으로 행해졌다.

세종대에 이르러 규모나 칸수, 초석 및 세부장식 등에 있어 엄격하게 제한을 두었던 것도 이 때문이다. 세종 13년(1431)에 주택 규제를 정한 뒤, 법전인 『경국대전(經國大典)』과 『대전회통(大典會通)』에 대군(大君)의 집은 60칸, 왕자와 군(君)과 공주의 집은 50칸, 옹주와 종친과 2품 이상은 40칸, 3품 이하는 30칸, 일반 서민은 10칸 이상을 짓지 못하게 하고, 건물의 기단이나 계단에 다듬은 돌을 쓰지 못하게 하였다. 그리고 집에는 공포를 올리지 못하게 하였다.

이러한 규제는 우리나라 민가가 자연에 동화하게 만드는 역할도 하였다. 어쨌든 조선시대는 신분에 따른 규제가 더욱 심해서 택지의 넓이를 비롯하여 주택의 규모를 규제하기 위해 대들보와 도리의 길이나 기둥의 높이까지 제한하였다. 규제에도 불구하고 세력이 있는 상류계층, 국가의 행정력이 미치지 않는 지방에서는 제대로 지켜지지 않기도 했다. 강릉에

123 이화형, 「미와 표현」, 『한국문화의 힘, 휴머니즘』, 국학자료원, 2004.

124 궁궐이란 왕이 살며 활동하는 곳을 가리키는데, 왕이 즉위하기 전에 살던 잠저(潛邸)는 왕이 된 뒤에 별궁(別宮)이라 하여 계속 왕실이 소유하면서 필요한대로 사용하였다. 또한 왕이 능에 행차할 때 며칠 머무는 곳을 마련했는데, 이는 행궁(行宮)이라 불렀다.

선교장 전경

선교장 연못

있는 선교장(船橋莊)이 민간주택의 한계선이라는 99칸을 초과하여 120여 칸의 규모를 갖췄으니 '민간 궁궐'이라는 말을 충분히 들을 만하다.

이런 제한 때문에 우리나라에서는 다른 나라의 봉건호족과 같이 화려한 저택에 거대한 장원을 가질 수 없었던 것이다. 조선시대 수도 한양은 기와집이 60%를 차지했다고 하지만, 시골집 대부분은 방이 두세 개 딸린 초가였다. 세 칸이 기본형이었던 데서 옛집을 가리키는 '초가삼간'이라는 말도 생겼다.

삼국시대부터 지금 같은 가옥구조

기원 전 5,000년경인 신석기시대 농경을 하면서 사람들은 한 곳에서 정착생활을 하기 시작했다. 이 시기부터 철기시대 초기까지는 강이나 호수, 바다근처의 구릉지에 땅을 파서 움을 만들고 나무로 지붕틀을 짜서 덮은 움집이 일반적인 주거형태였다고 본다. 신석기시대의 이 수혈식(竪穴式) 가옥인 움집이 한국민가의 기원인 셈이다. 움집은 사람이 자연을 가공하여 만든 최초의 인공주거기술의 산물이기도 하며, 이때도 기둥과 지붕을 잇는 목조 가구(架構)기술[125]이 발달했다.

125 가구나 창호 같은 작은 규모의 목공일을 하는 목수를 소목이라 하는데 비해, 집짓는

그후 본격적인 농업이 시작되면서 정착생활에 알맞는 영구주거가 필요하게 되었으며 철제도구를 이용한 목재의 가공과 구조 기술의 발전에 힘입어 보다 튼튼한 구조물을 만들 수 있었다. 우리의 건축기술은 오랜 옛날부터 높은 수준으로 발전해왔다. 돌이나 나무 등의 각종 건축재료들이 풍부했고 수학과 역학이 일찍부터 발달함으로써 우리나라 사람들의 풍속과 감정에 맞는 한국적인 집들과 기타 건축물들이 세워질 수 있었다.

청동기시대가 되면 바닥의 깊이도 낮아져서 반움집의 형태가 되고 집의 너비도 넓어진다. 기원 전 2세기 철기시대부터 땅 위에 통나무를 귀가 어긋나도록 우물 정(井)자 모양으로 쌓아올린 귀틀집[126] 같은 지상가옥이 등장하기 시작했다. 삼한시대에 이르러 우리 서민주택의 가장 중요한 형태인 온돌을 갖춘 초가집형태가 갖추어지기 시작했다고 볼 수 있다. 원시적 주택건축은 그 뒤 철제가 생산되고 그것을 이용하게 되면서 획기적으로 발전하였다. 주춧돌을 놓아 기둥을 받치고 집을 지면보다 높게 할 뿐 아니라 대단히 크고 무거운 집을 세우는 기술도 개발되었다.

4세기 고구려에서는 벌써 공포(栱包)와 비첨(飛簷)이 있는 높은 집을 세우기도 했다. 국가라는 큰 단위가 형성됨에 따라 전문적으로 건축업에 종사하는 기술자들에 의해 그 전에 볼 수 없었던 새로운 건축기법도 개발될 수 있었던 것이다. 고구려에는 기와로 지붕을 덮은 왕궁·사찰·관청 등이 건설되었고,[127] 집집마다 부경(桴京)이라는 곡식을 넣어두는 작은 창고도 있었다.[128] 상류층의 집에는 부엌, 고깃간, 차고, 마굿간 등이 만들어지기도 했다.[129] 삼국시대에 들어서서 사찰건축기술의 도입으로 목재를 복잡하게 조립하여 건축하는 기와집이 등장한 것인데, 이 시기의 기법은 조선시대의 기법과도 별 차이가 없다. 오늘날 우리가 일반적으로 보는 가옥

목수를 대목이라 한다.

126 지금도 강원도 전 지역에서 흔히 눈에 띄며, 안동시 성곡동, 홍천군 내면 문암동, 구례군 토지면 문수리 등지에서 멋진 귀틀집을 볼 수 있다.

127 『구당서』·『신당서』 고구려전.

128 『삼국지』 위지 동이전.

129 안악3호 고분벽화.

구조의 기본형이 이때 형성되었다. 삼국시대의 주택건축은 이미 기둥을 세우고 도리와 들보를 거치는 지금과 같은 양식의 확립을 보인 것이다.

아쉽게도 주거사의 입장에서 보면 고려시대의 주거형태는 고대국가시대와 다른 뚜렷한 특징이 없는 편이며, 주택설립에 있어 통일신라시대의 건축기술이나 방법을 그대로 전수하면서 장식적인 면을 발전시키는 정도에 그쳤다고 하겠다. 조선조는 건국과 더불어 주택과 건축방면에 많은 관심과 진보적 양상을 보였다. 그러나 조선중기이후 한국건축사의 입장에서 보면 큰 발전이 없었다. 조형의식이 발달되어 있는 불교는 정책적으로 억눌려 있었고 조형에 그다지 관심이 없는 유교가 지배하는 사회인 만큼 건축이 그 이전시대보다 발달하기 어려웠던 것이다.

일반적으로 우리 주택의 문제는 주거 기능에 따른 공간적 의미와 건축에 따른 구조적 의미로 구분하여 논의해볼 수 있을 것이다. 먼저 공간적 의미에 있어서는 건물에 해당하는 안채, 사랑채, 별당 등의 내부공간과 안마당, 사랑마당, 바깥마당 등 외부공간인 마당으로 나누어 살펴볼 필요가 있다.

집을 짓기 위해서는 좋은 집터를 마련해야 한다. 예로부터 집터를 정하는 데는 남향에 햇볕이 잘 들고 뒤로는 산이 바람을 막아 여름에는 시원하고 겨울에는 따뜻한 곳이어야 좋고 또 생활용수를 쉽게 구할 수 있는 곳을 적격지로 삼았다. 이중환은 『택리지』에서 주택지의 네 가지 조건으로 지리 · 생리(生利) · 인심 · 산수를 들었다. 정약용도 좋은 집터의 조건으로, 바닥이 평평하고 주위가 막힘이 없으며, 땅은 기름지고 물은 달아야 하며, 햇빛은 넘치고 대나무숲에 밝은 기운이 가득 차야 한다고 말했다. 텅 비어 있는 아담한 앞마당은 무엇이든 담는 큰 그릇과 같고 대청 뒷문을 열면 고즈넉한 뒤곁 대숲의 사각거리는 소리 퍼지는 집에서 살면 얼마나 행복할까. 좋은 집터에서 살고자 하는 마음은 예나 지금이나 마찬가지이다.

상류층 주택의 경우 행랑채(대문채)가 있는 바깥마당을 지나 중문을 열

사랑채

사랑방

고 들어서면 대부분 사랑채에 도달하게 된다. 이곳은 여자들이 살림채(본채)로 사용하는 안채와 담장이나 문으로 구별되었다.[130] 사랑채는 집안의 가장인 남자주인이 기거하면서 손님을 맞는 생활공간으로서 가장 화려하고 권위있게 표현되었다.[131] 사랑채 앞에는 잘 가꾸어진 나무나 연못을 두어 인격을 닦는 데 도움이 되게 하였고 사랑채 안에는 다락집으로 만든 누마루를 두어 친구들과 함께 마당을 내려다보며 풍류를 즐기기도 했다.

여자들의 생활공간으로 사용되는 안채는 대문에서 가장 먼 쪽으로 자리잡아 외부사람이 쉽게 접근하지 못하도록 막았는데, 일반적으로 ㄷ자 모양이나 ㅁ자 모양의 폐쇄적인 형태였다.[132] 안채에 있는 부엌[133]은 여성의 영역으로서 남성들의 출입이 엄격히 금지되어 있었다. 남자아이라 할지라

130 살림채는 가정의 살림을 꾸려나가는 공간으로 집의 모체에 해당한다. 따라서 이밖의 사랑채를 비롯한 헛간, 외양간 등은 부속공간으로 딸림채에 속한다. 일반민가의 사랑방은 대개 본채에서 대청을 사이에 두고 안방 맞은편에 둔다.

131 원효대사와 사랑을 나눈 신라 요석공주의 궁터에 있던 경주 최부자집 사랑채는 한말 의병장 신돌석, 최익현을 비롯해 손병희, 최남선, 정인보, 안희제, 여운형, 조병옥 등 숱한 인사들이 다녀간 곳이다. 손님이 많을 때는 큰 사랑채, 작은 사랑채 해서 100명이 넘을 때도 있었다. 1970년 불에 타 주춧돌만 남았던 이 사랑채를 2006년말 복원했다.

132 내시들이 대대로 살았던 경북 청도 임당리 고택(중요민속자료)은 임금이 계신 한양을 바라보기 위해 서북향으로 지어졌고, 부인이 바람피울까봐 사랑채가 안채를 감시하는 구조이다.

133 주방 곧 부엌은 주택에서 가장 중요한 기능을 한다고 볼 수 있다. 인류는 일찍이 부엌 혹은 화덕을 둘러싸고 먹고 자곤 했으며, 지금도 주방중심의 주거생활을 하고 있다.

안채

별당

도 부엌에 들어가면 사내답지 못하고, 남성어른이 부엌에 들어가면 스스로 대장부임을 포기한 것으로 여겨졌다.134 새마을운동이 전개되면서 대대적으로 주택개량을 했는데 특히 부엌은 입식으로 앞서 개량되었다.

사랑채에서 떨어진 공간에 별당이 있으며, 뒷뜰에 조상의 위패를 모신 사당[家廟]이 있다. 가장 화려하고 장식적인 별당에는 일반적으로 결혼 전의 딸들이 기거했는데, 그 주인공을 '별당아씨'라 불렀다. 별당은 은퇴한 노주인이 여생을 즐기는 곳이기도 했다.

사당은 유교를 숭상하는 조선시대에 들어와서 민가에 형성된 것이다. 하인들의 거처는 주인의 생활공간인 안채나 사랑채와 철저히 격리되었는데, 중앙에 대문을 두고 하인들의 살림방이나 창고 등으로 구성하여 '행랑채' 또는 '대문채'라고 불렀다.

과학적인 방안의 조명

건물 내부의 방에는 안방을 비롯하여 건넌방, 윗방, 마루(방)[大廳], 주방(廚房), 사랑방 등이 있다. 삼국시대까지는 여러 개의 방으로 나뉘어지지 않았다. 주택의 내부가 벽체가 아닌 발이나 병풍·휘장 등으로 잠자는 곳을 가리웠을 정도며, 기능에 따라 건물별로 나뉘어졌다고 본다. 고려시대에 들어와서 하나의 건물 안에 여러 개의 방으로 구획되었다고 하겠다.

우리의 가옥은 서양처럼 두터운 벽과 문으로 철저히 단절된 구조가 아니다. 방과 방이 종이 미닫이나 장지문짝으로 차단되어 있을 뿐이다. 살짝 밀면 열리고 닫아도 말소리가 다 들린다. 한국의 집은 가족집단의 공동공간으로서 항상 '우리 집'으로 불리는 것이다. 그러므로 우리 공간 속에 있는 자신의 존재를 알리기 위해 건기침 문화도 발달했다.

안방은 출생의 공간이며 운명을 맞이하는 공간이다. '안방물림'을 한다

134 지금의 주방은 실내의 방이나 거실과 연접되어 있어서 남성들도 마음만 먹으면 주방에서 음식을 준비하고 설거지를 할 수 있게 되었다.

안방

는 것은 집안살림의 경제권을 이전한다는 의미를 담고 있을 만큼 상징적인 의미가 강하다. 자식이 결혼초에는 주로 건넌방을 사용하다가 아들을 낳게 되면 시어머니는 안방을 며느리에게 물려준다. 이로써 며느리는 그 집안의 확실한 지위를 보장받을 수 있게 되는 것이다.

방의 특징은 무엇보다 방안의 조명이 대단히 과학적이라는 점이다. 조도가 일정한 은은한 빛이 방안 구석구석까지 꽉 찬다. 이러한 간접광의 효과를 강화하기 위해 기단(基壇)을 높이고,[135] 처마를 길게 빼며, 마당에 마사토를 깔고, 창호지를 발랐다. 특히 지붕 밑에 처마를 두어 햇빛량을 조절했다. 처마는 여름이면 직사광선을 막아 실내를 시원하게 하며, 찬 공기를 간직하는 구실도 한다.

그늘진 곳은 뙤약볕을 받는 마당보다 시원하다. 기온 차에 의해 바람이 생겨 여름날의 더위를 식혀준다. 겨울철에는 낮게 뜬 태양볕이 방안

135 한옥은 이웃나라의 전통가옥이나 양옥과 달리 기단이 높아 지표로부터 올라오는 습기를 막아준다. 기단에 있어서는 서민주택에 비해 중인 또는 양반 등 사회적 신분이 높은 사람의 주택일수록 높아지는 경향을 보인다.

처마

깊숙히 들어 집안이 따뜻해질 수 있을 만큼 처마를 길게 빼냈다. 따뜻해진 공기는 위로 올라가 찬바람에 밀려 나가다가도 깊은 처마에 걸리면 머문다. 처마의 길이는 여름과 겨울에 해가 뜨는 높이를 면밀하게 고려한 결과라는 점이 놀랍다. 더구나 숙인 서까래가 앞을 가로막아 오래 머물게 되어 그만큼 따뜻해진다. 양옥을 지으면서 처마를 없애버렸는데, 이에 따라 냉난방비가 훨씬 많이 들게 되었다.

방문에 바른 한지(韓紙)로 된 창호지는 무엇보다 강렬한 햇살을 순하게 걸러준다. 뿐만 아니라 세계에서 가장 우수한 종이로서 눈에 보이지 않는 미세한 구멍이 있어 통풍은 물론 방안의 온도와 습도까지 조절해준다.[136] 심지어 집 안팎에서의 언행을 조심하게 만드는 장치이기도 했다. 장판은 한지를 여러 겹 포개어 기름을 먹여 만든 유지를 바르고 그 표면에 '콩댐'을 하여 때가 타지 않도록 청결하게 만들어져 있다. 콩댐이란 물에 불린 콩을 갈아 들기름을 섞은 혼합물을 무명주머니에 넣어 유지장판에 바르는 일로서 장판이 오래갈 뿐만 아니라 윤과 빛이 나도록 한다. 창호지와 기름종이 같은 천연소재로 된 내장재를 가진 한옥은 화재시에도 유독가스 발생률이 현저히 낮다.

방은 실외와 엄격히 구분된다. 방안에 들어갈 때는 집의 축대에 올라서서 댓돌(섬돌) 위에 신발을 벗어두고 툇마루로 이동한 다음 높은 문지방을 넘어서 방안으로 들어간다. 문지방이 유난히 높은 것도 내외 공간의 격리기능 때문이다. 대부분 우물마루로 되어 있는 대청마루는 평소에는 여름을 위한 공간이지만 제례, 혼례 등 집안의 큰 행사를 치르는 곳이기도 하다. 이 밖에 땔나무·농기구 등 온갖 세간을 보관하는 헛간을 비롯

136 한옥은 하나의 생명체로서 모든 구조와 공간이 제각각 숨쉬며 서로 소통하고 있다.

하여 측간, 외양간, 장독대 등도 주택공간에 포함된다.

개방적이고 통풍이 잘되는, 뒷간

"처갓집과 변소는 멀수록 좋다"던 속담과 달리 처갓집이 가까워졌듯이 변소도 이제 아주 가까이에 있다. 일제시대부터 변소(便所)라 했고 요즈음에는 화장실이라 부르는 측간(厠間)은 우리말로 뒷간이다. 이는 몸의 뒷부분을 씻는 뒷물을 하기 위하여 만든 시설, 곧 뒷일을 보는 곳이라는 뜻에서 나온 말이다. 항문이 뒤에 있기 때문에 항문을 '뒤'라 하는 것이다. 절에서는 '근심을 더는 방'이라는 뜻으로 '해우실(解憂室)'이라고 한다. 공주의 동학사에는 뒷간에 '해우실'이라는 간판이 걸려 있을 뿐만 아니라 뒷간에 이르는 다리에도 해우교라 새겨 놓았다.137

이는 서양에서 멋스럽지 못하게 '쉬는 방'이라는 뜻으로 'restroom'이라 하는 것이나, 중국에서 어울리지 않게 세수간(洗手間←water room)이라 부르는 것, 일본에서 지나치게 가식적으로 '화장실(化粧室←dressing room)'이라고 하는 것과 큰 차이가 있다. 하기야 진(晋)나라의 갑부였던 석숭(石崇)은 변기통에 오리털을 깔고 대변을 보는 동안 여러 시녀들로 하여금 향수병 등을 들도록 할 만큼 뒷간에서 사치를 부렸다고 한다.

뒷일을 본 후 밑을 닦는 데 가장 많이 쓰인 것은 짚이다. 짚이 풍성하지 못한 집에서는 말뚝에 새끼줄을 걸어 그 위에 엉덩이를 대고 타고나가면서 밑을 닦기도 했다. 대변이 많이 묻은 새끼줄은 불에 태워버린다. 중국에서는 대변이 묻은 새끼줄을 태양에 말린 후 털어내어 다시 쓴다. 이 밖에도 종이나 휴지가 나오기 전에는 나뭇잎・채소잎・옥수수수염 등

137 절 뒷간의 벽면에는 '입측오주(入厠五呪)'라고 하여 뒤를 보면서 세정(洗淨)・세수(洗手)・거예(去濊)・정신(淨身)・무병수(無甁水) 등의 주문을 외우도록 하였다. 뒷간에 드나드는 일까지 수행과정으로 삼았던 것이다. 정호승 시인은 「선암사」라는 시에서 "눈물이 나면 기차를 타고 선암사로 가라 /선암사 해우소로 가서 실컷 울어라"라고 했다. 『서유기』에서는 뒷간을 '오곡이 윤회하는 곳'으로 멋스럽게 묘사하고 있다.

뒷간

뒷간 벽에 붙어 있는 부고(訃告)

으로 밑을 닦았다. 심지어 돌로 문지르거나 흙으로 닦기도 했다.

배설을 위해서 뒷간이 필요했지만 우리 농가에서의 뒷간은 거름을 생산하는 귀한 곳이었다. 밖에 나가 있다가 뒷일을 볼 생각이면 집으로 달려가 일을 보았으며, 농사를 많이 짓는 농가에서는 뒷간의 입구를 길가에 만들어 행인들의 뒷일을 얻고자 하였다. 농가에 따라서는 똥오줌을 거름으로 활용하기 위해 뒷간문을 거적[138]으로 달거나 아예 달지 않아 통풍이 잘 되도록 하였다. 문이 없는 뒷간이 많다보니 헛기침을 통해 의사를 소통하는 풍속이 생기기도 했다. 심지어 변기통에 걸친 널빤지 앞뒤에서 쪼그리고 앉아 일을 볼 만큼 뒷일을 함께 보는 것에 대해 크게 수치스러워하지 않았다. 유럽 도시에서 엄청나게 비싼 사용료를 받는 화장실[139]은 물론 남이 사용하지 못하도록 자물쇠로 굳게 닫아놓는 요즈음 우리 화장실의 세태와는 사뭇 다르다. 무공해 식품이 각광받고 있는 이 시기에 농촌만이라도 전통뒷간의 부활이 어떨지 생각해본다.

수세식변기하면 흔히 서구의 양변기를 떠올리지만, 불국사 극락전 옆에

138 거적은 거칠고 엉성하여 공예성이 떨어지는 편이다. 그러나 거적의 쓰임새가 다양한 만큼 문화사적 의미는 크다. 거적은 기본적으로는 깔고 앉는 자리이다. 한편 거적문이라는 것이 있는데, 출입구에 제대로 된 문 대신 멍석처럼 짠 거적을 친 것이다. 가난한 서민들이 살던 초가삼간이나 부엌에는 거적문을 달았다. 그리고 뒷간이나 헛간에는 흔히 출입구에 거적으로 가렸다. '석고대죄(席藁待罪)'라는 말을 쓰는데, '석고'란 '자리 석(席)에 짚 고(藁)'이다. 즉 석고는 짚으로 엮은 자리, 바로 거적을 말하는 것이다. 딱딱한 멍석이 아니라 푹신푹신한 거적을 깔고 엎드려 처벌을 기다렸던 것이다.

139 가령 파리 북역(北驛)의 경우 1유로라고 하니 우리 돈으로 1250원이나 되는 셈이다.

현대적인 화장실

놓인 대형 돌변기를 보면 우리도 고대에 수세식변기를 사용했음을 알 수 있다. 사실 뒷간이 없는 나라도 많다. 유럽의 경우도 17세기까지 뒷간이 없어 담장이나 나무 밑에서 대변을 보고 그걸 마구 버렸다. 그 대변을 피하기 위해 파라솔이 나오고 밟지 않기 위해 굽이 높은 구두가 등장하게 되었다고 한다. 오늘날 전통뒷간을 찾기는 무척 어려운 일이다. 경제적으로 똥오줌 대신 화학비료가 거름으로 쓰이고, 비위생적인인 재래변소의 신축이 건축법상으로 금지되고 있기 때문이다. 언제부터인지 뒷간의 청결함이 그 나라의 문화수준을 평가하는 잣대의 근간이 되었다. 각 지방마다 뒷간을 화장실이나 rest room으로 만들기 위해 냉난방 시설을 하고 꽃으로 장식을 하며 음악이 흐르도록 애쓰고 있다. 2006년 9월 모스크바에선 6회째 세계화장실대회(World Toilet Summit)가 열렸다. 각국 대표가 화장실을 문화공간으로 만드는 방안을 토론하고 화장실기기 신제품들을 선보였다.

요강은 밤에 뒷간 가는 번거로움을 덜기 위해 사용했던 것으로 이동식 뒷간이라 할 수 있다. 요강은 여자들의 혼수품목에 필수로 들어갈 정도로 귀한 재산이었다. 신부의 가마 속에도 요강을 넣어 가는데, 그 안에는 곡물 껍데기를 넣어 신부가 실례를 해도 그 소리가 바깥으로 나가지 않도록 했다.

한옥의 꽃, 마당

대체로 건물마다 거기에 딸린 마당이 있는 바, 마당에는 바깥마당, 사랑마당, 안마당, 별당마당 등이 있다. 서민주택으로서 대문 밖에 있는 바깥마당은 흔히 농산물을 말리거나 타작하는 장소이기도 하기 때문에 가장 크다. 중류 이상의 주택에서는 바깥마당이 대문 안에 있다. 사랑마당은 손님을 영접하는 장소일 뿐만 아니라 말 또는 가마를 타거나 의식을 치루는 곳으로도 많이 쓰인다. 안마당은 베 삼고 절구질하고 음식을 만드는 등 여인들의 공간으로서 작은 편이다.

외부공간으로서의 마당은 한옥의 꽃으로서 일상적인 생활공간일 뿐만 아니라 특히 혼례나 상례 등 의식이 행해질 때 효과적으로 활용된다. '마당발'이라는 말이 인간관계가 넓다는 의미로 쓰이고 있는 것으로 보아 마당은 '넓다'는 뜻을 담고 있다. 판소리 '한마당'이라는 말일 경우에는 '한 거리'라는 뜻으로 이 또한 펼쳐 보인다는 의미가 있다. 비중이 큰 만큼 마당과 관련하여 마당쇠, 마당출입, 마당굿, 마당극 등의 말들이 있을 정도이다. 다만 '마당출입'이란 앓거나 늙어서 멀리 나다니지 못하고 겨우 문 밖이나 마당가를 드나드는 일을 가리킨다.

오늘날 도처에서 볼 수 있는 옛집은 대체로 조선의 주거양식인데, 집 주위의 동산을 그대로 정원으로 삼고 앞뜰이나 집 안에 정원을 두지 않는 점이 우리나라 주거의 특색이기도 하다. 더욱이 남한에서는 대부분 울

마당

전남 담양의 소쇄원

타리가 없는 일자(一字) 집으로서 마당 밖이 그대로 정원 구실을 하고 있다. 다만 북한지방은 외양간까지 집 안에 들여놓을 정도로 방한조치가 필요했고, 도시형 양반들의 집은 외한(外寒)을 막기 위해 ㅁ자 또는 ㄷ자 집으로 밖과 차단되도록 지어야 했다.

정원을 두더라도 서양식으로 잔디를 심거나 주변국가들의 인위적인 것과는 달리 우리의 정원은 매우 소박하고 자연스러워 뒤뜰에 나무 몇 그루, 꽃 몇 송이 심으면 된다. 전남 담양의 소쇄원(瀟灑園)[140]이 그 대표적인 예이며, 경기도 용인의 호암미술관에 있는 희원(熙園)은 전통정원의 멋을 최대한 살려놓았다. 연못정원이라도 둘레를 극히 간단한 직선으로 처리하고 연못 안에도 그저 섬 하나만 놓는 경우가 많은데, 전남 완도 보길도의 세연지(洗然池)를 예로 들 수 있다.[141] 중국식정원은 인공연못을

140 도덕정치를 부르짖다 처형된 조광조의 제자 양산보가 10여년에 걸쳐 지은 조선중기를 대표하는 정원이다.

141 기본적으로 음양의 상징인 산수를 가까이 하고픈 마음을 '소중현대(小中懸大: 작은 것

파고 기암괴석을 앉히고 담장으로 겹겹이 구획을 지어놓는다. 일본인들은 모래 한 알과 풀 한 포기까지 다듬고 비틀어 모형 선경(仙境)을 연출해낸다.

한옥은 돌과 흙과 나무가 주는 포근하고 이상적인 삶의 공간이다. 자연 속에서 얻은 재료뿐만이 아니다. 산등성이를 닮은 차분한 곡선, 그리고 과장되지 않은 여백의 미까지 자연을 관조하며 얻은 생의 유연함이 한옥의 구조에 있다. 심지어 한옥 속에 심오한 철학이 깃들어 있다. 우리 조상들은 천·지·인 삼재(三才)사상을 염두에 두고 집을 지었다. 둥그스런 지붕은 하늘을, 펑퍼짐한 바닥은 땅을, 곧게 서 있는 벽체와 기둥은 인간을 상징하는 것이다. 더욱 주목할 만한 것은 우리에게는 집을 지을 때 이웃사람들과 공동으로 일을 해야 한다는 통념과 관행이 있었다는 사실이다.[142] 한옥의 구조적 특성은 다음과 같이 셋으로 구분하여 살펴볼 수 있다.

첫째, 아름다운 지붕

우리나라 목조건축에서 가장 아름다운 것은 지붕이다. 지붕의 물매와 처마의 곡선이 저마다의 모양새를 뽐내고 있다. 물론 서민의 집은 볏짚[143] 이엉을 엮어 올린 초가지붕이 보통이다. 이엉이란 짚을 한 움큼씩

에서 큰 것을 본다)'의 풍류로 살려낸 것이 우리 전통정원의 원리이자 멋이다.

142 '우살미'라 해서 경북 문경에서는 신축 가옥의 '이엉엮기' 즉 지붕이기를 마을 사람들이 무보수로 공동노동을 하도록 규정하고 있다.

143 볏짚은 헤아릴 수 없이 많은 구멍을 함유하고 있다. 볏짚이 보온성, 흡습성(吸濕性), 탄력성이 뛰어난 것은 바로 이 다공성 때문이다. 볏짚 대신 억새를 올린 초가를 샛집이라 하는데, 질감이 성기고 물매가 싼(거친) 편이다. 샛집은 산간에서 더러 볼 수 있으며, 경남 창녕 술정리에 샛집이 고스란히 남아 있다. 전북 무주군 미천리 점말과 남원군 덕치리 회덕마을에는 각각 이 땅에 남은 샛집 가운데 가장 작은 샛집과 가장 큰 샛집이 한 채씩 있다.(이용한, 『옛집기행』, 웅진지식하우스, 2005, 145쪽). 샛집과 유사한 띠집은 띠풀로 이엉을 엮어 올린 집을 말하는데, 제주도 성읍마을을 비롯해 제주 전역에서 만날 수 있다. 제주도는 화산섬이어서 물 빠짐이 심해 무논에서 벼농사를 지을 수 없으므로, 대신 한라산 중산간에서 많이 나는 '띠'라 부르는 억새를 지붕에 이용했다.

초가

볏짚

나란히 엮어 지붕에 올리도록 만든 짚 묶음을 말하며, 이 이엉다발을 마름이라고 한다. 이엉마름을 죽 펴서 지붕을 새로 덮는 것을 개초라고 한다. 개초가 끝나면 이엉마름이 바람에 날아가거나 뒤집히지 않도록 얼기설기 그물처럼 집줄을 매어놓는데, 이것을 '고삿 맨다'고 한다. 초가는 불에 약하고 썩기 쉬운 단점이 있으나 지붕 위에 얹는 볏짚이 단열효과가 커서 양철이나 기와로 된 집보다 여름에는 시원하고 겨울에는 따뜻하다. 경남 울주군 삼남면 조일리의 정족산(鼎足山) 아래에 있는 보삼마을은 임진왜란때 형성되어 현재까지 지탱해오는 자연마을로 지금도 재래식 초가지붕을 유지하고 있는 우리 시대 최후의 초가마을로 유명하다. 상류층의 집은 지붕을 기와로 이는데, 기와지붕은 삼국시대부터 있었던 것으로 전해진다. 『삼국유사』에서 신라 헌강왕이 신하들을 데리고 서라벌이 한 눈에 보이는 월상루(月上樓)에 올라 사방을 둘러보니 온통 기와집이었다고 말하고 있다.

기와지붕의 처마나 용마루[144]의 좌우는 약간 솟아올라 자연스런 곡선미를 보여준다. 이는 중국의 곡선이 과장되고 일본의 직선인 것과도 비교된다. 지붕은 서까래 위에 흙[145]과 기와를 많이 얹는 무거운 구조로 되어 있다. 이 지붕은 벽이 비나 눈을 맞아도 약해지지 않고 더운 여름 햇살이 집안에 들어오지 않게 벽보다 밖으로 튀어나오도록 처마를 길게 돌출시

144 지붕 마루에는 용마루, 내림마루, 추녀마루가 있다.
145 마당을 가득 채운 흙더미가 모두 지붕에 올라가는 것을 보면서 사람들은 경악을 금치 못한다.

기와지붕(용마루와 처마)

킨 데 특징이 있다. 지붕의 처마를 더 길게 내밀기 위해서는 처마 서까래 끝에 짧은 서까래를 덧얹어 처마 끝을 들리게 하는데, 이러한 짧은 서까래를 부연(浮椽) 또는 비첨이라 부른다.

이렇듯 지붕을 높이 올리고 처마가 앞으로 많이 나올 수 있게 한 것이 바로 삼국시대부터 사용된 공포다. 기둥 위에 공포를 두는 것은 지붕의 처마를 더 길게 내밀 수 있을 뿐만 아니라 기둥·도리·보를 보다 튼튼하게 엮어주기 위한 것이며, 건물을 아름답게 꾸미기 위한 것이다. 공포의 구조는 기둥머리 또는 기둥과 다른 기둥의 머리에 가로놓인 나무, 즉 창방 위에 주두(柱頭)라는 넓적한 나무를 놓은 다음 그 주두 위에 첨차(檐遮)·잔미(棧尾)라고 하는 짧은 나무를 십자형으로 놓은 것이다. 옛날 사람들은 이 공포를 기본으로 하는 목조건축에서 귀중한 전통을 남겼다.

지붕을 형태면에서 맞배지붕, 우진각지붕, 팔작지붕 등으로 나눈다. 맞배지붕은 옆에서 보면 마치 책을 반쯤 접은 것 같은 八자 모양을 하고 있고, 우진각지붕은 지붕면이 네면이고 전후좌우로 물매가 있다. 팔작지

맞배지붕

팔작지붕

붕은 우진각지붕처럼 네면이지만 측면에서 보면 삼각형 형태의 면이 보인다. 대체로 단조롭고 엄숙한 기풍의 맞배지붕에서 날아갈 듯한 화려한 멋의 팔작지붕으로 발전해갔다고 볼 수 있다. 다만 짚으로 이엉을 인 초가의 서민주택은 우진각지붕이다.

지붕의 얼개(구성)는 기둥 위에 도리[桁]와 보[樑]를 걸쳐 그 위쪽에 서까래를 거는 방식으로 이루어진다. 최초의 주택이라 할 수 있는 움집에서부터 이러한 형태를 엿볼 수 있다. 즉 기둥 위를 일렬로 묶어주는 도리가 발생되고 여기에 서까래를 걸쳐 지붕을 만들었을 것으로 추측된다. 그리고 수직의 벽체는 바람의 힘을 많이 받기 때문에 양쪽 벽체를 연결해주는 보가 발생되었고, 보 위에 대공을 세워 서까래의 경사를 만들었을 것이다. 가장 간단한 삼각형의 지붕틀을 짜기 위해서는 삼각형의 밑변은 대들보, 삼각형의 높이방향으로는 대공, 양 빗변은 서까래, 그리고 세 꼭지점에는 도리가 설치된다. 이렇게 세 개의 도리로 만드는 지붕틀의 구조방법을 '삼량가구법(三樑架構法)'이라고 부른다.

한편 지붕의 재료면에서 초가, 함석집, 기와집, 너와집, 굴피집 등으로 나눌 수 있다. 논이 흔하지 않은 산간마을에서는 볏짚을 구하기 힘들었으므로 나무를 쪼개어 만든 널을 지붕에 얹은 너와집이 많았다. 보통 너와는 질 좋은 소나무[146]나 전나무를 길이 60~70cm, 너비 30~40cm, 두께

146 소나무 중에서도 송진이 많아 붉은 색을 띠는 것이 더 오래 간다고 한다.

너와집

너와

굴피집

굴피

5cm 안팎으로 쪼갠 것을 이어서 얹는다. 돌로 된 너와집도 있는데, 얇게 쪼개지는 성질을 가진 청석과 조석이 많이 나는 지역에서 주로 볼 수 있다.[147] 현재 너와집은 울릉도나 오대산, 삼척과 정선 등지에 몇 채 남아 있을 뿐이다. 굴피집은 코르크의 재료인 굴참나무 껍질을 벗겨 지붕에 얹은 집인데, 굴피는 나무에 물이 오르는 처서쯤 20년생 정도의 참나무를 벗겨서 쓴다. 현재 굴피집은 삼척이나 양양 등지에 몇 채 남아 있지 않다.

6~9세기까지는 백성들이 초가를 짓고 살았으나, 삼국시대부터 궁궐·사당·관청·사찰·서원 등의 건물과 부잣집에서는 기와를 썼다. 특히 조선 태종 때부터 화재의 염려 때문에 초가지붕은 기와지붕으로 바뀌기 시작했다. 상류계층의 주택이나 궁궐, 사찰 등에는 지붕에 건물의 곡선과

147 예컨대, 강원도 평창·정선, 충북의 청원·영동·보은 등지를 꼽을 수 있다.(이용한, 앞의 책, 42쪽).

경관을 돋보이게 하기 위한 막새기와(암막새, 수막새)를 비롯하여 벽사(辟邪)의 성격을 지니는 귀면와·현어·취두·치미 등의 장식물로 치장을 했다. 귀면와(鬼面瓦)는 도깨비무늬를 그린 마구리 기와이고, 현어(懸魚)란 물고기모양의 목각물로써 지붕 마구리 부분에 늘어뜨린 장식이다. 취두(鷲頭)는 용마루 끝에 거는 장식기와로 잡귀와 화재를 막는다고 한다. 치미(鴟尾)란 지붕마루의 양 끝머리에 얹는 새꼬리 모양의 장식기와를 말한다. 불을 방지하고 잡귀를 쫓는 의미에서 처마선에 여러 가지 잡상(雜像)을 만들어 얹기도 했다.

둘째, 건강에 좋은 황토벽

한옥의 벽은 흙을 이용하여 만들되 벽이 무너지지 않도록 벽 속에 가는 기둥을 넣고 대나무나 수숫대나 싸리가지로 외를 엮어 견고하게 만든 다음 볏짚을 썰어 넣은 진흙을 이겨 바른다. 단열효과가 큰 두터운 흙벽은 낮에 비추는 태양열을 흠뻑 받아들여 차가운 저녁에 실내로 열을 방출하는 역할을 한다. 또 흙으로 만든 벽은 습기를 빨아들이고 한기를 막아주는 역할을 해서 장마때도 집안이 습하지 않으며 겨울에는 따뜻한 기운을 잘 유지해준다. 요즈음도 열을 차단하고 쾌적한 기압을 유지해주는 흙은 웰빙건재로 주목받는다. 물론 흙집이 외풍(웃바람)이 있어 춥기도 하다. 그러나 외풍이 있다는 것은 그만큼 자연적인 통풍, 공기의 순환이 잘 된다는 것이며 따라서 건강에도 좋다는 뜻이다. 아침에 흙집에서 자고 일어나면 머리가 개운한 것도 이 때문이다.[148] 심지어 지붕 용마루 양쪽에 까치가 드나들만한 크기의 구멍을 내어 부엌이나 방안의 연기를 배출시키기도 한다.

흙은 옛부터 기와·벽돌 등 건축자재로 요긴하게 쓰였다. 그러나 철

148 현대의 콘크리트 집에서는 벽지나 시멘트가 내뿜는 독성 화학물질에 건강을 해칠 수 있다. 시멘트는 완전히 굳을 때까지 보통 30~50년쯤 걸린다고 한다.

근 콘크리트가 휩쓸고 신소재가 개발되면서 흙은 사용처가 줄어들어 건축과 멀어지는 추세였다. 그러다가 얼마 전(2006. 3.) 흙(Clay)을 건축(Architecture)에 다시 접목시키는 시도 즉 클레이아크(Clayarch) 미술관의 개관이 경남 진해시에서 있었다. 도예작가 신상호 교수가 이끄는 클레이아크는 건축과 예술의 결합이다. 기술에 내맡겼던 흙에 인간 감성이 깃든 예술혼을 불어넣어 '예술건축'의 시대를 열겠다는 야심찬 프로젝트다. 머지않아 건물 자체를 세계 유명상표로 디자인한 건축물도 나올 전망이라 한다. 흙이라는 풍부한 자원과 예술을 통합한 환경친화적 클레이아크야말로 창의력의 개가가 아닐 수 없다.

초가집은 이 흙벽과 함께 한지를 사용한 창호지 문이 습도를 조절함으로써 결로현상이 없고 불쾌지수를 낮추어준다. 초가집을 황토로 지으면 금상첨화다. 1g 속에 약 2억마리의 미생물이 살고 있는 황토는 식물의 영양 공급원인 동시에 인간의 질병을 치료하는 약품으로도 활용된다. 황토에는 카탈라아제, 프로타아제 등 인체에 유익한 효소들이 많이 포함되어 있다. 『동의보감』이나 『본초강목』에서도 황토를 약재로 인정하고 있다. 더욱이 초가집이 건강에 좋은 이유는 볏짚이 갖고 있는 아스퍼질러스와 황토에 들어있는 카탈라아제라는 효소가 결합하면서 체내 과산화지질의 분해를 돕기 때문이라는 사실은 잘 알려져 있다.

벽은 우리 건축에서 간단하면서도 합리적인 구조였다. 지붕의 무게를 기둥으로 받도록 되어 있었기 때문이다. 말하자면 기둥과 기둥 사이의 벽은 꼭 휘장을 친 것 같은 간편한 것이었다. 따라서 대개 기둥과 기둥 사이에는 될 수 있으면 많은 문을 만들었다. 기둥에는 각기둥, 원형기둥, 민흘림기둥, 배흘림기둥 등이 있다. 민흘림기둥은 기둥머리보다 기둥뿌리의 직경을 크게 만드는 것이고, 배흘림기둥은 위아래로 갈수록 직경을 줄여가면서 만든 것이다. 격식이 높은 건물에 배흘림기둥을 사용하는 이유는 기둥의 가운데부분이 가늘게 보이는 착시의 교정과 시각적인 안정감을 주기 위해서이다. 우리나라에 대표적인 배흘림기둥은 가장 오래된 건물이라는 봉정사 극락전과 부석사 무량수전의 것을 들 수 있다. 대패질하지

띠살문

우물살문

않고 자연 그대로의 나무를 쓴 기둥도 있어 눈을 끈다. 강철과 콘크리트로 제작된 현대건축물보다 목재로 이루어진 한옥은 지진에 견디는 힘도 더 크다.

기둥과 기둥 사이를 '칸(間)'이라 하는데, 옛날에는 건물의 크기를 이 '칸'으로 따졌다. 칸수를 비롯한 방의 수나 기둥의 척수 등은 기수(奇數)라야 좋다고 했다. 문이 많으므로 옛날사람들은 문을 장식하는 데 특별히 관심을 기울였다. 옛날 살림집이나 절에서 아름다운 무늬 살문을 볼 수 있는데, 소박한 띠살을 비롯하여 빗살, 완자살, 우물살 등이 있는가 하면 화려한 꽃무늬살, 빗꽃살, 소슬빗꽃살 등도 있다.[149] 나무살로 만든 창의 문양은 화려한 조각이나 색채에 뒤지지 않는 소박한 멋을 자랑한다.

한편 창은 지역에 따라 크기나 모양이 제각각이지만 일반적으로 환기만을 위해 설치한 붙박이 창이 많다. 옛집에서 가장 흔히 볼 수 있는 창은 살창이다. 살창은 창호지를 바르지 않고 나뭇가지로 된 살대만을 길게 이어 붙이거나, 가로 세로로 짜맞춘 창을 가리킨다. 주로 부엌이나 헛간에 이런 살창을 두었다. 그 다음으로 볼 수 있는 것이 봉창이다. 부엌이나 광(곳간) 등에는 크기가 작고 성기게 봉창을 뚫어놓았다.

149 창호엔 우리나라에서 자라는 소나무가 적격이지만 요즈음은 워낙 좋은 나무가 귀해서 수입 홍송(紅松)을 쓴다.

셋째, 마루와 온돌의 이중구조

마루를 사용하는 것은 마루 밑의 공간으로 바람이 잘 통하게 하여 냉방의 효과를 가져오기 위한 것으로 주로 남방건축의 특징이다. 그리고 온돌은 북방의 한대 지역에서 사용하는 난방방식이며 이러한 특징은 우리나라로부터 중국의 동북지역에 광범위하게 펼쳐져 있다.

마루와 온돌로 되어 있는 바닥은 가장 한국적인 주거문화의 성격을 나타낸다. 한옥처럼 구들과 마루가 갖춰진 집은 세계 어느 나라 가옥에서도 찾아보기 힘들다. 무더운 여름을 나기 위한 시원한 대청마루와 추운 겨울을 따뜻하게 보내기 위한 온돌이 그것이다. 더욱이 고려시대부터 시작된, 마루와 온돌이 한 집에 공존하는 이중구조는 사계절이 분명한 우리의 기후와 생태에 꼭 맞는 발명이었다. 또한 한 지붕 아래 부엌바닥은 아주 낮게 파내고 방은 부뚜막보다 높게 구들을 놓고 대청은 그보다 더 높게 마루를 깔았다. 이렇게 한 건물에서 내부공간의 고저를 다르게 설정하는 예는 다른 나라에서 볼 수 없다.

섬뜩할 정도로 차가운 대청마루는 습기를 피할 수 있고 통풍이 잘되기 때문에 여름철 주거공간뿐만 아니라 곡물창고로서도 유용하게 사용될 수 있다. 대청이 시원한 공간이 될 수 있도록 방처럼 천장에 종이반자를 쓰지[150] 않고 서까래가 그대로 드러나도록 공간을 높게 하여 지붕에서 내리쬐는 열기를 흩어지게 했다. 한옥의 천장은 높낮이가 달라 앉아 있는 방에서야 천장이 높을 필요 없지만 서서 일하거나 왔다 갔다 해야 하는 마루나 부엌 쪽은 천장이 높아야 답답하지 않고 기(氣)도 통한다. 한옥의 모든 구조는 우리의 몸과 직결되어 있으며, 우리 몸과 맞는 조화로운 크기로 설정되어 있다.[151] 비가 오면 문 닫고 지내야 하는 아파트와 달리 한옥은 마루에 있는 큰 창에 처마만 달면 비가 와도 문을 열 수 있는 구

150 우리나라 천장은 대부분 반자천장으로서 화장종이를 반자틀에 붙인 것이다.

151 '땅에 가까워야 대지의 기를 흠뻑 받을 수 있음'을 터득하고 살았던 조상들의 지혜를 확인할 수 있다.

대청마루

누마루

툇마루

쪽마루

조이다.

마루에는 방과 방 사이에 있는 큰 마루인 대청마루를 비롯하여 사랑방 가까이 누각처럼 높게 만든 누마루,[152] 방 앞으로 좁게 달아낸 툇마루와 쪽마루 등이 있다. 평상처럼 장소를 옮길 수 있는 이동용 들마루도 있다. 한편 마루에는 나무 널을 깐 널마루, 긴 널을 죽죽 깔아 만든 장마루, 가로와 세로의 귀틀에 마루청을 깐 우물마루 등이 있다. 흔히 마루에 오르기 위해서는 마당과 마루 사이에 봉긋하게 단을 높인 디딤턱 즉 봉당(封堂)을 거치게 된다. 봉당을 토방(土房)이라고도 하는데, 그 위에 신발을 벗는 댓돌을 놓아 마루를 오르내리기 쉽게 한다.

152 김개천 교수는 서애 유성룡이 후학을 양성하던 병산서원 만대루의 멋진 누마루를 보고, 바람과도 같은 무색의 질료성은 오히려 청빈하나 범접할 수 없는 성인을 마주한 듯하다고 했다.

굴뚝

아궁이

고조선 시기의 온돌유적이 발견됐다고도 하며, 오늘날과 같은 형태는 아니지만 온돌은 삼국시대부터 있었고, 고려를 거쳐 조선에 들어와 전국적으로 확대되었다. 고구려 때 귀족들은 의자나 침상에 걸터앉는 입식생활을 했으나 가난한 사람들은 겨울을 보내기 위해 온돌시설인 긴 굴[長坑]을 만들어 따뜻하게 난방했다.[153] 고려시대에도 서민들은 주로 흙침대를 만들고 땅을 파서 화갱(火坑)을 만들어 잠을 잤다.[154] 조선시대에 이르러서야 비로소 상류계층의 주택이나 공공건물에서도 온돌이 사용되었다는 기록이 있다. 온돌은 납작하고 길쭉한 돌을 세워 고래를 만들고 그 위에 구들장(판돌)을 놓아 아궁이를 통하여 받아들인 열을 구들장에 저장했다가 서서히 복사열을 방출하여 방바닥이 따뜻해지도록 고안된 난방구조이다. 불이 구들로 잘 전달될 수 있도록 굴뚝의 위치와 높이도 적절히 조정했다. 물론 우리의 굴뚝은 매우 낮은 편이다.[155]

153 『구당서』, 『신당서』.

154 『고려도경』 권3 성읍(城邑).

155 굴뚝의 연기는 취사와 관련되며 식사는 인간의 본능적 행위로서 억제 은폐되기 마련이었다. 더욱이 주위의 어려운 사람들을 생각하여 밥짓는 걸 드러내지 않기 위하여 굴

온돌의 원리는 열의 전도를 이용한 복사난방방식에 속한다. 이는 이웃의 중국이나 일본의 난방법과도 전혀 다른 우리 고유의 것이다. 방열기를 설치하여 온도를 높이는 대류난방방식의 경우, 바닥은 온도가 낮지만 천장 밑은 가장 온도가 높다. 따라서 고온의 공기를 호흡하면 심폐 내 산소 분자의 수가 줄어들기 때문에 건강상 좋지 않다. 그러나 온돌은 발바닥을 포함한 신체가 직접 온돌에 접촉하므로 혈액순환을 촉진시킬[156] 뿐만 아니라 방바닥의 온도차이로 인해 쾌적한 생활을 할 수 있게 하므로 과학적인 난방방식이다. 일반적으로 온돌을 사용할 경우 입식생활에 사용되는 강제 환기식 난방법보다 약 20% 이상의 에너지가 절약된다. 따라서 오늘날 보일러라는 새로운 난방장치가 도입되었다고 해도 서양에서처럼 벽이 아닌 방바닥에 온수파이프가 깔린 개량온돌을 설치함으로써 여전히 온돌의 효과를 얻고 있다.

양옥이나 아파트가 우리 집으로서의 전통을 벗어나지 못했음을 확실하게 말해주는 것은 바로 온돌이다. 온돌의 설치방식, 재질, 연료 등은 모두 바뀌었지만 온돌이 지닌 기본적인 난방방식과 그로 인한 주거생활은 여전하다. 온돌의 방식이 구들이든 보일러든, 연료가 연탄이든 기름이든 전기든 밑면난방방식의 하나라는 점에서 같다. 방바닥이 따뜻하기 때문에 좌식생활을 주로 한다는 점에서 기본적인 주거양식이 양옥이나 아파트에서도 고스란히 관철되고 있는 것이다. 비록 거실에 소파를 들여놓고 식탁을 사용하며 침대를 들여놓아 입식생활을 한다고 하더라도 밑면난방시설을 하고 장판을 깔았다. 그리하여 물걸레 청소를 하며 아이들이 거실바닥에서 뒹굴고 놀며 어른들도 방안에 앉아서 일정한 작업을 편하게 하는 경우에는 여전히 한옥의 주거생활이 지속되는 것이다.

몇 년 전 영국의 엘리자베스 여왕이 안동 하회마을을 방문하여 충효당 안방에 들어가고자 툇마루에 오르면서 하이힐을 신고 올라갔던 것도 신

뚝을 처마 밑으로 세웠다. 안동 하회마을에서 본 어느 대갓집의 굴뚝은 아예 툇마루 높이에 불과했다.

156 "구들장이 펄펄 끓는다"느니 "구들에 몸을 지진다"는 말들이 이와 관련 있다.

발을 벗지 않는 서구식 주거문화의 전통 때문이다. 이때 서구의 언론들은 그녀의 맨발에 촛점을 맞추었는데, 그때까지 아무도 여왕의 발을 본 일이 없었다는 사실을 기사화하면서 특종으로 다룰 정도였다. 최근에는 침대까지 구들장처럼 돌이나 흙을 이용하여 따뜻하게 밑면난방을 하고 있다. 온돌(Ondol)은 김치, 한글, 양반, 막걸리 등 12개의 한국관련 어휘와 함께 영국의 권위있는 『대영백과사전』에 실릴 정도로 국제적으로 인정받고 있는 것으로 한국문화 세계화의 선두주자라 하겠다.

민속자료로 지정된 한옥

현재 중요민속자료로 지정되어 있는 대표적인 한옥을 들어보자. 강릉시 운정동에 있는 선교장은 예전에 경포호수를 가로질러 배로 다리를 만들어 건너 다녔다 하여 붙여진 이름이다. 순조 15년(1815) 경에 지어진 전주이씨 거족의 양반가옥으로 조선건축의 고유성을 보여주며 상류사회의 전형적인 주거양식을 찾아볼 수 있게 한다. 그리하여 민간주택으로는 처음으로 국가지정 문화재가 되었으며, 건축전문가들에 의해 '한국에서 가장 아름다운 집'으로 선정되기도 했다. 특히 사랑채인 '열화당(悅話堂)'과 연못가의 정자인 '활래정(活來亭)'이 유명하다.

구례의 운조루(雲鳥樓)는 영조 52년(1776)에 삼영부사(三永府使) 유이주(柳爾胄) 선생이 건립한 집으로 전라도지방의 조선 양반가의 대표적인 가옥이다. 경주시 탑동 김헌용 씨 가옥은 400여년 전에 세워져 민가로서는 가장 오래된 기와집 가운데 하나다. 창녕의 민가로 유명한 하홍윤(河弘潤)씨의 가옥은 약 570여년이 되었다고 전하며 현존하는 민가로서는 가장 오래 된 것이다.

충남 아산에 있는, 일명 맹씨행단(孟氏杏壇)은 조선초의 재상으로 청백리의 대명사였던 맹사성(孟思誠)의 고택이다. 이 집은 고려말에서 조선초에 걸치는, 우리나라에서 가장 오래된 민가 가운데 하나이다. 이 가옥은 본래 최영 장군이 살던 집이었으나 손녀사위가 된 맹사성에게 그 집을

순천 낙안읍성

물려주었다고 한다. 강릉시 죽헌동에 있는 율곡의 생가인 오죽헌(烏竹軒)도 조선초기의 집으로 우리나라에서 가장 오래 된 민가 중의 하나이다. 최근 발행된 5000원권 지폐의 배경이 바로 오죽헌이다. 서울의 종로구 가회동·원서동 등 북촌일대에선 수년 전부터 '한옥지키기운동'이 벌어져왔다. 1930년대 지은 650여채의 전주 교동·풍남동의 한옥마을은 중인층이 살던 곳으로 전주의 근대사가 고스란히 살아 있다.

현재 초가는 아산의 외암리마을, 안동 하회마을, 순천 낙안읍성, 제주 성읍마을, 경주 양동마을 등 우리나라의 대표적인 민속마을에서 흔히 만날 수 있다. 무엇보다 외암리 민속마을은 예안이씨 집거촌으로 기와집과 초가들이 옛모습 그대로 보존되어 있다. 안동의 하회마을이나 낙안의 민속마을에 비해 상업화되지 않고 비교적 한적한 분위기를 보존하고 있는 곳이다. 65가구 중 50여 가구나 되는 초가는 보는 이로 하여금 삶의 긴장을 풀어주기에 족하다. 외암리의 아름다움은 가는 곳마다 초가를 에두른 돌담에서 두드러진다.

흙으로 담을 쌓고 볏짚으로 이엉을 올린 초가들은 보통 40년 정도 유지된다고 한다. 그러나 잘 지은 기와집 한 채는 견고할 뿐만 아니라 문

한짝, 주춧돌 하나에도 장인의 손길이 구석구석 미치지 않는 곳이 없는, 그야말로 집전체가 수공예로 꾸며지는 엄청난 고급집이다. 한옥의 전통을 이은 흙집과 나무집은 이제 예사 양옥보다 한층 값나가는 고급주택으로 떠오르고 있다. 한옥은 사람이 살면서 정성스레 가꾸면 생기가 돌고 수명이 1,000년도 가지만 빈 집으로 놔두면 급속히 낡아 2~3년 안에 폐가가 되고 만다. 이처럼 한옥은 사람의 애정과 함께 숨쉬는 생명을 지닌 집이다. 그리고 한옥은 폐기되면 사람처럼 흙으로 돌아가기 때문에 친환경적이다. 하지만 생활하기에 불편하다는 점은 극복되어야 한다. 이제 서양건축의 장점을 수용하면서 21세기 한옥의 미래를 설계해야 할 것이다.

조선조 주택건축

사대부는 그의 집의 문을 높고 크게 할 수 있으나 서민들은 금지되어 있다. 집 앞에 짧은 서까래를 덧얹어 달고 그 끝을 끌어올려 호로산(葫蘆傘)이나 날아가는 학의 모양을 만든다. 이것을 노송취병(老松翠屛)이라 한다.

그리고 방 안에는 기름 먹은 누런 빛깔의 종이로 장판을 했는데 매끄럽기가 기름이 엉긴 것 같다. 그 위에 골풀을 깔았는데 '수복(壽福)'이라는 글자가 새겨져 있다. 자리에는 화문석과 목침 같은 것이 있다.

창에는 완자겹창으로 마음대로 열고 닫는다. 거기에다 창호지를 바르고 기름을 칠하여 마치 은가루를 뿌린 듯이 깨끗하다. 그리고 유리를 붙여 그 유리로 밖을 내다 본다.

항간에서는 새로 흰 널 조각으로 문을 만들고 '경신년 경신월 경신시 강태공 만듦'이라고 쓴다.[157] 이는 오행의 운행에 있어서의 금(金)이 목(木)을 이긴다는 뜻을 취한 것이다.

『경도잡지』 1권

157 강태공(姜太公)은 중국 주나라 초기의 정치가이다. 문왕이 위수(渭水) 가에서 처음 만나 스승으로 삼았으며, 뒤에 무왕을 도와 은나라를 멸망시키고 천하를 평정한 공으로 제(齊)나라의 시조가 되었다. 경(庚)과 신(申)은 금(金)에 해당하는 간지이다. 나무에다 금에 해당하는 간지의 연·월·일·시를 새겼으니 금이 목을 이기고도 남음이 있다. 옛날 시골의 방아에도 이렇게 새겼었다.

우리나라의 주택은 궁궐, 관청, 사찰 등 다른 대부분의 건축과 마찬가지로 목조로 된 건축이다. 이 주택의 건축에 따른 구조적 특성을 고찰하려면 기단, 벽체(壁體), 지붕, 천장 등으로 나누어 살피는 것이 편리하다.

솟을대문

윗글은 주택의 구조적인 측면에 대해 간략하게 보여주고 있다. 문높이의 높고 낮음에서부터 서까래를 덧붙이고 처마를 약간 올려 지붕의 모양을 내는 설명은 건축의 구조적인 문제이다. 삼국시대부터 신분에 따라 주택의 구조는 물론 대문이나 담장까지도 차이가 있었다. 양반과 상민의 구별이 엄격한 조선사회에서 양반의 권위를 지키기 위해서는 가족의 일상생활이 밖으로 노출되는 것을 꺼려했기 때문에 폐쇄적인 형태가 필요했으며, 솟을대문[158]이나 화려한 담장으로 권위를 나타내었다.

문이 크면 집이 작아 보이고, 대문과 중문이 한 줄로 서면 집안이 훤히 드려다 보이는[159] 등의 이유 때문에 대문의 높이나 크기, 위치 등에 신경을 많이 썼다.

그러나 우리 서민들이 사는 집의 문은 아예 없거나 제주도의 정낭 같이 나무토막이나 걸쳐놓는다든지 흔히 나뭇가지로 엮은 사립문을 다는 경우가 대부분이다. 담은 대체로 사람 눈높이 정도로 쌓아 까치발 서면 속이 훤히 들여다보인다. 요즈음같이 가시철망이나 고압선 장치로 요새처럼 꾸민 담이 아니라 집에 조화되며 사람을 위압하지 않도록 밝게 열

158 가마를 탄 채 드나들 수 있도록 가운데 부분을 더 높게 만든 대문이다.
159 홍만선, 『산림경제』.

정낭(제주도 대문)

돌담

싸리울

려진 공간으로 구성되었다. 담은 재료에 따라 돌담·흙돌담·흙담(토담) 등[160]이 있다.

물론 돌이 흔한 제주도에는 거친 바람을 막아내기 위한 돌담이 많다. 하지만 뭍에 있는 우리네 돌담은 밭 갈다 쟁기에 걸려 나온 돌로 쌓은 것이다. 갖가지 돌들이 생긴 대로 서로 받치고 틈을 메워 균형을 잡는다. 재고 다듬어 끼워 맞추는 게 아니다. 돌끼리 부딪치고 양보하며 비비고 어울린다. 건축학자 임석재는 이를 '이타적 어울림'이라고 했다. 수수하고 다소곳한 돌담은 가로막는 장애물이 아니라 그어 놓은 금일 따름이다. 외암리 민속마을이 유명한 것도 돌담의 정취 때문이라 본다. 막돌을 쌓아 구불구불 집과 집을 나누고 길과 밭을 나눈 자연스러운 돌담은 십리가 훨씬 넘는다.

아예 담을 두지 않고 울(울타리)을 치기도 한다. 얼기설기 짚·갈대·싸리·댓가지로 발처럼 엮은 바자울, 소나무·참나무 등 나뭇가지를 땅에 박아 둘러친 섶울, 싸릿가지를 둘러친 싸리울, 탱자나무·측백나무 등 산 나무를 빙 둘러 심은 생울타리가 전부인 경우도 있다. 우리의 울이나 담은 외부인의 침입을 막기 위한

160 담벽에다 돌이나 기와조각으로 온갖 무늬를 넣어 한껏 아름다운 자태를 뽐내기도 하는 꽃담도 있다.

집안이 훤히 들여다보이는 울타리

것이기보다는 단순한 영역의 구분에 지나지 않는다. 최소한의 사생활을 가리기 위한 것으로 이웃이 소통하는 정서적 공간을 내준다.

방안의 장판이나 자리 등의 바닥에 관한 설명도 구조적 특징의 일면을 말해준다. 위에서 언급한 왕골로 짠 돗자리인 화문석(花紋席)[161]은 촉감

161 토산품 돗자리로서 대표적인 것은 화문석을 들 수 있는데, 왕골을 재료로 하여 색칠하고 수를 놓아 만든 꽃자리와, 골을 재료로 하여 문양을 넣어 만든 등메가 있다. 꽃자리는 왕골 껍질을 손으로 엮어 짜는 것이 특징이고, 등메는 골을 한 올씩 가마니 치듯 바디로 다져서 짜는 것이 특징이다. 화문석은 두 명이 15일간 꼬박 일해야 한 장이 완성된다고 하는 아주 귀한 돗자리로서 강화를 비롯한 함평·보성의 것이 아직까지도 유명하다. 조선시대의 돗자리 생산량은 엄청난 규모였다. 그러나 이것들의 태반은 내수보다 외수에 소비되었다. 중국·일본·유구국 등 주변국가에서 우리 화문석은 대단한 인기품목이었다. 중국은 조공품으로 화문석을 수시로 요구했고, 일본·유구국은 사절이 올 때마다 선물로 원했다. 화문석이라 함은 꽃무늬가 있는 돗자리라는 뜻이다. 뭉뚱그려 화문석이라고 하지만 돗자리의 명칭은 많으며, 그것들을 크게 세 종류로 나누면 화(花)문석·용(龍)문석·호(虎)문석이 있다. 이 가운데 진상품으로 가장 인기가 높던 것은 용문석이다. 등메·화문석 같은 고급돗자리는 상류계급이 장판바닥이나 대청마루·평상에 깐 자리이고, 삿자리·대자리·기직 등은 일반서민들이 새벽질한 흙바닥에 장판 대신 깐 자리이다. 삿자리는 갈대로 엮은 것이다. 한편 방석이란 돗자리

이 부드럽고 물기가 스미지 않는 실용성과 더불어 다양한 색상과 무늬의 예술성까지 갖춘 우리 고유의 생활용품이자 공예품이다. 그밖의 창이나 문 등의 설명은 벽체에 대한 언급으로서 대단히 섬세한 편이다.

다른 나라들의 주택은 비교적 자연에 거슬릴 만큼 화려하고 사람을 압도할 만큼 웅대하다고 할 수 있다. 같은 동양권이라도 한옥은 중국의 집같이 권위적이거나 일본의 집처럼 기교를 부리지 않는다. 다시 말해 한옥은 일본집처럼 섬세하거나 근시안적인 미도 아니요, 중국집처럼 밀폐적이거나 장대한 호화미도 없다.[162] 자연환경에 조화롭게 아담하고 시샘이나 존대 없이 소박하며 가식이나 허세를 부리지 않는 겸허한 미를 지녔다. 창덕궁, 창경궁 등의 궁궐이나 종묘의 지형과 건물배치 등에서조차 비규격적이고 자연스러운 미를 발견할 수 있다.

와 달리 크기를 작게 만들어 혼자 깔고 앉게 만든 것이다.

162 청나라 때의 모습을 간직한 'ㅁ'자 모양의 사합원(四合院) 같은 중국 전통가옥은 사면이 높은 담으로 둘러싸여 바깥과 완전히 차단된 느낌을 주는데, 이는 중화적 자부심의 발로이자 개인주의의 극치라고 할 수 있다.

II. 일생 동안 겪는 주요 의례는 어떤 것인가

인간이 태어나서 죽음에 이르는 동안 반드시 거쳐야 하는 여러 관문(고비)에서 행하는 의례를 일생의례[1]라 한다. 그런데 이러한 일생의례를 말할 때 유교문화권에 있는 우리는 흔히 사례(四禮) 즉 관혼상제(冠婚喪祭)를 떠올린다. 한국의 관혼상제는 주자(朱子)의 『가례(家禮)』를 기본 구조로 시행되고 있는데,[2] 예로부터 시행해오던 비유교적인 통과의례의 보수성과 유교적 『가례』의 형식적 복잡성 때문에 『가례』를 실용적 측면에서 단순하게 살려 행한 편이다.

모든 사회에 일생의례는 존재하지만 문화적 차이에 의해 의례의 종류를 비롯하여 구획·형태·절차 등이 다를 수 있으며,[3] 강조되는 의례도

1 프랑스 인류학자 반 겐넵(Arnold van Gennep)이 사용한 통과의례의 의미보다 좁은, 인간을 매개로 한 생활의례의 개념이다. 장철수 교수는 인간을 위한 생활의례를, 인간을 매개로 한 일생의례, 공간을 매개로 한 영역의례, 시간을 매개로 한 세시의례로 나눈 바 있다.(장철수, 「인간을 위한 의례의 의미」, 『기층문화를 통해본 한국인의 상상체계』, 민속원, 1998.

2 고려말 성리학의 유입과 더불어 주자의 『가례』가 들어왔지만 우리 실정에 맞지 않아 16세기까지 정착되지 못했다. 나중에 우리 형편에 맞게 개작한 예서들이 나오게 되었는데, 그중 조선 헌종 10년(1844)에 예학으로 유명한 이재가 『사례편람』을 내어 서민 사회에까지 크게 영향을 미쳤다.

다를 수 있다. 사실 의례만큼 집단의식 곧 민족문화의 특성을 드러내는 것도 흔치 않을 것이다. 유럽에서도 결혼식이 끝나고 마을사람들이 춤을 추는 관습 등이 있기는 하나, 우리는 의례가 있을 때 주위의 모든 사람이 참여하여 기쁨과 슬픔을 함께 나누는 것을 당연히 해야할 일로 생각했다. "초상집 또는 잔칫집에 손님이 없으면 집안이 망한다"는 것도 개인주의를 경계하는 우리 민족의식의 표출이라 하겠다. "동네 집에 초상났을 때 머리 빗으면 불길하다"고 하는 말도 공동체의식을 반영한 것이라 본다. 우리의 여러 한국적 의례를 통해 새삼 인간존중의 사고를 확인하게 된다.

우리가 사는 시대가 변하고 환경이 달라지고 있다. 의례라는 것도 우리의 삶 속의 일부이니 만큼 변하지 않을 수 없다. 낡은 제도를 그대로 따를 이유도 없다. 그러나 변화에 편승하여 마구 내키는 대로 행하는 것은 너무나 무기력한 태도이다. 변화하는 가운데도 지켜져야 하는 게 있다. 우리는 주체적으로 변화를 수용하면서 보다 적절한 대안을 찾고 바람직한 방향으로 나가야 한다. 그렇다고 양복도 아니고 한복도 아닌, 어정쩡한 모습은 거부감이 든다. 합리성과 일관성을 가지고 의례를 치른다면 무조건 변화를 거스르거나 무턱대고 따르고 혼란에 휩싸이는 일은 지양될 것이다.

여기서는 사례를 포함하여 우리 사회에서 중시되는 산육의례, 회갑례 등까지 좀더 자세히 살펴보도록 한다.

1. 산육(産育)의례

사례에는 포함되지 않으나 한국사회에서 매우 중요하게 인식되고 실천되어온 생명탄생 관련 의식 즉 산육의례에 대해 자세히 살펴볼 필요가 있다. 생명이 탄생하는 것을 계기로 삼는 의례를 출생의례, 출산의례, 산

3 예컨대 아프리카의 벤다족은 혼인을 의례화하지 않는다.

속(産俗) 등 다양하게 부르고 있다. 주영하 교수는 출생의례와 산속이라는 말의 부적절성을 들어 출산의례라는 용어를 사용했다.[4] 저자는 본 저서에서 다루어질 기자(祈子)에서부터 육아(育兒)의 내용을 포괄하기에는, '생(生)'이나 '산(産)'의 의미를 표방하는 출생·출산·산속보다는 '육아(産育)'의 용어가 더 적절하다고 본다.

사람이 일생동안 겪는 통과의례 가운데 첫 번째 관문이 산육의례이다. 산육의례란 어머니가 생명의 씨를 받고 태중에서 건강한 아이를 형성한 뒤 고통없이 순산하고 신생아가 아무런 사고 없이 성장하고 장수해 달라는 뜻에서 생긴 습속이다. 용어의 다양함만큼이나 산육의례를 획정하는 견해도 차이가 있다. 예컨대, 산전(産前)·산후(産後)·육아(育兒)로 구분한다든지, 출산전·해산·출산후로 구분하기도 한다. 이 책에서는 산육의례를 크게 기자·임신·분만·육아의례로 분류의 기준을 삼아 서술해보고자 한다.

우리의 관혼상제가 원천적으로는 가족·친척이라는 혈연집단을 근거로 하여 만들어졌으나 관행에서는 마을을 단위로 시행되고 있듯이 모든 의례에 민족의 집단의식이 강하게 묻어난다. 비록 유교적 신분질서나 남녀차별의 시대적 한계는 있지만 우리의 여러 한국적 의례를 통해 새삼 인간 생명존중의 사고를 확인할 수 있다.[5] 물론 영아사망률이 높기 때문에 출산을 성스럽게 여겼을 수도 있다. 그걸 감안하더라도 산육의례에서는 전통사회 아들을 가져야 한다는 심리적 압박과 의료시설의 부재로 출산의 고통과 위험이 따랐음에도 불구하고 출생을 희원하고 생명을 소중히 다루는 문화공동체의 집요한 노력이 있었음을 발견하게 된다. 아이의 생명을 존귀하게 여기는 데에는 남녀가 따로 없었다.

새로운 생명의 탄생과 관련된 산육의례에서 생명존중의 문제를 다루는

4 주영하, 「출산의례의 변용과 근대적 변환」, 『한국문화연구』 7, 경희대 민속학연구소, 2003, 201쪽.

5 2005년 생활고와 구직실패에 좌절한 20~30대 자살이 급증하면서 우리나라 자살률이 경제협력개발기구(OECD) 회원국 중 1위를 기록했다.

건 당연한 일인지도 모른다. 그러나 산육관련의 오랜 연구의 집적[6]에 비한다면 아쉬움이 크게 남는다. 종전에는 서양의 일부 학설과 더불어 여성의 출산을 부정적으로 파악한 연구들도 있었으나, 이를 수정하는 주목할 만한 새로운 견해가 대두된 바도 있다. 저자는 선학의 주요 연구성과들[7]을 기반으로 전통산육의례에 짙게 배어 있는 생명존중의식을 집중적으로 다루고자 한다.

어떻게 해야 임신을 잘할 수 있을까

요즈음의 젊은 부부들 가운데는 자식을 낳지 않거나 하나만 두려는 경향이 두드러진다. 따라서 2006년 현재 우리나라의 출산율은 OECD 국가들의 평균출산율인 1.7명보다 훨씬 밑도는 1.16명으로 세계최저수준이다. 출산율급감은 '유사이래의 재난'이라 한다. 일할 사람은 줄고 연금 받아야 할 사람은 늘어난다는 얘기다. 연금수혜자가 늘고 세금으로 연금기금을 공급할 생산인구가 줄게 되면 재정위기·경제위기·사회위기가 차례로 닥치게 된다. 결국 출산율저하는 성장잠재력을 약화시켜 국가의 활력을 상실케 만드는 것이다. 아이를 낳으면 푸짐한 상품을 주고 양육비를 지급하며 세금을 줄여주기에 이른 현실이야말로 위기적 상황이 아닐 수 없다.

전통사회에서는 남녀가 결혼을 하고 자식을 낳는 것을 인간의 도리로 여겼다. 조선시대의 명의(名醫) 허준은 『동의보감』에서 "사람 사는 길이 자식을 낳는 데서 비롯한다"고까지 말한 바 있다. 따라서 과거에는 어떻게 해야 임신을 잘 할 수 있을까에 큰 관심을 갖고 고민을 하지 않을 수 없었다. 요즈음은 풍만하면 개그의 대상이 될 정도로 풍만 최악의 시대를

6 강숙자, 『한국여성학연구서설』, 지식산업사, 1998, 242~243쪽. 강교수는 동제를 지낼 때 임산부를 피신시켰던 것을 증거로 출산을 부정시한 견해(최길성, 『무속의 세계』, 정음사, 1984, 139쪽)에 대해 실례를 근거로 임산부를 피신시킨 것은 오히려 제사나 굿의 혼란으로 태교가 제대로 실천되지 못할 것을 우려했기 때문일 것이라 했다.

7 주영하 교수의 앞의 논문 202쪽에 자세히 기술되어 있다.

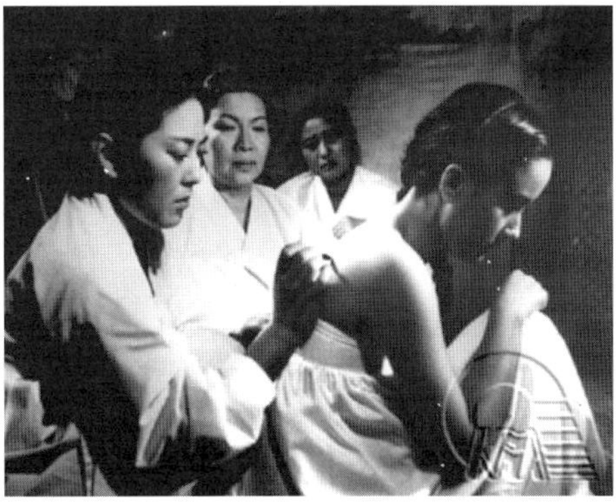

영화 〈씨받이〉의 한 장면

맞고 있으나 유목문화에서는 살이 쪄야 아름답다고 했으며, 우리 전통사회에서도 허리나 엉덩이가 작고 날씬하면 아기 들어설 공간이 없다 하여 무자상(無子相)으로 소외 받았다. 또 최근에 노랑머리인 블론드 선망에 따라 머리를 염색하고 다니는데, 예전에 노랑머리는 아들 못 낳을 상이라 하여 소외 받았고 시집을 못가 무당으로 곧잘 빠졌다.[8] 동성동본불혼, 100리내불혼 등의 혼인풍습도 유교적 윤리관 때문만이 아니라 건강한 자식을 기대하는 우생학적 관심의 소산이라 하겠다.

삼국이전부터 벼농사를 주축으로 하는 농경사회에서 우리는 강한 노동력을 요구했고, 이러한 가운데 가계계승의 유교적 이념에 의거하여 남아를 선호하는 의식은 점점 확장되어 갔다. 조선시대 칠거지악(七去之惡)의 하나인, 아들이 없으면 내쫓긴다는 규정을 피해 여성을 보호[9]하기 위해서도 첩을 들이고 양자를 들여오며[10] 씨받이(대리모)를 쓰기[11]까지 했다. 아들이 없을 경우 대개는 신분적 ; 사회적 차별이 없는 양자들이기를 선호

8 '노랑머리 오랑캐'라 하여 러시아인 나아가 서양사람들을 얕잡아 부르기도 했다.

9 삼불거(三不去)라는 제도와 이혼을 엄격히 배제하는 전통윤리가 있었다. 삼불거도 자식이 있으면 무조건 이혼할 수 없게 하여 나중에 사불거가 되었다.

10 가계계승을 위해 양자를 들일 때는 형제간에 이루어지는 게 상례였으며, 양자들이기는 조선시대에만 볼 수 있었던 일이고, 특히 조선중기 이후에 많이 행해졌다.

11 딸을 낳았을 때는 곡식 몇 섬을 주어 씨받이 어머니에게 기르도록 했다.

했다. 조선후기에는 아들을 잘 낳는 신부의 관상을 기록해 두고 있을 정도이다.[12] 씨받이의 경우 눈초리가 가름하되 눈끝이 젖어있지 않고, 거위나 벼룩상으로 얼굴이 오똑해야 하며, 손바닥은 피를 뿌린듯 붉어야 하는 등 다남상(多男相)을 지녀야 했다. 한편 여성이 평소 다른 사람과 다투지 않는 등 덕을 갖추면 반드시 귀한 아들을 낳을 수 있다고도 했다.

남아를 선호하는 전통적 사고로 인해 아들의 출생은 아직도 집안의 경사로 받아들여지고 있다. '아들을 낳으면 제주도 가고 딸을 낳으면 외국여행 간다'는 속어처럼 근래에 딸에 대한 편견이 사라지고 있는 것처럼 보인다. 그러나 아들을 선호는 생각이 근본적으로 바뀐 것이 아님을 최근의 남녀의 성비 불균형에서 찾을 수 있다. 오히려 아들 선호가 오늘날에 더욱 강화되는 경향이 있다고도 한다.[13]

돌을 바위에 문지르고, 피묻은 속옷을 훔치다

잉태를 위한 노력, 아들을 낳기 위한 습속은 조선시대 이전부터 민간신앙의 형태로 내려오고 있었으며, 성리학 유입 이후에도 더욱 성행했다. 기자의례에는 치성(致誠), 공덕 베풀기, 주술, 흡월정(吸月精) 등의 행위를 비롯하여 넓게는 태몽(胎夢)이나 태점(胎占)까지 포함시킬 수도 있으나, 유형을 크게 치성기자와 주술기자로 나눌 수 있다. 치성기자에는 삼신, 칠성신, 산신, 부처 등 초자연적인 존재인 신에게 기원하는 유형과 대개 돌이나 나무, 샘 등의 자연물을 대상으로 하여 치성을 드리는 유형[14]이 있다. 주술기자로는 특정한 음식을 먹거나 특이한 물건을 몸에 지니는 방

12 유중림, 『증보산림경제』(1766).

13 주영하, 앞의 논문, 206쪽.

14 『삼국유사』 권1에는 웅녀가 신단수(神壇樹) 밑에서 아기 갖기를 빌어 단군을 낳았다는 기록과, 북부여의 왕 해부루가 늙도록 아들이 없으므로 산천에 대를 이을 아들 낳기를 빌어 곤연(鯤淵)에서 금와를 얻었다는 기록이 있다. 경북 경산군 곡신동에 용산(龍山)이라는 산이 있는데 옛날 용이 승천할 때 꼬리로 땅을 쳐서 우물이 생겼다고 하며 이 우물이 신앙대상이 되어 아이낳기를 원하는 사람이 우물물을 마시면 효험이 있다는 전설이 내려온다. 이와 비슷한 내용의 치성기자의 전설은 무수히 많다.

칠성각

법을 들 수 있다.

치성기자의 경우 부인 혼자 치성을 드리는 경우와, 부인 이외에 남편 또는 시어머니나 친정어머니 등이 동반하여 드리는 경우가 있다. 무당의 힘을 빌기도 한다. 주술기자와 마찬가지로 치성기자는 남이 알지 못하게 몰래 하는 것이 원칙이며, 치성을 드리는 때는 손이 없는 길한 날로 택하거나 3월 3일, 5월 5일, 7월 7일, 9월 9일의 남성[陽]을 상징하는 기수(奇數)가 겹치는 날로 택하여 빈다.

가장 간편한 치성기자 행위는 집에서 드리는 것으로 냉수 한 그릇과 촛불을 켜놓고 비는 것이다. 큰 방 윗목에 상을 차려놓고 삼신할머니에게 빌거나 부엌에 있는 조왕님에게 비손한다. 샘이나 우물에 있는 용왕님에게 치성을 드리기도 한다. 명산을 찾아가 산신에게 치성을 드리는 경우 대개 산의 계곡에 있는 샘에서 빈다. 절에 가서 불공을 드리는 경우도 있다. 더욱이 우리나라 사찰에는 대웅전 뒤쪽 한 구석에 칠성각 또는 산신각이라는 현판을 단 작은 사당이 있다. 칠성각은 인간의 출생과 육아를 관장하는 칠성신을 모신 곳이요, 산신각은 산신[15]을 모시는 전각이다. 이

곳에 가서 아이를 원하는 여인들이 백일기도를 하며 치성을 드린다.

한편 아들을 갖고 싶은 여인은 소복(素服)을 하고 신통력이 있다는 기자암(祈子岩)을 찾아가 치성을 드리는데, 작은 돌을 그 암벽에 문지르다 딱 붙게 되면 효과가 있다고 믿는다. 암벽에 돌을 붙이는 부암(附岩) 기자 습속은 전국 각지에서 채집되고 있다. 기자암은 크기만 한 것이 아니라 생김새가 묘하여 남근이나 여근을 닮았다. 서울 인왕산 중턱의 선(禪, 立) 바위는 거석(巨石)이며 남근을 닮은 기자암 일명 '아들바위'로 유명하다. 서울 세검정 창의문 밖에도 거북이처럼 생긴 큰 바위가 길가에 놓여 있었다. 바위는 오늘날 깨어지고 없지만 빙허 현진건이 집필하며 살았던 집이 있었던 곳으로 유명한 종로구 부암동이라는 이름으로 남아 있다. 여근을 닮은 바위도 흔한데, 이를 '공알바위(알터바위)'라고도 한다. 바위에 알 모양의 구멍이 패어 있어서 붙여진 이름이다. 제주도 삼성혈에 있는 바위가 대표적인 경우로 우리나라에서 가장 큰 알터바위다.[16] 정성스럽게 치성을 드리기도 했지만 이와 함께 물론 잉태를 위해 금기하는 일도 매우 많았다.

가장 간단한 주술기자의 예는 산모에게 쌀과 미역으로 첫국밥을 해주고, 대신 그 집의 쌀과 미역을 받아다 국밥을 지어먹는 것이다. 주술기자로서 잉태를 위해 먹는 색다른 음식이 많았다. 탯줄을 먹거나, 모란꽃·백련초 삶은 물을 먹거나, 익모초·쑥·백도라지 등을 먹으면 효험이 있다고 믿었다. 수탉의 생식기를 날로 먹거나 붉은 거미를 세 마리 잡아먹으면 남아를 출산한다고 했다. 남근을 상징하는 돌부처의 코를 문질러서 그 가루를 물에 타 먹기도 했다.[17] '공구 뜬 물마시기'라 하여 우물이나 냇물에 세로로 떠있는 작은 나무토막이나 마디가 있는 짚토막을 물과 함

15 산신은 도교에서 유래한 신으로 불교가 전래되기 전에 많이 믿던 토착신이다. 산신각이 사찰에 세워진 것은 대개 조선 중기 이후부터다.

16 성적 상징물을 찾아 기원하는 습속은 음양의 조화를 통해 생산과 번영을 이루고자 하는 소망에서 비롯된 것이다. 강원도 동해안에는 아직도 남근을 조각해서 여신이 있는 서낭당이나 해랑당에 갖다 놓고 풍요를 기원하고 있다.

17 전국에 산재한 석불 가운데 코가 온전한 것이 거의 없는 것도 이 때문이다. 요즈음도 제주도에서 신혼부부들이 돌하루방의 코를 만지며 사진 찍는 모습을 쉽게 볼 수 있다.

남근석

여근석

께 떠서 마시면 남아를 출산한다는 믿음도 안동지방에 전해지고 있다.[18] 토끼고기, 오리고기, 고사리 등은 정력을 감퇴시키는 것으로 알려졌다.

아들을 갖기 위한 특이한 행위들이 많이 있었다. 아기 낳은 집 여인의 피 묻은 속옷을 훔쳐다 입거나[19] 아들 낳은 집의 금줄에 달아놓은 고추를 몰래 훔쳐서 방안에 걸어놓았다.[20] 은이나 쇠 또는 나무로 만든 도끼를 속옷 끈에 차기도 했다.[21] 세 고부(姑婦)가 함께 사는 집 접시 세 개를 훔쳐다가 방아지레 밑에 숨겨두거나 아들 삼형제 둔 집의 수저 세 벌을 훔쳐다가 베개 속에 감춰두기도 했다. 사람은 삼신의 점지를 받아 태어나므로 죽으면 삼신을 돌려주는 것이라 믿고 몰래 초상때 쓰는 만장을 찢어 속옷을 해 입기도 했다.

배꼽에 뜨겁게 볶은 소금을 담고 그 위에 쑥찜질을 하는 방법도 있었는데 약 200~300번을 한 끝에 합방하면 아들을 낳는다고 하였다. 이 때

18 세로로 떠있는 나무토막은 남근을 상징하며, 물은 여성의 생리로 풍요와 관련이 있다.(정성희, 『조선의 성풍속』, 가람기획, 1998. 96쪽).

19 피묻은 속옷을 '개짐'이라 하는데, 개짐을 몸에 지니는 게 가장 효력이 있다고 믿었다.

20 금줄의 고추를 도둑맞은 집에서는 아들에게 불행이 닥치고 후손이 끊어지는 것으로 인식했다. 일제시대의 신문에는 이 고추 절도를 고발한 소송사건이 이따금 보도되었다고 한다.(백옥경, 「아들낳기, 여성의 영원한 소망?」, 『우리나라 여성들은 어떻게 살았을까』 1, 청년사, 1999, 25쪽).

21 상류층은 은도끼나 쇠도끼를 찼고, 서민들은 나무도끼를 만들어 지녔다. 도끼는 음양의 교합을 상징하는 것으로서 일찍이 원효대사가 요석공주를 취하기 위해 "자루 없는 도끼를 받아 줄 그 누가 없을까 / 하늘을 떠받드는 기둥을 내가 찍어 주련만…"(『삼국유사』 권4, 원효불기(元曉不羈))이라 읊은 바 있다.

문에 한국의 많은 여자들은 배꼽둘레에 화상 흉터가 나 있었다고 한다.[22] 보름 달밤에 양가집에서는 시집가기 전 딸로 하여금 달을 향해 숨을 들이마시도록 하는 '흡월정'[23]의 습속이 있었는데, 달의 음기가 여자의 출산력에 영향을 준다는 주술적 믿음에서 비롯된 것이다. 정월대보름날 개에게 밥을 주지 않았던 것도 달과 상극인 개가 여자의 음력을 보강하는 달의 정기를 빼앗아간다고 여겼기 때문이다.

한편 잉태를 위한 적기(適期)를 포착함은 물론 홀수 날에 씨를 내리면 아들이고 짝수 날에 씨를 내리면 딸이 된다[24]고 믿었다. 이제 기자를 위한 치성 또는 주술 행위 등은 눈에 띄게 줄어들고 있다. 그러나 지금도 아들을 선호하는 관념은 여전히 유지되고 있다.

태내 10개월이 태외 10년보다 중요하다

임신을 하면 태교(胎敎)에 힘써야 한다. 태아에게 좋은 영향을 주기 위해 임산부는 늘 마음가짐과 말과 행동, 음식 등을 조심했는데, 이를 태교라 하는 것이다. 요즈음에는 태교의 중요성이 과학적으로 입증되어 병원에서는 태교교실까지 운영하고 있다. 특히 태교음악이라 하여 임신중 태아에게 음악을 들려주면 두뇌가 발달한다고 한다.

임신후 출산 때까지 태아는 정서적·심리적·신체적으로 모체의 영향을 절대적으로 받으므로 임산부는 모든 일에 조심해야 한다. 여성교육의 선구자였던 소혜왕후는 말하길 "아이를 가졌을 때는 잠을 자도 옆으로 눕지 않으며 앉아도 한쪽 가장자리에 앉지 않으며,…눈으로 나쁘고 궂은

22 백옥경, 위 논문, 26쪽.

23 시집갈 날을 받은 처녀가 달을 향해 숨을 멎고는 손뼉을 치며 '한 숨통, 두 숨통…여덟 숨통'을 헤아릴 때까지 숨을 계속 들이 마셨다가 크게 내쉰다. 이 한 번의 숨쉬기를 '일기통'이라 하며, 이렇게 하기를 반복한다.

24 홍만선, 『산림경제』 권12. 정약용이 말하길 월경이 끝날 무렵 깨끗한 무명조각을 산문(産門)에 꽂았다가 떼어 보아 색깔이 금빛이면 잉태의 적기요, 옅으면 적기가 지난 것이고, 샛붉으면 아직 적기에 이르지 않았다고 했다.

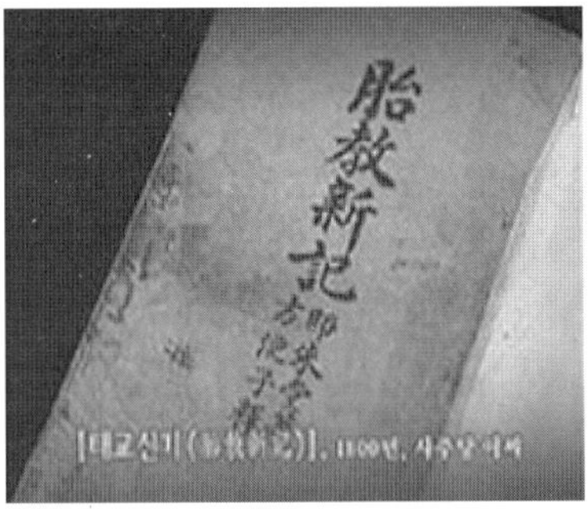

『태교신기』 표지

다큐멘터리 〈태교신기의 비밀〉

것을 보지 않으며 귀로는 음란한 소리를 듣지 않는다.…"고 했다.[25] 유희(柳喜)의 어머니 사주당(師朱堂) 이씨가 지은 『태교신기(胎教新記)』에서는 태외(胎外) 10년의 교육보다 태내(胎內) 10개월의 교육이 더 중요하다고 강조되고 있으며, "잉태시 부친의 청결한 마음가짐은 모친의 10개월 못지않게 중요하다"고 남자의 태교도 언급했다. 또한 사주당 이씨는 어느 방향에서 임신하느냐에 따라 아이의 성격이 달라진다고까지 말했다. 결국 태교는 부모의 역할수행을 강조한 것으로서 생명창조의 주체인 부모의 인품이 자녀에게 절대적인 영향을 미친다고 생각했던 것이다. 가족들까지도 태아의 수명을 생각하여 초상집에 가지 않거나 잔인성을 억제하는 뜻에서 산 짐승을 잡지 않는 등 금기사항을 지켰다. 태어날 아이가 언청이가 될까봐 방이나 굴뚝도 고치지 않았다.

임신을 하면 마음가짐과 언행을 삼갈 뿐만 아니라 태아의 정상적인 신체발육을 위해 금기하는 음식물도 많았다. 닭고기를 먹으면 아이의 살결이 닭살과 같아질 뿐만 아니라 불임의 기운이 있다고 했다. 상어나 가오리를 먹어도 피부가 거칠어진다고 했으며, 까마귀나 복어를 먹으면 검은 아이를 낳는다고 했다. 오징어를 먹으면 뼈 없는 아이를 낳고, 오리고기를 먹으면 손가락·발가락이 붙은 아이를 낳는다고 했다. 토끼고기를 먹

25 소혜왕후 저, 육완정 역주, 『내훈』, 열화당, 1984, 149쪽.

으면 눈이 새빨갛게 되고, 언청이 아기를 낳는다고 했다. 자라고기를 먹으면 목이 짧은 아기를 낳는다고 하였다. 개고기를 먹으면 아기가 빨리 죽는다고 하고, 돼지고기를 먹으면 아기의 피부가 거칠고 부스럼이 난다고 하였다. 게를 먹으면 분만할 때 아기가 옆으로 나온다고도 했다. 『동의보감』에는 비늘 없는 생선을 먹으면 난산을 한다고 되어 있다.[26]

생강을 먹으면 육손이를 낳으며 메밀묵을 먹으면 아이가 풍이 세거나 임산부가 유산한다고 했다. 도토리묵을 먹어도 유산하고 고사리, 삼백초, 여뀌 등을 먹어도 유산한다고 했다.[27] 반면 임산부 자신의 건강과 태아를 위해 닭과 인삼을 다려 먹이거나 염소를 고아 먹이거나 잉어를 삶아 국물을 마시게 했다. 해산달에는 미끄럽게 잘 분만하라는 뜻에서 돼지고기를 많이 먹게도 했다. 요즈음도 순산을 위해 돼지 삼겹살을 많이 먹는다고들 한다.

언행이든 음식이든 태교 가운데 가장 중요하게 인식했던 것은 욕심을 부리지 않는 것이었다. 비록 비과학적 내용이기는 하나 이러한 금기사항이 많았던 것을 통해 생명의 잉태를 신성시하는 우리들의 신앙적 사고를 엿볼 수 있다. 현대에도 태교의 중요성은 사라지지 않고 오히려 점차 강조되고 있다. 강조되어야 하는 만큼 현실적 상황은 좋지 않다고 할 수 있다. 현대를 사는 우리들은 생명중시라는 전통사회의 태아관을 새삼 음미할 필요가 있다. 오늘날 야기되는 불임은 물론 기형아 출산 등의 심각한 문제들 가운데는 임신 중에 삼가지 않은 생활의 문란에 탓을 돌려야 할 것이 크다고 하겠다.[28]

---

26 지방에 따라 금기하는 事象과 음식의 종류 및 그 음식이 미치는 영향 등에 차이를 보이는 편이다. 事象은 물론 음식물의 형태나 속성이 태아에 영향을 준다는 것은 프레이즈의 '유사법칙'으로 설명될 수 있다. 프레이즈는 유사는 유사를 낳는다–결과는 원인과 유사하다는 것을 유사법칙이라 하고 이를 同種주술 혹은 모방주술이라고도 했다.(Frazer, James George 저, 김상일 역, 『황금의 가지』, 을유문화사, 1982, 42쪽).

27 유산을 방지하기 위해 은가락지나 호박순 삶은 물 등을 마시기도 했다.

28 중국에서는 해마다 수십만 명에 달하는 선천적인 장애자가 태어나는데 그 원인은 근친결혼을 하는 데도 있지만 태아교육을 홀시한 데도 원인이 있다고 한다.(김인옥, 『중국의 생활민속』, 집문당, 1996, 97쪽).

배꼽이 튀어나오면 아들

사내아이를 낳아야 며느리로서 존재가치를 누릴 수 있었던 전통사회에서는 뱃속에 있는 태아의 성을 감별하고자하는 태점(胎占) 습속이 꽤 발달했었다. 임산부와 남편의 나이를 합한 수가 홀수면 아들이고 짝수면 딸이요, 임신한 달이 음월이면 아들이고 양월이면 딸이라 했다. 또 산모의 나이가 짝수이고 산달이 5월 이전이면 아들을 낳고, 산달이 단오 이후면 딸을 낳는다고 했다. 부부의 연령을 합하고 산달의 월수를 합한 것이 홀수면 아들을 낳고, 부부의 연령에 산달의 수를 합하고 그것에서 2를 뺀 것이 홀수면 아들이라 했다.

임산부의 동태를 보고 태아가 아들인지 딸인지를 점치기도 했다. 입덧이 심하거나 신 것이 무척 먹고 싶으면 아들이요, 임산부의 몸이 무거우면 아들이라 했다. 뱃속에서 상하로 움직이면 딸이고 좌우로 움직이면 아들이다. 임산부의 배가 위로 올라붙으면 아들이고 밑으로 처지면 딸이다. 임산부의 배꼽이 튀어나오고 무르면 아들이고 밋밋하고 단단할 때는 딸이다. 아들은 배꼽 위쪽에서 놀고 딸은 배꼽 아래에서 논다. 왼쪽 유방에 딴딴한 응어리가 생기면 아들이요 오른쪽이면 딸로 알았다. 임산부의 엉덩이가 넓적하면 아들이고 볼록하면 딸이다. 임산부를 뒤에서 불렀을 때 왼쪽으로 돌아보면 아들이고 오른쪽으로 돌아보면 딸이라고 했다.

한편 딸로 점지될 경우 아들로 바꿀 수 있다고도 여겨 시어머니가 수탉의 긴 꼬리털 세 개를 뽑아 며느리 잠자는 요 속에 몰래 넣어놓기도 하고 도끼를 요 밑에 깔아주기도 했다. 유황 한 덩어리나 활줄을 붉은 비단주머니에 넣어 임산부의 왼쪽 허리에 차고 다니면 태아의 성이 바뀐다고도 했다. 실제로 『동의보감』에도 임신 3개월까지는 약을 먹거나 하는 방술로 태아의 성을 바꿀 수 있다고 기록되어 있다.

한국사람들의 90%는 태몽을 꾸는 것으로 알려져 있다.[29] 아이를 임신

29 태몽을 꾸고 나서 아이가 탄생한다는 점에서 태몽은 통과의례의 성격이 강한 편이다.

한 어머니가 꾸는 경우가 가장 많고 아버지나 할머니 등 친척이 대신 꾸는 수도 있다. 태몽을 꾸는 시기는 부정모혈(父精母血)이 뭉쳐서 막 임신이 되었을 때 꾸는 수가 많다. 태몽의 내용에는 태아의 운명에 관한 것이 많다. 특히 태어난 해 간지(干支)의 동물에 따른 속성과 태어난 시(時)에 따라 해석이 달라진다. 그러나 더욱 많은 경우 성별에 관한 것이다.

태몽에 나타나는 유사원리에 의한 남성상징물은 해, 별, 산, 용, 소, 돼지, 호랑이, 수탉, 가물치, 잉어, 미꾸라지, 밤, 대추, 감자, 고구마, 무, 오이, 호박, 옥수수, 고추, 가지, 박 등이다. 여성상징물은 작은 물고기, 작은 뱀, 조개, 가재, 고둥, 닭, 달걀, 게, 복숭아, 곶감, 연꽃, 배추, 쑥, 딸기, 채소, 사과, 밤송이, 학, 반지 등이다. 이와 같이 남녀를 구분짓는 상징물의 대부분이 남녀성기에 유사성을 두고 있다.

태점·태몽에 나타난 물체를 상징화시켜 남성성기나 여성성기를 매체로 태아의 성별을 구분 짓기는 방법이 과학적일 수는 없다. 그러나 이런 현상들이 오늘에 이르기까지 전승되며 또한 높은 신뢰도를 지니고 있는 점들은 성기신앙의 본질적 의미를 이해하게 하는 관건이 된다.

분만시, 상투끌이 / 지붕지랄

첫 아이는 친정에 가서 낳으면 명이 길고 좋다 하는가 하면 자신의 집에서 낳는 것이 더 좋다고도 하였다. 산모는 출산 며칠 전에 미리 산실(産室) 한 구석에 쌀, 정화수, 미역, 실타래, 돈 등으로 삼신상을 차려두었다. 대개 산실은 안방 아랫목으로 정하는데, 출산이 중요했던 만큼 시어머니가 며느리에게 양보해서 아이를 낳도록 했던 것이다. 산실에 깨끗한 짚을 깔고[30] 그 위에 삼신상을 차려놓고서 아기의 안전한 탄생을 위해 삼

30 1960년대까지도 방바닥에 짚을 깔고 아이를 낳는 경우가 많았다. 짚은 농경문화를 반영하는 것으로 토지를 의미하며, 소중한 쌀을 생산해낸 볏짚은 청정한 식물일 뿐만 아니라 생명을 존속시켜 주는 다산의 식물이다. 그래서 짚은 항상 신성한 것으로 인식되어 왔다.

신(三神, 삼신할미)에게 빌었다. 산신(産神)이라고도 불리는 삼신은 잉태·출생·성장 등 아기의 모든 운명을 좌우하는 신령한 힘을 가진 신이다. 따라서 태어난 아기의 순조로운 성장을 위해서나 산모의 젖을 많게 하기 위해서나 모든 부정을 가시게 하기 위해서도 삼신께 정성껏 빌었다.[31] 전통사회에서는 산실에 들어가는 산모가 신발을 돌아다보며 "다시 살아 저것을 신을 수 있을까"라고까지 했다. 출산의 고통이 얼마나 심한가를 짐작케 하는 말이다.

순산을 위한 습속도 여러 가지였다. 진통이 시작되면 시어머니는 산실 앞에 곡식 되는 말을 뒤집어놓고 앉았는데, 말 비우듯이 순산하라는 주술이다. 집안의 서랍을 모두 빼놓거나 댓돌 위의 신발을 뒤집어놓기도 했다. 빼놓은 서랍처럼 아이도 자궁에서 잘 빠지고 뒤집어놓은 신발처럼 자궁을 쉽게 비우라는 유감주술의 일종이다. 마찬가지로 순산한 여자가 임산부의 배를 세 번 넘거나, 임산부가 생계란·국수·참기름을 먹으면 순산한다고도 했다.

출산할 때 산모는 홑치마만 입고 속옷은 벗어버린다. 이 때 입은 치마를 보통 '피옷'이라고 부르는데 검은 치마나 쪽물들인 것이 많다. 이 피옷은 출산 후 3일째 되는 날 벗고 목욕한 후 다른 옷으로 갈아입는다. 산모는 무릎을 꿇고 엎드려서 아기를 낳는데 이 자세가 우리 민족의 아기 낳는 전통적인 자세로서 그래야만 산모가 힘쓸 수 있다고 한다.[32] 진통이 지속될수록 시어머니 얼굴이 피어나기도 했는데, 난산일수록 아들로 여겼기 때문이다. 아들이기를 비는 간절한 마음에 진통하고 있는 산모의 발바닥에 양(陽)의 원천인 하늘 '천(天)'자 9개를 쓰기도 했다.

31 갓 태어난 아기의 엉덩이에 파란 멍이 있는 것도 삼신할미가 얼른 세상에 나가라고 밀어내서 그렇다고 믿었다. 출산 후 몇 주일 동안 집안에 못을 박으면 아이가 장님이 된다고 하는데, 이는 삼신의 노여움을 샀기 때문이라는 것이다. 이능화는 환인·환웅·단군을 삼신이라 일컬으며 호산(護産)의 삼신과도 부합된다고 한 바 있다.(이능화 저, 김상억 옮김, 『조선여속고』, 동문선, 1990, 282쪽). 이로 볼 때 오늘날까지 이어지는 출산 풍습은 대부분 단군신화에서 유래한다고 할 수 있다.

32 나승만, 「공동체의 의례생활」, 『한국민속학 새로읽기』, 민속원, 2001, 196쪽.

함경도엔 '상투끌이'라는 것이 있어 아내가 진통할 때 남편은 산실 밖 문기둥에 버티고 서서 문구멍으로 상투를 들이밀어 아내로 하여금 상투를 부여잡고 힘을 쓰게 했다. 평안도에서는 '지붕지랄'이라는 것이 있어 아내의 진통이 시작되면 남편은 그 산실의 지붕 위에 올라가 용마루를 붙들고 비명을 지르며 나뒹굴었다. 진통의 고초를 함께 함으로써 순산을 돕고자 했던 의도에서 나온 이런 풍속이 물론 우리나라에만 있었던 것은 아니다.[33] 이밖에 남편의 허리띠를 산모의 허리에 둘러주거나 남편이 산모의 팔 다리를 잡아주는가 하면 남편의 신을 산모의 머리맡에 놓아두기도 했다.[34] 심지어 산모의 순산을 위해 남편이 뒷간에 가서 대변을 보기도 했다.

삼갈이 / 첫국밥

아기가 태어나면 탯줄을 자르는데, 이를 '삼갈이'라고 한다. 탯줄은 보통 아기 배꼽에서 한 뼘쯤 떨어진 곳을 실로 묶어 소독한 가위로 자른다. 여아가 태어났을 땐 다음 아이는 꼭 아들이기를 바라는 뜻에서 낫이나 식칼을 썼다.

아기의 수명을 길게 한다 하여 이빨로 자르기도 한다. 아들이 태어나면 산모가 이빨로 끊고 그 침을 삼키는데, 이는 아기의 무병장수를 기원하는 뜻이 담겨 있다. 자른 태(胎)는 대개 3일 이내에 정갈하게 처리한다. 태는 일반적으로 부정타는 것을 꺼려 손이 없는 방향에서 재생의 염원을 담아 불에 태우거나 땅에 묻었으며, 돌을 달아 물에 띄우기도 했다. 만약 태를 함부로 버리거나 하여 개나 돼지 등이 먹게 되면 신생아에게

33 영화 <몬도가네>에서 보듯 아프리카에서는 아내가 진통을 하는 동안 남편은 물속에 들어가 거듭해서 익사시늉을 낸다. 이밖에도 '쿠바드'라 하여 출산의 고통을 분담하는 세계적인 풍속이 있다.

34 원효의 어머니도 남편의 옷을 나무에 걸어놓고 그 아래서 순산했다고 한다.(『삼국유사』 권4 원효불기).

불길하다고 여겼다. 태의 처리가 아기의 생명이나 장래에 관계가 있다고 믿어 절 같은 데에 보관하기도 했다. 왕실에서는 특히 '태실(胎室)'이라 하여 왕손의 태를 항아리에 넣어 소중하게 다루었다.[35] 태는 간질, 폐병 등에 좋다고 한다. 탯줄을 말려 두었다가 아이가 발병했을 때 다려 먹이면 약이 된다고 믿는 지방도 있다.[36] 요즈음은 태반이 백혈병, 암, 혈액질환 치료에 효과적이라 하여 다른 생명을 살리는 데 이용되며 화장품의 원료로도 각광을 받고 있다.

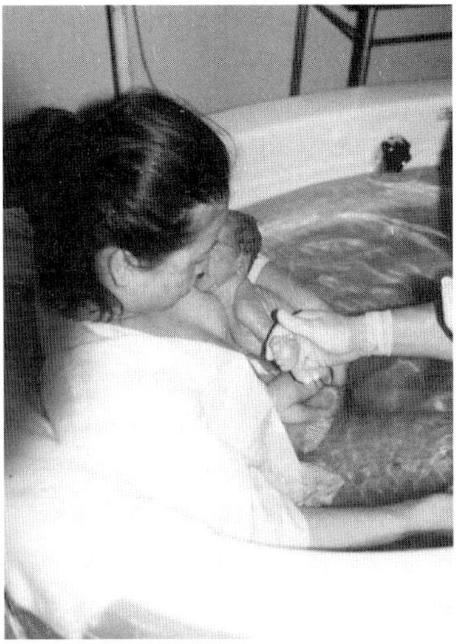
수중분만

삼갈이 도구

태를 가린 신생아는 얼른 따뜻한 물에 부드러운 천이나 풀솜을 적셔 온몸을 닦아 준다. 그 후에 감초를 달인 물 또는 미나리 즙, 인삼 달인 물을 숟가락에 떠서 입안에 세 번 넣어준다. 또는 들기름을 깨끗한 풀솜에 흠뻑 묻혀서 입안을 닦아 주기도 한다. 이렇게 하면 잡병을 예방할 수 있다고 보는 것이다. 그리고 포대기나 부드러운 헝겊 즉 강보에 싸서 뉘어 놓는다. 이때 아기를 산모와 역으로 뉘면 좋다고 한다. 신생아를 머리가 남쪽으로 향하도록 하고 산모의 머리를 북쪽으로 향하게 하는 것이

35 2006년 5월 김유신 장군의 태실이 훼손된 사건이 크게 보도된 바 있다. 김유신 장군의 태실은 신라 진평왕 17년(595) 만명부인이 신기한 태몽을 꾼 뒤 충북 진천군 진천읍 상계리에서 김장군을 낳은 후 마을 뒷산인 태령산에 설치한 것이다.

36 임동권, 「한일산육속의 비교」, 『한국민속학』 12, 민속학회, 1980, 154쪽.

보통이다. 일부 지방에서는 아기가 태어난 날의 지지(地支)에 따라 달리 하는 경우도 있다.[37]

출산 직후 삼신상에 놓였던 쌀과 미역을 내다가 정성껏 밥과 국을 지어 삼신할미에게 먼저 올리는데 이것을 '삼신메'라 한다. 할머니 또는 산모는 아기를 점지해 준 삼신에게 고마운 마음을 표하면서 아이의 성장은 물론 명과 복을 누리도록 보살펴 달라고 치성을 들인다. 삼신메로 출산을 감사드리고 나서 이를 산모에게 주는 것이 우리나라의 습속이다. 쇠약해진 산모가 차음으로 먹는 이 흰쌀밥과 미역국[38]을 '첫국밥'이라 한다.[39] 이 첫국밥은 고기를 넣지 않고 담백하게 소미역국을 끓인 것이다. 아기의 수명장수를 염원하는 마음에서 쌀은 아홉 번 씻고 미역은 접거나 끊지 않은 장곽으로 끓이는 것이 통례로 되어 있다.[40]

아이를 낳고 나서 먹는 미역국은 이 땅의 어머니들에게 축복의 음식이나 다름없다. 미역국은 탄생이라는 속뜻을 내포[41]하고 있으며, 수명과 관계된다는 믿음 때문에 산모에게 주는 미역을 살 때는 절대 가격을 깎는 법이 없으며, 장곽을 사서도 중간을 꺾거나 자르지 않고 긴 채로 들고 오는데 '산고를 덜 느끼고 아기를 낳으라'는 기원이 깃들어 있기 때문이다. 산모의 미역국을 끓일 때는 살생을 피한다는 뜻에서 고기 대신 말린 홍합을 넣을 정도이다.

배냇저고리 입히기 / 젖 먹이기

산후의례는 아기가 세상에 태어난 지 3일이 되는 날부터 시작된다. 산

37 안은희, 「백일/돌/생일」, 『한국민속대관』 1, 고려대 민족문화연구소, 1982, 535쪽.
38 파혈(破血)의 성분이 있어 산모에게 좋다고 한다.(이능화, 앞의 책, 281쪽).
39 첫국밥을 지을 때는 밥을 넘기지 않도록 조심한다. 밥을 넘기게 되면 아기가 젖을 토한다고 믿기 때문이다. (권우행, 「해산속攷」, 『민속문화』 2, 동아대 한국민속문화연구소, 1980, 43쪽).
40 강인희 외, 『한국의 상차림』, 효일문화사, 1999, 51쪽.
41 생일날 미역국을 먹는 풍습은 지금도 여전하다.

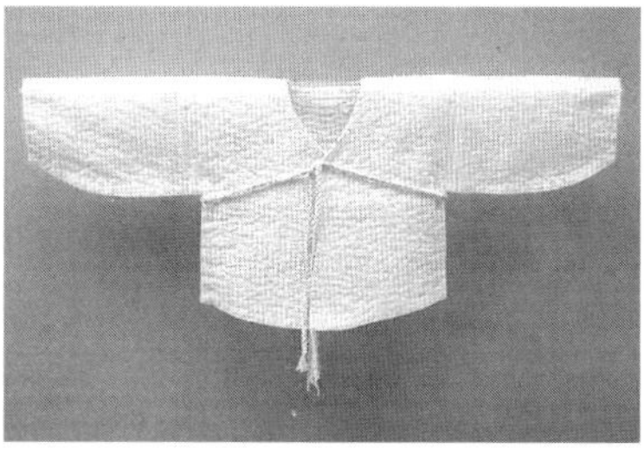
배냇저고리

모는 처음으로 쑥물로 몸을 씻고 아기도 이 때 비로소 목욕시키는데, 첫날은 위로부터 아래로, 그 다음날은 아래로부터 위로 씻기면 발육이 고르다고 한다. 3일째 되는 날부터 시작해서 백일까지 매일 씻기게 된다. 목욕을 시킨 후 물을 함부로 버리지 않았다. 목욕시킨 물조차 깨끗한 곳에 버릴 만큼 생명에 대한 외경스러움이 있었던 것이다. 아기가 태어나서 처음 입는 옷을 '배냇저고리'라 한다. 남녀구분 없이 2~3벌을 만들어 출생 후 세이레 동안 입히는 옷이라 하지만 주로 백일까지 간다. 오래 살라고 남의 것을 빌려다 입히기도 한다. 옷감은 부드러운 흰색의 융이나 면 종류를 쓴다. 모양은 한복저고리와 같은 형태지만 손톱으로 얼굴을 할퀴지 못하게 소매를 길게 하며 깃이나 섶은 달지 않고 약식으로 만든다. 단추를 달지 않고 옷고름은 7겹의 실로 길게 다는데, 여기에는 수명이 끈처럼 길기를 바라는 간절함이 서려 있다. 재봉틀도 사용하지 않고 손바느질로 만든다. 남자아이가 입었던 옷이나 배냇저고리에 묶었던 실타래는 운수가 좋다 하여 과거보러 갈 때, 전쟁터에 나갈 때, 심지어는 놀음판에 갈 때까지 갖고 갔다.

아기의 수유시기는 대체로 출산하고 3일만에 젖꼭지를 미역국으로 씻은 후 먹이기 시작하여 돌이 지나면 뗀다. 젖이 적을 때는 돼지족 또는 쇠족, 미역국, 상추쌈 등을 많이 먹는다. 너무 많이 나올 때는 짜서 부정(不淨)이 없는 장독대에 버려야 좋다고 했다. 생선은 산후 회복이 늦고, 닭고기는 젖이 나빠진다고 하여 금하기도 한다.[42] 임산부가 아이에게 젖을 물리는 육체적 접촉이야말로 어머니와 자녀간의 유대를 극명하게 드러내며 생명의 존귀함을 피부로 느끼게 하는 본보기라 하겠다. 잇몸이 들떠 있는

42 모유는 아이 건강에 절대적 요소로 인식되었으므로 유도(乳道)에 관한 주술행위나 금기사항이 매우 많다. '구수젖'이라 하여 젖꼭지가 나오지 않는 경우는 남편이나 힘센 사람이 빨아주어 나오도록 했다.

산모가 조심할 음식은 냉수·사과·무 같이 차가운 것이다. 맵거나 딱딱한 음식도 삼가야 한다. 요즈음도 산모의 몸조리는 매우 중시되어 산후 찬바람을 쐬거나 찬물에 손을 담그지 못하도록 하고 자극적인 음식도 삼가도록 하고 있다. 산모의 허약한 몸을 빨리 추스리는 데는 잉어가 좋다고 한다. 잉어는 산 것을 매달아 놓고 꼬리를 칼로 잘라 피를 뺀 다음 배를 갈라서 지느러미를 떼어내고 골을 찔러 황즙을 뽑아내어 냄새가 없도록 만든다. 그런 다음, 술·생강·파·간장을 넣고 오래 고아서 국물이 죽 상태로 되게 하여 받쳐서 마신다. 산모의 건강과 심리적 안정을 위해서는 집안에서 가축을 잡아서도 안 되고 가족의 초상집 출입도 금지되었다.[43]

21일간 금줄을 치다

아이가 탄생하면 궁중은 물론 1970년대까지도 민가에서 금줄을 쳤다. 기록에 따르면 이 풍속은 고조선 단군시대부터 고유하게 있어 왔으며 주요 내용은 다음과 같다. 집에 산사(産事)가 있으면 곧 왼새끼를 꼬아서 문 위에 가로 거는 습속이 있어, 외인은 이것을 보고 들어가지 않는다. 만약에 남자아이면 새끼줄에 붉은 고추[44]와 푸른 솔가지를, 여자아이면

43 관청에서 일하는 노비들의 경우 건강회복을 위해 산후 50일의 휴가를 주고 남편까지 15일의 휴가를 주었다고 한다.(『경국대전』). 생명 탄생에 대해 얼마나 경건하게 인식했는지를 단적으로 확인케 하는 대목이다.

44 고추는 빨간색인데, 빨간색은 양기(陽氣)를 상징하고 모든 것을 태워 없애는 불을 상징하는 색으로 음기(陰氣)인 귀신이 싫어하고 무서워하는 색이다. 따라서 고추는 사악함과 부정을 쫓는 의미를 지닌다. 장 담글 때도 붉은 고추를 띄운다. 상례 때 명정 등 홍포(紅布)를 많이 사용하며, 부적(符籍)도 붉은 물감을 쓴다. 디딜방아를 거꾸로 세워 월경혈이 묻은 여인의 속옷을 씌워 놓았던 것도 이렇게 하면 돌림병을 전하는 잡귀가 물러난다고 믿었기 때문이다. 아기의 백일이나 돌의 수수팥떡, 동짓날의 팥죽도 마찬가지로 축사(逐邪)의 의미가 있다. 전통혼례 때 신부가 얼굴에 찍는 연지·곤지도 역시 신성성을 부각시키기 위한 것이다. 심지어 손톱에 붉게 봉숭아 물 들이는 것도 이와 무관하지 않다. 일본사람들은 주목(朱木)으로 문패를 만들어 대문에 달아 놓으면 오래 산다는 속설을 믿고 있다. 서양에서도 이 같은 예를 볼 수 있는데, 가령 <출애굽기>에 양의 피를 문설주에 발라 화를 면했다는 『성경』의 내용도 이와 일치한다. 빨간색 자동차가 다른 색깔의 차에 비하여 교통사고율이 낮다는 통계를 본 적도 있다.

생 솔가지와 숯덩이[45]를 꽂는다.[46] 금줄에 매다는 물건은 지방에 따라 약간의 차이가 있으나 대체로 아들인 경우는 고추 세 개, 딸인 경우는 백지[47]와 목화 등이었다. 평소에는 오른쪽으로 꼰 새끼를 사용하지만, 신성한 일이 있을 때는 왼새끼를 꼬아 겖으로서 부정한 것이 접근하지 못하도록 했다. 왼새끼는 귀신을 쫓는 힘을 갖고 있다고 믿었던 것이다. 고대부터 우리나라를 비롯한 몽고나 퉁구스족 등에서 왼쪽은 비일상적이고 거룩하고 옳은 것을 상징한다. 이와 같이 생명의 탄생이나 신성한 행위를 할 때 금줄을 친다.[48] 개성지방에서는 출산한 집 대문에 금줄을 치는 대신에 방을 써 붙였다고 한다.[49] 금줄을 치는 대신 대문 앞에 황토를 뿌리는 집도 있다.

금줄

얼마 전(2001) 산후조리원에서 일어난 세 아이의 급사 원인이 바이러스 감염으로 드러나 세상을 놀라게 했다. 산후조리원에 얼마나 많은 사람들이 들락날락하는지는 불 보듯 뻔한 일이다. 조상들이 금줄을 쳐서 세이

45 숯은 더러운 것을 태워 버리고 남은 덩어리로서 다른 물질을 정화시키는 신성한 것이다. 장독에 숯덩이를 넣는 것도 정화의 의미이다. 또한 숯은 생명체의 변함없는 성장을 뜻하기도 한다. 따라서 남아 출생시도 숯을 끼운다. 그러나 숯은 검은색인 음색이므로 여자를 상징한다고도 본다.

46 이능화, 앞의 책, 281~282쪽. 아들이나 딸 모두 칼을 꽂음으로써 잡신을 막아 산실을 보다 성스럽게 보존하고자 하는 지방도 있다.(권우행, 앞의 논문, 48쪽).

47 우리 민족은 오랜 세월 동안 백색을 숭상해왔다. 거슬러 올라가 백마와 관련된 박혁거세 신화나 흰닭과 관계된 김알지 신화 등에서 이미 백색이 예로부터 우리 민족에 있어서 상서롭고 고상하여 신령스러운 색으로 인식되어 왔음을 알 수 있다. 금줄에 끼우는 백지 같은 것도 신성성을 나타내기 위한 것이라 하겠다.

48 금줄은 가정에서 굿을 할 때도 대문 앞에 걸었고, 마을에서 동신제를 지낼 때도 당집이나 당산나무 둘레에 금줄을 쳤다. 집안의 가축이 새끼를 낳았을 때도 치며, 장을 담갔을 때 장독에 치기도 했다. 금줄은 신성한 곳이므로 부정한 것이 들어오지 못하도록 경계하는 뜻을 표시하는 것이다.

49 강숙자, 앞의 책, 62쪽.

레(21일, 三七俗) 동안 외인의 접근을 막은 것이야말로 묻어들 병균으로부터 신생아를 보호하는 지혜가 아닐 수 없다. 옛날에는 가족들이라도 한 7일이 지나야 아기를 볼 수 있었다. 첫(초)이레에 또 중요한 것은 새 포대기를 갈아주고 동여맸던 팔 하나를 풀어놓는 일이다. 두이레가 되면 나머지 팔 하나마저 풀어주어 두 손을 자유롭게 한다. 그리고 세이레가 되면 금줄을 내리고 삼신상을 치우기도 한다. 이때 비로소 아기를 공개하고 산모가 일상의 생활로 돌아오게 된다.[50]

신생아의 무병 건강을 기원하는 습속 가운데 금기하는 기간이 7일인 것은 '7일을 주기로 하여 신생아의 발육이 두드러지게 일단을 짓기' 때문이다. 7일이 지나면 신생아에게 잡스런 부정이 끼지 않는다. 또 7일이 세 번 지나면 신생아는 질병에 대해 저항력이 생긴다고 믿었던 것이다. 물론 7일이라는 기간을 기준으로 해서 행사가 이루어지는 것은 칠성신을 모시는 우리의 민간신앙과도 관련이 있다. 3주 정도 신생아를 보호하고 산모의 건강 회복에 주력하면서, 이웃이나 친척들이 출입을 삼가는 일은 지금도 지속되고 있다.

백일은 수태일로부터 1주년, 이름도 천하게 짓다

육아의례는 분만 후 삼일, 초이레, 두이레, 세이레를 지나 백일, 돌에 이르기까지 신생아가 무사히 성장한 것에 대해 축하하는 의례이다. 신생아를 함부로 다룬다면 정상인으로 바르게 성장하기 힘들 것이다. 신생아가 21일이 지나면 외부인들과의 접촉이 허용되므로 부모들은 신생아의 건강에 유달리 신경을 쓰게 된다. 만약 점을 쳤을 때 아기의 수명이 짧다고 할 경우에는 명을 길게 하기 위해 점쟁이에게 아기를 팔기까지 했으며, 아기가 허약할 경우 바위나 나무에 양자를 보내 건강 장수토록 했다.

50 강원・충북지역에서는 초이레에 금줄을 걷고 외부인의 출입을 허용하기도 하는 등 삼칠속은 지방마다 차이를 보인다.

신생아를 건강하고 훌륭하게 키우기 위한 육아속(育兒俗)과 관련된 금기어도 많다. 신생아를 껴안고 '무겁다'고 하거나 '살이 쪘다'고 하지 않는다. 그렇게 하면 아이가 야윈다거나 병든다고 믿었던 것이다. 신생아를 보고 예쁘고 귀여워도 "그 놈 참 밉다"라고 반어적으로 표현한 것은 질투심 많은 악귀가 얼굴을 밉게 만들지 모른다고 우려했기 때문이다. 신생아의 머리카락은 '백일이 지난 다음에야 깎아준다'는 것도 육아속에 관한 금기어이다.

근대에 이르기 전까지 우리나라에서는 영아사망률이 매우 높았기 때문에 아이의 출생에 대해 축하를 삼간 편이다. 과거에 아기가 출생한 후 100일이 가까워져야 이름을 지어주었던 것도 영아사망률이 높았던 데 연유한다. '아이 이름을 천하게 지어 주면 잘 큰다'는 길조어가 있듯이[51] 작명에 있어 흥미로운 것은 귀한 집 아이에게 천한 이름을 붙여 병이나 잡된 것으로부터 탈피 건강장수하기를 바라는 것이었다. '개똥', '쇠똥', '돼지', '바보', '바위', '돌이' 등의 이름이 그 예이다. 이런 이름들은 너무 천해서 귀신도 관심이 없고 염라대왕마저 아무런 관심을 두지 않아 아이가 무병장수할 수 있다고 믿었던 것이다. 한편 아들을 선호하는 의식에서 여자의 이름을 '필순(畢順)', '말이(末伊)', '말순(末順)'이라 지어 이제는 딸을 그만 낳았으면 좋겠다는 염원을 표시했다. '아들의 터전'이라는 뜻의 '기남(基男)'이나 '다음에는 아들'이라 뜻의 '후남(後男)'이라는 이름도 마찬가지이다.[52]

아기가 태어난 지 100일이 되면 삼신상을 차리고 백일잔치를 한다. 백은 성숙된 수, 많은 수, 완전한 수의 의미를 지니고 있으므로, 영아사망률이 높던 시대에 아이가 출생 후 백일을 맞는 것은 그가 온전한 사람이 되었음을 뜻한다. 위태로운 고비는 다 넘긴 것으로 생각하고 백일을 성대하게 축하하였다. 단군신화에서 곰이 100일 후 인간으로 변하는 것도

51 중국에서도 아이가 탈 없이 잘 자라라고 천한 이름을 지어준다.

52 박혜인, 「백일 · 돌 · 생일」, 『한국민속의 세계』 2, 고려대 민족문화연구원, 2001, 81쪽.

예사가 아니다. 이밖에도 새로운 단계로 진입하기 위해 설정하는 기간 '100일 풍속'의 예는 얼마든지 있다. 오늘날 수능 100일 남은 날 '백일주'를 마시는 것이나, 남녀가 만난 지 100일이 되었다고 축하의 선물을 주고받는 것도 이와 무관하지 않다. 더 중요한 것은 백일은 아기가 수태된 날로부터 대략 1년이 되는 날이라는 사실이다. 새로운 생명의 탄생 1주년이 되는 '생일날'을 축하하는 이 의례는 고도의 우리 정신문화를 반영하는 예이다.[53] 수태일과 관련 백일의 의미가 부각될 수 있음은 '태내 10개월이 태외 10년보다 중요하다'고 했던, 태교의 중요성 언급에서 더욱 분명해진다.

백일날 행하는 중요한 의례중 하나는 출생후 처음으로 머리카락을 자르는 것으로 이것을 '배냇머리 깎는다'고 한다. 배냇머리란 어머니뱃속에서부터 가지고 나온 머리라고 해서 '산모(産毛)'라고도 한다. 배냇머리는 고모가 몰래 깎아주고, 엄마가 보고 놀라면 좋다고 했다. 아이가 놀라지 않도록 머리를 전부 깎지 않고 조금 남겨 두기도 했는데, 이는 장수복록에도 효과가 있다고 믿었기 때문이다. 손발톱도 백일 전후에 많이 자른다. 백일에는 백색옷감으로 백 줄을 누벼 만든 누비옷을 입히면 백 살까지 산다고 하였다. 어떤 지방에서는 아이의 명을 이을 수 있다는 뜻에서 백 집에서 얻은 백 개의 헝겊을 조각조각 기워서 옷을 해 입히기도 했다. 이때는 깃과 섶도 제대로 갖추어 단다. 이때부터는 색깔이 있는 옷을 입히기 시작한다.

정결과 장수를 비는 뜻에서 만드는 백설기[54]의 경우 칼을 대는 것이 불길하다 여겨 주걱으로 떼기도 했다. 백설기를 "백사람이 먹으면 좋다"고 하여 여러 집에 돌렸으며, 귀한 집 아이의 경우 떡을 백개 만들어 길에서

---

53 박혜인 교수는 수태된 이후 태중에서 자라는 기간은 배란일 이후부터로서 265일간이기 때문에 출생후 100일은 곧 생명으로서 1년을 맞이하는 첫 생일이라 한 바 있다.(박혜인, 앞의 논문, 83쪽).

54 농경생활을 해온 우리 민족은 옛날부터 태양을 숭배해 왔는데, 그 빛이 희므로 흰색을 신성시하였다. 머리 하얀 노인을 신으로 여긴 것도 이러한 데 연유된다. 백일이나 돌에 만들어 먹는 흰무리떡 즉 백설기도 이와 무관하지 않다.(I. 주 21 참조).

지나가는 백사람에게 나눠주어 명이 길어지도록 했다. 백사람의 명을 사서 아이에게 이어준다는 것이다. 또 귀신을 막아준다는 붉은 색의 수수팥단지를 만들어주는데, 수수는 알맹이가 많이 달리고 목숨 수(壽)자가 둘씩이나 들어가므로 자손이 번성하고 수명이 길기를 바라는 뜻이다. 오색 송편을 만들어 오행을 고루 갖춘 사람으로 성장하길 염원하기도 했다.[55]

돌잡히기 / 수양부모 정해주기

돌을 맞는다는 것은 성장의 초기과정에서 완전히 한 고비를 무사히 넘긴 시점이 된다. "돌잡이가 떡을 돌린다"는 말이 있을 정도로 아기의 발육은 현저하게 달라지며 자기 의사에 따라 움직이고 걸음마도 한다. 돌 전에는 주로 흰색옷을 입히지만 돌 때는 모두 색깔 있는 것으로 마련하며, 어른처럼 머리에서부터 신발까지 정식으로 차린다.

돌날에는 남아도 색동저고리를 입힌다. 오행의 복과 덕을 갖춘 사람으로 자라길 바라는 부모의 소원에 따라 오방색을 이어붙여 색동으로 옷을 만들어 입히는 것이다. 그리고 보라색 바지에 남색조끼를 입힌다. 남아들에게는 성인처럼 까치두루마기나 오방장두루마기를 입히고, 그 위에 전복을 입히기도 하며 머리에 복건을 씌어주기도 한다. 발에는 수를 놓고 솜을 두어 누빈 타래버선에다 태사혜를 신긴다. 여아들에게는 색동저고리에 빨강치마를 입히고 조바위나 굴레를 만들어 씌운다. 돌띠를 매어주고 돌주머니를 채워준다. 돌띠는 수명장수를 기원하는 뜻에서 한 바퀴 돌려 맬 수 있도록 길게 만드는데 남아는 남색돌띠를, 여아는 자주색 돌띠를 둘러준다. 돌주머니는 앞면에 모란·국화, 뒷면에 수(壽)·복(福)을 수놓는다. 이렇듯 화려한 옷을 해 입히는 돌복을 일컬어 '돌빔'이라 하는 것이며 아기의 장수를 비는 뜻에서 돌복은 단추를 달지 않고 끈을 매준

55 백일잔치는 동북아시아 일대에서 대체적으로 지켜내려 오고 있다. 중국의 '백록일(百祿日)', 일본의 '모모카(モモカ)'가 그 예이다.(박혜인, 앞의 논문, 82쪽).

돌잡히기

다. 이때 친척들이 돌맞이 아이에게 새 옷을 선물한다. 색동저고리나 두루마기는 남녀아이 공히 명절 때도 많이 입으며, 근래에는 성인 여성들도 즐겨 입는다.

5살 때까지는 '풍차바지'를 입힌다. 풍차바지는 유아기부터 자력으로 용변을 볼 수 있을 때까지 입히는 것이다. 모양은 대소변을 쉽게 볼 수 있도록 앞은 막히고 뒤는 터놓아 끈으로 여밀 수 있게 하였다. '누렁치'라고 하여 상하의가 구분되어 있지 않고 밑이 트여 변을 편히 볼 수 있게 만든 옷도 있다. 모양은 남녀의 구분이 없으나 색깔에 있어서는 남자는 남색, 여자는 분홍색을 입힌다. 5살이 되면 옷에 있어 남녀의 구별이 생기기 시작한다. 여자아이는 치마와 저고리를 입히고 남자아이는 저고리와 바지를 입힌다.

돌날에는 여러 가지 음식을 장만하고 친지와 이웃을 초대하여 돌잔치를 한다. 이때 아무리 가까운 이웃이라도 초대받지 않으면 가지 않으며, 초대 받은 손님 은 반드시 선물을 가지고 가는 게 예의다. 돌떡은 아기의 명과 복을 기원하는 의미가 있다. 백설기는 깨끗한 정신과 장수를, 붉은 수수경단은 액운퇴치와 무병을, 배가 볼록한 오색송편은 식복을, 대추와 각양각색의 과일은 자손번창을 비는 뜻이 있다. 돌잔치에 가장 중요한 것이 '돌잡히기'다. 돌잡히기는 돌상에 음식뿐 아니라 돈, 쌀, 책, 붓(연필), 실, 국수, 칼, 패물, 자, 가위, 바늘 등을 함께 놓았다가 어린아이가 무엇을 맨 먼저 잡는가를 보아서 아이의 장래를 점치는 풍속이다. 예컨대, 돈이나 쌀은 재복, 책이나 붓은 학운, 국수나 실타래는 장수를 상징하는 것으로 해석한다.[56] 돌날에는 명이 길어지라는 뜻에서 수양부모를 정해주는

56 돌에 대한 행사는 중국과 일본에도 고대부터 있었으며, '주수(周晬)'라고 하여 중국에도 돌잡이 풍속이 있다고 한다.(박혜인, 앞의 논문, 84쪽).

풍습도 있다. 백설기·수수팥떡의 상차림으로 대표되는 백일잔치나 돌잔치는 전과 다름없이 지금도 행해지고 있는데, 다만 음식점으로 가서 하는 가정이 늘고 있다. 최근 조사에 의하면 가장 일반적인 생일음식이 케이크와 미역국이라고 하는데, 아기가 10세 될 때까지 생일날 백설기와 수수팥떡을 해주면 좋다고 하는 것이 우리의 습속이다.

돌이 지나면 대소변 가리기 등 청결훈련을 시작하며, 두 살이 지나면 친족호칭 등 언어훈련도 시키고, 밥을 흘리지 않게 하는 등 식사법도 익히도록 한다. 네 살 이후부터는 잘못했을 때 회초리로 종아리를 때리며 인성교육을 시키고, 6~7세가 되면 서당[57]에 보내 글공부도 시킨다.

2. 관례(冠禮)

아무나 성인이 될 수 없다

성인이 돼도 어른사회에 적응하지 못하는 사람이 많다. 미국의 임상심리학자 D 카일리는 이들의 심리상태를 '피터팬 증후군'으로 규정했다. 성인이 된다는 것은 매우 중요하다. 민법상 만 20세가 되면 성인으로 인정받아 선거권을 행사하고 흡연·음주를 할 수 있다. 독립된 법률행위가 가능하며 부모 등 친권자의 동의 없이 결혼도 가능하다. 물론 혼인을 하면 미성년이라 하더라도 성인대우를 받는다. 하지만 성인이 되면 권리 이상의 책임이 따른다.

예서에 의하면 남자는 혼례 전에 반드시 관례를 치러야 한다. 땋아내렸던 머리를 걷어올려 상투를 틀고 비로소 관(冠)을 쓰기 때문에 관례라고 했다. 그러나 보통 관례는 혼례에 포함되어 행해졌다. 결혼하기 전에는

57 서당·향교·서원 등 교육기관에 대해서는 졸저『한국문화의 힘, 휴머니즘』에 상세히 서술되어 있다.

길게 땋아내린 각(角)머리를 말총으로 묶었다. 그래서 '총각(總角)'은 결혼 전 남자를 지칭하는 말이었던 것이다. 혼인한 남자는 비로소 상투를 틀어 올렸다.[58] 여성들도 마찬가지여서 계례(笄禮)를 행하여 성인이 된 후에야 혼인을 할 수 있다고 예서는 적고 있다. 그러나 전통사회에서는 여자가 미혼의 신분인 채로 어른대접을 받는다는 것 자체가 성립하지 않았다. 여자에게는 성인식이 따로 없었다고 해도 과언이 아니다. 때문에 머리를 쪽지거나 틀어 올려서 '머리를 얹는다'는 것은 곧 처녀가 시집가는 것을 의미하였다. 실제로 혼례일 아침에 당시 미용사라 할 수 있는 수모(首母)가 귀밑머리를 풀어서 쪽을 지어주었다고 보고 되고 있다.

성년식(initiation)은 고대부터 전해진 풍습으로 국가와 민족에 따라 양태가 다르다. 호주의 수렵민은 캠프에서 공동생활을 하며 수개월 동안 식사를 제한하고 가사상태에서 할례 · 송곳니 뽑기 · 피부문신 등을 한다. 성년식이 성대하기로는 단연 일본으로, '와까모노야'라는 청소년 합숙소가 마을마다 있었다. 현재는 1월 15일 성년의 날을 공휴일로 정하여 시 · 구청별로 기념식을 해준다. 알렉스 헤일리의 『뿌리』에서 주인공 '쿤타킨테'가 성년의식을 치르는 장면은 매우 인상적이다. 그는 육체적 고행을 통해 '겁내지 않을 것, 모든 사람을 존경할 것, 자신과 모든 사람의 안녕을 지킬 것'을 배웠다고 한다. 성인으로서의 자각과 사회적 책임을 확인시키기 위한 성년의식은 거의 모든 문화권에서 중요한 통과의례로 간주돼왔다.

무거운 돌을 들다

중국 사례(四禮)의 하나로 도입된 관례의 연원과는 별도로 우리나라의 자생적인 문화에서 성년식의 자취를 확인할 수 있다. 우리나라의 경우 삼

58 성인대접을 받기 위해 결혼한 것처럼 보이려고 '건상투'라고 하여 남몰래 상투를 틀기도 했다.

한시대부터 젊은이들이 고행을 통해 성년으로 인정받는 풍습이 있었다. 인디언 성인식에서 크게 눈을 끄는 것은 나체의 젊은이가 등살을 꿰뚫은 막대에 가죽끈이나 새끼를 걸어 통나무를 끄는 고행의 모습이다. 그런데 『위서』 동이전 등의 기록에 의하면 마한에서 청소년들이 등가죽을 뚫고 새끼를 꿰어 그에 통나무를 매어 끌며 집을 짓는다 했다. 그렇다면 고대 우리문화가 미국대륙으로 넘어갔다고 보아야 할 것이다. 신라시대의 원화와 화랑도 일종의 성인식을 치른 청년집단이라 볼 수 있다.

머슴은 나이나 능력에 따라 담사리·중머슴·상머슴 등으로 나눌 수 있다. 담사리의 나이가 차서 온 일꾼의 힘을 낼 수 있어도 '진세(進貰)'를 하지 않으면 다른 집의 일꾼들이 품앗이의 상대로 인정해주지 않는다. 즉 2월 1일 머슴날 그해에 20세가 된 머슴은 선배머슴들에게 한턱을 내는데, 이를 '진세턱을 낸다'고 한다. 이는 물론 일종의 성년식으로 어른이 되었다고 신고하는 것이다.[59] 그러나 진세를 하기 전에 담사리는 온 일꾼으로서 손색이 없음을 보여주기 위해 마을사람들이 보는 앞에서 정자나무근처에 있는 돌을 짊어지고 나무주위를 도는, 이른바 '들돌 들기'를 해야 했다.

지금도 '들돌 들기'의 풍습은 전라도나 충청도일대에 남아 있다. 7월 보름 백중일을 '호미 씻는 날'이라 하는데, 이 날 그해 농사를 잘 지은 머슴을 소에 태워 자랑스레 마을을 돌게 하고 성인이 된 머슴에게는 특별한 대접을 한다. 그때부터 어른 대접을 하여 품값이 달라지는데, 이 역시 성인식의 일환이다.

갓 씌우고 도포를 입히다

관례로서의 성인식은 삼국시대에 중국의 것을 받아들여 고려시대 광종 때(996년) 시행되었다. 그리고 조선시대에 이르러 관례와 계례라는 이름

59 민간에서는 머슴날에 정월대보름날 볏가릿대의 벼이삭을 내려다가 송편을 만들어 종들에게 나이 수대로 먹였다. 농사가 이때부터 시작되므로 노비들에게 먹이는 것이라 했다. 머슴들에게 송편을 해먹이던 풍속은 근래 경기도 등지에도 보편적인 것이었다.

관례식

의 성년식으로 정착되었다. 실제로는 사대부 집안에서 성행했다. 관례는 남자 나이 15세에서 20세 사이에 행한다고 예서에 되어 있으나 조혼의 습속이 있었던 조선시대에는 15세 이전에 혼인했으므로 12세나 13세에 관례를 하였다. 관행에서는 혼인할 날이 되기 한 달 전쯤이나 20일이나 열흘 전에, 또는 신랑이 혼례를 올리러 떠나는 날 새벽에 행하였다. 택일에 있어서는 좋은 날을 가려서 예를 행하되 정월에 날을 정하라고 했다. 관례의 주인은 관례를 치를 자의 조부 중에 어른이 되며, 의식을 주관하는 사람인 빈객(賓客)은 친구 중에 덕망 있고 예를 잘 아는 이로 한다.

관례의 절차는 크게 세 단계로 이루어진다. 첫 번째는 초가례(初加禮)로 상투를 틀고 망건에 복건을 쓰며 어른의 평상복인 심의(深衣)를 입는 절차다. 두 번째는 재가례(再加禮)로 건을 벗고 갓을 쓰며 출입복인 조삼(皂衫)을 입는 절차다. 조삼은 흑단령과 같은 것이다. 세 번째는 삼가례(三加禮)로 어른의 예복인 난삼(襴衫)을 입고 복두(幞頭)나 사모(紗帽)를 쓰는 절차다. 난삼은 남색비단이나 옥색비단으로 만든다.

관례의 의식이 복잡하고 옷치레는 상당한 경제적 부담이었다. 그래서 조선말기에 이르러서는 보통 초가례로 끝냈다. 당사자인 관자(冠者)가 자리에 나와 꿇어앉으면 빈객이 축사를 읽은 뒤 직접 관자의 머리를 풀어 상투를 조이고 망건·복건·초립을 한꺼번에 씌워주고, 관복이나 도포 혹은 두루마기를 입히거나 또는 전복을 입히고 빨간 띠를 매게 한 다음에 간단히 축사를 하는 게 유행이었다.

주도(酒道)를 가르치고 자(字)를 지어주다

이어서 술마시는 예절을 가르치는 '초례(醮禮)'를 올리고, 어른이 돼서 부르는 이름인 자(字)를 지어주는 '자관자례(字冠者禮)'를 행한다. 본명은 부모·스승만이 부르는 이름이기에 따로 자를 지어 주는 것이다. 예서에 따르면 여자의 경우에는 보통 15세가 되면 비록 혼인을 정하지 않았더라도 역시 계례를 치러야 한다. 만 14세가 된 여자에게 비녀를 찌르는 계례 의식은 머리를 올려 쪽을 찌고 비녀를 꽂아주고 술 마시는 예를 행한 뒤 당호를 지어주는 비교적 간단한 절차이지만 역시 관례에 준하여 엄숙하게 행한다.

음주의 자유를 허용하는 초례의식에서는 과음하지 말고 분수를 지켜 술을 먹을 것을 가르쳤다. "술은 향기로우나 과음하면 몸을 망치기 쉬우니 항상 분수를 지켜 몸에 알맞게 마셔야 한다"는 가르침에 젊은이들은 "삼가 일생동안 명심하겠습니다"라고 서약을 했다. 폭음과 주사(酒邪)를 경계해왔던 주도의 역사는 유구한데, 동양의 주법에는 세 가지 계명이 있었다. 첫째는 저녁에만 마시라는 유시계(酉時誡), 둘째는 술을 마신 다음 물로 입안과 식도를 씻어내라는 현주계(玄酒誡), 셋째는 석잔 이상 마시지 말라는 삼배계(三杯誡)이다.[60]

우리나라는 전통적으로 『소학』을 통해 주도를 엄격하게 가르쳤다. 우리 조상의 술마시는 법도 가운데 향음주례(饗飮酒禮)라는 것이 있는데,

60 1975년 경주의 안압지를 발굴할 당시 갖가지 술자리 법칙이 적혀있는 주사위가 발견됐다. 그 중 하나가 석 잔씩 한꺼번에 잔을 들이킨다는 '삼잔일거(三盞一擧)'인데, 이로써 신라인들도 원샷을 했음을 알 수 있다.

이는 세종이 주나라 예법을 바탕으로 그 절도를 가다듬어 각 향교나 서원에서 학생들에게 가르치게 했던 6례 중의 하나이다. 요즈음 대학의 신입생환영회에서 과음으로 사망하는 경우가 종종 있음을 볼 때 '술을 먹으려니와 덕 없으면 문란하고 / 춤을 추려니와 예 없으면 난잡하니 / 아마도 덕예를 지키면 만수무강하리라'라고 읊었던 윤선도의 가르침과 전통관례의 의미를 되새기게 한다. 의례에서 술을 마시는 것은 모든 문화권에서 공통적으로 행해진다고 하겠다. 술은 어린이가 어른이 되는 과정의 정화의례에 요구되는 신성한 음식이라 하겠다.

미혼의 어른이 늘고 있다

관례와 계례를 치르면 비록 혼인을 하지 않았어도 성인복장을 하고 성인의 대접을 받았으나 근세에 내려오면서부터 독립성이 결여되어 혼인의 한 부수행사처럼 행해졌다. 원래 관례는, 치렁치렁하게 땋고 다니던 머리를 추켜서 올리는 의례로서 "머리를 올리는 예"라고 표현할 수 있다. 그러나 실제 관례는 대부분의 경우 혼례에 포함되면서, '머리를 올린다'는 말은 곧 혼례를 뜻하는 표현으로 바뀌어 오늘날까지 사용하게 되었다. 특히 개화이후 단발령이 내려지면서 점차 관례풍습이 쇠퇴하여 오다가 일제강점이후에는 아주 소멸되고 말았다. 갑오경장때 단발령이 내려져 머리를 자르게 했기 때문에 전통적인 의미의 관례는 그때 없어지게 된 것이다.

이와 같이 일제때 명맥이 끊겼던 성년의례가 1973년 대통령령으로 부활했다. 가정의례준칙상 만19세가 되는 해의 5월 셋째주 월요일을 '성년의 날'로 제정한 것이다. 그리하여 최근 성균관을 중심으로 성년식을 거행하고 있는 편이다. 성년의례는 사회 구성원으로서의 자격을 획득하며 성인으로서 행해야 되는 의무와 책임을 일깨워주는 의의를 가지므로 그 정신을 되살려 적극 장려할 필요가 있다.

우리나라 관례의 가장 큰 특징은 관례가 혼례에 흡수된 점이다. 이것은 10세가 넘으면 혼례를 서둘렀던 조혼풍습 때문이다. 오늘날은 사회변화에 의하여 혼인연령이 높아진 까닭에 혼인 이전에 부모로부터 독립하여 어른으로서 전환하는 의례가 절실해졌다 하겠다. 더구나 결혼을 하지 않는 독신자층이 늘어나면서 미혼의 어른이 증가하고 있다. 나이 든 자녀가 늙은 부모에 대한 의존에서 벗어나지 못하는 것이 한국사회의 현안문제의 하나로 비춰지기도 한다. 요즈음은 마흔이나 쉰이 넘는 나이에도 어른답지 않은 행태를 보이는 경우가 적지 않다. 가정이나 학교와 사회에서 성인으로서의 자각과 격조 있는 행동을 할 수 있도록 일찍부터 교육을 시키지 않으면 안 될 것이다.

현대사회에서 성인의례가 중요한 이유가 여기에 있다. 중요한 것은 온전한 인격체로서 자신의 사고와 행위에 책임지는 것이 어른이라는 깨달음을 성인의례를 통해 성취해내는 것이다.

3. 혼례(婚禮)

혼례는 한 남자와 여자가 부부로 결합하여 사회의 기본단위인 가정을 이룬다는 의미에서 매우 중요하다. 이렇듯 혼례는 남녀의 결합을 사회적으로 인정받는 중요한 의식이기 때문에 옛날부터 혼례식을 '대례(大禮)'라 했다. 그리고 "언제 국수를 먹게 되느냐"고 물을 정도로 혼례식은 큰 잔치였다. "장가갈 때 신랑이 웃으면 첫딸을 낳는다"라든가, "결혼식날 눈물 흘리면 후에 잘 살지 못한다"라고 하는 서로 상충되는 말들이 있는 것도 혼례의 진지함이나 중요성을 반영하는 것이라 하겠다.

더욱이 개인주의보다 가족주의를 표방하던 전통사회에서 가족형성의 출발을 뜻하는 혼례의 의의는 컸다. 따라서 결혼날짜를 받아 놓은 사람은 상가에 가지 않음은 물론 남의 결혼식에도 가지 않을 만큼 혼례를 경건하게 받아들였다. '어른'이라는 말이 '얼다(통정하다)'에서 나왔듯이 혼례를 치르지 않으면 성인 대접을 하지 않았다. 그리고 혼례 전에 죽으면 불효했다고 하여 제사도 지내주지 않는 관습이 있었다. 옛부터 시집·장가

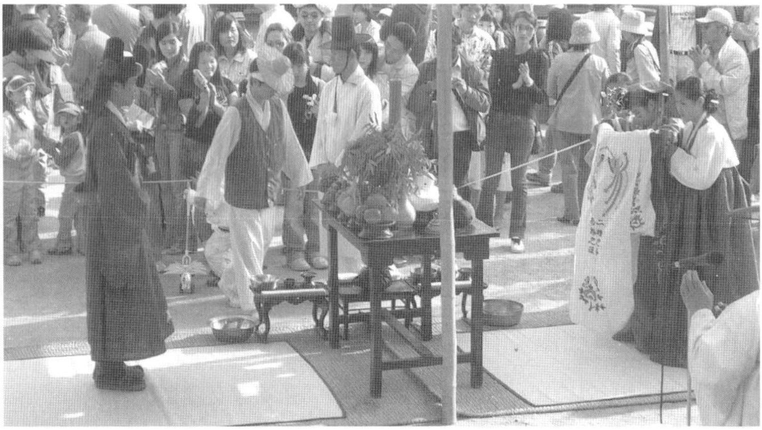

전통혼례식

를 가지 못하고 죽으면 원한이 남아 저승에도 가지 못하고 처녀귀신(손각씨, 왕신)·몽달귀신이 되어 세상을 떠돌면서 인간을 해친다고 하는 것도 결혼의 중요성을 뒷받침한다.[61]

물론 부부중심의 서양사회에서는 결혼기념일에 대한 의식이 강하여 결혼기념일을 해마다 잊지 않고 기념하며, 25주년의 은혼식, 50주년의 금혼식 등으로 특별히 기념하기도 한다. 그러나 우리나라는 예로부터 결혼기념일을 중시하지 않았지만 결혼 60주년이 되는 회혼례(回婚禮)만은 성대하게 치렀다. 회혼례는 결혼 60주년을 맞는 노부모에게 자녀들이 신혼때와 똑같은 혼인예식을 베풀어드리는 것으로서 자손과 일가친척, 이웃, 친지들의 축복 속에 거행한다.[62]

남자는 사모관대를 착용하여 신랑같이 꾸미고, 여자는 원삼족두리를

61 죽은 처녀와 총각을 짝지어 혼례식을 올리는 이른바 사혼(死婚)은 시집·장가를 못가고 비명에 죽은 이들의 한을 풀어주고 저 세상에 가서 평안히 살라는 뜻에서 행해지는 오랜 풍속으로 요즈음에도 행해지고 있다. 중국의 산시(山西)성의 황토고원지역엔 '밍훈(冥婚)'이라 하여 미혼으로 죽은 아들을 위해 여자시신을 파내 함께 묻는 풍습이 아직 성행되고 있다. 우리의 마을신화에 나오는, 죽은 처녀의 원혼을 달래기 위해 해랑당에 남성의 성기를 만들어 걸었던 내용도 사혼에 해당한다고 하겠다.

62 펄스(Firth)는 부부만이 아니라 반드시 자녀를 가져야 가족으로 볼 수 있다고 주장한다.

착용하고 화장하며 얼굴에는 연지곤지를 찍어 신부처럼 차리고 옛날에 지냈던 혼인예식을 되풀이한다. 회혼례를 축하하기 위해 모인 하객들은 열두폭 병풍이 있는 문간에 들어가 병풍 여백에 각자 이름을 서명한다. 이렇게 해서 만들어진 병풍을 '만인병(萬人屛)'이라고 하였다. 회혼잔치의 만인병풍에 축수 서명을 하면 오래 산다고 하여 회혼잔치 소문만 나면 아무리 멀어도 찾아와 서명을 했던 것이다.

볼썽사나운 신식 결혼식장

우리나라에서 최초로 신식결혼식을 올린 것은 1890년 정동교회에서 있었던 박신실과 강신성의 혼례라고 한다. 그 후 전문적인 결혼예식장이 등장하면서 신식결혼식이 한국 혼례의 일반화된 형태로 자리 잡았다. 불과 1세기 사이에 턱시도와 웨딩드레스[63]를 입고 바그너의 <로엔그린>과 멘델스존의 <한여름밤의 꿈>에 맞춰 행진하는 신식결혼식이 이 땅에 정착된 것이다. 혼인에 대한 결혼이라는 말이 일반화되어 있고, 사모관대나 족두리와 원삼이 아닌 웨딩드레스가 곧 혼인을 상징하는 사회가 되었다. 농촌에서도 1970년대를 분기점으로 전통혼례는 사라진다.

그럼에도 불구하고 우리나라의 혼례에는 아직 전통적인 요소가 짙게 배어 있다. 신식결혼식에서 신부의 보호자가 신랑에게까지 신부를 안내하여 넘겨주는 것을 보면 이건 오히려 유교의 삼종지도에 더 부합하는 시대 착오적인 가치를 표현하고 있다는 느낌마저 든다. 오늘날 예식장의 폐백실에서 일어나는 일은 더 심각하다. 폐백은 혼례를 끝낸 신부가 시집 어른들에게 드리는 첫인사 절차이고, 사모관대에 원삼족두리는 대례복인데 이 둘을 혼합시켜 버림으로써 전통도 아니고 창조도 아닌 왜곡과 기형을 만들어낸 것이다.

우리나라 혼속은 예로부터 '장가들기'라 하여, 신랑이 신부집에 가서

63 기독교인들이 입던 흰색 예복은 순종과 순결의 뜻이 담겨 있다.

현대식 신부입장 장면

혼례를 치르고 3일을 지낸 후에 신부를 데리고 자기 집으로 돌아오는 것으로 혼인이 이루어졌다. '혼(婚)'이란 남자가 저녁(昏)에 여자를 맞이하는 것으로, 남자가 여자에게 장가든다는 뜻이다.[64] 부부가 되는 것은 양과 음이 결합하는 것이므로 그 의식도 양인 낮과 음인 밤이 만나는 황혼시간(저녁)에 거행한 것이다. 초례상에 초를 세우는 것도 혼례식이 밤에 행해지는 의례이기 때문이다. 요즘에는 대낮인데도 신랑 신부 어머니가 나와 화촉을 밝힌다.

'혼(婚)'은 남자가 장가간다는 뜻이고, '인(姻)'은 여자가 시집간다는 뜻이다. 그래서 우리나라 헌법이나 민법에서도 결혼이라 하지 않고 혼인이라 한다. 결혼이라는 말이 쓰이기 시작한 것은 일제강점기부터라고 한다. 요즈음 결혼식에서 행해지는 피로연(披露宴)의 '피로'라는 것도 일제시대에 '잔치'라는 용어 대신 널리 사용되어 오다가 오늘날 마치 우리말인 양 그대로 쓰이고 있는 것이다.[65]

우리나라에서는 신라와 고려초까지 숙질(叔姪)간에도 결혼하는 근친혼이 있었다. 그러나 고려중기 이후에는 근친간의 혼인을 금했다. 상류층의 경우 근친혼을 한 사람의 소생에게는 벼슬을 주지 않는 방법으로 제재를 가했다. 조선시대에 이르러서는 근친혼과 관련하여 성과 본관이 같은 사람끼리 혼인하지 않는다는 '동성동본불혼(同姓同本不婚)'이 시행되었다.[66]

64 역사적으로 『예기』에 보면 혼례식은 저녁에 올리는 것이 관례였다.

65 1980년대 후반부터 호텔이나 예식장에서 화려한 조명이나 실내장식을 한 피로연장을 마련하고 있다. 이는 다분히 일본식 피로연의 재연이며, 상업주의가 개입된 비주체적 모방문화라 할 수 있다.

66 동성동본불혼은 현행호적법에까지 이어져 동성동본끼리는 혼인신고도 할 수 없었다. 그러다가 1997년에 동성동본이라 하여 혼인을 금하는 것은 헌법정신에 위배된다는 헌

친영(親迎) 수용을 거부한, 조선

조선시대에 들어와서 혼인의 질서와 예절이 매우 엄격해졌는데,[67] 이는 500년 동안 조선을 지배한 가부장적 질서와 주자 『가례』의 영향이 컸기 때문이다. 남자가 처가에 들어가 생활함으로써 여자가 남편을 가벼이 보는 폐풍이 생긴 것을 바로잡고자 '친영'이라는 새 결혼제도가 도입되기에 이르렀다. 친영이란 육례 중의 하나이자 육례 모두를 가리키기도 하는데, 신랑이 친(親)히 신부집에 가서 신부를 맞이한(迎) 후 신랑집에 와서 혼례식을 거행하는 것이다. 이 친영의 제도는 양가가 대등한 위치에서 혼사를 치를 수가 있어 매우 합리적이라 하였다.

그러나 결혼후 아이를 낳고 기르기까지 신랑이 신부의 집에 머무는 처가살이의 습속은 고구려의 서옥제(婿屋制)에 볼 수 있듯 뿌리 깊은 것[68]이어서 조선중기까지 무너지지 않다가 18세기경에 와서 서서히 쇠퇴했다고 본다.[69] 이렇듯 유교의 영향을 받기 이전부터 우리나라는 신부집에서 신랑을 맞이하고 3일째 혼례식을 거기서 치르는 관행이 지속되었던 까닭에 그토록 실천을 강조했던 『가례』의 친영례만은 끝까지 수용되지 않은 것이다. 신식결혼식이 일반화된 1970년대까지도 줄곧 우리나라의 전통혼례는 신부집에서 행해졌다. 혼례식후에도 그곳에서 첫날밤을 지내고 신부가 시부모를 뵙고 인사하기 전에, 신랑이 장인장모에게 먼저 인사를 올리는 것이 보편적인 풍속이었다.

중국의 혼례와 우리의 혼례가 두드러지게 다른 점은 바로 이 친영에 있다. 중국은 친영의 혼인방식을 택했으나, 이와 달리 우리나라의 혼례는 반(半)친영이라 하여 신랑이 신부집에 가서 혼인식을 거행하고 하루나 3

법재판소의 판결이 있었다.

67 『경국대전』에 남자 15살, 여자 14살이 되어야 혼인할 수 있다고 되어 있다.

68 우리나라 혼인전통은 원래 '남귀여가(男歸女家)'의 풍속이었다.

69 그래서 혼인예식은 신부집에서 하더라도 신행(新行) 혹은 우귀(于歸)라고 하여 빠른 시일 내에 신부를 신랑 집으로 데리고 오게 되었던 것이다.

일 지나 신부를 신랑집으로 데리고 오게 되었다. 조선 명종대에 이르러 친영례에 준하는 반친영을 시행하도록 독려했던 것이다. 그러나 이것조차 실행되기는 힘들었다. 더러는 신부가 아이를 낳은 다음에 시댁으로 들어가기도 했다. 물론 이에 따라 조선시대에 '여자가 시집가는' 전통이 굳어지게 되었다고 본다. 사실 근래에도 결혼식 후 신부집에서 3일을 머무는 관습이 일부 지역에 남아 있고, 신혼여행을 마치고 신부의 집에 먼저 가는 경향이 있다. 이는 조선후기에도 소멸되지 않았던 처가살이의 자취라 할 수 있다. 중국의 친영절차와 다르게 신부집에서 혼례식을 치르고 그 집에서 얼마동안 머물었던 것은 우리 민족의 확고한 정체성을 보여주는 예라 하겠다.

『예기』의 규정에 따르면 중국 주(周)에서 제정한 여섯 가지 결혼절차, 즉 육례는 1. 납채(納采), 2. 문명(問名), 3. 납길(納吉), 4. 납징(納徵), 5. 청기(請期), 6. 친영(親迎)이었다. 그러나 혼사를 치를 때 육례를 다 치르기는 복잡하였으므로 조선후기부터는 주자가 『가례』에서 주장한 사례[70]와 이재(李縡)의 『사례편람』에 따라 사례(의혼, 납채, 납폐, 친영)를 치르기도 했다. 하지만 실제 전통적으로 행해진 것은 전통육례로서 (1)혼담, (2)사주(납채), (3)택일, (4)납폐, (5)예식, (6)우귀의 절차였다. 혼인하는 것을 '육례를 갖춘다'라고 했던 것도 이를 두고 한 말이다.

현재 행해지고 있는 혼례를 보면 예식은 결혼식장에서 서구식으로 하면서도 그 과정에서는 전통 육례의 절차를 혼용하고 있다. 시대의 흐름에 따라 절차와 격식 등 모든 것이 달라진 듯 보이나 실제로 크게 변화된 것은 없다고 해도 과언이 아니다. 현행 혼례의 절차가 지방이나 가문에 따라 다소 차이를 보이나, 여기서는 오늘날까지 대체로 행해지는 혼례의 절차와 전통방식으로서의 원칙을 들어보기로 한다.

---

70 주자가 육례는 복잡하다 하여 사례로 조정하였다.

(1) 선보기

예서에 의하면 남자는 17세 이상 20세, 여자는 14세 이상 20세에 의혼(議婚)을 한다고 하였다. '선보기'라고 할 수 있는 의혼은 양가 부모들이 신랑 신부의 선을 보는 것을 말한다. 선을 볼 때는 시어머니나 시고모가 될 사람이 그 집에 찾아가서 신부감을 만나보기도 하고, '간선'이라 해서 지나가는 사람인 체하면서 신부감의 생김새와 동태를 엿보기도 한다. 지금과 달리 옛날에는 양가 부모들만이 신랑 신부의 선을 보고 당사자들은 서로 얼굴을 보지 못했다.

대신 혼인을 할 때 양가의 중간에서 양쪽의 의사를 전해주는 중매쟁이가 필요했다. 그래서 근현대로 들어와 혼인 당사자가 직접 상대를 구하는 이른바 연애혼이 등장하면서 중매쟁이를 내세워 상대를 구하는 혼인을 '중매혼'이라고 부른다. 중매인에게 혼처를 부탁하고 양가에서 서로 합당하다고 생각되면 남자측의 아버지가 여자측의 어른에게 혼인하기를 청하는 청혼서를 보냈다. 남자측의 청혼서를 받은 여자측에서는 다른 의사가 없으면 혼인을 승락하는 허혼서를 보냈다.

연애혼이 일반화되어 있는 것처럼 보이는 현대사회에서 오히려 중매는 극성에 가까울 만큼 발달되어 있다. 소위 '마담뚜'라는 전문 중매쟁이를 비롯하여 요즘에는 '결혼상담소' 혹은 '결혼정보회사' 등의 간판까지 내걸고 활동하고 있다. 이 회사들은 수많은 대상의 정보를 데이터베이스화하여 수요자들의 중재역할을 하고 있다. 전통사회보다 중매의 방법이 치밀하고 정도가 지나치는 등 부작용도 많이 낳고 있다. 예컨대, 학력증명서, 건강진단서, 재산세 과세증명서 등을 요구하고 있는 실정이다. 어찌보면 전통사회의 중매와 목적면에서 별 차이가 없어 보이며 이런 현상은 아직까지 우리나라에서는 혼인이 개인의 결합이기보다 집안의 결합이라는 의미가 강함을 반영하는 단면이라 하겠다.

(2) 사주(四柱)보내기

'납채(納采)'라고도 하는 사주보내기는 혼약이 이루어져 신랑집에서 사주를 적어 신부집에 보내는 것을 말한다. 구두로만 약속한 혼인에 대해 서면으로 확인하는 정혼(定婚)의 절차이다. 남자측에서 신랑 될 사람의 생년월일시를 적은 사주단자(單子)를 '사주(四柱)'라 쓴 봉투에 접어 넣는다. 백지에 싸고 싸리가지를 한 끝이 붙은 채로 가운데를 쪼개어 이를 끼우고, 붉은 실로 휘휘 감되 아래에서 위로 하여 맺고 네 모서리에 금전지(金箋紙)를 단 청·홍보자기에 싸서 여자측에 보낸다. 사주를 육십갑자로 적으면 각각 두 자씩 8자가 되므로 '사주팔자(八字)'라 하는 것이다.

신랑측의 사주를 받은 신부집에서는 예비 신랑·신부의 사주를 가지고 궁합(宮合)을 본다. 이때는 『천기대요(天機大要)』라는 책을 참고한다. 사주로 궁합을 볼 때는 오행의 상생상극(相生相剋)의 원리가 적용된다. 먼저 <만세력(萬歲曆)>을 보고 신랑과 신부의 생년월일시를 뽑은 다음 오행으로 분류한다. 가령 목(木)이 많은 사람은 화(火)를 가지고 있는 배우자를 만나야 한다. 목은 화를 만나 자기의 기운을 빼줌으로써 서로 평화로워지는데, 이 방법이 상생법이다. 한편 목이 많은 사람은 토(土)가 많거나 금(金)이 많은 사람을 만나지 말아야 한다. 목은 토를 만나면 뿌리를 내리기 위해 힘을 쓰며, 목은 톱(金)을 만나 가지가 쳐지기 때문인데, 이 방법이 상극법이다. 궁합을 본 결과 상생일 경우 좋다고 하나, 상극일 경우는 궁합이 나쁘다고 하여 혼인을 거절하는 이유가 되기도 한다.

사주단자

궁합이라 할 때의 궁(宮)자는 뜻이 여러 가지이나 생식기라는 뜻이 강하다. 그러므로 궁합이라는 말의 직접적인 의미는 생식기의 결합이 된다. 사주를 보내는 것은 두 사람이 살을 섞고 살아보기 전에 미리 서류심사를 통해서 결합상태를 추론해보는 일이었다. 다시 말해 궁합은 첫날밤의 수태 가능여부를 점치기 위한 것이었다. 가문의 대를 이을 아들의 출산이 전통사회 며느리의 의무사항이었다. 첫날밤에 아들을 낳을 수 있도록 하기 위한 장치 중의 하나가 궁합이었던 만큼 중요시될 수밖에 없었다. 사주팔자를 헤아리며 궁합을 보는 것이 지금이야 인습에 지나지 않지만 남녀교제가 자유롭게 허용되지 못하던 상황에서 나온 전통사회의 지혜였다.

한편 사주단자를 보내는 납채는 오늘날 '약혼식'이라는 이름으로 널리 행해지고 있다. 약혼식을 할 때 사주단자와 예물을 교환하는 절차가 있는 것으로 보아도 사주보내는 것이 약혼의 성격을 띰을 알 수 있다. 사주단자를 반환하는 것을 파혼으로 인식하고 있는 데서도 사주보내기가 약혼으로서의 의미를 지님을 엿볼 수 있다. 이 사주단자는 잘 보관했다가 혼수짐에 보내어 신부의 옷장 속에서 평생을 잘 간직하도록 한다.

(3) 택일(擇日)

'연길(涓吉)'이라고도 하는 택일은 신랑의 사주를 받고 신부집에서 허락의 표시로 결혼식 날짜를 택하여 신랑집에 통보하는 것을 말한다. 부득이한 경우 남자집에서 택일을 보낼 수도 있다. 다만 혼인 준비의 복잡함이나 생리현상 등을 고려하여 여자측에서 정하는 것이 합리적이다. 그러나 대강의 시기를 양가에서 합의한 뒤에 여자측에서 택일하는 것이 일반적이다.

신랑·신부의 생년월일시에 따라 생기복덕(生氣福德)을 가리고 '살(煞)'을 피하여 날을 잡는다. 택일을 할 때 신랑·신부의 부모가 혼인한 달, 양가 조상의 제삿날 등을 피하는 지역도 있다. '썩은 달'이라 하여 삼복이 낀 달, 농번기, 마지막 달 등을 피해서 정하기도 한다. 연길단자는 봉투에 넣어 청·홍 보자기에 싸서 보낸다.

(4) 함보내기

오늘날도 널리 행해지고 있는 함보내기를 과거에는 '납폐(納幣)'라 했는데, 납폐란 신랑측에서 신부를 맞기 위해 성의를 다하여 예물, 곧 폐백(幣帛)을 보낸다는 뜻이다. 함은 전에는 예서의 규정대로 혼례식이 있는 날 예식을 하기 전에 가지고 가는 것이 보통이었으나 요즈음에는 대개 결혼식 전날 밤이나 1주일 전 쯤에 가지고 간다. 함보내기는 신랑집에서 혼약이 성립된 데 대한 감사의 표시로 혼인선물 즉 혼수(婚需)와 혼서지(婚書紙)를 넣은 혼수함을 신부집에 보내는 것이다. 신부에게 줄 패물, 옷감, 이부자리 등의 살림일체를 '상답'이라 하는데, 이들을 적은 목록인 '물목(物目)'을 혼수함에 함께 넣는다.

혼수 중에 채단(綵緞)은 보통 청색과 홍색의 비단치맛감을 일컫는데, 신랑집이 가난한 경우는 채단만을 보내고 여유가 있는 집에서는 다른 옷감을 더 넣어 보낸다. 『가례』 등의 예서에서 규정하기를 폐물은 세 가지 이상을 하면 사치가 된다고 했다. 또 흔히 말하길 "많아도 열 가지를 넘지 않고, 적어도 두 가지는 되어야 한다"고 하였다. 혼례식날 신부가 입을 치마저고리와 간단한 폐물을 넣는 것이 전부였던 혼수가 요즘에는 신랑이 준비하는 함은 형식에 불과하고 오히려 신부측에서 장만하는 혼수를 성대하게 해야 하는 이상한 풍속으로 흘러버렸다. 사실 예서에는 '혼수'라는 말조차 보이지 않는다. 그런데도 혼수로 인한 말썽이 끊이지 않고 있어 안타깝기 그지없다.

혼서지는 "저의 ○째 아들 ○○이 나이가 찼으나 짝이 없더니 귀댁에서 따님을 주심에 이에 삼가 옛사람의 예로 납폐의 예를 행하니 잘 보살펴 주시기 바랍니다"라는 내용으로 되어있다. 혼서지의 경우, 전에는 혼인의 유일한 증거로 두 사람이 야합한 것이 아님을 증명하는 자료가 되었다. 곧 혼서지는 '결혼문서'에 해당하는 것으로서 신부에게는 무척 소중하게 여겨져 일생동안 간직하였다가 죽을 때 관속에 넣어 가지고 간다 한다. 요즘 예식장에서 혼인서약을 하고 성혼선언을 함으로써 쌍방은 혼인을 한 것으로 인정되지만 혼인신고가 되어 있지 않으면 법적인 효력이 없으므로 예식장에서 행하는 혼인서약이나 성혼선언의 맹점이 보인다.

함팔기

사실 혼례식이란 양가 혹은 혼인 당사자가 서로 혼인에 대한 약속을 하고 또한 서약을 한 상태에서 이루어지는 축하연이어야 한다. 전통적인 혼인을 보면 사전에 혼인 서약이 이루어져야 비로소 혼례식이 진행된다. 납채와 납폐를 통해 쌍방이 굳게 약속을 하고 전안례에서 서약을 공포해야 혼례식을 할 수 있도록 되어 있다. 요즘은 혼인신고를 하기 때문에 법적인 보장을 받을 장치가 마련되어 있다고 하나 그래도 혼인을 마음으로 맹세하는 증거는 혼서(婚書)이다. 따라서 신식이든 구식이든 아직까지 빠져서는 안 될 것이 혼서지이다.

함을 지고 가는 사람을 '함진아비'라 하는데, 옛날에는 신분이 미천한 사람이 함진아비가 되었다. 함진아비의 얼굴에는 숯검정을 칠하고 손에도 검정을 바른다. 이는 다른 사람이 잘 알아볼 수 없게 하고 잡귀가 함부로 범접하지 못하게 하기 위함이다. 오늘날 함진아비는 첫아들을 낳은 신랑의 친구가 되며, 오징어 가면을 쓰고 함팔기를 한다. 함진아비가 입이 헤프면 복이 날아간다고 하여 벙어리 흉내를 내는데, 복을 신부집까지 운반하려는 의도에서 행하는 것이다. 함진아비를 이끄는 함잡이(말을 끄는 마부)를 비롯 청사초롱을 든 사람 등 수행원들은 모두 신랑의 친구들이 된다. 함을 받을 신부집에서는 대청이나 마당에 자리를 깔고 상을 준비하여 촛불을 켜고 정화수를 떠놓는다. 시루떡을 쪄놓고 그 봉칫시루 위에 함을 받는다. 봉칫떡은 부부 두 사람의 화합을 의미하여 절대로 두 켜 이상을 하지 않는다.

신부집에서는 함진아비에게 음식을 대접하고 약간의 여비를 주는데,

융숭한 대접과 두둑한 행하(行下), 즉 수고한 댓가를 많이 내놓으면 함을 쉽게 풀어 내놓는다. 요즈음은 이런 풍속이 변질되어 지나치게 실랑이를 벌이는 경우도 있다. 함값을 흥정하는 것은 함의 중요성과 <줄다리기>와 같은 전통놀이의 겨루기를 통한 재통합의 의미가 내포되어 있다. 그리고 본래 사랑의 맹서를 상징하는 나무기러기를 바치는 전안례와 결합되었던 '함' 들어가는 절차가 이렇게 변형된 것이다.

(5) 예식

혼례식 즉 대례(大禮)는 신랑이 신부집에 가서(장가가다) 혼례를 치르고 신부를 맞아오는 것으로 요즈음의 결혼식을 말한다. 이 혼례식은 크게 전안례(奠雁禮), 교배례(交拜禮), 합근례(合巹禮)의 순서로 이루어진다.

신랑은 대례를 올리기 위해 말을 타고 신부집에 가는데, 이를 초행(初行)이라 한다. 신랑일행이 가는 길을 밝히는 것이· 청사초롱이다. 청사초롱에 불을 밝히는 자체가 인생의 새 출발을 의미하는 상징이 되었다. 신부집에서는 신랑이 도착하기 전에 대례를 행할 준비를 하고 기다리고 있다. 계례가 혼례에 포함되었기 때문에 신부는 처음으로 비녀를 꽂고 혼례복으로 갈아입는다. 이때 신부의 얼굴에 바르는 연지와 곤지는 시집가는 여자에게 질투하는 삿된 귀신을 물리치기 위한 것이다.

전안례는 신랑이 신부집에 기러기를 드리는 예이다. 신랑이 신부집의 대문에 도착하여 기럭아비를 따라 목안(木雁; 나무기러기)을 받들고 전안청으로 들어간다. 진행절차를 홀기(笏記)라고 하는데, 홀기를 부르는 순서에 따라 신랑이 대례상 앞에 놓인 전안상 앞에 무릎을 꿇고 북쪽을 향하여 앉는다. 전안상 위에 청홍보자기로 싼 목안을 올려놓고 재배한다. 목안을 바치는 것은 기러기처럼 백년해로 하겠다는 의미를 상징화한 것이다.[71] 이 목안은 신부의 어머니가 치마에 싸서 신방에 두었다가 후행이

71 『규합총서』에 보면, 기러기는 "날 때 차례가 있어 앞에서 울면 뒤에서 화답하니 예(禮)

돌아올 때 함께 시댁으로 가지고 온다. 이 목안에 관한 의례와 풍속은 동북아시아 여러 민족에게 분포되어 있다.

목안

교배례는 신랑·신부가 맞절을 하는 절차이다. 교배례는 가운데 교배상을 놓고 동쪽에 신랑이 서고 수모(手母)의 도움으로 서쪽에 신부가 선다. 각각 준비된 대야의 물에 손을 씻은 다음, 신부가 신랑에게 재배하면 신랑은 답으로 한 번 절하는데, 이를 두 번 되풀이한다. 여성은 음이므로 음의 수인 짝수로 절하고 남성은 양이므로 양의 수인 홀수로 절하는 것이다. 절에는 큰절·평절·반절이 있는데, 교배례에서는 큰절을 한다. 큰절은 보통 공수(拱手)를 취하는데, 공수란 공손한 자세로 앉거나 설 때에 손을 맞잡는 것을 말한다. 평상시에 남자는 왼손이 위로, 여자는 오른손이 위로 가게 잡는다. 흉사 시에는 그 반대가 된다. 큰절을 할 때는 공수한 손을 눈높이까지 올렸다가 내리며 엎드려서 절을 한다.

교배상에는 촛대 두 개, 소나무와 대나무 등의 사철나무, 밤·대추·닭 등이 차려진다. 특히 닭을 올려놓는 것은 '수닭 같은 신랑, 암탉 같은 신부'가 되라는 뜻을 담았다고 본다. 수탉은 암탉과 새끼를 잘 보호하며 때를 알아 울어주는 특징이 있으므로 신랑은 수탉과 같이 처자식을 잘 돌보고 세상의 흐름을 바르게 판단하고 행동하라는 의미일 것이다. 또한 신부는 암탉을 본받아 살림을 알뜰하게 잘 하고 자식을 훌륭하게 잘 기르라는 의미일 것이다.

합근례란 조롱박이나 둥근박을 반으로 쪼개 만든 표주박 두 쪽을 갖다

가 있고, 짝을 잃어도 다시 짝을 얻지 않으니 절(節)이 있다."고 되어 있다. 그 만큼 질서를 잘 지키고 사랑의 약속을 굳게 지키며, 새끼를 많이 낳는 속성이 있다. 족보에서 사용하는 돌림자인 '항렬(行列)'은 하늘에서 기러기가 질서 있게 날아가는 모습에서 연유하였다.

교배상

가 술을 담아 서로 교환해 마시는 것을 말하는데, 사실은 입만 댄다. 한 쌍의 표주박 잔은 그 짝이 이 세상에 하나 밖에 없으며, 이 두 쪽이 합쳐져 완전한 하나가 이루어진다는 것이다. 박은 다산의 식물로 생명의 근원이자 대지의 생생력(生生力)을 상징하는 신성한 것으로 인식되었다. 이 세상에서 다시 짝을 구할 수 없는 한 쌍의 표주박 잔에 생명과 정화의 힘을 갖는 술(물)을 부어 서로 바꾸어 마시며 백년해로를 약속하는 것은 참으로 뜻있는 일이라 하겠다.

먼저 신부측 도우미인 수모가 청홍실을 손등에 드리우고 술을 따라 신랑측 도우미인 대반(對盤)에게 전하면 신랑의 입술에 술잔을 대었다가 뗀다. 다시 신부의 수모에게 전하면 신부의 입에 대었다가 쏟는다. 그리고 또 한 번은 신부의 입에 먼저 대었다가 신랑의 입에 대고 쏟는다. 이러한 절차를 일반적으로 세 번 하면서 합근례를 마친다. 이로써 혼례식은 다 끝나게 된다. 나중에 두 바가지를 합쳐 신방의 천장에 매달아놓았다. 물론 교배례와 합근례를 합하여 '초례(醮禮)'라 하기도 한다.

혼례복 차림의 신랑 신부

혼례식 때 신랑은 옷깃이 둥근 남색 또는 북청색 비단의 단령(團領)을 입는다. 우리나라 고유의복은 예로부터 곧은 깃의 직령이었으나 신라가 당나라의 복제를 받아들인 후 단령이 관리들의 상용복이 되었다. 신랑은 겹날개가 달린 사모(紗帽)[72]를 쓰고, 허리에 혁대를 띠는 관대(冠帶)를 한다. 신랑의 관대는 1품과 같은 무소뿔의 서대(犀帶)를 찬다. 그리고 목화(木靴)를 신는다. 흉배는 당상관처럼 보통 쌍학이나 구름 등의 모양으로 수를 놓았다. 일생에 한번 관리차림의 예우를 받는 것이다.

신부도 일생에 한번 최상의 호사치레를 하였다. 혼례복은 평민이 일생동안 유일하게 입어보는 귀족의 옷으로 이는 상류층의 문화가 민중문화에 영향을 준 예이다. 신부는 연지 곤지를 찍고[73] 녹의홍상(綠衣紅裳)에 녹색원삼을 입는다.[74] 머리는 달비를 여러 개 모아서 크게 낭자머리를 틀어 금박으로 장식한 홍대를 두르고 용비녀[75]를 꽂는다. 검은 자주

72 사모는 관복을 입을 때 쓰던 비단으로 짠 모자로서 사대부의 상징이었다. 따라서 재물을 탐하는 벼슬아치를 욕하여 "사모 쓴 도둑놈"이라 했고, 제격에 어울리지 않는 모습을 일컬어 "사모에 갓끈이다"라고 했던 것이다.

73 순결을 중시하던 당시 관습에서 신부의 처녀성을 보호하기 위한 금기행위였다. 고대로마시대의 신부들도 악마를 쫓아낸다는 의미에서 반드시 붉은색 베일을 썼다.

74 웃옷으로 제일 안에 모시 속적삼을 입고, 분홍·노랑·연두 삼회장저고리를 차례로 겹쳐 입는다. 모시 속적삼을 입는 것은 '시집살이가 시원하라'는 이유에서이다. 아래는 속옷바지·단속곳·청치마·홍치마를 입고 그 위에 원삼을 입는다.

75 왕비가 착용하는 용잠(龍簪)이 민간에서 혼인날만은 사용이 허락되었다.

비단에 금은박이 찍힌 앞댕기와 뒷댕기를 늘어뜨리고 머리에는 족두리를 쓴다.[76]

다만 양반가의 신부는 녹의홍상에 다홍색 비단의 활옷[華衣]을 입고 커다란 도투락댕기나 고이댕기를 매고 머리 위에는 칠보단장의 화관을 쓴다. 활옷에는 장수와 부귀를 기원하는 '이성지합 백복지원(二姓之合 百福之源)', '수여산 부여해(壽如山 富如海)'라는 덕담이 쓰여지고, 연화·모란 같은 꽃과 나비와 봉황 등의 문양이 수놓아졌다. 원삼은 고려시대부터 혼례복으로 되어 있었으며 특히 초록원삼은 서민층의 혼례식에도 입을 수 있었다. 대란치마도 혼례복으로 입던 치마다. 서민들은 부담 없는 혼례복으로 당의를 착용하기도 했다.

초례가 끝나면 '관디(대)벗김'이라 하여 신랑은 사모관대를 벗고 신부집에서 만들어준 옷으로 갈아입고, 신부는 신랑집에서 마련해준 옷으로 갈아입는다. 신랑이 관디벗김을 한 후 큰 상을 받는데 신부집에서 신랑과 신랑측 상객(上客)[77]에게 올리는 최대의 선물이다. 이 음식은 몇 가지 맛만 보이고 그대로 싸서 신랑집에 보낸다. 신랑집에 보낸 음식은 '봉송돌린다'하여 신랑집 동네에서 나누어 먹는다. 이는 우리의 전통혼례가 마을의 공동체의식을 높이는 데 기여했음을 말해준다.

신랑·신부는 밤이 되면 한 방에서 몸을 합치는 합궁례(合宮禮)를 치른다. 이로써 신랑 신부는 비로소 부부가 되는 것이다. 물론 신랑 신부가 첫날밤을 보내기 위해 신방에 들게 되면 신랑은 신부의 족두리를 내려주고 옷고름을 풀어주어야 자리에 들 수 있다. 신부집 가족이나 친척 여성들이 창호지에 구멍을 내어 들여다보고 킬킬대기도 했는데, 이를 '신방엿보기'라고 한다. 이는 인류학적 관점에서 보면 처녀성을 신성시한 데서 비롯되었다고 하겠다. 음귀로부터 첫날밤을 맞은 신부를 보호하기 위한

76 신부가 쓰는 족두리는 물론 도투락댕기도 몽고 기혼여자들의 '도틀'에서 온 것이며, 신부가 뺨에 연지 찍고, 귀에 귀걸이 하는 것도 몽고부녀의 풍속에서 나온 것이다.

77 초행길에 신랑을 인도하고 신랑집을 대표하는 사람을 상객이라 하는데, 상객은 원칙상 혼주가 된다.

세계적인 풍습이 '신방엿보기'라는 우리것으로 자리 잡았다고 본다.

신방엿보기는 나이 어린 신랑이 신부를 사모하는 남자 또는 귀신의 해를 입지 않도록 지킨다는 의미를 지니고 있다. 충북 보은지방에 전하는 바에 따르면, 옛날 신부가 결혼하기 전에 장래를 약속한 남자가 있었으나 신부는 이러한 말을 부모에게 하지 못한 채 부모의 강권에 못 이겨 다른 남자와 결혼을 했다. 첫날밤 곤히 잠들었는데 과거에 약속한 남자가 몰래 들어와 신랑을 죽이고 신부와 같이 멀리 도망했기 때문에 그후로 신방을 지키는 관습이 생겼다는 것이다. 한편 옛날에 백정이 있었는데 아들이 장가갈 때 신부를 잘 다루라고 하니까 '칼질을 잘 하라'는 말로 알아듣고 신부에게 칼질을 해서 잘 다루었다고 한다. 이런 참사를 막기 위해서 망을 보는 풍습이 생겼다는 설도 있다. 조혼풍습과 밀접한 관련이 있다고 하겠다.

(6) 폐백(幣帛)

신부집에서 혼례를 치른 뒤 3일 만에 신랑이 신부를 데리고 자기집으로 돌아오는 것을 우귀(于歸) 또는 신행(新行)이라고 한다.[78] 부계가족구조에서 시집가는 것은 평생 그 집에 살러가는 것을 뜻하므로 '귀(歸)'를 쓴다. 신행 또한 신부가 시가에 영원히 살기 위해 가는 뜻을 지닌다. 가을이나 겨울에 혼례를 올린 후 이듬해 봄 시집에 우귀하는 것이 보편적인 '해묵이' 관행이었다. 당장 며느리의 일손을 필요로 하는 가난한 서민계층에서만이 불가피하게 3일 우귀를 하였다.

신부가 시댁으로 가서 친정어머니가 싸준 대추·밤·쇠고기포·통닭찜 등을 차려놓고 시부모와 시댁식구들에게 처음으로 인사를 드리는 의식, 즉 시집집단에 들어가는 입사식(入社式)을 폐백이라 한다.[79] 이바지는 며

78 신부가 혼례를 치른 그 날로 신랑과 함께 시집으로 가는 일도 있는데, 이를 '당일우귀'라 하고 3일 신방을 치르고 가는 것을 '3일우귀'라 한다.

79 『경국대전』에 신부가 시부모를 만나뵐 때는 술 한 동이와 안주 다섯 그릇을 가지고 간

느리를 맞이하여 조상에게 인사를 드릴 때 올리는 성의 정도였다. 그러나 요즈음은 사당이 없고 또한 예식장에서 폐백을 올리기 때문에 이바지가 필요치 않음에도 불구하고 여전히 이바지 떡은 반드시 해야 하는 것으로 잘못 인식되어 있다.

예서에서 새 며느리가 시부모를 처음 뵙는다 하여 '현구고례(見舅姑禮)'라고 하던 폐백이 지금도 시행되고 있는 것이다. 폐백을 드릴 때 시조부모가 있더라도 시부모에게 먼저 절을 하고나서 그 다음에 시조부모에게 절하는 것이 원칙이다. 연령을 우선시하는 것이 아니라 세대의 친소관계, 혈연의 등급을 중심으로 한다. 절을 올리는 방법은 신랑의 오른쪽에 신부가 서서 수모의 도움을 받아 큰절을 올리게 된다. 시아버지께 2번, 시어머니께 2번 도합 4번의 큰절을 한 뒤 반절을 하고 물러나 앉으면 된다. 시부모께 절을 올리고나면 시아버지가 덕담을 하며 대추를 던지고 시어머니는 신부의 흉허물을 덮는다는 의미로 육포 위를 두드리거나 쓰다듬는 것이 전통이다.[80] 대추를 던지는 것은 시부모만이 할 수 있으며,[81] 시부모가 새 며느리에게 대추를 던져주는 것은 자손창성을 바라는 마음의 표시라 하겠다.[82] 신부가 받은 대추는 수모가 한삼 귀퉁이에 싸거나

다고 되어 있다.

80 폐백으로 준비하는 음식은 대체로 대추와 육포(산적이나 닭으로 할 수도 있다) 등이다. 대추는 시아버지께, 고기는 시어머니께 올리는 것으로 되어 있다. 삼국시대부터 있었던 우리의 한과류인 유밀과, 강정, 다식, 전과, 과편 등은 폐백은 물론 제례음식으로 필수품이었다. 유밀과(油蜜果)는 의례음식의 으뜸이다. 그러나 수없이 사용금지 명령이 내릴 정도로 너무나 고급스런 기호품이었다. 유밀과는 밀가루나 쌀가루 반죽을 넓적하게 또는 둥글게 여러 모양으로 조각내어 기름에 지져 꿀을 흠뻑 묻힌 것으로 보통 '약과'라 부른다. 유밀과의 본 고장은 인도로 추정된다. 강정은 찹쌀가루를 술에 반죽하여 익힌 다음 기름에 지지고 엿을 고루 입혀 다시 고물을 묻혀내는 것이다. 원래 강정은 한(漢)나라 때 아침밥을 먹기 전에 입맛을 돋우기 위해 먹었던 음식이다. 다식(茶食)은 곡물가루·한약재·꽃가루 등을 꿀로 반죽하여 덩어리를 만들어 박달나무, 대추나무로 만든 다식판에 넣고 여러 모양을 박아낸 것이다. 전과(煎果)는 여러 가지 재료를 꿀에 졸인 것으로 밀전과(蜜煎果)를 말하는데 정과(正果)라고도 한다. 과편(果片)은 신맛이 나는 앵두·모과·살구 등의 과육을 꿀과 녹말과 함께 조려 묵처럼 굳혀서 납작하고 네모지게 썰어 생률이나 생과와 어울려 담는다.

81 시부모가 며느리에게 아들을 낳으라고 대추와 밤을 던지는 것이 예법에 어긋나는 행위라고도 한다.

폐백(대추를 던져주는 장면)

원삼 속에 넣어주게 된다.

요즈음은 예식장의 폐백실에서 폐백을 치를 뿐만 아니라, 신랑의 마지막 구애절차로 진행되며 신혼여행의 여비를 챙기는 시간이기도 하다. 흔히 신랑이 신부를 업고 방을 한 바퀴 돈다든지 키스를 하는 등의 애정표현을 한 다음에야 시댁가족에게 인사를 하며, 게다가 신랑·신부가 함께 시부모 등에게 절을 한다. 폐백의 원래 의미가 신부의 입사식이므로 신부만이 절을 하는 것이 타당함을 잊어버린 지 오래 된 것 같다.

(7) 근친(覲親)

시댁에서 새 사람으로서의 예를 치른 신부는 사흘 또는 일주일 뒤에

82 남성을 상징하는 대추나무를 사랑채마당에 심은 것도 다산의 주술성 때문이다.

처음으로 신랑과 함께 친정에 가서 부모를 뵙는데 이것을 근친이라 한다. 경우에 따라서는 시집살이를 하다가 추수가 끝나면 햇곡식으로 떡과 술을 해가지고 친정을 찾았다. 다시 시부모에게 올릴 차반[83]을 장만하여 시가에 돌아오면 이로써 혼례의 전체과정이 비로소 끝나는 것이다.

근친갈 때 시댁에서는 음식을 장만하여 이바지를 보낸다. 신랑의 경우 처음 혼례식을 올리기 위해 일행과 함께 신부집에 가는 길을 초행(初行)라고 한 것에 비해 다시 처가에 가기 때문에 재행(再行)이라 한다. 지방에 따라서는 신랑이 신부집에서 첫날밤을 보낸 다음 혼자서 자기 집으로 돌아갔다가 3일 쯤 지나 신부를 데리러 다시 신부집으로 가는데, 이를 재행이라 한다. 물론 이 재행풍속은 그대로 지켜지지 않았다. 신랑의 집이 멀어 다녀오기 불편한 경우를 비롯하여 재행의 번거로움을 피해 변칙적으로 인재행(引再行)이 행해졌다. 신랑이 첫날밤을 보내고 본가로 가는 것이 아니라 이웃에 있는 신부의 친척집에서 하루나 이틀밤을 묵고 다시 신부집으로 가서 신부를 데리고 신행을 하곤 했던 것이다. 이 인재행이 바로 오늘날의 신혼여행과 유사하다고도 볼 수 있다. 이 인재행의 원리로 본다면 신혼여행에서 돌아오면 반드시 신부집부터 가야 할 것이다.

신랑은 재행하여 대개 사흘 동안 머물며 친척과 마을 어른들께 인사를 다닌다. 이 때 '동상례(東床禮)'라고 하는 '신랑다루기'의 의식이 행해진다. 새 신랑이 반드시 거쳐야 하는 처가집단의 입사식이 치뤄지는 것이다. 신랑이 재행하는 날이면 마을의 청장년이 모이기 시작한다. 신랑이 나타나기를 기다리던 신부집 남자친척들이 합세하여 다짜고짜 신랑을 함멜 때 썼던 결바로 묶고 키 큰 장정이 거꾸로 어깨에 메거나 대들보에 매단다. 발길이를 재보고는 "며칠 전에 마을처녀를 도둑맞았는데, 발자국 길이와 정확히 맞구나. 이 사람이 바로 도둑이구나."라고 하면서 방망이나 북어로 비명소리가 들릴 때까지 발바닥을 친다. 신랑은 장모에게 구원을 요청하게 되며, 장모는 푸짐하게 주안상을 차려 내온다. 신랑다루기는

83 예물로 가져가는 맛 좋은 음식을 말한다.

신랑 신부 외의 친척과 이웃 모두 어울려 잔치를 흥겹게 하기 위한 절차였던 것이다. 요즘 결혼식장에서 행하는 '신랑테스트'라는 것이 바로 동상례를 흉내 내는 것 같다.

4. 회갑례(回甲禮)

노인은 숟가락도 제대로 못 들 만큼 쇠약하여 수프를 식탁에 흘리곤 했다. 가족들은 노인을 난로 뒤 구석자리로 쫓아내고 사기그릇에 음식을 떠줬다. 손을 떠는 노인이 사기그릇을 떨어뜨리자 가족은 값싼 나무그릇을 구해 밥을 담아줬다. 어느 날 네 살 난 손자가 나무토막을 주워왔다. 가족들이 묻자 아이가 말했다. "여물통을 만들려고요. 나중에 크면 아버지 어머니 음식 담아드리려고요." 그림 형제의 동화 한 토막이다.

사람이 세상에 태어난 해의 간지가 다시 돌아오는 데는 60년이 걸리게 된다. 평균수명이 짧았던 시절에 60을 넘긴다는 것은 쉬운 일이 아니며 복 받을 만한 일이었다. 조선시대만 해도 평균수명이 35세 정도였기 때문에 회갑을 넘기는 일은 크게 복을 받는 일이라고 여겼다. 우리나라 사람들이 나이를 세는 법으로 61세 되는 해에 맞는 회갑례를 일생의 중요한 의례로 삼았던 것도 이 때문이다.

회갑은 자기가 태어난 해로 다시 돌아왔다는 뜻이니 '새로 시작하는 삶'이라 할 수도 있다. 회갑을 크게 기쁜 날로 여겨 잔치를 베풀어 경하하면서, 이날의 잔치를 '목숨 수(壽)'자를 써서 수연(壽宴)이라 하지 않는가. 회갑잔치를 "산 제사를 지낸다"고까지 할 만큼 회갑부터 죽음까지는 살아 있지만 죽은 조상의 대접을 받는 단계라고 볼 수 있다. 이처럼 회갑잔치는 자녀들이 부모에 대한 효성의 표시로 하는 것이다. 이것은 중국이나 일본도 마찬가지다.

회갑잔치에 큰상 차리다

회갑을 맞이한 주인공의 부모가 살아계신다면 회갑을 맞는 당사자가 먼저 그 부모께 절을 한 다음에 회갑상을 받는다. 회갑을 맞는 어른 부부가 상 앞에 앉으면 맨 먼저 큰 아들 내외가 술잔을 올리고 큰절을 하는데, 이를 헌수(獻壽)라 한다. 그 다음에는 자손들의 혈연적 친소 관계에 따라 연령순으로 각각 헌수한다. 가계의 계통을 정립하기 위한 목적에서 모든 가례에서는 혈연의 친소관계를 중시한다. 헌수는 그날의 주인공이 된 회갑인 부부만이 받는다. 회갑을 맞는 사람의 형제자매 부부는 회갑인의 좌우에 배석하며, 형제들에게는 회갑인이 직접 술을 따라 준다.

회갑잔치에는 '큰상'을 차린다. 우리나라 풍속에 큰상을 차리는 경우는 혼인과 회갑 때이다. 특히 회갑 때는 혼인 때보다 더 큰상을 차린다. 회갑연의 큰 상차림을 '상을 괸다'라고 하는데, 보기 좋게 하기 위하여 음식을 높이 쌓는 데서 나온 말이다. 가짓수와 높이에 의해 효성의 정도를 가늠한다고 하였다. 큰상 안쪽에다 '입맷상'이라 하여 큰상을 받을 당사자가 먹을 수 있도록 장국상(국수장국) 일습을 차려 놓는다. 회갑상에는 탕과 밥을 놓지 않는 것이 제사상과 다를 뿐이다.

이같이 수연에는 장성한 자손들이 큰 잔치상을 준비하고 폐백이라는

회갑잔치의 큰상

예물을 드리며 만수무강을 축원하는 헌수 배례(拜禮)를 올린다. 우리나라가 언제부터 회갑잔치를 치르게 되었는지는 확실치 않다. 다만 『고려사』 충렬왕조에 왕의 나이 61세 환갑 때에 죄인을 널리 특별히 사면하였다는 기록이 있는 것으로 보아 고려시대부터 회갑의 습속이 있었음을 알 수 있다.

진정한 어른으로 다시 태어나는, 회갑

늙을수록 체험과 지혜가 축적됨은 동서고금이 다르지 않다. 일본에서 생겼다는 '실버'라는 말도 지혜를 상징하지 않는가. 『구약성경』 <레위기>에서는 노인을 존칭하여 '백관(白冠)'이라 하는데, 노인의 하얘진 머리를 영광의 관으로 본 것이다. 회갑은 진정한 어른으로 다시 태어나는 시점이다. 조부모의 사랑은 부모 사랑보다 더 애틋한 데가 있다. 하기야 과거에는 아버지가 자기 자식을 돌봐줄 수가 없었다. 자식에게 사랑을 표시하는 것은 곧 부모에게 불효하는 짓이기 때문이다.

어쨌거나 전통사회는 물론 요즈음에 이르기까지 한 집에서 아이가 태어나면 어린 아이는 대체로 바쁜 부모가 기르기보다 좀 한가한 조부모와 함께 하는 기회가 더 많다고 할 수 있다. '생시에 조손(祖孫)은 겸상해 먹어도 부자간에 한 상을 하지 않는다'는 말까지 있고, 여성에게 폐경이 있는 이유는 손주들을 돌보기 위해서라는 설도 있다. 어른이 됨으로서 자손이나 젊은이들로부터 대우와 존경을 받게 된다. 전통사회 노인들은 자손이 번성하는 것을 가산이 부유하고 벼슬을 얻는 것보다 더 아름다운 일이라 생각하였다.

육순을 바라보는 조형작가 김영희는 나이 드는 기쁨을 털어 놓으면서 "노인에게 '젊게 산다'고 덕담하는데 굳이 젊어지려고 안간힘을 쓰는 게 이상한 일 아닌가 싶어요. 이만큼 산 것도 고맙죠. 나머지 인생은 선물이고"라고 말한 적이 있다. 전시회에 나온 닥종이 조형물이 옛 작품보다 밝고 원색으로 화사한 까닭이 이 나이 듦에서 왔다고 은근히 자랑했다. 요즈음은 회갑잔치를 하면 늙어 보인다 하여 이를 회피하는 경향이 있다. 그러나 피한다고 다시 젊어지는 것도 아니다. 회갑이 지닌 뜻을 새삼 음미하면서 자연스럽게 나이에 맞는 사고와 행동을 하면서 좀더 어른스럽고 노인다워지는 법을 익혀가야 할 것이다.

예전에 늙으신 부모를 져다버리는 기로국(棄老國)[84]이 있었다. 그런데 이웃 강대국에서 사흘 안에 재로 새끼를 꼬아서 바치지 않으면 당장 쳐들어갈 것이라고 위협을 해왔다. 온 나라가 이 문제를 어떻게 풀 것인가 골몰했으나 대책을 강구하지 못했다. 그러던 차에 어떤 사람이 혹 자기들이 져다버린 노인네 가운데 살아 있는 이를 찾아가 해결책을 물으면 무슨 방도가 나올지 모르겠다고 했다. 모두 그 의견에 찬동하고 노인을 찾아 나섰다. 마침 아직도 목숨이 붙어 있는 노인이 있어 위기를 어떻게 모면할 것인가를 간절히 호소했다. 그 노인은 새끼와 큼직한 솥을 가져오라고 했다. 그리고 새끼에 불을 붙이라 했다. 바싹 마른 새끼는 순식간에 빨간 불덩이로 변했다. 그 순간 노인은 솥으로 덮어씌우라고 했다. 조금 있다가 솥을 열어보니 새끼는 새까만 재가 되어 있었다. 누가 봐도 그것은 재로 꼬은 새끼가 분명했다. 붉게 타는 새끼에 산소공급을 차단시킨 노인의 지혜로 재로 꼬은 새끼가 탄생한 것이다. 그 뒤로 나라에서는 늙었다고 져다버리는 풍습이 사라졌다고 한다.

옛것에서 새것을 발견해내는 블루오션 전략을 배울 수 있다. 우리나라 고려장(高麗葬) 이야기도 마찬가지다.[85] 우리나라에 온 중국 사신이 문제 하나를 내면서 만약 풀지 못하면 나라를 내놓으라고 했다. 위아래 굵기가 똑같은 나무토막을 내보이고선 그 나무의 위아래를 가려내라는 것이었다. 나라를 뺏길 판에 고려장에 처해질 노인이 아들을 통해 사신에게서 나무를 받아 커다란 물통 속에 던져 '가라 앉은 쪽이 밑동'임을 증명해 보였

---

84 『잡보장경(雜寶藏經)』 기로국조.

85 불경인 『잡보장경』에 있는 설화 속의 기로국이 '고려국'으로 전와되면서 '고려장'이 실재한 것으로 믿게 되었다고도 하며, 일제강점기 우리의 민족성을 폄하하기 위한 의도에서 사실인 것처럼 교육되었다고도 한다.

다고 한다. 노인의 지혜로 나라를 구했다는 설화다.

한국에서 노인으로 살고 싶다

한말에 조선팔도를 누비고 다녔던 미국인 선교사 게일(Gale)은 "조선은 노인 천국이다. 다시 태어난다면 한국에서 노인으로 살고 싶다"고 한 바 있다. 독일의 세계적인 노인운동가 트루데 운루 할머니는 미래의 가장 이상적인 노인복지는 한국의 전통사회처럼 되는 것이라고 말한 바 있다. 일찍부터 우리는 가정에서나 마을에서나 노인들을 공경해왔다.[86] 솥 안에 밥을 안칠 때도 한 편은 높게 하고 한 편은 얕게 안친다. 그러면 얕은 쪽의 밥은 높이 안친 밥보다 진밥이 된다. 이렇게 두층 밥 짓기는 노인을 철저히 공경하면서 살아온 우리의 미풍이다. 고려나 조선시대에는 물론 국가적인 차원에서 나이가 들면 융숭하게 기로연(耆老宴)을 베푸는 등 노인들을 후하게 대우했다. 심지어 80이 넘은 노인들에게 계급을 승진시켜 정치에 관여케 할 만큼 노인을 존중해줬다.[87]

부모의 경우는 더 할 나위 없다. 중국의 춘추시대에 노래자라는 사람은 70살의 나이에도 불구하고 부모를 즐겁게 하기 위해 어린아이처럼 춤을 추고 우는 시늉까지 했다고 하지 않는가. 우리나라에서도 아버지가 살아계신 노인이 회갑을 맞으면 부모님을 기쁘게 해 드리기 위해 돌 때처럼 오방장 두루마기를 입었다. 한편 노부모가 계시면 아무리 높은 재상 반열에 있더라도 부모가 계시는 고을 인근의 군수나 현감의 낮은 벼슬을 자청하는 것이 도리였다. 또한 부모가 앓아누우면 손가락을 기름에 담가 불을 켜는 '소지기도(燒指祈禱)'로 아픔을 공감하며 부모의 은공을 기렸다. 부모의 약으로 쓰기 위해 자신의 허벅지 살을 자른 향덕(向德)과 성각(聖

86 나이 70이 되면 마을에서 거둔 작물이나 과일을 맨먼저 잡숴보시라고 갖다바쳤으며, 마을잔치에는 맨먼저 모셔 상에 앉히고 술상도 아래사람들의 경우와 달리 푸짐하게 차려 드렸다.

87 『동국세시기』.

覺)이 있으며, 스스로 몸종이 되어 부모를 봉양코자 했던 지은(知恩)의 미담도 있다. 정조대왕은 아버지 사도세자의 묘소 현륭원에서 "네 감히 어디서 솔잎을 갉아 먹는냐"라며 송충이를 씹어 먹었다는 야사까지 전할 정도다.

이렇듯 고요한 아침의 나라이자 동방예의지국 소리를 들었던 한국이었으니 선망하는 사람들도 많았을 것이다. 그런데 요즈음은 어떻게 되었는가. 천국이 지옥이 된 것은 아닌지. 2001년 유엔아동구호기금(UNICEF)이 아시아 태평양지역 17개국 청소년 1만여명을 대상으로 어른 존경도를 조사했는데, 한국이 꼴찌로 나타났다는 것이다. 존경도 평균치가 72%였는데, 한국은 존경한다는 비율이 13%에 불과했다는 것이다. 핵가족화되고 산업화가 이루어지면서 가족 간 공동체 간의 상하구조를 떠받치고 있던 도덕성이나 존경심마저 붕괴시켜 버린 것이다.

회갑을 지낸 다음 해를 진갑(進甲)이라 하여 이날에도 잔치를 베푼다. 회갑연만 치르면 섭섭하므로 회갑의 이듬해인 만 61세에 진갑연(進甲宴)을 치르는 것이다. 진갑은 앞으로 '새로운 갑을 맞이하기 위하여 나가는' 첫 번째 생일이기 때문에 의의가 있다. 뿐만 아니라 70세때는 두보의 <곡강시(曲江詩)>에 나오는 "인생칠십고래희(人生七十古來稀, 사람이 칠십까지 사는 경우는 매우 드물다)"라는 구절에 따라 고희연을 베풀었다. 요즘은 회갑이 되어도 건강하기 때문에 회갑잔치 대신에 칠순잔치를 성대하게 차리는 풍속이 새로이 생겨나고 있다. 80세의 생일은 팔순이 된다. 오늘날 77세의 희수(喜壽)잔치나 88세의 미수(米壽)잔치 등을 하는 사람도 가끔 있으나, 이것은 일본의 풍속을 흉내낸 것에 불과하다.

5. 상장례(喪葬禮)

모든 생명체 가운데 인간만큼 죽음 이후에 집착하는 동물이 없다고 한다. 시신 을 땅에 묻거나 불에 태우는 등 장례절차가 인종이나 국가마다

만만치 않은 의식과 역사로 전해져온다. 대부분의 문화권에서는 시신을 깨끗이 씻은 뒤 옷을 입히고 관에 넣어 땅에 묻었으며, 고대 그리스나 불가(佛家)에서는 영혼의 순수 또는 해방을 위해 불에 태웠다.

가장 흔한 매장이나 화장 외에 문무왕의 수중릉 같은 수장(水葬)도 있다. 시체를 한 데 두어 비바람에 풍화시키는 풍장(風葬), 새들의 먹이로 만드는 천장(天葬)[88]도 있다. 시신을 절벽 끝에 놓아두는 애장(崖葬)이나 그 일종으로 관을 높은 절벽 위에 얹어놓는 현관장(懸棺葬)[89]도 있다. 심지어 친지들이 시신을 나눠먹는 인복장(人腹葬)도 있다. 얼마 전에는 고인의 뼈를 나무 밑에 묻거나 뿌리는 수목장(樹木葬)이 보도되었다. 나무의 밑거름이 돼 자연으로 돌아가는 수목장은 매장·납골의 대안으로 꼽힌다. 최근에는 화장한 유골을 봉분 없이 묻는 납골평장(納骨平葬)에 이어 분골과 흙을 섞어 메우는 자연장(自然葬)까지 인기라는 소식이다.

문화인류학자 마거릿 미드는 세상에서 죽어서도 가장 오래 사는 것이 한국 사람이요, 늙어서 살고 싶은 나라를 선택하라면 한국을 택하겠다고 말한 바 있다. 한국인들은 죽음이 아주 가버리는 것이 아니라 본래 왔던 곳으로 되돌아가는 것이라고 인식하여 사람이 죽었을 때 "돌아가셨다"고 표현한다. 우리는 일상적으로 '죽겠다', '죽을 것 같다'라는 말을 하며 산다. 이처럼 죽음은 우리의 삶과 가까이서 함께 하고 있다. 돌아가신 어른은 아주 떠난 것이 아니라 항상 주변에 머물면서 후손들의 일을 돌아보고 간섭하며 보호하고 이끌어준다고 믿는다. 그래서 살아 있을 때나 죽었을 때나 한 가지로 공경하고 섬기는 것이 효도라는 생각을 지울 수 없다. 부모가 돌아가시면 복상(服喪)하기 위해 아무리 높은 벼슬이라도 버리는 것이 도리였다.

우리의 장례에서 가장 독특한 것은 매장의 풍습이라 하겠다. 고대인들은 자연계가 순환하는 것처럼 죽은 사람도 부활하리라 믿었으므로 고인

88 인도의 파르시족은 새로 하여금 시체를 파먹도록 하는 것이 진정한 정화라고 여겼다.
89 중국 동남연해와 장강유역 및 그 이남지역에서 몇 천년 전부터 행해졌고, 특히 스촨성(四川省)에 가장 많이 분포되어 있으며, 동남아와 태평양 도서국가들에도 존재한다.

상여 나가는 모습

의 시체를 훼손시키지 않고 땅에 고이 묻었다. 죽음이 끝이 아니라 새로운 시작이라는 믿음과 희망으로 인해 삼국시대부터 장례식에서 축제처럼 북치고 춤추며 풍악을 울렸던 것이다. 우리 조상들은 40대가 되면 '신후지지(身後之地)'라 하여 자신이 죽으면 묻힐 묏자리를 물색하면서 죽음을 준비했다.

죽음에 대한 이러한 생각 때문에 무덤에 지극한 관심을 쏟았으며, 잘 꾸며진 무덤에 많은 물건을 함께 넣는 후장(厚葬)은 물론 산 사람마저 희생시키는 순장(殉葬)[90]의 풍습도 있었다. 시체를 부여에서는 5개월, 고구려에서는 3년 동안 집에 두었다든가 하는 가매장 풍속도 있었는데, 물론 죽은 사람을 산 사람처럼 대접했음을 의미한다. 이러한 풍습은 조선시대 임시묘소라 할 수 있었던 초빈(初殯)이나 남·서해안의 도서지방에 1960년대 후반까지 존속했던 초분(草墳)으로까지 이어졌다고 하겠다.

하지만 후장, 순장, 가매장 등의 장례풍습은 경제적·사회적으로 엄청

90 우리나라 순장풍속은 신라 지증왕 때(502년) 금지했다는 기록이 있다.

난 손실이자 불합리한 것으로 판단하기 시작했다. 불교가 도입되면서 죽음에 대한 인식을 변화시켰고 불교식의 화장[91]이라는 새로운 장제는 장례절차를 더욱 간소화시켰다. 특히 고려시대에는 불교가 융성하여 화장법이 발달했던 듯하다. 하지만 성리학이 들어와 성행하면서 화장법이 금지된다.[92] 공양왕 2년에 반포된 주자 『가례』의 시행과 더불어 복제의 방식도 정리되는 등 조선조에 들어와 유교식의 상례와 장례의 규정은 지나칠 정도로 까다로워지기에 이른다.

따라서 조선초에는 왕실과 사대부의 경우, 주자의 『가례』를 바탕으로 한 유교식 상장례를 수행코자 했다. 그러나 일반백성들은 그 이전까지의 무속과 불교가 습합된 민간신앙적 상장례를 고수함으로서 이원화된 상장제의가 널리 시행되었다. 심지어 성호 이익이 "사람이 죽어 염을 한 뒤에 무당을 불러 길귀신을 내리게 했다"[93]는 『주례』의 내용이 부당함을 들어 당시 상황을 지적하는 바와 같이 조선후기까지도 여전히 유교식 상장보다는 무불식 민간신앙적 상장례가 성행했다.

한편 옛날에는 한 가족을 하나의 무덤에 묻는 가족장이 유행하면서 무덤이 간소해지기도 했는데, 통일신라 이후 어느 때부턴가 다시 한 사람씩 묻는 방식으로 바뀌어 오늘에 이르고 있다. 고려후기가 되면서 한 가문의 여러 세대에 걸쳐 같은 묘역에 묘지를 정하는 집단묘지 곧 족분(族墳)이 생겨났고, 부부를 같은 묘에 함께 묻는 합장도 나타났다. 그런데 해마다 여의도 면적의 4분의 3이 묘지로 변하는 만큼, 장지가 부족한 요즈음 새롭게 가족 납골당을 만들겠다는 사람들이 많은 것을 보면 과거로 돌아가는 느낌이다. 비교적 효관념이 투철한 우리민족에겐 아직도 시신을 곱게 묻으려는 마음이 강하게 남아 있다.

91 불교에서는 장례를 다비(荼毘)라고 하는 바, 시신을 불에 태우면서 염불을 한다.
92 천주교에서도 화장을 금한다. 화장을 하면 천주교식으로 상례를 치를 수 없으며 성당 묘지에 묻힐 수도 없기 때문이다.
93 『성호사설』 권13 인사문 하상망혼(下殤亡魂) 편.

상례라 함은 임종에서부터 탈상까지를 말한다. 최근에는 상례의 과정이 간소화되면서 성복(成服)이나 기타 여러 가지 단계도 확연하게 간단해졌다. 상례기간이 과거에는 7월장, 5월장 등 아무리 짧아도 30일 이상이었으며, 조선시대에는 3월장을 많이 행하였다. 그런데 요사이는 3일장으로 치르는 것이 보편화되어 있다. 탈상까지의 상기(喪期)에 있어서도 3년복을 입는 경우는 거의 없고, 백일에 탈상하는 것이 대부분이다. 물론 상장례를 크게 초종의례(初終儀禮, 임종~대렴), 장송의례(葬送儀禮, 성복~안장), 상제의례(喪祭儀禮, 우제~담제)로 구분할 수 있다. 여기서는 그보다 세분하여 주요 절차를 요약해보기로 한다. 다음의 (1)~(2)가 초종의례, (3)~(4)가 장송의례, (5)가 상중의례에 해당된다고 하겠다.

(1) 죽음을 확인하고 알림(임종~부고)

부모의 병이 위독하여 운명할 기미를 보이면 '천거정침(遷居正寢)'이라 하여 부모를 안방으로 자리를 옮겨 머리를 동쪽으로 향하도록 바르게 눕히고 집 안팎을 조용하게 하고 임종을 기다린다. 머리를 동으로 두는 것은 동쪽이 해가 솟는 곳임을 염두에 두고 소생을 바라는 뜻에서 행해진 것이다. 부모의 손을 잡고 마지막 가시는 길을 지켜보는 것을 임종(臨終) 또는 종신(終身)이라 한다. 우리나라에서는 종신을 못하면 불효로 여겨, 종신 자식이 진짜 자식이라 하기도 한다. 돌아가실 분의 허리가 방바닥에 밀착되어 손이 들어가지 않으면 운명한 것으로 간주한다. 마지막 숨이 단절되는 것을 분명히 알기 위해 솜을 인중 위에 올려놓아 호흡여부를 통해 죽음을 확인하는데, 이를 '속광(屬纊)'이라 한다.

운명이 확인되면 즉시 밖에 나가서 망자를 소생시키기 위한 복혼(復魂) 의식을 행한다. 떠나는 영혼을 부른다 하여 초혼(招魂) 또는 고복(皐復)이라 한다. 지붕에 올라가 고인이 입었던 체취가 스민 저고리를 흔들며 떠나가는 혼백을 '복 복 복' 하고 불러들이는 것이다. 복을 세 번 부르는 것은 한 번은 혼백이 하늘에서 내려올 것을 축원하고, 한 번은 땅에서 돌아오기를 축원하며, 한 번은 혼백이 천지사방에서 올 것을 축원하는 것이다. 『예기』에 "복이란 자식으로서 부모를 사랑하는 도리를 다하는 것이요 하늘에 비는 마음이 있기 때문에 하는 것이지 공연히 하는 바가 아니다"라고 했다. 지금도 마찬가지지만 일정 기간이 지난 다음 입관을 하는 행위 등에서 볼 수 있듯이 사람이 죽은 뒤 그 시신을 처치하기까지는 여러 단계를 거쳐 확인을 한다. 나간 혼이 체내로 돌아오면 일단 죽었던 사람도 다시 소생할 수 있다고 믿었던 것이다.

실제 관행을 보면 죽은 사람의 속적삼을 들고 흔들면서 사자상 앞에서 "복 복 복 모관모씨 속적삼 가져가시오"하고 외친다. 육체를 벗어나 떠나가는 영혼을 불러 재생시키려는 초혼의례는 영육분리의 이원적 사고를 바탕으로 한 것이다. 떠나는 영혼을 붙잡기 위하여 그 영혼과 일생을 같이 한 육신이 나가서 불러야 하겠지만 그럴 수는 없으므로 그 사람의 가슴에 직접 닿았던 속적삼이나 저고리(요즈음은 와이셔츠)를 들고서 가지 말라고 부른다.

복을 부를 때 시속에서는 '사자밥'을 마련한다. 육신을 벗어난 영혼은 저승사자의 호송을 받아 저승으로 간다고 한다. 그래서 망인의 영혼을 저승까지 데리고 갈 저승사자를 위한 사자상을 후하게 차린다. 사자상은 영혼을 모시고 갈 사자 세 사람을 대접하는 것으로 밥 세 그릇과 짚신 세 켤레를 준비한다. 경우에 따라서는 간장도 올려놓는데 이는 저승사자가 짜게 먹으면 다시 돌아올 수도 있다는 사고에서이다. 그리고 사자상 앞에서 상주들은 재배하고 곡을 한다.

솜으로 귀와 코를 막고 눈을 감기고 사지를 곧게 펴서 반듯이 눕히고 간단하게 묶어 놓은 다음 백지로 얼굴을 덮고 흰 홑이불로 전체를 덮는다. 이를 수시(收屍)라 한다. 시신이 굳기 전에 사지를 주물러 편 다음 양팔과 다리를 곧게 펴고 양손을 가지런히 하여 배 위에 올리고 옥양목이나 한지를 꼰 끈으로 양 손끝과 발끝을 가지런히 붙들어맨다. 이는 혹시라도 시신이 뒤틀어지는 것을 막기 위함이다. 그런 다음 볏짚으로 고침을 세 개 만들어 그 위에 칠성판을 놓고 시신을 안치한 뒤 홑이불로 덮어놓는 것이다. 그리고 병풍을 쳐 시신을 가린다.

다음에는 상주를 세운다. 부모상에는 장자가 주상(主喪)이 되고, 장자가 없으면 장손이 주상이 된다. 자식상에는 부모가, 아내상에는 남편이 주상이 된다. 상주를 도와 상사를 주관하는 사람 즉 호상(護喪)을 정하고 그 밖에 사서(司書)·사화(司貨) 등을 세운다. 상은 갑자기 당하는 일이고 번거롭기 때문에 상사를 여럿이 분담하는 것이다. 다음에 상주들은 머리를 풀고 몸의 장신구를 뺀 채 곡을 하며, '남좌여우(男左女右)'라 하여 아버지상에는 왼쪽을, 어머니상에는 오른쪽 팔을 소매에 끼지 않는다. 성복을 하기 전까지는 상주가 이처럼 흰 도포나 두루마기 차림을 하되, 한쪽 소매만을 끼고 다른 한쪽 소매는 빼둔다. 상을 당한 중에 경황이 없음을 나타내는 것이다. 이와 같이 초상이 난 사실을 발표하는 것을 발상(發喪)이라 한다. 호상의 이름으로 친척과 친지에게 죽음을 알리는데, 이를 부고(訃告)라 한다. 전에는 부고장을 보냈으나 요즈음은 전화나 전보를 이용하여 알리고, 신문에 게재하여 알리기도 한다.

(2) 시신을 채비시킴(습~영좌)

3일장의 경우 돌아가신 이튿째 습렴(염)을 한다. 습(襲)은 시체를 목욕시키고 의복을 갈아입히는 것을 말하고, 염(殮)은 시신을 단단히 묶고 관에 넣는 것이다. 습렴을 할 때는 상복을 입지 않아도 되는 친척 중에서 적당한 사람을 골라 예를 행한다.

우선 시신을 향물이나 쑥물을 솜에다 찍어 씻기는데, 요즈음은 알코올로 얼굴·손등·발등을 문지르는 정도로 그친다. 그리고 머리를 빗기고, 손톱·발톱을 깎는다. 빠진 머리카락과 깎아낸 손발톱을 베 헝겊으로 만든 작은 주머니인 조발낭(爪髮囊) 즉 오낭(五囊)에 담는다.

그 다음 수의를 입힌다. 수의는 저승에서 영생토록 입을 옷이라 하여 최상의 것으로 장만한다.[94] 수의는 나이가 들어 60세를 넘기고 나면, 3년

94 수의는 이 세상에서 최상의 치레로서 민중들에게는 '비단'이라고 하는 명주로 마련된

마다 돌아오는 윤달[95]이 드는 때에 마련해 놓는 것이 가장 좋다 하여 지금도 이 관습은 지켜지고 있다. 하루에 수의를 만들지 않으면 저승문이 열리지 않는다 하여 수의는 하루에 완성한다. 보통 바느질과 달리 박음질을 하지 않을 뿐만 아니라 실의 매듭을 짓지 않고 다 꿰맨 다음 실을 길게 늘어뜨려 둔다. 박음질을 하게 되면 자손이 번성하기는커녕 줄어들며 실을 매듭지으면 자손이 끊긴다는 것이다. 바느질을 듬성듬성하게 하며 도중에 실을 잇거나 그 끝을 옭매지 않는 것은 죽은 사람이 저승길을 가다가 길이 막히거나 넘어지지 않도록 하기 위해서 라고도 한다.

습이 끝나면 '반함(飯含)'이라 하여 저승까지 갈 동안 먹을 식량을 입에 넣어준다. 물에 불린 쌀을 버드나무 수저로 세 번 입에 떠 넣는다. 그 전에는 부활과 생명력을 상징하는 쌀과 조개, 또는 불변불괴(不變不壞)의 활력을 상징한 옥을 넣기도 했다. 그리고 '멱목(幎目)'이라는 얼굴 덮개와 '악수(幄手)'라는 손발덮개를 씌운다. 반함에 이어 베로 시신을 묶는 염을

다. 요즈음엔 안동 삼베에 순도 99.9%의 황금을 입혀 만든 황금수의(시가 4천만~5천만원)가 개발되어 관심을 끌고 있다.

95 윤달은 음력(태양태음력)에서 3년에 한 번이나 5년에 두 번 든다. 윤달이 드는 달은 정해진 것이 아니라 그 때마다 달라진다. 태음력에서 계절의 추이를 맞추기 위해 만든 윤달이 드는 해에는 1개월이 더 있어 13개월이 된다, 태양력처럼 하루가 길어지는 것이 아니라 같은 달이 반복되어 1개월이 길어진다.(태양력에서 윤달은 4년마다 2월에 든다. 평소에는 2월 28일로 고정되어 있으나 윤달이 든 해에는 2월이 29일이 된다.) 더 보태진 윤달을 '덤달', '공달'이라 부르는데 부정이나 재액이 없는 달로 여긴다. 윤달에는 '송장을 거꾸로 세워도 탈이 없다'고 할 정도로 평소에 각별히 조심해야 하는 집안의 일들을 마음 놓고 한다. 이때 이사도 하고 부엌을 개수하고 화장실도 고친다. 묘 이장도 윤달에 한다. 윤달에 장을 담는가 하면, 팥죽을 쑤어 먹는다. 윤달에 마을의 평안과 풍요를 위해 마을제사인 장승제를 지내기도 한다. 『동국세시기』에는 "윤달에는 혼례하기에 좋고 수의를 만드는 데 좋다. 모든 일을 꺼리지 않는다"고 되어 있다. 2006년 윤달(양력 8월 24일~9월 21일)에 조상의 묘를 이장하려는 사람들과 수의를 준비하려는 사람들로 관련업체가 즐거운 비명을 지르기도 했다. 물론 윤달을 질병과 재앙이 있는 궂은 달이라는 전혀 상반된 인식도 있기는 하다. 집수리를 함부로 하지 않았으며 장독도 함부로 옮기지 않았다. 특히 음력 6월은 '썩은 달'이라 하여 '앉은 방석도 옮기지 않는다.'는 말까지 있으며 매사에 조심했다. 요즘도 음력 6월에는 가능하면 이사를 하지 않는다. 결혼하기 좋다던 윤달이 언제부턴가 결혼을 하면 안 되는 달로 여겨지기 시작했다. 윤달에 출산, 이사, 집수리를 꺼리는 것도 우리 원래 풍습과는 거리가 멀다.

한다. 소렴(小殮)은 습을 한 시신을 옷과 이불로 싸는 것이라면 대렴(大斂)은 시신을 묶어 입관하는 의식이다. 예서에서는 죽은 날에 습하고 다음날에 소렴하며 3일만에 대렴을 한다고 하지만 실제로는 습·소렴·대렴을 동시에 하는 경우가 많다. 『가례』에 소렴시 옷과 이불로 시신을 싸기만 하고 묶지는 않으며 얼굴도 가리지 않는데, 이는 효자가 부모의 소생을 바라는 염원에서 비롯된 것이라 적고 있다. 초혼에서와 마찬가지로 재생관념이 습염에도 나타나고 있는 것이다. 『예기』에서도 3일이 지나 염을 하는 것은 다시 살아나기를 기다리는 것이라 했다.

대렴은 죽은 자의 육신이 완전히 굳기 전에 손을 앞으로 포개 배 위에 얹고 끈으로 몸을 결박하는 것이다. 묶을 때는 세로를 묶은 위에 가로를 묶으며, 매듭을 짓지 않고 틀어서 끼운다. 준비된 관을 들여오는데, 관은 오동나무나 소나무로 만든 것이 귀하나, 일반서민들은 구하기 쉬운 버드나무를 사용한다. 관은 굄목 위에 놓고, 그 안에는 회(灰)를 골고루 뿌린 다음 창호지를 깔아 시신을 충분히 감쌀 수 있도록 한 후 칠성판을 놓고 요를 깐다. 회는 수천년이 지나도 변치 않으며, 개미나 벌레의 침범, 물이나 나무뿌리의 침입 등을 막고, 시신에서 분비되는 수액을 빨아들이는 역할을 한다. 관 밑에 칠성판을 쓰는 것은 방상이나 무덤 앞의 석인 같이 무덤 속의 사귀를 쫓기 위한 것이다.[96]

그 다음 입관(入棺)을 한다. 관에 시신을 안치하고 구석에 조발낭을 나누어 넣는다. 빈곳에는 '보공(補空)'이라 하여 입던 옷이나 종이 등으로 채운다. 이는 시체가 흔들리지 않게 하기 위함이다. 그 위에 천금(天衾)이라는 홑이불을 덮고 천판(天板)이라는 관뚜껑을 덮은 다음 나무못을 친다. 천판을 덮기 직전에 얼굴 부분만은 벗겨서 자손들에게 마지막으로 보게 하고 덮는다. 관 위에는 누구의 관인가를 나타내기 위해 붉은 천에 흰 분가루로 '명정(銘旌)'을 쓴다. 그 다음 짚과 종이를 섞어서 외로 꼰 밧줄

96 하늘의 북두칠성을 신격화한 칠성신은 인간의 짧은 명을 길게 하는 수명장수의 기능을 한다. 죽은 사람을 거둬가는 관을 칠성판이라 하는 것은 바로 죽으면 북쪽 하늘로 돌아간다는 것을 상징적으로 보여주는 것이다.

로 관을 묶는다. 입관이 끝나면 병풍을 둘러 시 신이 있는 곳과 조문을 받는 곳 즉 죽은 자와 살아있는 자를 분리시킨다. 그리고 나서 상례기간 동안 영혼을 모셔두는 곳인 영좌(靈座)를 마련하여 혼백(魂帛)[97]을 안치한다. 혼백이란 비단이나 마포(삼베) 또는 두꺼운 종이로 접어 만든 것이다. 보통은 혼백 대신 위패나 사진을 모시기도 한다. 영좌 오른편에는 명정(銘旌)을 세우는데, 여기서 명정은 망자의 성명이나 관직 등을 쓴 깃발이다.

(3) 상복을 입고 문상객을 받음(성복~조문)

입관이 끝나면 상주를 비롯한 복인(服人)들은 상복을 입는데, 이를 성복(成服)이라 한다. 요즈음은 상례기간이 3일장이라 죽은 다음날 소렴과 대렴을 하고 이어 성복을 한다. 상복은 대체로 삼종친(三從親) 즉 고조에서 현손에 이르는, 팔촌까지의 범위에서 입는다.[98] 한 고조에서 이룬 팔촌까지를 우리가 흔히 '집안간' 또는 '당내(堂內)'라 하며, 고조부의 조상을 이룬 종자(宗子)의 집을 종가(宗家) 또는 큰집(맏집, 주손집)이라 부른다.

죽은 사람과의 관계에 따라 상복을 5등급으로 나누어 달리 입게 되는데, 이를 오복제(五服制) 또는 복차(服次)라고 한다. 이 다섯 가지 상복은 재질과 구성물이 조금씩 다른 것은 물론 상을 치른 후에 그것을 입는 기간까지 다르다. 오복제에 따른 상복은 참최(斬衰)・재최(齊衰)・대공(大功)・소공(小功)・시마(緦麻)로 구분된다.

참최는 아버지를 여의었을 때 입는 것으로 3년동안 착용한다. 가장 거친 삼베로 만들며 옷의 가장자리를 마무리하지 않고 그대로 풀어두어 너덜너덜하다. '참(斬)'은 '애통함이 심하다' 또는 '꿰매지 않는다'는 뜻이다. 재최는 어머니를 여의었을 때 입는 옷으로 역시 3년동안 착용하는데,

97 혼백은 시신을 묘지에 안장한 후 우제 때 신주로 대치한다.
98 요즘에는 아들이나 손자, 딸과 며느리 등의 관계에서만 상복을 입는 편이다.

옷의 가장자리를 꿰매어 참최에 비해 조금 얌전한 모습이다. '재(齊)'는 꿰맨다는 뜻을 지닌다. 윗대로 직계조상에 대해서는 모두 재최복으로, 입는 기간은 조부모 1년, 증조부모 5개월, 고조부모 3개월간이다. 아래로 자신의 처와 맏아들의 며느리도 재최복이다. 대공복은 백·숙부의 아들과 딸들을 위해 입는 것으로 9개월간 입는다. 소공복은 할아버지의 형제자매 등을 위해 5개월간 입는다. 대공과 소공의 '공(功)'은 상포의 공들임이 정교하고 거침을 두고 말하는 것이다. 시마복은 증조부의 형제자매를 위해 3개월간 입는다.

상복의 등급도 자세히 보면 현실생활을 하나의 관계로 정하여 그 정도를 알리는 표시이다. 대공 이상은 대체로 동거동재(同居同財)를 나눈 근친이고, 소공 이하는 일상생활에서 경제적으로 함께하는 빈도가 느슨하게 되어 있어 저절로 소원하게 되는 것을 표시하였던 것으로 보인다.

상주는 죄인이라 하여 거칠고 남루한 복색을 한다. "상제가 새옷을 입으면 부모님 저승길이 어둡다"는 말도 있다. 남자상주들은 굴건제복에다 죽장망혜를 착용한다. 효건(孝巾)이라는 두건을 쓴 후에 굴건(屈巾)이라는 관을 쓰고, 거친 삼베로 옷을 입은 뒤 왼새끼로 꼰 삼노로 수질(首絰)을 만들어 머리에 두르고 요질(腰絰)을 만들어 허리에 두른다. 특히 머리와 허리에는 죄인처럼 동아줄을 매는 것이다. 남자 상복의 윗도리를 최의(衰衣)라고 하는데, 앞부분 가슴 쪽에는 '눈물받이'라고 하는 천 조각을 달아두고 뒤에는 '부판(負版)'을 고정한다. 부판은 부모 잃은 슬픔을 등에 지고 있다는 것을 의미한다.

다리에는 삼베 행전을 치고 짚신을 꺼칠하게 신은 다음 지팡이를 짚는다. 아버지상에는 대나무, 어머니상에는 오동이나 버드나무 지팡이이다. 지팡이를 짚는 것은 부모상을 당한 슬픔으로 제대로 먹지 못해 몸이 허약해졌기 때문이다. 부상에 둥근 대나무를 쓰는 것은 아버지가 하늘이니 하늘을 본뜬 것이요, 안팎에 마디가 있는 대나무를 쓰는 것은 어버이를 위하는 마음이 밖에서나 안에서나 항상 같아야 하며 대나무처럼 사시사철 변함없이 효를 다하라는 뜻이다. 모상에 오동나무나 버드나무를 쓰되

상복 입은 남녀 상주

위는 둥글고 아래는 모나게 만드는데, 위의 끝이 둥근 것은 아버지와 슬픔이 같음을 뜻함이요, 밑이 모남은 어머니가 땅을 상징하는 것을 취한 것이다. 또 오동이나 버드나무 밖에 마디가 없는 것은 밖에서는 지아비에게 굴종함을 본뜬 것이다. 여자상주들은 얼굴을 천으로 가리고 거친 삼베로 지은 치마저고리에 중단을 입는다. 수질과 요질을 모두 갖추고 짚신을 신고 지팡이를 든다. 맏상주와 맏며느리만 두루마기를 착용한다.

요즘 장례식장에서 남자상주는 대개 검은 양복을 입고 가슴 왼쪽에는 베로 만든 작은 리본 즉 상장(喪章)을 단 후 한쪽 팔에 완장을 끼고 있다. 여성의 경우도 검은색의 치마와 저고리를 입고 머리에 작은 리본을 하나 달면 그만이다. 상주가 비록 검은 양복을 입더라도 건을 쓰고 행전을 치고 있기 때문에 어느 정도 예전의 모습을 찾아볼 수 있다.

지금까지 우리가 줄곧 사용해온 상복은 직물 그대로인 소복이었다.[99]

99 옷이 백색으로부터 시작되었을 것은 세계 어느 나라나 마찬가지겠지만 유난히 우리는 흰옷을 좋아했다. 이에 대한 최초의 기록이라 할 수 있는 『삼국지』 동이전 부여편에서 "이 나라는 흰색을 숭상하여 흰옷을 널리 입었다"라고 했다. 고려말부터 조선말까지

소복의 흰색은 재생이나 정화의 의미를 담고 있는 것으로 소복착용은 우리의 독특한 문화다. 최근 들어 소복을 꺼려 검은색 양복이나 한복을 차려 입는 경우가 많아지고 있다. 서양에서 검은색 상복을 입기 시작한 이유는 죽은 사람의 영혼이 산 사람에게 다시 돌아올 것을 꺼렸기 때문이다. 집안에 신주를 두어 조상의 혼을 가까이 모시는 우리와는 분명한 차이가 있다. 1999년 제정된 가정의례준칙에 의하면 상복은 장일(葬日)까지, 상장은 탈상까지 달도록 규정하고 있다. 의례를 치르기에 효율적인 방향으로, 재화를 절약하는 차원으로 상주의 옷차림이 변화되고 있는 것이다. 성복을 한 다음 정식으로 문상객을 맞이하는데, 이를 조문이라 한다.[100]

(4) 시신을 옮겨 땅속에 안치시킴(발인~반곡)

장일(葬日)이 되면 장지를 선정하여 시신을 매장하는데, 일반적으로는 지관을 통해 미리 장지를 마련해 놓는다. 화장은 불교적 관념에서 이루어지는데 비해, 매장은 무속과 도교와 유교와 기독교적 육체관에 뿌리를 두고 있다. 장지가 결정되면 산역(山役)을 하는데, 산역은 먼저 묘역주변을 표시하고, 그 중앙에 외광(外壙)과 내광(內壙)을 판다.

시신이 집에서 장지로 떠나기에 앞서 발인제(發靷祭)를 지낸다. 발인은 묘지로 가는 절차이다. 발인제는 맏상주가 분향·헌작하고 축관이 고축

수차에 걸쳐 푸른옷을 권장했고 갑오개혁과 광무개혁 때는 아예 흰옷착용을 금했으나 실현되지 않았다. 상장례시에 소복을 입는 등 우리의 백의문화는 오늘날까지도 민중생활 속에 전승되고 있다.

100 현대 조문에티켓은 다음과 같다. 상주는 영정쪽에서 볼 때 왼쪽에 서서 오른손이 위에 오도록 포개잡는다. 죄인이므로 말을 해서는 안 되며 조문객의 인사말에 따라 "고맙습니다" 또는 "드릴 말씀 없습니다" 정도로 문상을 와준 것에 대해 고마움을 표한다. 빈소를 지켜야 하므로 조문객을 전송하지 않아도 된다. 한편 조문객은 호상소에서 조객록에 서명을 하고나서 상주에게 목례를 하고 영정 앞으로 가 무릎꿇고 분향(기독교식은 헌화)한다. 향은 오른손으로 잡고 왼손으로 바쳐 불을 붙인다. 불이 붙은 경우 가볍게 흔들거나 잡아서 끈다. 다음 한걸음 물러서서 재배를 하고(선절을 할 경우 45°이상 숙이고 7초정도 머묾) 상주에게 절한 후 아무 말도 하지 않고 물러나오는 것이 원칙이나 "얼마나 슬프십니까" 정도의 인사말은 무방하며 부의금을 전달하고 나온다.

하관 장면

을 읽으면 모두 곡을 한 다음 재배하여 끝낸다. 이때의 제물은 행상꾼들이 아침과 겸해서 먹는다. 유해는 상여[101]를 써서 사람들이 어깨에 메고 운구한다. 요즈음은 대부분 영구차(靈柩車)로 모신다. 혼백은 영차(靈車)에 모시나 영차가 없을 때는 사위가 모신다. 발인 행렬은 대체로 맨 앞에 영구에 드는 잡귀를 쫓기 위한 방상(方相)이 서고 명정·공포·영차·상여·상주·유복친·빈객 등의 순서로 나간다.

장지에 도착하면 관을 묘로 옮겨 광내에 안치 하는데, 이를 하관(下官)이라 한다. 명정을 걷고 관 묶음을 풀고 내광에 반듯하게 모신다. 광중 안의 빈 곳을 흙으로 채우고 횡대(橫帶)로 덮는다. 주상이 시신의 가슴 부위에 청색 폐백을, 다리 부위에 홍색 폐백을 횡대를 들고 얹는다. 그다음 고운 흙으로 외광을 채운다. 광내가 메워지면 땅을 다지면서 <회다지노래> 혹은 <달구질노래>를 부르고 봉분을 만드는데, 이를 성분(成墳)이라 한다.

상고시대에는 시신을 그냥 산야에 버리거나 초목으로 덮는 정도의 장(葬)의 형태였다. 그러다가 점차 인지가 발달하면서 시신을 땅에 묻고 평평한 평지묘(平地墓)를 만들었다. 평탄하게 무덤을 쓰다보니 식별하기 힘들게 되었고, 그래서 등장한 것이 흙을 쌓은 '분(墳)'의 형태다. 즉 무덤의 역사는 '장 → 묘 → 분'의 형태로 변천해왔다. 엄밀히 말해 장례란 상례의 한 절차로서 시체의 처리방법 즉 시신을 땅에 묻는 매장에 관련된 의식을 말한다. 따라서 요즈음 '장례식장'이라고 말하는 것은 잘못된 것

101 한국인은 죽어서 저승 가는 것을 이승의 집에서 저승의 집으로 바꾸어 들어가는 것으로 생각했다. 따라서 상여는 한국인이 이상적으로 생각하는 또 하나의 집이었다. 상여가 전체적으로 용마루, 운각, 몸체, 난간 등으로 이루어진 것도 이 때문이다.

이라 하겠다. '상례식장'이라 해야 옳다. 장례의 '장(葬)'자는 시체를 땅이나 판자 위에 놓고 위 아래로 풀섶을 덮어놓은 형상을 가리키는 것이다. 옛날에는 지금처럼 시신을 매장하지 않고 간단하게 돌이나 풀로 덮었다고 보며, 이는 최근까지 있었던 풍장(風葬)을 연상시킨다.

시신을 매장한 뒤 신주나 혼백상자를 모시고 집으로 돌아가는데, 이를 반혼(返魂)이라 한다. 이 때 집을 지키던 여성들이 곡을 한다. 이를 반곡(反哭)이라 한다. 형식을 중시하는 조선조에는 상중에 곡이 끊어지지 않도록[102] 곡을 전문으로 하는 노비인 곡비(哭婢)를 둘 정도였다. 반곡례를 끝으로 장례절차는 모두 끝이 나고 다음은 상중의 제례절차가 시작된다.

(5) 제사를 지냄(우제~탈상)

장송(葬送)의식은 죽은 이의 신분에 따라 행하지만 제사는 지내는 사람의 신분에 따른다. 따라서 장송의식이 애통함을 위주로 한다면 제사의식은 성경(誠敬)이 주가 된다. 장례가 끝나고 상주가 상복을 벗을 때까지 죽은 이를 위해 지내는 제사를 상중제례라 하는데, 초우(初虞)에서 길제(吉祭)까지 모두 아홉 번을 지내게 되어 있다. 그러나 실제로 행하는 것은 다르다.

먼저 출상부터 3일째까지 세 차례의 제사 즉 우제(虞祭)를 지낸다. 우제는 시신을 보내고 영혼이 방황할 것을 염려 위안하기 위해 처음으로 지내는 제사이다. '우(虞)'란 위안한다는 뜻이다. 반혼하는 즉시 장일에 초우제, 다음날 재우제, 장례 3일째 삼우제를 지낸다. 다시 말해 초우제는 장지에서 신주나 혼백을 받들어 집으로 돌아와 영좌에 안치하고 지내는 제사이다. 삼우제를 지내는 날은 반드시 성묘를 하며, 이후부터 초하루와 보름에 즉 삭망상식(朔望上食)만을 아침에 드린다. 우제를 마치면 혼백은 사람의 눈에 잘 띄지 않는 깨끗한 곳에 묻는다.

102 천주교식 장례에서 행하는 '연도(煉禱)'가 이와 같은 것이라 하겠다.

초상후 3개월이 지난 다음에 맞는 강일(剛日, 일진에 甲, 丙, 戊, 庚, 壬이 드는 날)에 졸곡제(卒哭祭)를 지내는 게 원칙이다. 그러나 실제로 삼우제를 지내고 이틀 후에 졸곡제를 지낸다. 졸곡은 수시로 하던 곡을 그친다는 뜻이다. 이는 졸곡에서부터 길제(吉祭)로서 상중의 제사가 점차 길례(吉禮)로 행해지기 때문이다. 졸곡만은 반드시 3개월 안에 지내야 한다.

초상, 그리고 그 후 1주년이 되는 날 지내는 소상(小祥), 2주년이 되는 날 지내는 대상(大祥) 즉 3년상[103]을 치르고 나서 죽은 이에 대한 예를 마치고 영좌는 철폐하며 상복을 벗고 지팡이는 깨끗한 곳에 버린다. 이를 탈상(脫喪)이라 한다. 다만 아버지가 생존해 있고 어머니가 먼저 돌아가신 경우에는 기년상(朞年喪)을 행하여 만 11개월 만에 소상을 지내고 13개월 만에 대상을 지낸다. 탈상함으로써 비로소 술을 마시고 고기를 먹으며 침실로 돌아온다.

그러나 대상을 지냈다고 하여 즉시 부모의 상을 잊고 평소의 생활로 차마 돌아올 수 가 없다. 대상 후 두 달만에 평시의 상태로 돌아가기를 기원하는 담제(禫祭)를 지낸다. '담(禫)'이란 담담하여 평안하다는 뜻이다. 그리고나서 일상음식을 먹을 수 있으며, 100일이 되는 날 길제(吉祭)를 지낸 후 완전히 일상생활로 돌아간다. 행세하는 가문에서는 부모 무덤 곁에 묘막을 짓고 조석 상식을 올리는 3년 시묘살이를 한다. 정당한 이유 없이 친상을 치르지 않으면 가문형으로 처형했는데, 돌을 안겨 물에 잠겨 죽이는 침살(沈殺)이나 조선종이에 물 칠을 하여 얼굴에 겹겹이 붙임으로써 질식사시키는 도모지형으로 처하는 것이 관행이었다.

요즈음은 상기가 단축되어 49일이나 100일, 1년상으로 상을 마치고 있는 실정이다. 심지어는 부모의 시신을 매장한 다음날 3일 탈상하는 경우

103 삼년상이란 자식으로 태어나 혼자 먹고 활동할 수 없는 젖먹이 때 만 2년 동안 부모의 품안에서 길러준 은혜에 대한 보답이다. 탈상할 때까지 묘지 옆에 여막을 지어놓고 거처했다. 그러나 고려시대에는 100일상이 일반적이었으며, 조선시대에도 서인과 군인들은 100일상을 행했다. 삼년상제도는 조선후기로 내려오면서 점차 확대되어 양반이나 상민의 구별 없이 누구나 행하게 되었다.

도 있다. 일반적으로는 100일 만에 탈상을 한다. 이 때문에 소상·대상은 물론 담제·길제의 의식도 거의 없어지고 만 상태이다. 문제는 인간적 질서를 존중하고 생명의 근원을 생각해보고 근신하는 마음가짐이다. 선조들은 소위 '심상삼년(心喪三年)'이라 하여 상복을 벗더라도 마음으로나마 상중에 있는 것처럼 행동할 것을 요구했다.

6. 제례(祭禮)

우리 민족의 의식 속에 뿌리를 두고 나온 "제삿날 빨랫줄을 매면 조상의 영혼이 오지 않는다" 또는 "제삿날 바느질 하면 귀신이 오다 돌아간다"고 하는 금기어가 있다. 심지어 우리는 "제사 지낼 때 어린애가 울면 집안에 불길한 일이 생긴다"고까지 했다.

독일의 세계적 노인운동가 트루데 운루 할머니는 죽어서도 산 사람과 더불어 사는 제례의 발달에서 보듯 옛 한국인만큼 안락한 마음으로 죽을 수 있는 노인은 세상에 없다고 말한 바 있다. 유교식 제례는 원래 중국에서 시작되고 발전되어 온 것이었으나 온전한 형태로 유지되고 있는 나라는 한국이 유일하다. 오늘날 가정에서조차 유교식 제례가 중국을 비롯하여 일본이나 타이완 등에서도 거의 행해지지 않고 있는 편이다. 옛부터 우리는 '군자는 아무리 가난해도 제기(祭器)를 팔아먹지 않고 아무리 추워도 제복(祭服)은 입지 않는다'고 한 민족이다. 마침내 1995년 유네스코는 한국의 제례를 세계문화유산으로까지 지정했다. 그렇지만 정작 우리 젊은 세대들은 제례를 부담스러워하고 기피한다는 데 문제가 있다. 핵가족시대에 제수 마련이 번거롭기 때문일 것이다. 문헌에 보면, "승냥이와 물개는 제사 지내는 시늉까지 한다"[104]고 되어 있는데 말이다.

104 『근사록』 치법류15.

제사는 민족의 자존심

자연신에 대한 제사가 자신의 조상을 섬기는 제례로 발전하기 시작한 것은 삼국시대부터라고 하겠다. 지금도 상당히 지켜지고 있는 제례를 통해 후손들에게 조상과 가문에 대한 자긍심을 심어줄 수 있으며, 가족 구성원간의 결속을 다질 수 있다. 우리 민족이 가족주의적인 성향이 강한 것이나 혈연과 계보를 중시하는 데는 이러한 제사의 영향이 컸다고 본다. 제사는 1년에 여러 번 있게 되므로 이것이 서로 떨어져 있는 친족간의 만남을 이루는 가장 중요한 기회가 된다고 할 수 있다.

우리 민족은 유난히 조상에 대한 숭배의식이 강했는데, 효는 사실 자기 존재에 대한 보답이라는 의미에서 보면 우리 민족의 자존심이 얼마나 컸는지 알 수 있다. 우리가 무엇을 조심스럽고 정성스럽게 다룰 때 "조상 신주 모시듯 한다"라고 하듯이 조상의 신주는 화재나 수재 등 변란을 당해서도 가산보다 먼저 이주시킬 정도로 소중한 유품이었다. 조선중기 이래로 조상에 대한 제사의 책임을 맡은 장자는 재산상속에 있어 20% 더 받았다. 조선후기에도 이런 관행이 계속되어 1990년 민법이 개정될 때까지 호주는 5할의 재산을 더 상속받을 수 있었다.

일반적으로 의례절차에 대해 길흉을 말할 때 제례를 흉사로 생각하는데 그렇지 않다. 대개 흉사란 사람이 죽은 때부터 약 100일후인 졸곡 직전까지를 말하고 졸곡제부터는 길사(吉事)에 속한다. 『국조오례의』에서도 제례를 길례(吉禮)라 했다. 사람이 죽어서 지내는 1주기를 소상(小祥), 2주기를 대상(大祥)이라 하는데 그 '상(祥)'이 '길(吉)'과 같은 뜻이다. 제례를 길사로 보는 까닭은 사람은 자손을 두는 일이 극치이며 자손이 있어 조상을 받드니까 최상의 길사라 여기는 것이다. 집안에 우환이 있으면 제사를 지

제사 지내는 모습

내지 않는 것도 이와 무관하지 않을 것이다. 주자 『가례』에 의하면 8가지의 제례가 있으며, 조선시대까지 조상에게 올리는 가장 중요한 제사는 사당에서 지내는 사시제(四時祭)였다. 그러나 오늘날 사시제를 지내던 사당이 대부분 사라지고, 조선중기부터 명절때 묘에서 지내던 시제(묘제)도 요즈음 거의 행해지지 않고 있다. 묘제는 5대조이상의 조상들을 음력 10월 좋은 날 정오에 묘소에서 문중에 의해 지내는 제사이다. 결국 현재까지 내려오면서 전통적으로 시행되고 있는 중요한 제사는 기일제(기제)와 차례라 할 수 있다.

요즈음 제사는, 기제와 차례

기일제는 1년에 한 번씩 돌아가신 날에 지내는 제사이다. 다시 말해 기제는 4대조에 해당하는 조상들이 돌아가신 날, 곧 기일(忌日)을 맞아 지내는 제사이다. 이날에는 다른 일 하기를 꺼리기 때문에 꺼릴(피할) '기(忌)' 자를 써서 '기일'이라고 한다. 기제는 엄밀하게는 돌아 가신 날의 첫 시간 즉 자시(子時)에 지내는 것이 원칙이다. 이와 같이 제의는 신성한 밤 시간에 지내야 하는 것이다. 밤은 일상의 시간인 낮과 달리 비일상의 시간으로 이때를 신성한 시간이라 여기기 때문이다. 최근까지 우리들이 가장 중요시하는 제사는 부모의 기일에 지내는 기제사이다.

중국의 송에 이르러 성리학자들에 의해 처음으로 기일에 제사를 지내는 관행이 시작되었다. 성리학자들이 확립한 4대봉사(四代奉祀)의 원리를 주자가 『가례』에 채택하여 체계를 세웠고, 이를 조선의 성리학자들이 받아들임으로써 조선후기에 이르러 일반화되었다. 4대라고 하면 부모, 조부모, 증조부모, 고조부모까지 해당된다. 4대봉사의 원칙은 옛날에는 조혼(早婚)을 하였으므로 고조부모까지는 생전에 뵈올 수 있다는 데서 유래한다. 조선중기 이래 20세기 중반까지도 드물지 않게 아들, 손자, 증손자, 간혹 현손까지 자손이 형성되었던 것이다. 생전에 자신을 귀여워 해주었으니 제사를 지냄은 자연스러운 일이다. 한국의 4대봉사의 원리가 관념적으로 고안된 것이 아니라 일상 속의 삶을 비춘 정신문화의 체계임을 알 수 있다.

시골에 사는 노인이 도시에 사는 자식의 집에 고조부모 제사를 모시러 가는 집의 경우가 허다하다. 자기를 기준으로 보면 5대조이지만 자기 아버지가 모시는 제사이므로 연로한 아버지를 위해 제사를 자식들이 준비하는 것이다. 만일 아버지가 못 오실 경우에는 대개 부모를 대신하여 그 아들이 제주(祭主)의 역할을 하되 아버지의 명의로 제사를 지내며 그 아버지가 유고로 참석치 못함을 축문에서 밝히면 된다.

고조부모 윗대 조상의 위패는 사당에서 더 이상 모시지 않고 옮겨서 본인의 무덤 앞에 묻는다. 그러나 4대가 넘어가도 '옮기지 않는 조상의 제사'가 있으니, 바로 불천위(不遷位)[105]다. 불천위가 있어야 종가(宗家)도 될 수 있다. 조선중기 때부터 정계나 학계에서 활약하던 인물들의 후손들은 경제적 기반을 갖추고 후대에 중시조가 되어 사당에 불천위로 배향을 받는다. 이러한 사례들은 전국에 지금까지 남아 있는 유수 종가에 해당한다.

명절에 조상에게 올리는 제사를 차례라 하며, 이때 4대 조상을 한꺼번에 모시게 된다. 차례는 명절날 조상을 추모하고 새롭게 마련한 음식을 올리기 위하여 지내는 약식 제사라 할 수 있다. 중국[106]과 달리 우리나라는 차를 상용하지 않으므로 명절에 다소 간략하게 지내는 제사를 차례라고 말해 온 듯하다. 다만 우리나라에 차가 들어온 것이 신라 때부터인 것으로 보아 이때부터 조상에게 차를 올리는[107] 차례가 생겨난 것이라 하겠다. 따라서 오늘날 차례는 설날과 추석날[108] 아침에 집에서 간소하게 지

105 불천위에 해당하는 조상은 퇴계, 율곡 같은 대학자이거나 임진왜란 때 삼부자가 모두 전사한 고경명 같은 의병장 등이다.

106 원래 주자의 『가례』에는 모든 제사에 차를 올리도록 되어 있다.

107 『삼국유사』 가락국기에 수로왕묘의 제수(祭需)로 차가 나오는데, 문무왕 원년(661)의 일이다. 이로 보아 차는 제사에도 이용되었음을 알 수 있다.

108 특히 한식과 추석에는 성묘를 한다. 한식에는 겨우내 얼었던 땅이 녹으면서 봉분이 상하지 않았는가를 살피고, 추석에는 장마 뒤에 묘가 훼손되지 않았는가를 살피고 무성하게 자란 잡초를 벤다.

내게 되는 바, 기제사와 달리 차례에는 술을 한 번만 올리며 축을 읽지 않는다. 설에는 메(밥) 대신 떡국을, 추석에는 메 대신 송편을 올린다.

제사는, 가가례(家家禮)로

제사는 지방(紙榜)을 써붙이고 제수를 진설한 뒤에 지내게 된다. 지방을 쓸 때는 남자 조상과 그 아내인 여자 조상을 함께 쓰는데,[109] 임시로 만드는 위패이기 때문에 '신주(神主)'라 하지 않고 '신위(神位)'라 쓴다. 전에는 지방을 반드시 한자로 썼으나 요즈음은 한글로 많이 쓴다. 제사상의 진설은 5열을 기본으로 하는데, 지방(신위)을 기준으로 1열은 메와 국, 2열은 적과 전,[110] 3열은 탕, 4열은 포와 나물, 5열은 과일과 과자를 놓는다. 또 음식을 올릴 때 반서갱동(飯西羹東),[111] 어동육서(魚東肉西),[112] 홍동백서(紅東白西)[113] 등의 원칙도 있다. 삼적(三炙)은 어적·육적·야채적을 말하며, 삼색나물은 흰색 뿌리(조상)인 도라지나 무나물, 검은색 줄기(부모)인 고사리, 푸른색 잎(자신)인 미나리를 말한다. 삼색과일은 대추, 밤, 감을 가리킨다.[114]

조선시대 예에 관한 대표적인 교과서였던 김장생의 『가례집람』에 "제사에는 차와 과일 한 접시, 그리고 후손들의 정성만 있으면 된다"고 나와 있다. '가가례(家家禮)'라는 말이 있듯이 집집마다 제물의 규모와 제사의

109 남자는 왼쪽, 여자는 오른쪽에 쓴다.

110 불에 굽거나 찐 음식이 적(炙)이고, 기름에 튀기거나 부친 음식이 전(煎)이다. 적 중에서 재료를 갸름하게 썰어 꿰어 익히는 것을 산적(散炙)이라 한다.

111 산 사람의 상차림과 반대로 밥은 서쪽, 국은 동쪽이다,

112 생선은 동쪽, 고기는 서쪽이다.

113 붉은 과일은 동쪽, 흰 과일은 서쪽이다.

114 꽃과 열매를 많이 맺는 대추는 자손번창의 의미가 있다. 씨밤을 심으면 가장 먼저 열린 씨밤은 아름드리 나무가 되어도 썩지 않고 그대로 남기 때문에 밤은 조상과의 영원한 연결을 뜻한다. 위패를 밤나무로 만드는 이유도 여기에 있다, 감은 씨를 심으면 감이 열리지 않고 고욤이 된다. 3~5년 쯤 지나 그 줄기에 다른 감나무 가지를 접붙여야 훌륭한 감을 얻을 수 있다. 사람도 태어나서 가르침을 받아야 올바른 인간이 된다는 뜻을 담고 있다.

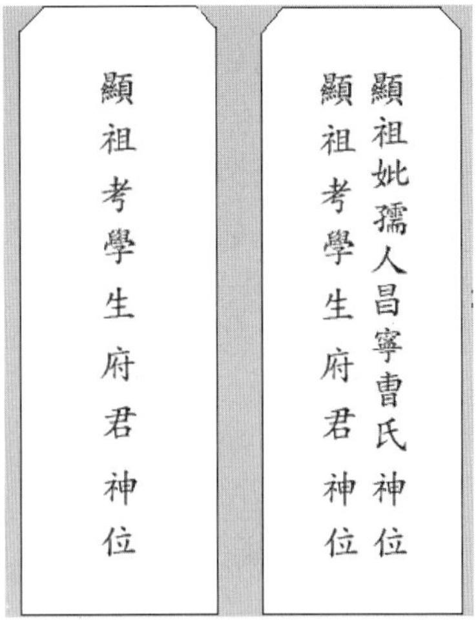

지방

절차 등에 크고 작은 차이가 허용된다. 또 '칭가유무(稱家有無)'라는 말도 있듯이 조상들은 집의 형세에 따라 일을 알맞게 하기를 강조하였다. 『사례편람』을 지은 이재도 사람들이 단지 기제사가 중요한 줄만 알지 기일이 중요한 줄을 모르고 있다고 개탄함으로써 형식에 흐르는 의례에 대해 경고한 바 있다.

제수를 장만할 때는 귀신을 쫓는다는 복숭아와 어감이 치사한 꽁치·삼치·갈치 등은 안 쓴다. 잉어를 쓰지 않는 지방도 있다. 비늘이 없는 생선도 금하는데, 비늘이 없어도 가오리는 쓴다. 음식을 만들 때 양념은 새로 준비하며 고춧가루와 마늘은 사용하지 않는다. 제수를 장만하기 위한 구매에서는 물건 값을 전혀 흥정하지 않는다. 물품을 구입하러 시장에 갈 때도 부정한 사람을 보면 부정 탄다고 하여 갓을 머리에 깊이 눌러 쓰거나 맑은 날에도 우산을 쓰고 시장에 간다. 성스러운 제의를 위해 참가자들에게 생활면에서 특별히 금기를 부여한 것이다.

오늘날 간소화된, 기제사 순서

(1) 강신(降神)

제주(장자 또는 장손)가 향안(香案) 앞에 북향해 꿇어앉아 향을 피우고, 술을 잔에 따라 향로 위를 세 번 돌린 뒤 모사(茅沙)에 세 번 나눠 부은 다음 빈 잔을 원래의 자리에 올리고 나서 뒤로 한 발 물러나 재배한다. 분향(焚香)으로 허공에 떠돌 영을 부르고, 뇌주(酹酒) 즉 술을 모사에 부어 땅에 있을 조상을 모셔야 비로소 조상의 신이 신주(지방)에 깃든다고 인정하는 것이다.

(2) 참신(參神)

제주 이하 참석자가 일제히 재배한다.

(3) 초헌(初獻)

제주가 첫 잔을 올리는 절차로 모사에 술을 조금 부은 다음 잔을 메와 국 사이에 놓고 재배한다.

(4) 독축(讀祝))

모두 꿇어앉고 제주가 축문을 읽는다. 원래는 축관이 제주 곁에서 축문을 읽는다. 축문은 제례를 올리는 자손을 받으시는 조상에게 제사의 연유와 그윽한 감회, 그리고 간소하나마 정성껏 마련한 제수를 권하는 글이다. 부모가 아니고 조부모의 제사일 때는 효자를 '효손'이라 쓰고, 아내의 제사에는 '부(夫)'라 쓰며, 아들의 제사는 '부(父)'라 쓴다.

한글 축문

세월이 흐르고 해가 바뀌어서 돌아가신 날이 다시 돌아왔습니다. 마음 깊이 감동되어 영원히 사모하는 마음을 이길 수 없습니다. 삼가 맑은 술과 갖가지 음식으로 공손히 마련하여 올리오니 흠향하시옵소서.

(5) 아헌(亞獻)

종부(큰 며느리)가 두 번째 잔을 올린다. 종부가 못할 때는 제주 다음 사람이 한다.

(6) 종헌(終獻)

아헌을 한 사람의 다음가는 근친자(차자)나 나이 많은 어른이 세 번째 잔을 올린다. 다음으로 최근에는 나머지 자녀의 순서대로 잔을 올리기도 한다.

(7) 유식(侑食)

음식을 많이 드시라는 의미로 숟가락을 메에 꽂는다. 숟가락 앞이 동쪽으로 가도록 꽂고, 젓가락을 가지런히 골라 시접 위에 손잡이가 서쪽이 되게 걸친다.

(8) 합문(闔門)

제주 이하 전원이 문을 닫고 나와서 7~8분간(九食頃 : 아홉 숟가락 먹는 시간) 공손히 서 있는다.

(9) 계문(啓門)

문을 열고 안으로 들어간다.

(10) 헌다(獻茶)

물을 올리는 절차로 국을 물리고 메를 조금씩 세 번 떠서 숭늉(냉수)에 말고 숟가락을 물그릇에 반듯이 놓은 다음 잠시 서 있는다.

(11) 낙시저(落匙箸)

수저를 거두고 메 뚜껑을 덮는다.

(12) 사신(辭神)

모두가 재배하고 지방과 축문을 불사른다.

(13) 철상(撤床)

상 위의 제수를 내린다.

(14) 음복(飮福)

음식을 나누어 먹으며 조상의 음덕을 기린다.[115] 음복을 할 때는 집안에 따라 밥을 국에 말고 고기적·나물 등을 얹어 '장국밥'으로 하거나, 밥을 나물에 비벼 '비빔밥'으로 만들고 제수음식과 제사술을 갖추어낸다. 우리나라 중부 이북에서는 주로 장국밥으로, 남쪽에서는 비빔밥[116]으로

115 제사음식을 '복덕(福德)'이라 하는데, 옛날 부락제때 제사음식을 마을 사람들에게 나누어주던 장소가 복덕방이었다.

116 전주는 특히 콩나물이 좋은 고장이어서 3년쯤 묵혔던 장과 함께 콩나물 등 스무 가지 넘는 재료를 넣고 만든 비빔밥으로 유명하다. 전주의 콩나물국밥도 해장국으로 유명한데, 새우젓으로 간을 맞추는 소박한 음식이다. 안동·진주 등 경상도지방에는 '헛제삿밥'이라는 비빔밥이 유명하다. 옛부터 제사를 지낸 후 제사음식으로 비빔밥을 해먹던 안동지방의 풍습에 따라 평상시 제사가 없을 때도 제사음식과 같은 재료를 마련하여

한다.

차례의 경우도 기제사의 순서와 비슷하나, 다만 단헌(單獻, 초헌)의 약식으로 거행한다. 다시 말해 강신, 참신, 초헌, 유식, 사신으로 절차를 줄여서 시행한다.

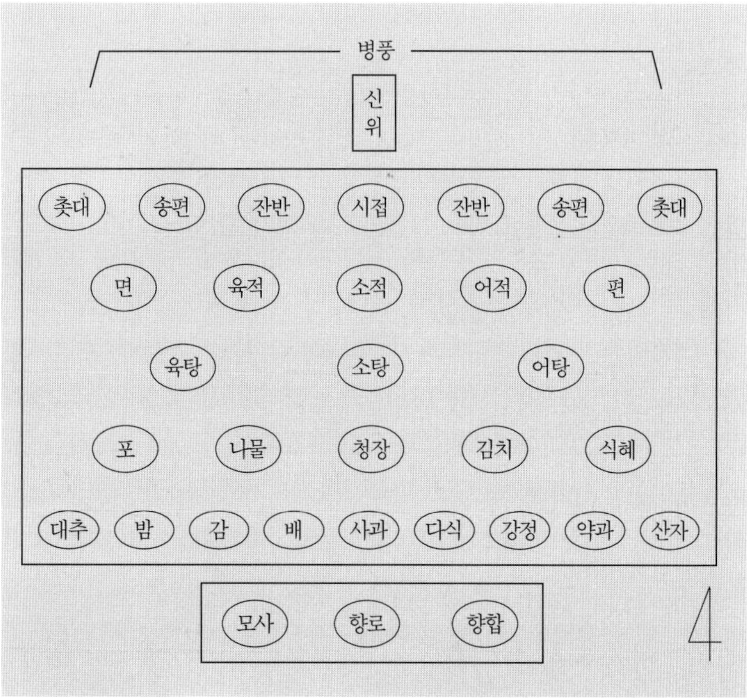

비빔밥을 만들어 먹는데, 각종 나물과 어물 · 산적 · 탕국이 함께 곁들여진다. 특히 이 비빔밥에는 선짓국이 따랐다고 한다.

사회적 활동

I. 무슨 일을 하면서 살았는가

II. 철에 따른 풍속은 무엇이었는가

I. 무슨 일을 하면서 살았는가

요즈음 연휴나 주말이 되면 놀러가는 사람들로 거리는 온통 차량행렬이요 교통체증이 말이 아니다. 현대인들은 놀기 위해서 일을 한다고 할 수 있다. 그러나 조상들은 일을 위해 놀았다고 할 만큼 일에 주력하였다. 놀이와 축제를 즐기면서도 해야 할 일에 대해서는 시기를 놓치지 않고 철저하게 해냈다. '게을러 농사를 망치는 자'는 마을에서 벌을 주기까지 했다.[1]

우리는 생활하면서 "물동이에 물이 마르면 복 나간다"고 나태함을 스스로 경계했다. "낮에 옛이야기 좋아하면 가난하게 산다"거나 "늦잠이 많으면 가난해진다"고 하는가 하면 "집안에 거미줄이 많으면 가난해진다"고 근면을 독려하며 살아온 민족이다. 부지런하면서 정직하게 살고자 했던 조상들의 지혜는 오늘에 더욱 요구되는 미덕이다. 더구나 자연의 이치를 거슬리지 않고 겸허하게 인간적 소임을 다하고자 했던 옛사람들에게서 미래적 가치를 발견하게 된다.

오늘날 무절제한 생산과 더불어 과도한 소비는 도를 넘어 인간적 삶을

1 전북 장수군 장수면 대성리 동형규정(洞刑規定).

위협하고 있다. 자원의 고갈은 물론 환경의 파괴라는 극단적인 상황에 치닫고 있음을 부인하기 어렵다. 일도 중요하고 생산도 중요하다. 그러나 그 모든 것이 무엇을 위한 것인가를 따져볼 때 인간밖에는 아무것도 아니다. '무한경쟁'이라는 현실 앞에서 우리는 조상들의 일에 임하는 성실한 태도와 삶의 대한 진지한 모습에 숙연하기까지 하다. 새삼 잃고 있었던 부지런함과 유유자적함을 배우고 인간성을 되찾는 장이 되었으면 한다.

1. 농업

쌀 소비량이 급격히 줄다가 요즈음은 쌀밥을 중심으로 한 식사가 비만과 성인병을 막는 자연건강식이라는 인식의 확산, 즉 웰빙 바람을 타고 감소율이 둔해지고 있다.

우리나라는 4계절의 변화가 뚜렷한 가운데 각 철에 맞는 농사일을 해왔다.[2] 조선후기까지도 우리나라 백성들의 8할 이상이 농민이었다. 농사를 지으며 살아온 우리 민족이야말로 다양한 계절의 조화, 즉 천혜의 자연환경 속에서 온유한 삶을 유지할 수 있었다. 아랍사람들이 사는 고원지방만 하더라도 혹서와 혹한을 완충하는 봄과 가을이 없다. 때문에 그들은 매사에 극단적이고 과격하다고 한다. 다마스쿠스에서는 북부인이 남부인의 밭에서 오이 하나 훔친 것이 발단이 되어 7년에 걸친 오이전쟁을 하지 않았는가.

1960년 한국을 방문했던 미국의 유명한 소설가 펄 S. 벅 여사가 볏가리 지게 짐을 지고 볏단을 가득 실은 달구지를 끌고 가는 농부의 모습에서 한낱 짐승과도 짐을 나누어지며 살아가는 인간의 원초적인 마음, 곧 한국인의 마음을 발견했다는 말을 듣고 그 말에 너무 좋아 했던 적이 있다.

2 일반적으로 명절, 생일, 제삿날 등은 모두 음력을 썼지만 한 해의 농사는 태양의 움직임에 따라 정한 24절기에 맞추었다.

자연에 의지하여 '콩 심은 데 콩 나고 팥 심은 데 팥 난다'는 믿음 하나로 살아온 농민들의 생활문화는 넉넉하고 정직하며 평화롭기 그지없었다. 더구나 농사를 생업으로 삼은 농민들은 농토 자체가 부족하고 자연재해가 빈번한 가운데 서로 돕는 길만이 힘든 삶을 이겨내는 지혜였을 것이다.

1) 농업의 발달

철제농기구의 등장

산업사회가 도래하기 전까지 우리의 농업은 경제생활에 결정적인 영향을 미친 기본 산업이었다. 기원 전 3천년경 신석기시대 중기에 원시인들은 안정된 씨족사회를 형성하고 농기구를 사용하여 농경생활을 할 수 있게 되었다. 농경문화는 벼의 전래와 함께 논농사가 시작된 청동기시대에 이르러 한층 발전하고,[3] 철기시대에 이르러 농업생산과 사회발전에 큰 변혁이 일어났다. 고대사회에 있어 농업이 크게 발달할 수 있는 직접적인 계기가 된 것은 4~6세기경 철제농기구의 활발한 보급이었다. 철제농구의 경우 처음에는 석기시대 이래의 간단한 것에서부터 나중에는 세련된 농기구로서의 낫이나 쟁기 등이 생산되었다.

철기시대 농경면적이 확대되면서 한꺼번에 대량으로 수확할 수 있는 낫이 등장했다. 소를 이용하는 쟁기갈이법이 도입되면서 노동력이 엄청나게 절감되었고 땅을 깊이 갈게 되면서 지력을 크게 증진시키고 농업생산력도 증대되었다. 철제농기구의 사용 및 중국농법의 전래에 따르는 농업생산력의 발전은 생산자층과 지배자층의 사회적 분화를 낳아 고조선 · 부여 · 삼한 등의 초기 고대국가를 형성케 하였다. 이처럼 벼농사가 시작

3 신석기시대에는 피 · 기장 · 조 등의 작물이 재배되었고, 청동기시대에는 수수 · 콩 · 팥 등이 추가되었으며, 벼는 신석기시대 후기부터 부분적으로 재배되었다.

된 것은 청동기시대지만 본격적으로 발달한 것은 삼한시대에 들어와서이다. 김제 벽골제, 밀양 수산제, 제천 의림지 등의 저수지가 축조된 것에서도 벼농사의 발달상황을 엿볼 수 있다. 특히 마한은 지리적 조건이 평탄하고 기후가 온난한 농업지대에 위치하면서 외래종족으로부터 유입되는 금속문화를 농기구의 개량에 이용하여 농업생산력을 높였다.

우경(牛耕) 확대로 농업혁신

농업생산력의 발전과 함께 사회분화가 한층 더 촉진되고 국가권력에도 커다란 변화가 일어나게 되어 고구려·백제·신라 등 고대국가체제가 확립되었다. 삼국시대에 이르러 잡곡과 벼농사가 크게 발달하였다. 삼국시대 초기까지는 콩과 보리를 주로 재배하다가 6세기 이후 벼를 더 많이 재배하게 되었다. 또 양잠·마포·약초·과일 등의 생산도 더욱 활발해졌으며, 가축의 힘이 농업에 본격적으로 이용되기도 했다. 『삼국사기』에 의하면 소를 가지고 농사를 짓기 시작한 것은 신라 지증왕 3년(502)으로, 우경은 작업의 능률, 생산량 증대 등 농업기술상 혁명적 발전을 가져왔다. 그리고 중국이나 일본과 달리 필요에 따라 논농사를 짓기도 하고 밭농사를 짓기도 하는 우리나라 특유의 수륙겸종의 농사법을 개발하기도 했다.

강희맹의 『금양잡록(衿陽雜錄)』에 의하면 한 마리의 소는 농부 아홉 명의 노동력을 지닌다고 한다. 소는 논밭갈이·써레질처럼 힘든 작업은 물론 달구지를 끌고, 연자방아를 돌리며, 거름이 되는 퇴비를 생산한다. 토지생산성과 노동생산성 향상에 크게 기여한 가장 중요한 농가의 자산인 셈이

소 논갈이

다. “바늘 도둑이 소 도둑 된다”는 속담도 소의 재산적 가치를 반증하는 것이다. 이렇듯 소는 죽도록 일하고 나서 자리까지 내주고 죽어서는 몸을 통째로 바치는[4] 가축으로서 농업과 축산업의 발달을 촉진시켰다. 심지어 소의 쓸개나 간이 병들어 딱딱하게 굳어진 것을 ‘우황(牛黃)’이라 부르며 우리는 천하의 영약으로 여기고 있다.

때문에 소를 우리는 가족처럼 생각하여, 한 집에 사는 하인이나 종을 가리키는 ‘생구(生口)’라 부르기도 했다. 지역에 따라서는 외양간이 부엌과 붙어 있거나 아예 부엌 안에 있어 사람과 소가 공생하는 구조를 여실히 드러낸다. 주로 날씨가 춥거나 산짐승의 습격 때문에 소를 보호하기 위해서 취한 조치였다고도 하겠다. ‘희생(犧牲)’이라는 말 속에 소가 들어가는 것도 예사가 아니듯이 소는 인간에게 있어 너무나 고마운 존재다.[5]

통일신라이후 농업노동에 소나 말 등의 축력이 더욱 많이 이용됨으로써 시비(施肥)가 용이하였고 쟁기경작이 본격적으로 행해졌으므로 지력의 회복이 빨라 농지를 쉬게 하지 않아도 되었다. 집약농경에서 가장 중요한 것 중의 하나가 제초인데, 김매기의 전형적 도구인 호미가 이 시기에 들어와 자루가 짧아지고 날이 좁아지면서 보급량이 증가된 사실로 보아도 농사기술이 크게 향상되었음을 알 수 있다. 고려시대에는 논벼농사가 대폭 확대되고 모내기법이 일부 지역에서 행해졌다.

4 신라시대부터 농사의 신을 모시는 선농제·중농제·후농제를 지내왔고 그 중 선농제는 한말까지 지속되었다. 조선시대 해마다 풍년을 빌기 위해 경칩 후 서울 교외 전농동에 있던 선농단에서 임금이 친히 지내던 제사 선농제에서 제물로 쓰인 소고기로 탕국을 만들어 많은 사람이 나누어 먹었는데, 이를 오늘날 ‘설렁탕’이라 부른다. 한편 설렁탕은 원에서 들어온 음식이라고도 하는데, 최남선에 의하면 몽고어의 ‘슐루’에서 왔다고 한다. 불교의 영향으로 채식위주였던 고려의 식생활이 이 설렁탕의 도입을 계기로 차차 육식으로 변화되어갔다고 한다.(강인희, 『한국식생활사』, 삼영사, 1990, 178쪽).

5 심지어 소는 우리의 정신적 귀의처가 되기도 한다. 불가에 진리를 찾아가는 그림으로 <심우도(尋牛圖)>가 있고, 고승 지눌은 자신의 호를 ‘목우자(牧牛者)’라 했으며, 만해 한용운은 자기 집을 ‘심우장(尋牛莊)’이라 칭하였다.

이앙법 등을 통한 생산력 제고

조선초에 이르면서 휴경을 통한 농지경영에서의 소출을 넘어서는 토지 생산력의 발전이 요청되었다. 다행스럽게도 이때 시비법(施肥法)의 발달에 따라 농지를 놀리지 않아도 되었으며, 1~2년 휴경해야 하는 산전조차 상경전(常耕田)으로 바뀌었다. 세종때 국가정책에 따라 쓰여진 정초(鄭招)의 『농사직설(農事直說)』이나 성종때 간행된 『금양잡록』 등은 선진적인 농법을 경험적으로 가르쳐주는 주요한 문헌이라 할 만하다. 특히 『농사직설』은 한국 최초의 농서로서 독자적인 농법체계를 확립한 의의가 있다. 그러나 소출의 차이는 여전하였으므로 이때가 되면 일정량의 소출을 올릴 수 있는 면적을 1결로 정함으로써 결의 실면적의 넓이는 농지의 비옥도에 따라 달라지게 되었다. 초기의 활발하던 농업도 성종때를 고비로 연산군의 폭정을 맞게 되고 그 후 7년간의 전란으로 농민의 이산, 경지와 수리시설의 황폐, 농기구의 격감, 기근의 심각화가 초래되었다.

농지개간이 주로 지배층에 의해 수행된 데 반해서, 농법개량은 대체로 농민대중에 의해서 추진되었다. 이앙법(移秧法, 논)과 견종법(畎種法, 밭)은 노동력을 덜 드리고도 더 많은 소출을 올릴 수 있는 장점이 있었다. 이 두 농법의 추진과 보급은 마침내 전란으로 입은 생산력의 파괴를 말끔히 씻을 수 있었고, 한 걸음 더 나아가서는 조선후기 농업생산력의 급속한 발전을 가져올 수 있었다. 농법과 농기구의 개선을 통한 생산력의 발전에는 이앙법을 강조했던 정부편찬의 『농가집성(農家集成)』을 비롯하여 『색경(穡經)』, 『산림경제』, 『북학의』, 『과농소초(課農小抄)』, 『임원경제지』 등 대부분 실학자들에 의한 농서의 학문적 뒷받침도 있었다.

농법의 전환은 저수지나 보(洑)와 같은 수리시설의 확충에 힘입어 더욱 급속하게 전개되었으며, 농업생산력의 향상은 대동법·균역법 등의 세제 개혁이나 농기구의 발달을 통해서도 크게 자극되었다. 이렇듯 18세기경에는 농업기술이 발달하고 농업생산력이 크게 증대되면서 농민층의 경제력도 성장해갔다. 물론 그 이전에 고구마, 감자, 옥수수 등의 구황작물들이 도입되면서 농민들의 생활이 나아질 수 있었으며, 17세기에 전래된 담배·인삼·고추 등이 상업작물로 재배됨으로써 농민의 경제력은 크게 향상되기도 했다. 농업에서의 변화는 다시 상업과 수공업에 영향을 미쳤다. 전국적으로 장시가 확대되고 독점적 도매상인 도고(都賈)가 나타났을 뿐만 아니라 민영수공업이 발달하는 등 경제가 크게 성장했다.

2) 농사의 과정

농사시기를 아는 농부, 철이 들다

농사시기의 기준은 태양력의 하나인 24절기로 삼았다. 농사를 짓는 데는 계절의 변화가 중요하므로 우리는 음력에다 양력을 결합해 썼다.[6] 24절기는 태양운동을 24등분한 것이므로 각각 계절에 정확히 상응할 수밖에 없다. 일반적으로 명절이나 생일·제삿날 등은 모두 음력을 썼지만, 한 해의 농사는 태양의 움직임에 따라 정한 24절기에 맞추었던 것이다. <농가월령가> 같은 작품으로 표현되는 월령에서 월별·절기별로 농가에서 진행해야 할 일을 지적하면서 농사에 활용되는 역법이 태양력적인 24절기임을 부각시키고 있는 점에서도 그러하다. 24절기는 계절을 세분한 것으로, 계절은 태양의 하늘의 위치를 나타내는 황경(黃經)에 따라 변동하기 때문에 24절기의 날짜는 해마다 양력으로는 거의 같게 되지만 음력으로는 조금씩 달라진다. 따라서 적절한 때를 맞춰 지어야 하는 농사는 태음력보다 정확한 태양력을 활용하고 있는 것이다.[7] 요컨대 세시가 절일(節日) 중심이라면 월령은 절기(節期)중심으로 농사력이 가장 큰 비중을 차지한다고 할 수 있다.

6 음력은 달의 위상 변화에만 의존해서 엮은 역법이므로 실제로 계절과 달이 완전히 일치하지 않기 때문에 3년에 한 번씩 윤달을 두어 대략 계절에 맞추기도 한다.

7 반면 어촌에서는 밀물과 썰물의 변화가 음력 날짜와 관련이 있기 때문에 음력이 유용하게 쓰인다.

농부들은 '춘생 하장 추수 동장(春生夏長秋收冬藏)'의 원리를 깨닫고 있었다. 그들은 농작물의 생산주기에 따른 농경의례적 질서를 존중했다. 농사란 봄(양력 2~4월)에 싹을 틔우고 여름에 길러서 가을에 거두고 겨울에 갈무리하는 것이다.[8] 농부들은 작물별로 언제 갈이(가래질)·파종·김매기·거름주기·물대기·수확 등의 일을 해야 하는지 24절기에 따라서 실천했다. 그래서 성숙한 농군이 되고 성인이 되는 것을 "철이 들었다" 또는 "철을 안다"라고 했던 것이다. '철'은 '절(節)'로서 계절이라는 마디며 절기다. 네 계절이 갖는 상징성은 계절의 순환뿐만 아니라 생물의 성장과 쇠퇴, 발아와 수확 등과 무관하지 않다. 따라서 자연의 이치에 순응하고 계절 감각이 몸이 밴 사람이 '어른'이 됨은 자연스런 현상이다.

봄은 농사를 시작해야 하는 때다. 농가에서는 볍씨뿌리기, 감자심기, 목화파종 등을 한다. 여름은 만물이 성장하고 양기가 성한 때이다. 농촌에서는 모내기, 거름주기, 물대기 등 정신없이 바쁘다. 오죽 바쁘면 "발등에 오줌 싼다"는 속담까지 있는가. 농번기에는 들판에서 식사를 했다. 들에서 일하는 사람들에게 날라다주는 음식차림을 '들밥'이라고 한다. 들밥차림에는 반드시 막걸리를 곁들이며, 점심과 저녁사이에 먹는 밥을 '새참'이라 한다. 거름 장만에는 주로 아궁이에서 나오는 재, 사람의 똥과 오줌, 외양간·마굿간·돼지우리의 두엄(퇴비)을 이용한다. 그밖에도 질소성분이 풍부한 깻묵을 비롯하여 흙, 수초, 멸치, 정어리, 개똥, 바닷물 등도 거름으로 유용하게 쓰인다.

가을에는 수확을 하게 된다. 8월은 농사일도 거의 끝나 수확을 앞두고 있으므로 '5월 농부 8월 신선'이라는 속담도 생겼다. 겨울이 되면 다음해 농사를 준비한다. 농사준비는 쟁기를 소에 메워서 하는 논밭갈이로부

8 실제로 1년 농사의 준비는 농한기인 음력 11월부터 다음해 2월경까지다. 대개 입춘·우수가 들어 있는 정월에 농사를 준비하고 경칩·춘분이 들어 있는 2월에는 논밭의 봄갈이를 해준다. 파종은 대개 청명·곡우가 들어 있는 3월부터 입하·소만이 들어 있는 4월에 걸쳐서, 모심기는 4월에서 망종·하지가 들어 있는 5월의 초까지다. 북돋우기나 김매기 등의 성육관리는 여름인 동시에 우기인 5월부터 입추·처서가 들어 있는 7월경까지이고, 백로·추분이 들어 있는 8월부터 10월에 걸쳐 수확한다.

터 시작되었다. 농토관리에서 가장 중요한 것은 토양을 걸게 하는 것이다. 여러 번 갈아서 햇볕을 쪼이면 거름을 준 것처럼 토양이 기름지고 잡초가 적어지게 되므로 2~5회에 걸쳐 갈아야 한다.

재 · 똥오줌 · 두엄

재는 볏짚을 태운 것이 좋다. 이것은 알칼리성분이 강해서 습기가 많은 밭이나 산성의 토질을 개량하는 데에 매우 효과적이기 때문이다. 특히 재와 두엄은 비를 맞추면 효과가 떨어진다 하여 잿간에 보관했다. "한 사발의 밥은 남에게 주어도 한 삼태기의 재는 주지 않는다."는 속담이 있고 "이웃집에 놀러 가도 대소변은 자기 집에 와서 본다"라는 말이 있을 정도로 거름 장만은 중요하게 인식되었다.

화학비료가 등장하기 전까지 똥이나 오줌은 농가에 필수적인 양질의 거름이었다. 화학비료는 오히려 시간이 경과하면 지력을 떨어뜨려 작물을 재배하기 곤란하게 만드나 똥과 오줌은 땅을 기름지게 하며 지력을 향상시켜 지속적으로 작물의 재배가 가능케 한다. 농가에서는 다른 집의 분뇨를 거두기 위해 얼마간의 돈을 지불하기도 했다. 안뒷간의 똥은 사랑뒷간의 것에 비해 거름으로써 가치를 세 배나 더 쳐주었는데, 이는 여자가 아이를 낳으므로 남성에 비해 생산적인 위력을 지닌다고 생각했기 때문이다.

그러나 똥과 오줌은 바로 거름으로 이용할 수 없다. 일정기간 분뇨통에 보관하여 발효의 과정을 거쳐 사용해야 한다. 뒷간에 지붕이 없거나 대문을 달지 않은 것도 발효가 수월하도록 배려한 것이다. 심지어 뒷간 옆에 잿간을 두어 뒷일을 본 후에 쌀겨나 재로 덮는 지혜를 발휘했다. 재가 지닌 산성과 분뇨의 알칼리성이 조화를 이룬 최상의 거름을 생산했던 것이다.

똥돼지[9]나 똥개[10]가 존재하는 이유도 이와 관계 있다. 먹거리가 충분하지 못하던 시절 사람 똥은 돼지에게 고단위 영양식품이었다. 사람이 섭취

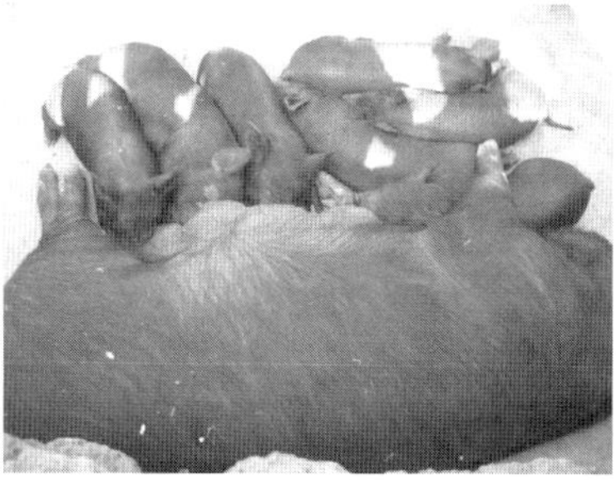
제주도 흑돼지

똥돼지간

한 음식의 70%는 몸 밖으로 배설된다고 하는 만큼 이 배설물은 영양덩어리인 것이다. 그러나 똥은 그대로 거름으로 쓸 수 없기에 뒷간에 붙여 돼지우리를 만들었던 것이다. 거름 생산을 위해 똥돼지를 키운 것이다. 돼지는 사람의 똥을 먹을 뿐만 아니라 받아먹기 위해 돌아다니면서 자신이 배설한 똥과 주인이 넣어준 짚을 밟고 뭉개게 된다. 이 뭉개진 두엄이 바로 양질의 퇴비가 되는 것이다.

3) 노동력 동원방식

두레 · 품앗이 · 고지 · 계

'먹는 것은 혼자 먹어도 일은 같이 해야 한다'는 말이 있다. 이는 힘든 일을 혼자서 하는 것보다 여럿이 함께 하는 것이 더 빠르고 능률적이라는 뜻이라 하겠다. 농업노동은 대단히 힘들고 고단한 일이다. 따라서 농

9 우리나라 제주도나 지리산 등 거의 모든 지역에서 똥으로 돼지를 키웠으며, 중국 · 일본 · 필리핀 등지에도 똥돼지를 키우는 것으로 보고 되고 있다. 전북 남원, 경남 함양 · 산청 등지에서 아직도 똥돼지간을 만날 수 있으며, 중국의 산동성 · 하북성 등지에서 지금도 똥돼지를 키우고 있다.

10 『삼국유사』에 따르면 "두 마리의 개가 북만큼 큰 똥덩어리의 양끝을 물고 늘어져 있는 것을 보고 그것이 행여 여자의 것이었으면 얼마나 좋겠느냐" 하는 내용이 나온다. 이와 같이 삼국시대부터 개가 사람의 똥을 먹는 식성이 있었음을 이용하여 개에게 어린아이의 똥을 먹이는 풍속이 시작되었을 것임을 쉽게 짐작할 수 있다.

사를 지을 때 농민들은 두레나 품앗이와 같은 노동력 동원방식을 채택하여 공동으로 일했다.

무엇보다 벼농사에서 모내기나 김매기 때는 단시간에 집약적인 노동력을 필요로 한다. 적기를 놓치면 폐농할 우려가 높기 때문이다. 우리나라를 비롯한 동아시아는 독특한 농업환경을 갖고 있다. 고온다습한 지역으로서 제초작업이 농사의 아주 중요한 위치를 차지한다. 파종이나 수확보다 제초 즉 김매기에 가장 많은 노동력을 투여해야 한다. 이런 환경조건으로 인해 두레와 같은 것이 발생했다.

그 전까지 자연의 힘과 작용에 내맡기던 조방(粗放)농업은 조선중기 이후 인구가 급증하면서 집약농업으로 변하였다. 자본뿐만 아니라 많은 노력이 요구되었다. 단위면적당 많은 자본과 노동을 들이더라도 생산량을 많게 하여 늘어난 인구의 식량문제를 해결하기 위한 방법을 찾은 것이다. 그러나 우리의 집약농업은 대규모 자본을 투입하는 서구식의 자본집약적인 것이 아니라 품을 많이 들이는 노동집약적인 것이었다. 농촌에서는 두레, 품앗이, 고지, 계, 향도(香徒)[11] 등 다양한 형태의 노동력 동원방식이나 관습이 전통이 되었다. 노동력을 동원하는 방법에는 여러 가지가 있을 수 있는데, 사람들끼리 서로 도와가며 함께 일하는 협동관행이 가장 일반적이다. 가축인 소를 통해서도 노동교환이나 공동노동이 이루어지기도 한다.

1970년대 이후 자본주의사고의 확산, 기계화 그리고 화학농업의 도입 등으로 임금노동 내지는 기계화학농업으로 바뀌었다. 제초제의 도입으로 김매기가 사라지자 노동력은 모심기에 더 필요하게 되었다. 그래서 정부에서는 새마을사업의 일환으로 모심기를 위한 공동작업단을 마을별로 조직하게 하였다. 일견 정부가 주도한 두레결성이라 할 수 있다. 요즈음 농

11 성현의 『용재총화』에 기록된 향도에 관한 내용은 다음과 같다. "대체로 이웃의 천민들끼리 모여 회합을 갖는데, 적으면 7~9인이요, 많으면 100인이 된다. 돌아가면서 술을 마시고 상을 당한 자가 있으면 같은 향도끼리 상복을 마련하거나 관을 준비하고 음식을 마련하며, 혹은 상여줄을 잡아주거나 무덤을 만들어 주니 참으로 좋은 풍속이다." 여기서 향도가 주로 상사(喪事)를 돕는 조직체임을 알 수 있다.

민들의 자발적인 농기계이용조직이 활성화되고 있다. 이는 소를 공동으로 이용하던 전통적 노동관습의 맥락과 통하는 것으로 농기계 중심의 현대식 두레형태라고 할 수 있다. 한편 상품판매를 목적으로 한 환금작물 재배의 증가는 같은 작물을 재배하는 농가끼리 쉽게 노동교환이 이루어지고 있다. 작목반을 통해 영농기술을 공유하고, 영농자금을 조달하며, 농자재의 공동구입과 생산물의 공동판매 등 개별농가 중심으로 두레가 행해지고 있는 것이다. 농업의 기계화, 현대화가 이루어진 상태에서도 공동으로 기계를 이용하고 같은 작물을 재배하는 사람들끼리 돕는 새로운 두레가 이루어지고 있는 것이다.

① 두레

두레는 최소한 마을공동체를 단위로 하여 이루어진 생산조직으로서, 주로 논농사 특히 김매기 작업과 관련한 노동력 동원방식이었다. 처음에 두레조직은 대체로 모심기와 김매기 등에 동원되었지만 후기로 갈수록 김매기에 집중되었다. 대신 모심기는 품앗이를 통해 많이 하였다. 모내기를 한 논에서 김매기는 대체로 세 번 하게 되는데, 두 벌 논매기에 두레패가 동원되는 예가 많았다. 애벌은 모를 심고 뿌리가 내린 후 곧 하게 되며 이때는 아직 잡초가 무성하지 않은 상태라 농가에서 자체적으로 김매기를 하거나 품앗이 정도로 끝낼 수 있다. 하지만 두 벌 논매기는 그렇지 못했다. 애벌 후 보름 뒤쯤에 두 벌 논매기하는 시기인데 이때는 한결 풀이 무성해진다. 기온이 올라가기 때문이다. 이때는 일일이 호미로 논바닥을 맨다. 그렇기 때문에 품이 많이 드는 것은 물론이고 그래서 두레노동이 동원된다. 세번째나 만물에서는 호미 없이 맨손으로 풀을 잡는다.

조선후기 17~18세기에 들어와 벼 재배방식이 모내기를 하여 옮겨 심는 이앙법으로 발전하고, 이것이 남부지방을 중심으로 널리 보급되면서 이들 지역에서 유행한 노동력 동원방식이 바로 두레였던 것이다. 물론 두레 결성 자체를 가능케 하는 주된 요소는 인구요, 이의 기반이 되는 마을사회의 형성이라 하겠다. 두레는 마을의 모든 구성원들이 의무적으로 참가하는 작업공동체였다. 두레는 농민들을 하나로 모으고 노동의 효율성을 높이는 데 크게 기여했다. 두레는 공동노동, 공동식사, 공동유희의 특징을 지닌다. 두레는 보통 20~30명부터 50여명까지로 조직된다. '두레꾼' 또는 '두레패'라고 불리는 두레의 성원은 한 마을의 농가당 1명씩 참여하여 구성된다. 이들의 자격은 노동력이 왕성한 성인 남자이며, 미성년자나 여성이나 노인은 제외된다. 임원진을 보면 전체의 통솔자는 행수(行首)이며, 그 보좌역으로 도감(都監)이 있다. 작업의 총지휘는 수총각(首總角)이 하고, 규약의 감시자인 조사(調査)총각이 있으며, 전답을 보호하는 방목감(放牧監) 등이 있다.

두레는 공동체 구성원들의 공동노동과 상부상조하는 공동체적 연대조직으로 마을신을 중심으로 한 신앙공동체이기도 하다. 마을 또는 마을의 풍요를 상징하는 두레기 즉 '농자천하지대본(農者天下之大本)'이라 쓰인 농기(農旗)와 풍물패를 앞세우고 논으로 나가 김매기를 한다. 마을의 노동력이 총 집결하여 공동노동을 하며 대동회의와 대동놀이가 펼쳐진다. 두레패는 농기를 제작하여 자신들의 위상을 나타내었고, 농기 고사를 통해 농신(農神)을 받았으며, 농기에 예를 갖추는 기세배(旗歲拜)의 풍속까지 있었다. 이들 두레패는 1년에 정기적으로 모여 '두레먹기'라는 잔치를 벌이기도 했다. 두레 노동 시에는 두레의 상징인 농기를 앞세우고 들판으로 나가서 풍물과 농요를 동반하여 일했다.

② 품앗이

품앗이 역시 부족한 노동력을 동원하기 위한 하나의 방법으로서 마을사회의 인구증가와 관련해 집약적인 농업이 발달하면서 생긴 것이다. 두레가 마을단위로 이루어지는 것으로서 거의 의무적으로 가입해야 하는 작업공동체라고 한다면, 품앗이는 이웃사람들끼리 편의와 필요에 따라 품(수고, 노력)을 교환하는 임의적 노동조직이다. 두레가 공동체 구성원들간의 이해타산이 거의 없이 이루어진 반면, 품앗이는 개인적으로 남의 품을 빌렸으면 언젠가는 갚아야 하는 철저한 노동력 교환 형식이다. 즉 두레가 마을의 이익을 우선시한 공동체 조직이라면, 품앗이는 개인적 이익을 먼저 고려한 농가간의 임의조직이라 하겠다.

두레가 농번기에 집중적으로 이루어지는 데 비해, 품앗이는 시기를 가리지 않고 일상적으로 조직되었다. 두레가 논농사 특히 벼농사를 중심으로 조직된 것이라면, 품앗이는 밭농사를 중심으로 조직되었다. 그리고 우물파기, 방아찧기, 집짓기, 길쌈하기, 김장하기 등 거의 모든 작업에 걸쳐 다 행해졌다. "오뉴월 품앗이는 당일로 갚으랬다."라는 속담이 있듯이 품앗이는 받는 즉시 갚는 것이 원칙이다. 두레가 일제강점기부터 소멸되기 시작한 데 비해 품앗이는 지금까지도 계속되고 있는 실정이다. 물론 임금노동 같은 자본주의화와 농업의 기계화 등에 밀려 품앗이 관행이 다소 줄어들긴 했다. 하지만 오늘날에도 인력이나 농우 등을 통한 노동력 교환의 품앗이가 이루어지고 있다.

한국사회의 가장 큰 변화는 1960~70년대 산업화가 이루어지는 시기였다고 하겠다. 이 시기는 전통적 두레노동관습이 완전히 사라진 때였다. 대신 품앗이를 통한 노동교환방식이 중심을 이루고 가족노동이 두드러진 노동관습형태로 다시 등장하였으며, 기계에 대한 의존도가 커지는 시기였다. 절대적인 농업노동력의 감소와 노동력의 부족으로 인한 농업노임의 상승, 그리고 고용노동의 감소에 의해 가족노동의 비중이 증가하면서 가족노동의 연장형태로서 품앗이 관행이 강화된 것이다. 농촌의 인구가 도시로 이동하고 농업노동인구의 절대부족은 부녀자들을 농업현장으로 불러냈다. 특히 청장년층이 도시로 떠나고 없는 농촌사회는 노인들로 채워지며, 머슴제도는 완전히 사라지게 되었다.

그 결과 농업방식 자체도 많이 바뀌었다. 주로 노동력 중심으로 이루어졌던 농경작업은 많은 경우 기계로 대체되었으며, 화학제품이나 약품을 이용한 농업방식이 많아졌다. 화학비료나 농약의 과다 사용은 환경오염이나 생태계 파괴라는 병폐를 낳아 사회적인 문제가 되고는 있으나, 일손을 덜어주고 토지생산성을 높여주는 계기가 되었다. 무엇보다 제초제 덕분에 김매기의 과정이 거의 생략됨으로써 협동노동방식이 급격하게 줄어든 결과를 초래했다.

③ 고지((雇只)

고지형태의 노동관습은 훨씬 자본주의적인 성격을 띤 것으로 2명 이상 50명 이하 규모의 구성원이 주로 논농사 같은 데 동원되었다. 일제강점기 두레 관행이 약화되기 시작한 이후에 출현한 고지의 특징은 임금을 선불로 받는다는 데. 있다. 고지는 점차 도급제로 바뀌어갔고, 농업노동인구가 줄어들고 기계화가 진전되면서 그 규모도 위축되는 가운데 사라져갔다. 이렇듯 전통사회의 협동노동관습은 개략적으로 두레에서 품앗이형태로, 다시 고지형태로 변화되어갔다.

그러나 대부분의 전통적 협동노동관습은 일제강점기와 근대화의 과정을 거치면서 거의 소멸하거나 노동력을 사고파는 임금노동형태로 변화되어 갔다. 특히 일제강점기 이후 농민들의 자발적인 생산조직들은 붕괴되어 갔고, 노동에 대한 댓가를 정확히 계산하려는 의식이 싹텄다. 그래서 함께 일하고 함께 나누어 먹으며, 풍물놀이와 들노래를 통해 함께 즐긴다는 두레의 공동체정신은 더 이상 유지되기 힘들게 되었다.

④ 계(契)

마을 공동의 노동력이 필요할 때 동원되는 협동조직으로서 계(契)라는 것도 있다. 고려때도 성행했으나 조선시대 16~17세기에 이르러 전국적 범위로 널리 보급되었다. 계는 마을 구성원들 사이에서 크고 작은 단위로 구성되는 상부상조의 모임으로서 김장계, 대동계, 상여계 등 종류가 매우 다양하다. '하장동저(夏醬冬菹)'라는 말이 있듯이 여름의 장이나 겨울의 김장을 담그는 일은 매우 고된 일이다. 무엇보다 겨울에 김장을 담그는 일은 우리네 가정에서 가장 일손이 요구되고 중요한 일로서 마을 사람들이 도와주지 않으면 힘들 것이다. 이에 김장계 같은 것을 조직하여 서로 도울 수 있었다. 과거 마을에서는 상여계가 따로 조직되어 있었는데, 이는 상이 났을 때 상여를 꾸며주고 메는 일을 순번제로 하기 위함이었다.

일부 마을에서는 필요할 때 상여를 이용하고 다시 상여집(곳집)에 보관하는 일 등을 전담하는 색정을 따로 두기도 했다.

다양한 농기구

우리 민족의 중추적 경제활동은 농업이었으며, 농기구는 농사기술 발달의 산물이자 농업생산성의 향상을 가져온 매우 중요한 매체이다. 1960년대 산업화 이후 농가에는 경운기를 비롯한 농기계가 보급되기 시작했다. 경운기는 농가의 대표적인 농기구로서 갈이, 정리, 운반, 양수, 방제, 탈곡 작업 등 다양한 용도로 쓰였다. 농사에 기계가 본격적으로 사용된 시기는 1970년대이다. 이때는 주로 발로 밟아서 탈곡하는 족답식(足踏式) 탈곡기나 원동기류의 소형 농기계가 중심을 이루었다.

경운기

양수기

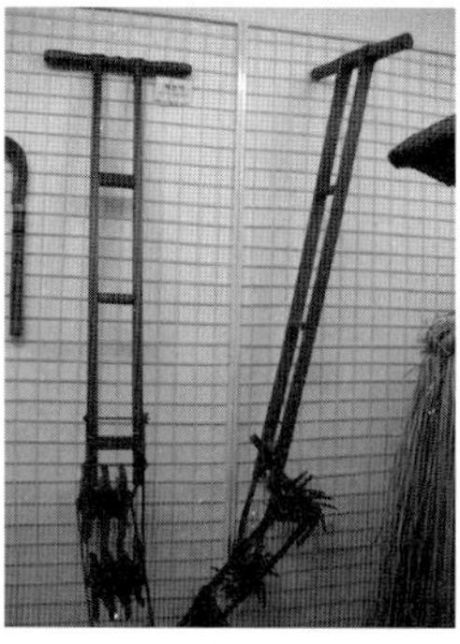
제초기

그러나 1980년대에 들어서는 콤바인 · 트랙터 등의 중대형 농기계가 도입되었다. 1999년에 경운기는 95만대,[12] 트랙터는 17만대를 넘어섰다고 한다. 농가 1가구당 경운기가 1대, 6가구당 트랙터가 1대 꼴이다. 지금까지 농부들이 사용해온 농기구를 농경작업의 과정과 특성에 따라 나누어 살펴보도록 하자. 우리 농기구의 가장 큰 특징은 다양성에 있는데, 이는 농기구의 발달을 보여주는 동시에 만든 사람들의 개성이 뚜렷하게 드러난다는 점에서 농기구는 한국문화의 폭과 질을 가늠하게 하는 소중한 자산이다.

12 2001년에는 96만대가 되었다.

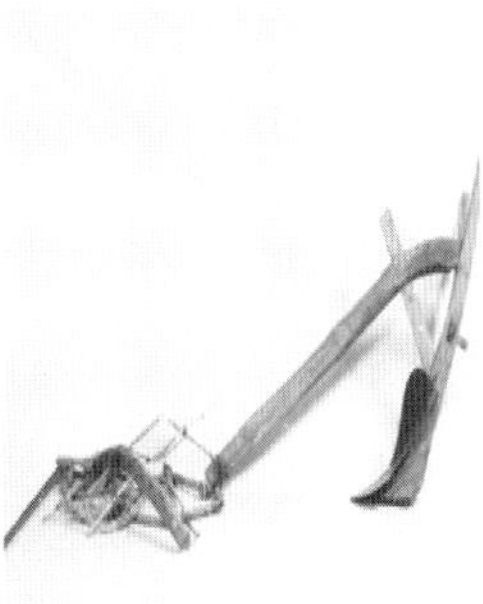

쟁기

보습

삽

① 가는 연장

가는 연장으로는 쟁기(철제)와 극젱이(목제)가 대표적이다. 쟁기는 땅을 가는 데 사용하는 연장으로 흙을 뒤집는 보습(쟁깃날)과 볏을 지탱하는 술과 연장을 부리는 자부지, 술을 견인력과 연결하는 성에, 술과 성에를 고정하면서 갈이의 깊이를 조절하는 한마루로 구성되어 있다. 성에는 봇줄을 매는 앞으로 뻗친 긴 나무고, 쟁깃술은 몸체를 이루는 나무며, 한마루는 성에와 쟁깃술을 연결하는 나무를 말한다.

쟁기에는 보습 위에 볏을 다는 여부에 따라 호리쟁기와 겨리쟁기가 있다. 논농사에 널리 쓰이는 호리쟁기는 보습 위에 볏을 단 것으로 흙밥이 한 쪽으로 넘어가게 되어 있다. 술의 모양에 따라서는 쟁기가 선쟁기, 눕쟁기, 굽쟁기로 구분된다. 극젱이는 쟁기와 비슷한 구조를 가졌지만 크기가 작고 가벼우며 보습이 쟁기보다 조금 큰 것이 보통이고 볏이 없다.

② 삶는(써는) 연장

삶고 고르는 연장에는 써레, 곰방메, 고무래 등이 있다. 써레는 흙덩이를 잘게 부수거나 땅바닥을 판판하게 고르는 데 쓰인다. 쟁기로 갈아놓은 논을 모내기 전에 물을 대고 써레로 쟁깃밥을 부수고 평평하게 고르는 것이다. 요즘에는 대부분 경운기를 사용하여 흙을 부수지만 기계가 들어갈 수 없는 곳에는 아직도 써레를 쓰고 있다. 곰방메는 주로 밭에서 흙덩

써레

곰방메

이를 깨부수거나 씨알을 묻을 때 쓴다. 둥글고 길쭉한 나무토막에 기다란 자루를 끼워놓은 모양이다. 고무래로는 주로 밭의 흙을 고른다. 밭의 흙을 고르는 연장으로 쇠스랑과 괭이도 있다.

③ 씨 뿌리는 연장

(씨)망태, (씨)삼태, 종다래끼 등이 대표적이다. 망태는 망태기, 삼태는 삼태기의 준말이라 할 수 있으며, 다래끼는 바구니의 다른 명칭이다. 이것들은 파종할 때 씨앗을 담는 그릇으로서 보통 짚이나 덩굴 등으로 만든다. 씨를 뿌릴 때 이 도구들에 멜빵을 달아 어깨나 허리춤에 메고 사용했다.

망태기로는 씨앗만이 아니고 비료도 담아 뿌렸다. 망태기는 일상생활에 필요한 모든 것을 담는 데 썼다. 소나 말의 먹이인 꼴은 꼴망태에 담고, 가랑잎이나 섶나무는 나무망태에 담았다. 나무망태는 망태기 중에서 가장 크고 엮음새가 엉성하다. 감자나 고구마를 나르거나 간단한 물품을 옮기는 데에도 망태기를 사용했다. 망태기는 종다래끼보다 훨씬 크고 반드시 어깨에 멜 수 있도

망태기

록 긴 멜빵을 단 것이 특징이다. 망태기의 가장 일반적인 형태는 네모꼴에 너비가 좁고 울이 깊은 자루 모양이다. 20여종이나 되는 망태기의 주된 재료는 볏짚이다. 보통 가는 새끼나 노를 엮어 만드는데, 이 망태기를 일명 구럭이라고도 한다.

종다래끼는 씨 뿌릴 때 허리에 차는 작은 바구니다. '종'이란 작다는 뜻이요, 허리에 붙게 약간 납작하게 만들고 찰 수 있도록 긴 끈을 달았다. 다래끼는 대 · 싸리 · 댕댕이넝쿨 · 짚으로 짜는데, 아가리는 좁고 바닥은 넓게 짠다. 밭에 뿌릴 씨를 여기에 담아 옮긴다. 또한 산나물을 캐거나 밭의 고추 등을 따서 이것으로 운반하기도 한다.

④ 거름 주는 연장

거름 주는 연장으로는 장군과 삼태기가 대표적이다. 장군은 사람이나 가축의 오줌 또는 똥을 담아 나르는 용기이다. 장군은 뚜껑이 있고 아가리 즉 주구(注口)가 붙은 동이라고 생각할 수 있는 모양이다. 아가리가 몸통 허리에 있는 것과 머리 쪽에 있는 것이 있는데, 몸통에 있는 것은 눕혀서 쓰고 머리에 있는 것은 세워서 썼다. 장군에는 나무로 만든 것과 오지로 만든 것이 있다. 장군은 지게에 얹어 운반하는 것이 보통이나 경북 대구 근교에서는 나문장군 20여개를 달구지에 실어 나르기도 한다. 삼태기는 싸리 · 대오리 · 칡 · 짚 · 새끼 등으로 엮어서 만든다. 주로 퇴비나 재 등을 여기에 담아 옮겨서 논밭에 뿌린다.

장군

삼태기

⑤ 매는 연장

매는 연장에는 호미가 대표적이다. 호미는 한국 고유의 연장으로서 논밭의 김매기에 주로 사용된다. 호미는 종자를 심는 데도 많이 쓰인다. 호미는 기능과 모양에 따라 논호미와 밭호미로 나뉘는데, 논호미는 자루가 긴 것이 특징이다. 자루가 짧은 밭호미는 오늘날에도 널리 보이는 전형적인 김매기 도구로서 앉아서 사용한다.

호미

토질에 따라 호미날의 너비와 두께가 달라지기도 하는데, 남쪽지방의 호미는 얇고 가늘며, 북쪽으로 갈수록 날이 넓고 두터워진다. 한편 호미의 날 끝이 평평한 것과 뾰쪽한 것이 있다. 날 끝이 평평한 것은 고구마, 감자, 당근과 같이 알뿌리를 다쳐서 안 되는 작물류의 김을 맬 때 주로 쓰고, 끝이 뾰쪽한 호미는 고추밭, 콩밭, 깨밭 등 잡풀이 많을 때 쓰는 편이다.

⑥ 물대는 연장

낮은 곳의 물을 높은 곳으로 퍼올리는 연장으로는 두레가 대표적이다. 두레에는 두레, 맞두레, 용두레가 있다. 두레는 긴 장대 한쪽에 10~20리

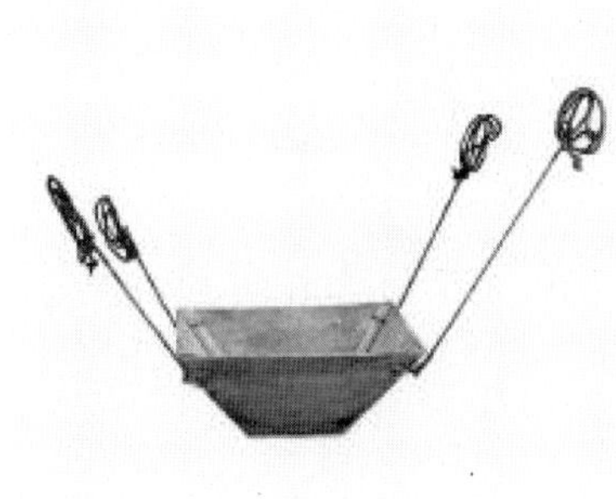
맞두레

용두레

터 크기의 두레박을 달고 장대 가운데를 삼각대나 둔턱에 걸친다. 맞두레는 무넘이가 높아서 용두레를 쓸 수 없는 곳에서 사용했는데, 두 사람이 마주보고 네 가닥의 줄을 맨 두레박으로 물을 퍼올리는 기구다. 용두레는 물을 대량으로 퍼올릴 때 사용하는 것이다. 용두레는 깊이 1.5m되는 통나무를 앞쪽으로 넓고 깊게 파고 뒤쪽은 좁고 얕게 파낸 다음 뒤쪽에 자루를 달거나 아예 자루까지 통나무를 통째로 다듬어 만들기도 한다.

⑦ 거두는 연장

거두는 연장으로는 낫이 대표적이다. 낫은 풀을 베거나 벼 같은 곡식의 대를 벨 때, 또는 나뭇가지를 치고 꺾어 넘기는 데 쓰는 ㄱ자 모양의 연장이다. 흔히 무쇠를 담금질해서 만든 한국낫과 주물로 찍어낸 일본낫으로 나뉘는데, 비교적 묵직하고 목에도 날을 세운 한국의 낫은 나무를 하는 데 알맞은 편이다. 중부 산간지방에서는 우리 낫을 많이 쓰고 있으며, 남쪽지방에서는 일본 낫을 많이 쓴다. 한편 낫에는 자루가 짧은 것과 긴 것이 있다. 지금은 콤바인에 밀려났지만 10년 전만 하더라도 낫은 수확 작업의 제왕적 도구였다.

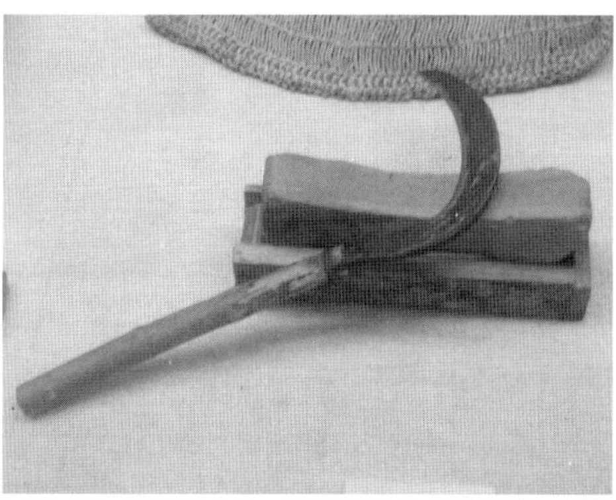
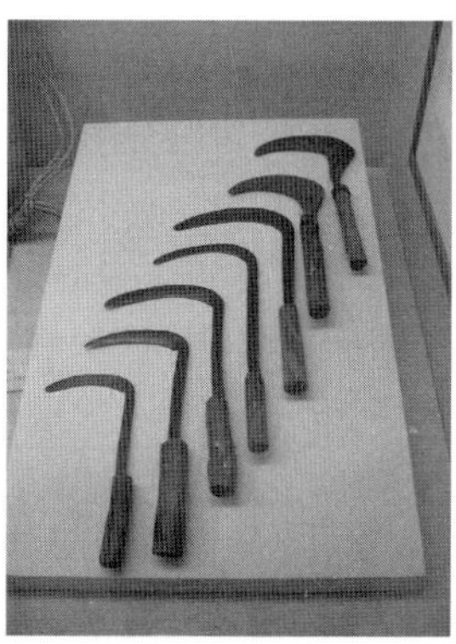

낫

⑧ 터는 연장

터는 연장 가운데 가장 편리하고 효과적인 것은 족답식탈곡기이다. 이는 철사를 구부려 박은(급치) 원통이 앞에 달려 있고, 발로 밟는 궁글통이 아래 달려 있다. 물론 궁글통을 밟으면 앞에 있는 원통이 돌아가게 되어 있다. 여럿이서 이 궁글통을 밟아가며 앞쪽에서 돌아가는 원통에 벼포기를 갖다대자마자 맥없이 알곡이 떨어져 나간다. 통이 돌아갈 때 와랑와

도리깨

홀테

족답식 탈곡기

랑 소리가 난다 하여 '와랑기'로도 불렸다.

도리깨, 홀테, 탯돌, 개상 등도 탈곡하는 데 쓰이는 도구다. 도리깨는 보리, 콩, 깨, 조 같은 잡곡의 이삭이나 껍질을 두드려 그 속에 있는 알곡을 떨어내는 데 사용하는 연장이다. 사람이 장치(장부)를 들고 도리깨놀이(아들)를 뒤로 돌려 아래로 내리치면서 마당에 깔아 놓은 곡식을 두드린다. 도리깨의 아들은 가늘고 길면서 질긴 물푸레나무나 닥나무 휘추리를 쓰는데, 아들은 칡넝쿨이나 가죽끈으로 잡아맸다. 장치를 잡고 휘두르는 힘은 고들개에 의해 회전력으로 바뀌어 아들에 전해진다. 홀테는 탈곡기가 생겨나기 전에 벼나 보리 등을 훑어서 타작을 하던 도구다. 촘촘하게 쇠날 톱니가 나 있고, 이 톱니에 나락을 끼워 훑으면 알곡이 떨어진다.

⑨ 말리는 연장

말리는 연장으로는 멍석이 대표적이다. 멍석은 탈곡한 곡물이나 채소와 같은 농산물을 말리는 데 사용하는 일종의 자리를 말한다. 가는 새끼로 날을 세우고 그 사이를 볏짚으로 엮어 짠다. 멍석 한 장에는 보통 벼 한 가마를 넌다. 큰 멍석 한 닢을 엮는 데는 숙련자 한 사람이 꼬박 10일가량 걸린다. 멍석은 쓰임새가 다양하여, 집안에 혼사·상사 등 큰 일이 있을 때 멍석을 깔고 차일을 치면 내방객이 얼마이건 모두 수용할 수 있었다. 이 멍석은 직사각형으로 되어 있는데, 도래멍석은 원형이다. 이밖에 맷방석은 도래멍석처럼 둥글긴 하지만 크기가 작고 둘레가 약간 올라간 것이 특징이다. 전을 올린 것은 맷돌이나 매통을 올려놓고 곡물을 갈 때 곡물이 밖으로 튀어나가지 않게 하기 위해서이다.

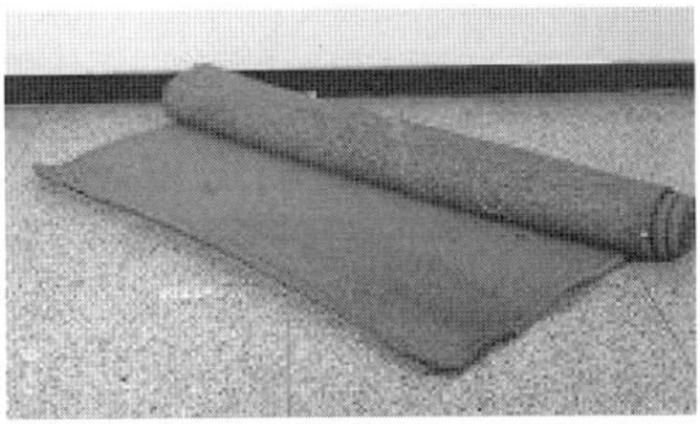

멍석

맷방석

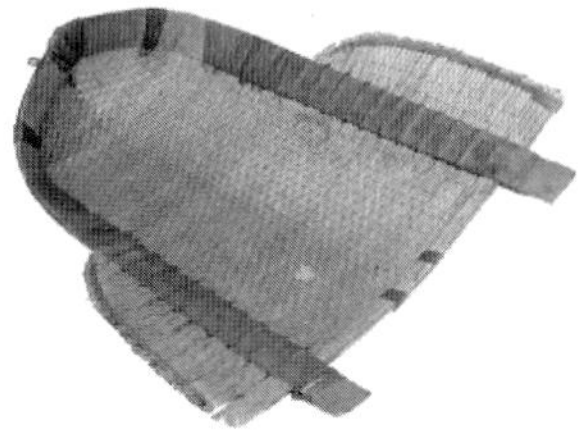

키

풍구

⑩ 알곡 고르는 연장

쭉정이를 날려 보내고 알곡만을 고르는 연장으로는 키, 체, 풍구, 바람개비 등이 있다. 키는 콩·팥·깨·동부 등 검불, 껍질, 잔돌이 많이 섞인 곡물을 까부를 때 쓰는 용구로서 주로 버들가지나 산죽을 엮어 만든다. 과거 오줌싸개 아이들에게 이 키를 씌어 소금을 얻어 오도록 했다. 체는 가루를 고르게 쳐 내릴 때 쓰는 도구이다. 고운체, 도드미체, 어레미체로 나뉜다.

풍구는 공기의 기류를 이용하여 곡물을 선별하는 연장으로 비교적 근대적인 기계기구의 구조를 갖추었다. 풍구는 송풍장치, 곡물 투입부, 투입량 조절장치, 곡물 배출구, 검불 배출구 등으로 구성된다.

⑪ 찧는 연장

곡물의 껍질을 벗기거나 알곡을 가루 내는 데 쓰는 연장으로는 절구, 방아(디딜방아·연자방아·물레방아 등), 매통, 맷돌, 돌확 등이 있다. 절구는 통나무나 돌을 우묵하게 파서 사람이 선 채로 절구공이로 쌀이나 보리를 찧도록 만든 것이다. 부엌에서 쓰는 아주 작은 양념절구 같은 것은 쇠로 만들기도 했다. 디딜방아란 사람이 방아다리를 밟고 오르면 사람의 몸무게로 공이가 위로 들리고 발을 떼면 아래로 처박히면서 공이 밑의 확 속에 넣은 곡식을 찧는 것이다.[13] 고구려 담징이 일본에 전했다고 하는 연

13 방아찧기가 다산과 풍요를 위한 성교를 상징하는 것으로 인식되어 전염병이 돌거나

절구와 절구공이

연자방아

물레방아

통방아

자방아는 소나 말로 하여금 돌리게 하는 것이다. 물레방아[14]는 물의 힘으로 물레바퀴를 돌려 그 동력으로 곡식을 찧는 것이고, 통방아는 물받이(물통)에 물을 받아 그것이 쏟아지는 힘으로 곡식을 찧는 시설이다.

매통은 벼 껍질을 벗기는 데 쓰인다. 통나무를 높직하게 두 토막으로 잘라 아래 위를 중채로 연결시킨 다음, 윗부분과 아랫부분이 서로 이가 맞게 갑골(잔 홈)을 파서 맷돌처럼 갈릴 수 있게 만든 나무맷돌이다. 맷돌은 윗돌을 아랫돌 중심에 박힌 중쇠로 연결하고, 윗돌에 파여 있는 구멍으로 갈 것을 넣어, 윗돌 옆에 붙은 나무 손잡이로 돌리면서 사용한다.

가뭄이 들면 디딜방아를 마을 어귀에 세워놓고 제를 올리기도 했다.

14 1980년대만 해도 전국에는 150여개의 물레방아가 있었으며, 경남지역에 무려 50여개가 있었다.

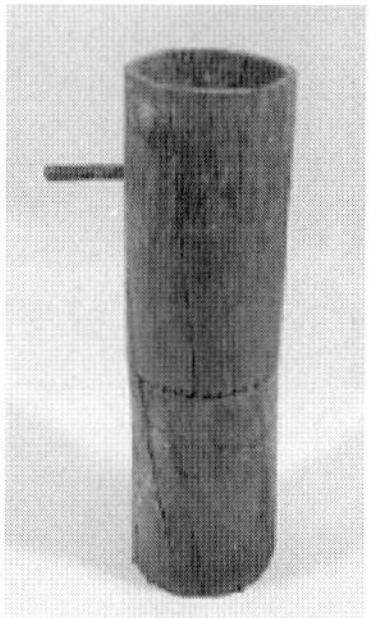
매통

맷돌

곰보돌로 불리는 현무암으로 만든 맷돌은 철원과 제주도에서 나왔다. 돌확은 돌의 가운데를 파서 갈돌을 돌려 갈 수 있도록 만든 것으로 돌확의 높이는 앉아서 갈 수 있을 정도의 높이다. 흰죽을 쑬 쌀, 콩비지를 만들 콩, 풋김치를 담글 고추를 가는 데 쓴다.

⑫ 나르는 연장

나르는 연장으로는 달구지, 지게가 대표적이다. 다시 말해 재래 운반기구는 달구지 등과 같이 마소에 사용하는 것과, 지게 등과 같이 사람이 직접 사용하는 것 등 크게 두 종류가 있다. 달구지는 일반적으로 소나 말의 힘을 빌려 짐이나 곡물을 운반하는 수레다. 하지만 가축의 힘을 빌리지 않고 사람의 손으로 끌거나 미는 수레가 있어 이를 손수레라 한다.

달구지는 주로 산골에서 쓰는 바퀴가 두 개인 것과 평지에서 쓰는 네 개인 것이 있는데, 기동성 때문에 두 바퀴 달구지가 대부분이었다. 달구지를 채워서 짐을 옮기는 일에 종사하는 말은 모두 제주도에서 나는 재래종인 조랑말이다. 예전에는 도회지에서도 대부

달구지

지게

지게 진 모습

분의 짐을 달구지로 운반하였으나, 이제 경운기의 출현으로 농촌에서조차 달구지를 사용하는 일은 거의 찾아보기 어렵게 되었다.

우리나라에만 있다고 하는 지게는 짐을 얹어 어깨와 등에 메고 나르는 데 사용하는 연장이다. 따라서 지게의 몸체는 지게를 멜 사람의 체구에 알맞도록 만들어야 한다. 지게는 가지가 위로 잘 뻗은 소나무나 삼나무를 반으로 갈라 두 짝의 몸통으로 만든다. 몸체는 소나무를 쓰지만 세장은 밤나무나 박달나무 같은 단단한 나무를 쓴다. 흩어지기 쉬운 흙이나 비료, 감자, 고구마 등 자잘한 짐을 나를 때는 발채(바소거리, 바지게, 발대)를 지게에 얹어 사용했다. 발채는 싸리나무나 대쪽을 결어 둥글고 넓게 조개모양으로 짜서 접었다 폈다 할 수 있도록 만든 것이다.

⑬ 갈무리 연장

농산물을 보관하는 데 사용하는 갈무리 도구로는 대나무로 만든 소쿠리를 비롯하여 바구니, (멱)둥구미, 광주리, 가마니, 독 등이 대표적이다. 소쿠리・채반 등은 기름에 부친 전・빈대떡 등을 담아 공기가 잘 통하고 기름도 잘 빠져 음식을 덜 상하게 한다. 바구니는 둥글고 속이 깊게 만든 그릇으로 테두리에는 대나무를 서너 겹 돌려서 손잡이로 쓴다. 바구니를 겯는 데 쓰는 재료 가운데 가장 많이 쓰인 것은 대나무와 싸릿가지와 버

둥구미

들가지다. 볏짚으로 엮은 울이 깊은 둥그런 그릇은 바구니라 하지 않고 따로 (멱)둥구미라 했다. (멱)둥구미는 전국적으로 가장 많이 쓰인 바구니다.

싸리나무나 산죽을 둥그렇게 엮어서 만든 광주리는 곡식·나물 등을 담고 더러는 새참을 내갈 때 머리에 이고 가는 것이다. 광주리와 비슷한 것으로 물구덕·애기구덕 등 제주도에서는 구덕을 많이 쓴다. 가마니는 일본에서 들어온 것이다. 가마니라는 명칭도 일본말 '가마스'에서 왔다. 우리나라에서 예전부터 써온 섬은 짜임새가 엉성하여 곡식을 일본까지 수송하는 데 적합하지 않았을 것이다. 섬보다 올이 좀더 촘촘한 가마니는 해방후 얼마 뒤 마대가 대량 생산되면서 점차 사라졌다.

낟알은 섬·멱서리·짚독·채독·가마니 등에 저장했다. 짚독이란 짚으로 엮은 독이라는 뜻으로 모양이 옹기의 독과 같아서 붙여진 명칭이며, 짚독에는 독과 똑같이 뚜껑까지 덮게 되어 있다. 섬·멱서리·짚독이 모두 볏짚으로 엮은 반면 채독은 싸릿가지로 엮은 것이다. 채독은 벼농사를 짓지 않는 산간지방에서 많이 제작했다.

이듬해 심을 씨앗은 씨오쟁이에 담아 보관했다. 씨오쟁이는 어느 것이나 끈이 달려 있어 추녀 끝에 매달아 쥐가 파먹지 못하게 보관했다. "굶어죽어도 씨오쟁이는 베고 죽어라"라는 속담이 있듯이 농경사회에서 씨

채독

독

앗은 무엇보다 중요했다. 아이들의 이름에 '오쟁이'가 많은데, 오쟁이라 부르면 명이 길다고 믿었기 때문이다. 둥그런 박을 그대로 살려 한 쪽에 주먹만한 구멍을 내고 씨앗을 담아 씨오쟁이 노릇을 하는 뒤웅박도 있다.

2. 공업

우리는 살아가면서 생활에 필요한 여러 가지 도구나 물품을 사용한다. 그런데 이 도구나 물품들을 가급적이면 실용적이면서도 아름답게 만들려고 하는 것이 사람들의 일반적인 욕구이다. 민속공예란 서민사회에서 이름 없는 기술자들의 손으로 가식없이 만들어져서 서민들의 일상생활에 쓰여지는 물품들을 말한다. 공예라고 하면 대개 만들어진 물건을 가리키는 경우가 많으나, 그 이전에 공예는 물건을 만드는 데 필요한 기술을 포함하는 말이기도 하다. 물건의 실용성에 비중을 둘 경우는 기술의 문제가 부각될 것이고, 아름다움에 가치를 부여할 경우는 예술분야에서 다루는 것이 적절하다고 하겠다.

저자는 민속공예를 예술이 아닌, 공업쪽에서 다루고자 한다. 즉 제품의 개발과 생산이 무엇보다 실생활의 편리함을 위해 이루어졌다고 보기 때문이다. 따라서 그들이 필요에 따라 만들고 주로 사용했던 물건들을 중심으로 논의해 보고자 한다. 우리나라 무형문화재 지정기준으로는 공예가 도자기 · 금속 · 화각 · 장신 등 18종으로 분류되고 있다.

대장간

이들 대부분은 그다지 특별히 만들기 어려울 것 같지 않아 보이는, 기계로 찍어내듯 만들면 몇 초면 될 듯한 것들이다. 웅장함이나 화려함 등으로 설명되는 서구의 것들과 다르다. 그런 것에 우리는 엄청난 정성과 시간을 들인 것이다. 거기에는 우리의 땀과 손때와 함께 생활문화의 원형이 깃들어 있기에 더없이 소중하다. 유네스코가 2007년 1월 한국인의 솜씨에 반하여 선비탁자, 한지자수그릇, 천연염색발 등 14개 공예품을 우수 수공예품으로 선정하였다. 물론 우리의 민속공예는 최첨단 공업기술과 현대문명을 통해 새롭게 창조되어야 할 것이다.

공업의 발달

삼국시대 수공업자는 비교적 사회적 지위를 누렸다. 그러나 6~7세기에 접어들면서 기술자들의 신분은 쇠락의 길로 들어섰다. 관영수공업에 종사하는 자들은 노비신분으로 전락했고 민영수공업 종사자들은 양인이지만 사회적으로 천대받는 신세가 되었다. 삼국시대의 민영수공업 생산품 중 가장 중요한 것은 가내수공업으로 생산되는 삼베·모시·명주 등의 직물류였다. 사원(寺院)들이 수공업기술자를 보유하고 있어 이들이 제조하는 불교수공예품은 높은 수준에 이르고 있었다.

고려시대 12세기 전후한 시기까지는 기술자의 대우가 아직 괜찮았다. 경공장이나 훌륭한 기술자에 대한 사회적 대우는 좋은 편이었다. 그러나 전반적으로 고려시대에는 기술자들의 신분이나 지위가 삼국시대에 비해 형편없이 낮아져 소(所)라는 천민집단 거주지에서 생활해야 했다. 다만 관영수공업자들이 임금을 받는 자유수공업자나 임금기술자의 형태로 변하고 있었다. 그들에게는 국가로부터 일정한 현물과 토지가 지급되었다. 이전 시기에 비해 부업적인 수준이 아닌, 먹·종이·도자기·철·소금·버들고리·모피·선박·무기 등을 제조하는 전문적인 수공업이 현저하게 늘어났다는 점이 특징이라 하겠다. 고려시대에도 민영수공업의 중요 생산품은 마직·저직·견직 등의 직조류였다. 이 시대의 사원은 국가의 보호 아래 대부분 자체적으로 수공업장을 가지고 있었으며, 제품생산이 대단하여 고려 경제의 막중한 비중을 차지할 정도였다. 사원이 취급한 업종은 주로 직조업, 양조업, 제도업(製陶業)이었다.

조선초 물품생산과 교류에 있어 가장 성황을 이룬 것은 섬유계통이었다. 의류가 광범하게 상품으로 유통되었고, 일본과의 교역에 있어 매년 수만 필을 수출하였다. 조선시대의 민영수공업 가운데 농촌수공업에 있어 한 가지 큰 변화는 면직업이 발달한 점이다. 종래 농촌 가내공업으로서의 직조업은 대체로 마직과 저직과 약간의 견직에 한정되어 있었다. 그러나 14세기 후반에 문익점(文益漸)에 의하여 원에서 수입된 목화씨의 재배가 점점 확대되어 조선초에 이미 의복의 재료로서 일반화되고 있었다. 면직은 군수품 혹은 무역품으로서도 수요가 많아지는 한편 화폐로서의 기능을 가지게 되므로써 농가에서의 생산량은 급격히 증가되었던 것이다.

조선초기의 수공업 기술자들은 봉건적인 신분체제 아래 묶여버렸기 때문에 지배층의 수요와 공급에 맞춰 물건을 생산했다. 조선시대가 되어 비록 양민이 공업에 종사하더라도 천역시하여 이에 종사하기를 기피하였다. 임란을 겪고 나자 경공장은 점차 줄어드는 대신 외공장의 수를 늘려서 나라에서 필요로 하는 최소한의 수요를 충당했다. 또한 수공업은 봉건적 과정에서 한 걸음 전진하여 분업화현상을 나타내었고, 일부 관속으로부터 벗어난 기술자들은 독자적으로 생산하는 이른바 사기업주로서의 개인기술자의 출현에 이르렀다. 자유로운 개인기술자들은 시전을 통하지 않고 물건을 몰래 판매하는 일이 많아졌다. 소반은 어느 가정에서나 적잖게 소요되는 물건이어서 기술자들이 직접 잠매하는 행위가 빈번했다.

16세기이후 봉건적 생산체제인 관영수공업은 특수물품을 빼고는 폐쇄상태에 이르렀다. 관청에서 물품이 필요한 때에는 사기업주인 개인기술자들을 고용 생산하는 체제로 전환되었다. 이러한 독립생산자의 출현을 조장한 것은 대동법의 영향이라 할 수 있다. 기술자들은 각종 수공업제품을 공인들로부터 주문 받아 생산하게 되어 자신들의 기반을 굳혀 갔다.[15] 그리고 얼마 되지 않아 시장상품 생산에 종사하여 소규모나마 도시수공

15 18세기 조선의 숙련기술자의 돈벌이 수준이 당시 영국인의 수준과 비슷했다고 한다. (전성호, 조선일보, 2006. 12. 12. 27쪽).

업의 출현을 보게 되었다. 실제로 3대 시장에는 여러 기술자가 조업을 하고 있었고, 유기(鍮器)·자기·저포 생산은 성황을 이루었으며, 이것들은 서울뿐만 아니라 지방 시장에도 공급되었다.

떡 주무르듯한 돌제품

우리 민족은 사냥과 낚시로 생활하던 선사시대부터 돌을 다듬는 기술을 이용하여 도구를 만들어 썼다. 맷돌은 구석기시대부터 있었던 것으로 보이는데 그만큼 오래됐으면서도 기본적인 생활도구였다고 하겠다. 맷돌의 모습은 단순하면서도 실용적이다. 같은 크기의 둥그렇게 생긴 돌짝을 위아래로 포개어 놓고 아랫돌은 고정하고 윗돌을 돌려 곡식을 간다. 두 짝이 떨어지지 않도록 아랫돌의 가운데에는 쇠를 박고 윗돌의 밑 부분에 작은 홈을 파서 그 쇠에 맞물리도록 한다. 그리고 윗돌에는 가운데를 조금 벗어난 곳에 적당한 크기의 구멍을 내어 곡식들을 그리로 넣으면서 끝자락에 나무로 된 자루를 달아 맷돌을 돌리게 되어 있다. 일반적으로 혼자서도 맷돌질을 할 수 있을 만큼 그리 크지 않다. 돌의 표면은 곡식을 갈기에 적절하도록 오톨도톨 질감이 거칠다. 맷돌은 일상적인 생활에 필수적인 것으로 흔히 콩을 갈아 두부나 콩국을 만드는 데 쓰였다. 잔치음식인 빈대떡을 만들기 위해 녹두를 가는 데도 많이 쓰였다. 풀쌀을 가는 작은 맷돌은 풀매라고 한다.

돌절구는 돌의 속을 파서 거기에 곡식을 넣고 찧거나 빻는 데 쓰는 도구다. 통으로 된 돌 속을 둥글고 우묵하게 팠고 허리부분을 잘룩하게 만든 돌절구의 모습은 앙증맞기까지 하다. 또 돌절구는 상부에 비해 하부를 약간 좁게 하고 아랫부분을 정교하게 다듬고 무늬를 새기는 것이 보통이다. 미적 가치도 그러하거니와 돌절구야말로 나무절구에 비할 수 없이 견고한 것이 특징이다. 이와 관련하여 "돌절구도 밑 빠질 때가 있다"는 말이 있어 재미를 더한다. 이루 말할 수 없이 튼튼한 돌절구라 할지라도 상황에 따라 밑이 빠질 수 있듯이 아무리 번창한 집안이라도 영원히 몰락

하지 않는 법은 없다는 뜻으로 흔히 사용하는 것이다.

뛰어난 금속기술과 제품

우리 민족은 일찍이 용융점이 매우 낮아 900도에 끓으면서 날아가기 쉬운 아연[16]을 기술적으로 잘 이용하여 청동문화를 발전시킨 바 있다. 다뉴세문경이라는 청동거울이나 성덕대왕신종을 비롯한 범종이 잘 증명한다. 삼국시대 금관의 제작은 금속가공기술의 꽃이라 할 만하다. 제철기술도 마찬가지다. 유럽에서 선철이나 강철이 널리 사용된 것은 14세기경 이후다. 그러나 고조선 사람들은 기원 전 수백 년 전에 연철과 선철을 제련하고 강철도 제련하여 사용했다. 철에 대한 가공기술이 매우 뛰어났던 것이다.

기원 전 562년 전후의 가야에서는 철을 다룰 줄 모르던 일본이나 중국 등지에 수출할 정도로 철의 제조에 첨단기술을 보유하고 있었다. 그리고 가야는 제철기술을 바탕으로 훌륭한 철갑옷을 제작하여 입었다. 갑옷을 만들려면 몸을 움직일 때 불편하지 않도록 철조각들을 입체적으로 연결하는 것이 문제이다. 오늘날 리베팅(riveting)기법이라 부르는 철판연접기술을 일찍이 가야사람들이 개발한 것이다. 청동기시대를 거치면서 이미 우리나라에서는 철의 효용과 장점을 인식하였고 그 생산 제조에 착수하였다. 변한에서는 국제적으로 유명한 철이 생산되어 예·왜·중국 등지에 수출하였고 시장에서 물건을 사는 데 돈처럼 쓸 만큼 주철의 기술을 지니고 있었다. 철기시대에 돌입하면서 우리는 병기, 농기구, 장식품, 생활도구 등을 만드는 기술을 발휘해가며 살았다. 요즈음 드라마 <주몽>에서 야철대장 모팔모는 독창적인 초강법 기술로 철제무기와 철갑옷을 만들어 고구려 건국을 앞둔 주몽이 부여군과 한나라군을 제압하는 데 크게 기여하고 있다.

16 청동은 1000도까지 가열해야 녹는다.

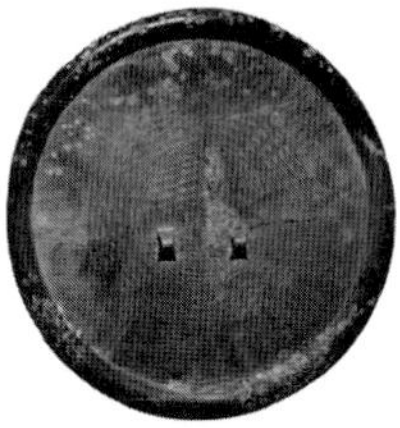
청동거울

청동인장

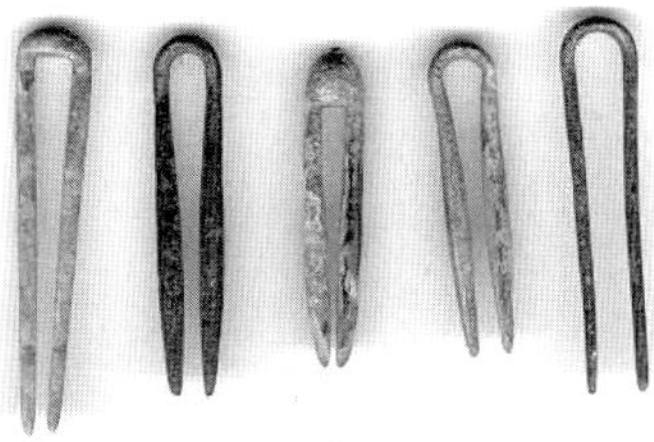
청동집게

청동그릇

철은 흔히 무기나 갖가지 연장을 만드는 재료로 쓰였는데, 이중 주물이 가능한 무쇠로는 주로 생활도구를, 무쇠를 녹여 만든 시우쇠로는 각종 생활용품을 만들었다. 대장간이란 아주 옛날부터 연금술사 노릇을 해온 이 나라 민중의 얼과 땀이 서린 곳이다.

나전(螺鈿)칠기와 칠공예

목(칠)공예기술은 오래 전부터 발전해왔을 것으로 추측된다. 고구려 안악3호분, 쌍영총, 무용총 등의 벽화에 보이는 평상(平床)이나 반상(飯床)의 그림들, 백제의 무령왕릉에서 나온 목관을 비롯하여 옻칠과 채색이 된 두침(頭枕)과 족좌(足座) 등은 당시 목(칠)공예기술을 짐작케 한다. 삼국시대 고분에서 출토되는 목제품은 부식되어 그 형태를 알아보기 어려운 게 사실이다. 삼국시대 귀인들이 평소 사용했을 것으로 보이는 평상은 네 귀에 낮은 다리를 세웠고 다리 끝에는 안쪽으로 뭉툭하게 혹 붙인 뇌문

족대(雷紋足臺)의 양식이다. 음식상으로 간주되는 반상의 경우 사족상탁(四足床卓)이다. 이들 음식상은 장방형의 판목에다 귀 접은 흔적이 없고 다리가 훌쭉하게 긴 뻗정다리이다.

안압지에서 나온 옻칠된 목제품에서 알 수 있듯이 장신구의 제작 등 통일신라의 목(칠)공예기술도 크게 발달했다. 목심(木心)으로 된 대접이나 접시 모양의 주(朱)칠기 흑(黑)칠기가 특히 우수하다. 1946년 경주 호우총(壺玗塚) 출토의 목심칠기라든가 천마총칠기 등의 유물로 보면 목기의 발달을 가늠할 수 있다. 4세기 낙랑이 고구려에 흡수되자 그 유민이 대거 남하하면서 신라의 칠공예의 기틀이 잡혔을 것이다. 천마총칠기들은 이미 중국의 영향에서 벗어나고 있음을 말해준다. 칠기는 청동기보다 훨씬 귀히 여겨 신라의 독자적인 양식을 형성했을 것으로 보이며, 칠전(漆典)이라는 전담관서의 설치가 말해주듯이 귀족사회에서는 상당히 애호하는 사치품이었다. 목칠공예는 쓰임새가 다양하여 가구, 악기, 문방구 등에 두루 쓰였으나 재료인 나무의 취약성 때문에 현존유물은 근세에 제작된 것들이다.

우리나라 칠기 중에서 가장 성행한 것은 목재를 사용한 목심칠기와 나전(螺鈿)을 감입(嵌入)하여 장식하는 나전칠기[17]이다. 나전칠기는 고려시대에 만들어지기 시작하면서 조선시대까지 지속되어 오늘에 이르고 있다. 현존하는 고려시대 목칠공예를 대표하는 것도 나전칠기인데, 이는 대장경을 보관하는 상자들이다. 조선시대의 나전칠기는 고려시대의 귀족취미에 영합하던 것과는 달리 가냘프고 청아한 맛을 잃게 되었다. 무늬에 있어서는 정제함이 흐트러지고 세밀하던 솜씨도 다소 거칠어지게 되면서 조선초까지 지속되던 조공품으로서의 구실도 상실하게 된다. 반면에 조선후기에는 일본으로부터 역으로 자개제품의 진상이 이루어진다.

이같이 조선시대의 나전칠기 공예는 이웃나라의 칠공예에 비하여 낙후된 감이 없지 않다. 그러나 그것은 한편으로 과거의 소수 특권층의 전유

17 고려의 나전칠기는 특히 송나라로 건너가 극찬을 받았다.

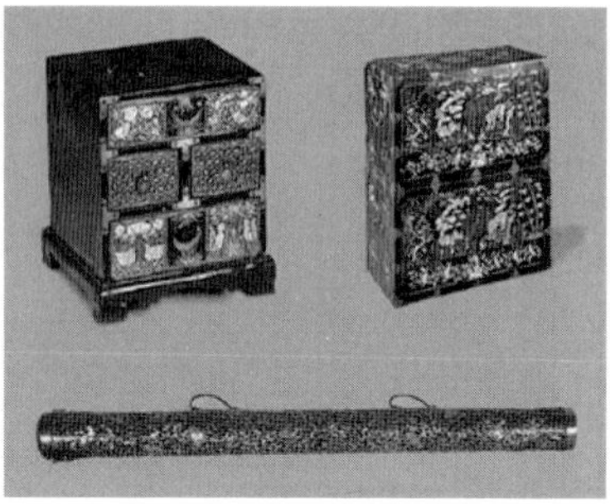

나전칠기 제품

물에서 벗어나 좀더 민간층에 확대 보급되었음을 의미하는 것이기도 하다. 나전칠기는 전복[18]의 속껍질인 자개를 이용한 공예기법으로 바탕이 되는 기물에 천을 입히고 그 위에 옻을 올려 자개를 박아 만든다. 근래에 이르러 카슈라는 대용칠의 등장으로 퇴보의 길을 걸었으나 최근 생활수준의 향상으로 인한 수요가 조금씩 소생되고 있다.

칠기는 생활에 요긴하나 본래 고급한 도장(塗裝)이었으며 사치스러운 것이었다. 기물에 금은판을 오려 무늬로 부착하거나 자개를 첨가하여 무늬를 내거나 금분을 뿌려 회화적 표현을 했다. 고려와 조선시대의 칠공에는 끝내 중국에서 성행된 기법을 도입하지 않았다. 칠은 옻나무의 수액을 말하는데, 옻나무는 동양에서만 자라는 나무다. 옻의 질은 우리나라 것이 가장 좋은 편이다. 옻칠에는 생칠(生漆)과 숙칠(熟漆)이 있고, 숙칠은 주칠(朱漆)과 흑칠(黑漆) 등의 색칠을 하는 데 쓰인다. 옻칠은 한 번 마르면 불에 타거나 뜨거운 햇볕을 계속 받지 않는 한 수천 년을 견딜 수 있는 힘이 있고 아름다움도 오래 지탱된다.[19] 우리가 칠 원료의 풍족한 양을 확보할 수 없었기 때문에 생칠은 다소 사사로이 이용되기도 했지만 흑칠·주칠 기타 색소를 혼합할 수 있는 양질의 칠은 낭비가 없도록 아끼고 귀하게 여겼다.

18 나전칠기에 쓰이는 조개는 소라·전복·진주 세 가지가 주종을 이룬다. 우리나라 다도해 지방과 제주도 해역에서 잡히는 전복들은 플랑크톤이 많고 물이 맑아서 조개의 빛깔이 영롱하다.

19 옻칠의 장점은 여러 가지다. 침투력이 강해 쉽게 벗겨지지 않으며, 방수효과가 있어 송대의 보물선이 신안 앞바다 밑에서 700년 동안이나 견딜 수 있었다. 처음에는 새까맣지만 시간이 지날수록 은은하고 윤기 있게 변한다. 살충효과가 있어 좀이 먹지 않으며, 곰팡이균을 억제하기 때문에 옻칠한 목기에 밥을 담아놓으면 밥이 쉽게 상하지 않는다. 최근에는 항암치료의 효과가 있다고 보도되고 있다.

조선시대 목공에서 나전칠기와 다른 또 하나의 특수한 장식기법으로 목화(木畵)를 들 수 있다. 목공품 표면에 금·은·진주·수정 등을 상감하여 여러 가지 무늬를 표현하는 것이다. 가령 가야금의 용두에 상아로 무늬를 새긴 것을 볼 수 있다. 화각(華角)도 목공예의 또다른 치장방법이다.

화려한 화각제품

화각이란 쇠뿔의 맑은 부분을 펴서 투명한 종잇장처럼 깎은 뒤 그 이면에 광물성 채색인 석채(石彩) 즉 오채(五彩)의 그림이나 무늬를 그려서 나무로 된 공예품 위에 덧붙여 목기를 매우 화려하게 꾸미는 것이다. 화각은 동양 삼국 가운데서 가장 우리의 고유성이 두드러지는 목공예품으로서 나전칠기와 더불어 쌍벽을 이룬다. 화각은 한국에서 독창적으로 개발한 것이지만 실제로 그 기술을 구사하기는 조선후기에 이르러서이다.

화각은 백골(柏骨), 설채(設彩), 쇠뿔 다스리기의 세 과정을 통해서 만들어진다. 소목장에 의해 만들어지는 백골이란 겉치레가 되어 있지 않은 나무로 된 그릇이나 건축물의 바탕을 말한다. 설채가 화각의 아름다움을 좌우하느니 만큼 화공(畵工)에 의해 이루어지는 설채는 큰 비중을 차지한다. 세 가지 공정 중에서 가장 중요한 부분은 각질장(角質匠)에 의한 쇠뿔 다스리는 일이다. 화각에 쓰이는 쇠뿔은 아무것이나 되는 것이 아니다. 어리지도 늙지도 않은 중소의 고추뿔만이 화각으로 쓸 수가 있다. 중소의 고추뿔은 각질이 맑고 투명도가 높아서 석채 설채를 하면 밝게 비

화각 제품

취어서 아름다움을 더하게 된다.

석채를 각골질(角骨質)에 설채하기 위해서는 접착제가 필요한데, 이때 사용하는 접착제는 아교·어교(魚膠)·명태피(明太皮)를 동일 비율로 섞은 것이 쓰인다. 화각으로 덮이지 않은 부분에는 칠을 하였는데, 칠은 호도유·임자유(荏子油)·두유 등의 식물성 기름이나 옻칠을 사용했다.

우리 생활 속에서 화각은 주로 규방에서 즐겨 쓰였으며 더러 사랑방의 용기로도 사용되었다. 그러나 대부분 부유층의 전유물이 되다시피 귀하게 여긴 것이다. 화각제품으로는 실패·자·바늘집·반짇고리·버선장·실장 등을 들 수 있는 바, 주로 바느질 하는 데 필요한 것들이었다. 경대·손거울·참빗 등 화장도구로도 쓰였으며, 화각이 쓰인 큰 것으로 대함·중함·패물함·장도 있었다. 사랑방에 쓰인 용품으로는 등촉기(燈燭器)·붓·장도·필통·합죽선 등이 있다.

목질을 드러내는, 한국의 가구들

나전칠기, 화각공예품, 목화세공품 등은 대중적이지 못했다. 한국가정에서 남성위주의 사랑과 서재에 비치하는 전통적 가구에 나전칠기나 화각장식 제품을 찾아보기 어렵다. 순수하게 목질을 드러내는 가구들이 대부분이다. 목공품들이 소박하고 조촐한 의장으로 그 바탕의 재질과 구수하게 어울린다. 검소한 선비생활에 맞도록 가구에서도 품격을 높이 사려했고 그런 풍조가 은연중 한국 목공예의 주류처럼 여겨지게 되었다. 기능위주의 제품을 만들어서 스스로 즐거움을 찾은 것이 민간의 일반적인 목공가구들이다. 이렇듯 한국적 목공예의 특징은 권위와 호사스러움에 넘치는 중국의 것이나 깔끔하게 생략되고 세련된 일본의 것과도 대조적이다.

고려시대 순수 목공예품을 대표하는 것으로는 경패(經牌)와 경질(經帙)을 들 수 있다. 경패는 불경을 넣는 목함 겉에다 내용을 표시하는 데 사용하는 나무쪽이요, 경질은 가는 대올로 엮어 만들어 경전을 두루마리로 말아두는 데 사용하는 일종의 포장용 발이다. 우리가 접할 수 있는 한국의 목공예는 조선시대 후기 것으로 아주 제한을 받는다. 그렇지만 조선시대의 목공예는 매우 뛰어난 것이다.

이불장

조선시대 목공품으로는 장(欌)·궤(櫃)·함·문갑·사방탁자·서안(書案)·연상(硯床)·필통·식기·소반·뒤주[20]·찬합 등 가지각색이다. 수장가구로서 장롱은 한국의 어느 가정에나 필수적인 것으로 비치하고 있지만 오늘날 사용되는 상자나 그릇을 가리키는 단어이다. 사실 장은 한국에서 지어낸 우리말이자 장(欌)이라는 한자도 우리식 한자다.[21] 농은 아래 위짝으로 분리되므로 분리되지 않는 장과는 구별된다. 옛부터 전해오는 주된 수장가구는 단연 고리로서 이것은 긴 세월 동안 사용되어 왔다. 그후 거목의 판재를 얻게 됨에 따라 궤(궤짝)를 쓰게 되었으나 가난한 서민층은 갖기 어려웠다.

장방형의 궤에는 위로 여닫는 윗닫이와 앞으로 여닫는 반닫이 두 가지 형태가 있다. 장이나 농을 구비하지 못하는 서민가정에서는 반닫이가 필수가구였으며 기본혼수품이었다. 반닫이는 다목적 수납가구로 의복은 물론 책, 돈, 문서 등을 보관할 때 썼다. 함은 궤짝처럼 생긴 밑짝에 뚜껑을 달아 여닫을 수 있도록 만든 상자다. 주로 귀중품이나 장신구를 넣어두었는데, 혼례 때 신랑집에서 신부집에 보내던 것이 바로 이 함이다. 문갑이란 문구갑(文具匣)의 준말로 각종 문구나 문서 등을 보관하기 위한 가구다.

현존하는 목제식기류의 본보기는 불가에서 사용해 오는 이른바 바리때이다. 바리때는 부드럽고 가벼운 나무로 아주 얇게 깎아 안팎으로 옻칠을 하였기 때문에 밥과 국 및 반찬그릇을 모두 겸하며, 그것을 한데 포개어

20 한강변의 밤섬은 예로부터 배를 만드는 곳으로 유명한데, 배를 만들고 남는 자투리 규목(槻木; 느티나무)으로 만든 뒤주는 최상품으로 알려져 있다.

21 이규경, 『오주연문장전산고』 권44, 동국토자변증설(東國土字辨證說).

함지박

바랑 속에 집어 넣으면 항시 여정에 오를 수 있는 기본적 차비가 된다. 그런데 이 바리때는 갈이틀로 깎지 않는 게 상식이며 일일이 옥낫으로 내부를 후벼 깎아 만든다. 목판은 떡·과일·마른 음식을 담아두던 그릇이요, 찬합은 밥·반찬·술안주 등을 담아 간수하거나 운반하던 그릇이다. 함지박은 통나무 속을 파서 만든 음식물을 담는 그릇이요, 이남박은 함지박의 하나로 둥그런 안쪽에 여러 줄의 골이 나 있어 쌀 같은 것을 씻어 일 때 쓰던 그릇이다. 목기용 재목으로는 피나무, 오리나무, 물푸레나무, 버드나무 등이 좋다. 쌀바가지, 물바가지 등 바가지는 서민들이 박을 타서 가장 손쉽게 만들어 쓰던 용기다.

18세기부터는 문방구와 내실의 가구가 한국의 고유양식으로 정착되는 경향을 나타내게 되었다. 흔히 전통적 목공예의 본보기로서 거론되는 조형미는 바로 이 시기의 소산임은 말할 것도 없다. 조선시대 목공의 미자 특징은 일체의 인위적인 장식성·조형성을 최소한으로 줄이고 간결한 선, 명확한 면, 그리고 목재 자체가 갖는 자연의 미로써 하나의 통일체를 만들어 낸 점이다.[22]

다양하고 세련된 죽제품

조선시대에는 목물(木物)에 못지않게 죽물(竹物) 또한 일상생활 속에서 높은 비중을 차지하였다. 크게는 장과 농에서부터 작게는 문방구에 이르기까지 그 쓰임새가 다양했으며, 죽세공의 기술도 전국적으로 보편화되었다.

죽공예의 재료로는 참대·솜대·오죽(烏竹)·맹종죽(孟宗竹)이 주로 많

22 김원룡, 『한국미술사』, 범우사, 1968, 371쪽.

죽부인

이 쓰였다. 참대는 생산량도 많거니와 가구나 문방구 등 여러 제품들의 재료로 긴요하게 쓰여 왕죽(王竹)이라고 불린다. 솜대는 참대보다는 약하나 대나무 표면이 깨끗하고 반점이 없어서 농이나 발과 같이 보기에 정갈한 물건을 만드는 데 즐겨 사용되었다. 오죽의 경우 검은 색을 띠고 있어서 그 색을 살려 적절히 사용되기도 했다. 맹종죽은 대통이 굵은 편이어서 수저통·지통·필통·화살통 등의 제작에 쓰였다.

죽공예에 쓰이는 재료의 가공방법에 따라서는 백죽(白竹)·염죽(染竹)·낙죽(烙竹)·점죽(點竹) 등으로 구분이 된다. 백죽은 대나무 껍질을 벗겨 깨끗하게 그대로 쓰는 것을 말한다. 염죽은 대나무에 물감을 들여 쓰는 것으로, 편지꽂이라 할 수 있는 고비(考備)를 비롯하여 연상(硯床)·필통·참빗 등에서 볼 수 있다. 낙죽은 대나무 껍질을 인두로 지져서 여러 가지 문양이 나타나게 하는 기법을 말하는 것으로 죽세공품 가운데 흔히 볼 수 있다. 점죽은 인공으로 반죽(斑竹)의 효과를 나타내는 것을 말하는 바, 횃대 같은 데서 이 기법을 볼 수 있다.

이밖에도 주로 대나무통을 자르고 쪼개는 방법에 따라 여러 죽제품을 만들어냈다. 가령 죽통을 같은 간격으로 절반씩, 또는 4분의 1씩 잘라 그것을 이어 붙이고 아래위를 나무로 막아서 함으로 이용하기도 하고, 밑만 막아서 여러 가지 통으로 사용했다. 더구나 대나무 매듭의 기능을 살려 그대로 필통 등으로 유효하게 이용했다. 또 대나무를 가늘게 쪼개어 엮고 겯기도 하여 다른 나무에 부착하거나 결합시켜 다양하게 사용했다.

우리나라에는 굵은 대나무가 나지 않는 편이므로 통대를 그대로 제품화하는 죽공예품은 거의 없다고 본다. 대개 가는 대를 물들이거나 인두로 지져서 소품 죽기(竹器)를 만드는 경우가 많다. 또는 대나무를 잘게 쪼개어 목물(木物)의 백골(白骨) 위에 장식용으로 대나무를 덧대고 그 표면을 인두로 지져서 무늬를 올리기도 한다. 혹은 얇게 저민 것을 자리처럼 짜서 목물에 첩죽(貼竹)하기도 한다. 아주 가늘고 얇게 쪼갠 대오리로는 발·상자·부채·갓양태 등 매우 공력이 들고 세련된 솜씨를 필요로 하는 죽세공품이 만들어졌는데, 한국만이 가진 특유의 것들이다.

대나무나 버들가지로 만든 동고리(일명, 이바지함)는 떡이나 엿 같은 음식을 담아 나르는 데 쓴다. 용수도 역시 대오리나 버들가지로 만드는데, 맑은 술이나 장을 떠낼 때 사용되는 도구다. 대나무나 싸리로 만든 바구니·소쿠리는 음식물의 물기를 빼거나 말릴 때 쓰던 도구다.

다채롭고 정감어린, 자수품(刺繡品)

우리의 자수에는 행복과 즐거움을 기원하는 서민들의 소박한 생활감정이 배어 있다. 그러면서도 자수는 형식이나 틀에 얽매이지 않고 자유롭게 표현되었다. 전통적으로 담담한 색조가 지배적인 살림살이에 아름답게 꾸며 뽐내고 싶은 마음을 나타내는 작품이기에 한국여인의 심미안을 엿볼 수 있는 가장 좋은 사료이기도 하다. 우리가 접하는 자수제품은 대부분 조선후기의 것들이다, 그 종류는 굴레, 노리개, 띠, 방석, 버선, 베갯모, 병풍, 보료, 보자기, 손수건, 수식, 신, 수저집, 안경집, 주머니, 활옷, 흉배 등 헤아릴 수 없이 많다. 조선시대에 와서 자수는 여성생활의 일부가 되다시피 하여 다양하고 다채롭게 꽃을 피운 것이다.

한국여인들의 매운 솜씨를 느끼게 하는 전통자수 가운데는 복식(服飾) 자수품이 많다. 흉배라든가 활옷을 비롯하여 굴레, 노리개, 향주머니 등이 대표적인 경우다. 특히 흉배는 그 양과 질에 있어서 우리나라 자수에서 상당한 위치를 차지하고 있으며, 복식자수에 있어서도 가장 세련된 작품을 보여주고 있다. 생활주변의 일상용품을 아름답게 장식하는 생활자수는 우리에게 대단히 친근감을 준다. 생활자수의 예로는 돌날에 어머니가 콩을 넣어 주던 곱게 수를 놓은 주머니를 비롯하여 베갯모, 방석 등 헤아리기 어려울 만큼 많다.

병풍자수의 경우 조선후기에 이르면 원색을 많이 구사하는 한편 구도가 매우 복잡해진다. 그리고 자수에 사용된 실도 굵어지는 등 병풍자수에

자수 방석

자수 수저집

투박한 서민적 취향이 강하게 나타난다. 이러한 조선후기의 병풍자수는 그 시기에 많이 그려진 민화의 영향을 받았다. 병풍의 자수에 화조류(花鳥類) 중심의 민화와 같은 소재가 등장하게 된 것이다. 그림과 자수에 탁월했다는 신사임당의 <초충도(草蟲圖)>[23]는 현재 자수 작가가 밝혀진 유일한 작품이다. 전통자수 중에서 불교자수품도 비교적 풍부하게 전하고 있다. 장방형 조각의 가사(袈裟)를 비롯하여 가사에 부착하는 수장(繡章), 불화・번기(幡旗) 등의 불구(佛具) 양쪽 옆을 장식하는 다라니 주머니, 부처님의 가마를 치장하는 수식(垂飾) 등의 유품이 있다. 이밖에도 부처 방석, 불경 표지, 수불 등도 자수품으로 전한다.

이렇듯 우리의 자수는 지나치게 현란하거나 복잡하지 않아 천박해 보이지 않는다. 생활 속에서 나온 정감 넘치고 질박하며 해학성까지 띤 것이었다. 그러던 우리의 자수가 일제시대를 통해 위기를 맞게 되었다. 세련미를 강조하던 일제의 교육은 우리 자수의 깊은 멋을 가리는 데 일조했다고 본다. 그러나 그후 디자인과 색채 등 예술성을 내세우는 현대문명 속

23 여성의 작품도 지폐에 등장시키자는 사회일각의 요구에 따라 최근 발행된 5000원권 뒷면에 들어가기도 했다.

신사임당 〈초충도〉

에서도 우리 자수는 도도히 질적 향상을 꾀하며 발전을 거듭하고 있다.

무형문화재 80호인 한상수(韓尙洙) 씨는 우리나라 최초의 자수장(匠)으로 2005년 자신의 이름을 건 박물관에 평생 제작한 작품 250여점 등을 세상에 공개했다. 그녀는 "과거에는 자수가 생활의 방편이었다면, 최근에는 문화적인 욕구에서 많이들 찾고 있어요. 무수한 바늘땀으로 그려내는 자수는 가장 섬세한 예술품 중 하나로 자리 잡고 있어요"라고 했다. 생활

곳곳에 멋과 운치를 더해주는 자수는 지극한 정성과 인고로 이루어내는 작업이고 또 워낙 손이 귀하여 자수품들은 엄청난 고가이기도 하다.

상감청자와 항아리

신석기시대 농경과 더불어 정착생활을 하면서 무엇인가를 저장할 수 있는 도구로서 빗살무늬토기를 제작하였다. 무엇보다 몽고지방을 통해 우리나라 서북지방으로 빗살무늬토기가 들어왔고, 무문토기도 중국의 화북과 남만주 지방을 거쳐 들어왔다. 삼국시대에는 토기의 제작이 활발했으며, 주로 석실고분에서 출토된 흙으로 빚은 인형, 즉 토우를 통해 알 수 있듯이 통일신라의 토기제작기술은 크게 발달했다. 이 시기에 이르러 그릇의 형태가 세련되고 본격적인 유약이 입혀지게 되었다. 표면처리에 있어서도 각종의 꽃무늬 또는 기하무늬를 틀에 의해서 찍기 시작했다.

한국도예는 10세기초에 이르러서 비로소 삼국시대와 통일신라시대의 도예가 지녀온 고분 문화적인 성격을 명쾌하게 벗어났다. 첫째는 이제까지의 토기질 · 도기질 등 고대 요예의 차원에서 자기질 요업으로 비약한 것이며, 둘째는 의기적(儀器的)이고도 비기능적인 고대양식에서 용도와 기능이 세분된 현실적인 그릇으로 크게 발전했다는 것이다. 다만 고려시대 청자 가운데 순청자는 청자 중에 상감이나 채료에 의한 장식을 하지 않은, 소문(素紋) 또는 양각 · 음각 · 상형 · 투조(透彫) 등의 청자를 의미한다.

일제때 조선의 예술을 사랑한 나머지 일본인으로서는 드물게 요시찰인이 되어버린 야나기 무네요시(柳宗悅)는 한국예술의 특징을 선 · 형 · 색에 있으며, 중국이나 일본에서는 찾아볼 수 없는 것이라 말한 바 있다. 이를 가장 잘 뒷받침하는 것이 상감청자가 아닌가 한다. 청자의 유려한 선과 모양 그리고 은은한 비색(翡色)이 바로 그러하다. 중국의 청자는 유약이 두꺼워 무거운 느낌이 드는데 비해 우리 청자는 유약이 엷아 바탕의 흙이 은은하게 비치면서 맑고 오묘한 색감을 느끼게 한다. 게다가 독특한 무늬가 관심을 집중케 한다.

12세기 초에 시작된 고려청자의 독창적인 장식기술은 상감기법이다. 청자의 상감기법은 성형된 기물의 태토(胎土)가 마르기 전에 조각칼로 필요한 문양을 새기고 그 위에 적토 또는 백토[24]를 물에 개서 붓으로 덮어 칠한 후 그 표면을 깎아내면 새긴 흔적에만 색토가 메워져 무늬의 효과를 내는 것이다. 이 상감청자 외에도 화(畵)청자, 진사(辰砂)청자, 철채(鐵彩)청자 등 여러 종류가 있다. 12세기 고려청자의 경지는 세계 도자기사상에 빛나는 것이었다.

조선시대의 도자기는 임진왜란을 경계로 전기는 분청사기시대, 후기는 청화백자시대라고 할 수 있다. 조선조 도자기는 그릇의 실용성과 견고성을 제일주의로 내세웠기 때문에 장식적인 기교가 거의 없다. 분청사기는 분장회청사기(粉粧灰靑沙器)의 준말로 청자와 같이 회색 또는 회흑색 태토 위에 백토로 표면을 분장하고 그 위에 회청색의 유약을 칠한 사기를 말한다. 분청사기는 표면의 여러 분장법에서 오는 힘있고 신선하며 활달하고 자유분방한 장식이 특질이다. 백자의 경우 하나는 고려백자의 계열을 이어 산화염소성으로 제작된 것이며, 다른 하나는 원의 영향을 받아 새롭게 발달한 환원염소성의 견고하고 치밀한 백자이다. 백자에는 아무 문양이 없는 순백자를 비롯해서 청화백자, 철화문백자, 진사문백자 등이 있다. 경기도 광주시 일대는 사옹원의 분원이었던 관요지(官窯址)로서 1882년 분원이 폐지될 때까지 훌륭한 백자를 제작했던 곳이다.

도자기의 종류는 형태 · 용도 · 제작법 · 장식법 등에 따라서 여러 가지로 나눌 수 있다. 그러나 형태를 중심으로 분류해보는 것이 가장 타당하다고 본다. 형태에 따라 도자기는 항아리(壺), 병(甁), 발(鉢), 합(盒), 접시(皿) 등으로 나눌 수 있다. 항아리는 보통 어깨 · 뱃통 · 밑골이 골고루 발달한 형태이다. 발과 항아리의 차이는 어깨의 유무로 구분되는데, 항아리에는 짧은 목이 있는 경우가 많다. 병은 항아리의 형태에서 어깨를 변형

24 고령토라고도 하며 점토의 성분과 비슷하나 점토보다는 점력이 약하며 굳은 후에 색상이 희고 불에 잘 견디는 특징을 지닌다.

발(鉢)

합(盒)

시켜 주둥이의 크기를 작게 하고 목의 길이를 길게 만든 것이다. 발은 접시에서 몸통이 위쪽으로 더 발달한 반원통형의 형태이다. 뚜렷한 뱃통이 없는 경우가 대부분이다. 발에는 사발, 대접, 탕기, 종발, 종지, 찻종, 술잔, 뚝배기 등이 있다. 합은 접시나 발에 주둥이 크기에 맞춘 뚜껑이 있는 것이다. 이에는 합사발, 찬합, 주합, 향합, 비누합, 인주합, 분합, 모자합 등이 있다. 접시는 가장 단순한 형태로 거의 넓적한 형태에 굽을 받친 모양이다. 뱃통과 어깨가 생략되고 밑골만으로 몸체를 구성하고 있다. 종류로는 찬접시, 분접시 등이 있다.

일본을 매료시킨, 황금빛 놋그릇

삼국은 어느 나라를 막론하고 금속을 가공하여 각종 농기구와 마구를 비롯한 생활용품, 장신구, 무기 등을 대량으로 생산했다. 특히 구리와 아연을 중국에서 수입하여 만든 놋그릇은 우리만이 가졌던 합금기술이 빚어낸 황금빛 그릇이다. 놋그릇 기술의 시원은 청동기시대로 거슬러 올라간다. 이때부터 청동제품이 순동제품보다 널리 쓰이게 되고 석기로 만들어 쓰던 무기나 일상용품이 청동기로 바뀌게 된 것이다. 역사적 기록에서도 기원 전 27년부터 일경(日鏡), 팔지경(八咫鏡) 등의 거울을 비롯한 각종 장식품과 일용품, 무기를 중국과 일본에 수출했음을 전한다.

8세기에 신라의 대표적인 수출품은 놋쇠로 만든 유기(鍮器)였다. '안성맞춤'이라는 속담까지 만들어낸, 우리의 뛰어난 유기기술은 신라에서 비

유기(놋그릇)

롯된 것이다.[25] 신라의 기술자들은 대접, 쟁반, 숟가락 등 놋쇠로 못 만드는 것이 없었다. 화려한 금빛의 신라유기는 일본의 귀족층을 사로잡았다. 이렇게 통일신라시대에 금속가공기술이 한층 발전할 수 있었던 것은 682년 철유전(鐵鍮典)을 비롯한 각종 관립 전문제조소를 두어 노비신분인 기술자의 수공업을 국가적 규모로 확대한 데 있다.

고려시대에는 안장가리개・발걸이・재갈・방울 등의 마구류, 토기・목칠기・금속그릇 등의 용기류 제작의 기술도 뛰어났었다. 무엇보다 야금기술이 뛰어나 『송사』 고려전에서 민가의 그릇은 모두 구리로 만들어져 있다고 할 정도였다. 고려의 놋쇠나 놋그릇은 중국사람들이 비단 수 천필씩을 가지고 와서 바꾸어 가기도 했다.[26] 고려시대가 되면 장신구는 쇠퇴하지만 금입사(金入絲)나 은입사 등 금은상감을 한 동경・범종・향로 등 불교의식구를 중심으로 금속공예가 발전하며, 이밖에 합금기술의 발달과 함께 금속활자나 금속화폐가 주조되기도 했다. 이 같은 금속공예의 발달로 주조기술과 담금기술이 점차 다양해져 여러 분야의 금속제품이 만들어졌다. 고려를 왕래했던 중국의 서긍(徐兢)이 고려의 기술이 지극히 정교하다고 감탄했던 사실로도 금속가공기술의 우수성이 인정된다.

조선시대에는 금속가공기술이 활발하여 수철장(水鐵匠)・은장(銀匠)・동장(銅匠) 등의 전문기술자가 있어 금속제품을 만들었고, 입사장(入絲

25 고려말에 유기의 사용을 적극 장려한 이래 조선시대에 많이 쓰인 놋그릇은 손으로 두들겨 만드는 방짜유기와 주물제작법으로 만드는 주물유기의 두 종류가 있다. 방짜유기에는 쟁반・국자・요강・꽹과리・징 등의 식기류와 악기류가 있으며, 주물유기에는 화로・향로・촛대・재떨이・반상기 등이 있다. 방짜유기는 구리 78%와 주석 22%를 합금하여 만든 우리나라 특유의 기술로서 변색이 잘 안 되며 쓸수록 윤이 나는 특징이 있다. 공정이 까다로워 전국에 산재했던 방짜유기 제조는 거의 자취를 잃고 현재 안양에서 제조되고 있다. 주물유기는 틀에 부어 기물을 성형하므로 자유로운 합금과 대량생산이 가능한 기법으로 조선시대부터 경기도 안성제품이 유명하다.

26 『고려사』 광종 9년 및 동 10년조

匠) · 풍물장(風物匠) 등의 금속공예기술자가 있어 고도의 예술성을 발휘하였다. 중종무렵 김검동(金儉同) · 김감불(金甘弗)이라는 무명의 기술자들은 아연과 은을 분리하는 제련법을 창안했다고 한다. 조선시대는 장도 · 비녀와 같은 장신구의 제작과 함께 목가구를 장식하는 금속제품이 개발되었다. 구리는 합금이 가장 잘 되는 금속이어서 기물을 만드는 재료로 많이 사용되었는데, 구리와 아연의 합금인 황동은 범종 · 촛대 등을 만드는 데 이용되었다. 구리와 주석의 합금으로 얻어진 놋쇠 중 방짜쇠는 독성이 함유되지 않아 주로 식기에 사용됐다. 주석과 니켈 합금으로 만들어진 백동은 문방구 · 장신구 · 장식 등에 쓰였다.

세계 최초의 금속활자 사용이 말해주듯이 우리 선조들의 구리합금기술은 조선시대 길이를 재는 놋쇠자의 제작에서도 여실히 드러났다. 이 자에 새겨진 눈금의 간격이나 굵기 또는 재질의 균일성 등은 오늘날의 표준공업규격에도 합당할 만큼 우수하다. 한 동안 스테인리스 그릇과 본 차이나 사기그릇에 밀려 하찮게 여겼던 놋그릇의 가치가 재인식되어 요즈음 부유층의 밥그릇으로 고가에 팔려나가고 있어 주목된다. 놋그릇의 그윽한 빛깔이나 보온의 기능성, 그리고 인체에 전혀 해가 없는 식기로서의 장점이 새삼 포착되고 있는 것이다.

비단 오백년에, 종이는 천년

우리나라에 현존하는 종이 가운데 가장 오래 된 것은 불상을 그리고 그 위에 글씨를 쓴, 신라때 만들어진 『범한다라니(梵漢陀羅尼)』라고 한다. 고려시대에는 책이나 경전으로 많이 남아 있으며, 조선시대에는 더욱 많은 양의 종이들이 생산되어 전해지고 있다. 무엇보다 인쇄물을 길이 전하기 위해서는 양질의 종이를 만들 수 있는 제지술이 있어야 했다. '비단은 오백년 가는데 종이는 천년을 간다'는 표현을 낳은 한지(韓紙)를 만들어 냄으로서 우리는 '지천년(紙千年)'이라는 자긍심을 세우게 되었다. 양지(洋紙)는 산성지라 그 수명이 150년이 고작이지만 조선종이는 중성지라

한지

한지 공예품

3000년도 더 간다고 한다. 하기야 한민족은 일본과 유럽에 제지술을 전한 페이퍼 로드의 주역이라 하지 않는가.

한지라는 용어는 외래지인 펄프가 들어오면서 생긴 말일 뿐 우리는 그냥 종이라 불렀다. 우리의 종이와 구분하여 중국의 종이는 쎈즈(宣紙), 일본의 종이는 와시(和紙)라 불렀다. 목재를 사용하여 만든 서양지와 달리 한지는 닥나무껍질을 원료로 만든 것이다. 한지는 중국이나 일본의 종이와도 재료와 성질이 다르다. 일본의 와시는 삼지닥나무로, 중국의 쎈즈는 고유나무인 청단과 볏짚과 대나무 펄프를 혼합해 제작한다. 질김과 보존성에 있어 한지가 쎈즈나 와시보다 앞선다. 이규경은 『오주연문장전산고』에서, 고려의 종이는 천하에 이름을 떨쳤는데 그것은 닥나무만을 썼기 때문이며 종이가 하도 매끄럽고 질기고 두꺼워서 중국사람들은 고치종이로 불렀다고 말했다.

일찍부터 알칼리성의 전통잿물로 표백하고 닥풀을 접착제로 사용하여 만든 한지의 특성은 우리 민족성처럼 질기고 부드럽고 깨끗한 데 있다. 냄새가 향긋하고 약간 투박해 보이면서도 질감이 좋고 빛깔이 곱다. 용도에 따라 질과 호칭이 달라진다. 문에 바르면 창호지라 불리고, 족보・고서・불경 등의 영인에 복사지, 사군자나 화조를 치면 화선지(畵宣紙)라고 한다. 특별히 연하장이나 청첩장으로 쓰이는 한지로써 솜털이 일고 이끼가 박힌 것은 태지(苔紙)라고 한다.

한지를 오려 갖가지 물감을 들여 만든 조화(造花)는 조선시대 궁궐이나 여염집 그리고 불가·도가·무속에서 장식용으로 널리 사용되어 왔다. 우리의 조상들은 한지로 창호지와 부채뿐만 아니라 연·등·상자·꽃병·갓·신발·술잔·대야·요강·항아리 등 온갖 생활도구를 만들어 썼다.[27] 사실 불경목판의 제작과 금속활자의 발명은 종이의 생산량과 질이 상당히 높았음을 전제로 하는 것이다.

뛰어난 제지기술에 힘입어 11세기 무렵부터는 중국의 송이나 원에까지 많은 양의 종이를 수출했으며, 중국 역대 제왕의 업적을 기록하는 데 고려종이만 썼다고 할 정도였다. 송나라 손목(孫穆)이 쓴 『계림지(鷄林志)』에서는 고려의 닥종이는 윤택이 나고 흰빛이 아름다워서 백추지(白鍾紙)라 부른다고 했으며, 다른 책에서는 금나라의 장종이 고려의 하얀 종이를 좋아하여 항상 그것만을 썼다고 전한다. 『고려도경』, 『문방사고(文房肆攷)』, 『고반여사(考槃餘事)』 등 중국측 기록을 보면 고려지의 우수성을 칭찬하는 내용이 많다.[28]

한편 대나무의 섬유로 만든 종이를 죽지(竹紙)라고 했는데, 이 죽지를 정제하면 흰 색이 되므로 이를 백지라 했다. 백지는 인쇄용 또는 편지지용으로 쓰였으며 종이 중에서 상품으로 쳤다. 제대로 되지 않은 종이는 화지(火紙)라고 하여 불쏘시개로 쓰거나 포장지로 사용하였다. 지금의 세검정 근처에 조선초부터 종이를 만들기 위해 설치한 조지서(造紙署)에서 주로 백지를 생산했는데, 이곳에서 만든 종이의 질이 제일 좋았다. 사실 우리나라에서는 종이가 귀하기 때문에 옛날부터 편지를 쓸 때에 여백만 있으면 그 곳에 가필을 하여 종이를 최대한으로 활용했었다.

산업화에 따라 전주 한지업체가 몰락하여 2001년 10개만 남았다. 그러나 전주 한지가 최근 부활하여 국내매출은 물론 수출물량을 소화하기도

27 『임하필기(林下筆記)』에 보면 인조 때 종이옷[紙衣]을 변방에 보냈으며, 『추관지(秋官志)』에 보면 상류사회에서 종이신[紙鞋]의 사치가 심해 금령을 내리기까지 했음을 알 수 있다.

28 『고반여사』에서는 고려지는 너무나 희고 질기며 먹을 잘 받아들이는 바 중국에 없는 진귀한 것이라고 했고, 『박물요람(博物要覽)』에서는 글을 쓰거나 그림을 그릴 때 먹을 먹는 품이 고려지만큼 겸손한 종이가 없다고 극찬했다.

힘겨울 정도이며, 프린터용지, 외출복, 핸드백 등 한지를 이용한 각종 신상품들이 쏟아져 나오고 있다. 닥종이로 인형을 만들어 유명해진 조형작가 김영희는 "천년 세월을 숨쉬며 사는 닥종이를 만든 한민족으로 태어난 건 행운"이라고 한 바 있다. 무엇보다 한지는 회화의 재료로 각광받고 있다. 물론 전자종이가 나온다고는 하지만 오늘날과 같이 발달된 21세기의 과학으로 만든 종이의 수명이 길어서 100년임을 감안한다면 우리 민족의 내력(耐力)에 간직된 독창성이 얼마나 찬찬한 것인지를 알 수가 있다.

세계적인 조선(造船)술

삼국시대부터 목공기술을 비롯하여 주물기술과 기계기술의 많은 영향으로 조선술과 항해술도 발달했다. 당시 많은 나라에서 알아주던 신라의 조선술은 일본에 전해졌다.[29] 백제 또한 삼국 중 가장 뛰어난 목조건축술을 지니고 있던 만큼 조선술도 최고 수준이었다. 더욱이 백제는 조선술과 항해술을 통해 건축이나 방직, 그 밖의 여러 분야의 기술자들을 일본에 보냈다. 그리하여 그 나라 사람들에게 많은 과학적 지식과 기술을 가르쳐 주었다. 일본의 과학기술이 모두 삼국통일 이전에 일본에 건너온 한국인들에 의해 기반이 닦이게 되었다는 사실은 다름 아닌 『일본서기』에 밝혀져 있다. 일본은 삼국 중 어느 나라보다 백제의 영향을 확실하게 받아들였다. 일본에서 중국으로 사신을 보내거나 승려가 중국땅으로 유학 갈 때 백제의 해안을 통과하지 않으면 안 되었다. 고구려의 광개토대왕은 왜의 수군과 싸워 대첩을 거뒀다. 통일신라기의 장보고는 배를 타고 당과 일본을 왕래하면서 해상을 제패했다. 고려 태조 왕건이 타던 병선의 갑판에서는 승마가 가능했다고 한다. 고려말 몽고와 함께 일본을 정벌할 때는 우

29 신라왕은 우수한 기술자를 일본에 보내 배를 만들게 했고, 이들은 일본에 남아서 이나베(猪名部) 공인(工人)의 시조가 되었다.(『일본서기』 권10 응신천왕 31년(300) 8월).

대형선박

리 배만 온전히 남았다고 한다.

조선시대의 조선술은 뛰어났다. 태종 때는 배 밑바닥에 석회를 발라 나무가 썩지 않게 했고 선창에는 물이 새는 것을 막기 위해 율무가루를 바르기도 했으며, '배 하나에 고물 둘(一船兩尾)'을 만들어 심한 바람에도 배가 뒤집히지 않도록 했다. 세종 때는 배를 만드는 데 나무못 대신 쇠못을 쓰고 갑판에는 특별히 단단한 나무를 사용했으며, 전체적으로 철재를 많이 썼다. 전장 30m 이상이었다는 이순신 장군의 거북선은 우리 선박사에 길이 남을 업적이라 한다. 우리 목조선은 인류 문화사에 크게 기여해 오다가 드디어 철선으로 바뀌어 오늘에 이르렀고, 강철선의 경우 수십만 톤의 대형선으로 발달하며 해운계의 제왕적 위치를 차지하고 있다.

3. 상업

수렵 또는 초기농경사회에서는 자급자족의 형태를 띠어 특별히 상업의 필요성이 대두되지 않다가 생산물의 확대, 인구의 증가, 도시의 발달 등으로 교역활동이 요구되었다. 이에 따라 생산자와 소비자를 연결시키는 주체로서 상인이 등장하게 되었다. 상업은 사람과 사람 사이의 물자 유통 과정을 통해 이윤을 추구하는 생업활동이다. 물자의 수요공급법은 상인의 안목이나 기술에 의해 좌우되었고 이는 상행위의 성패에도 영향을 미쳤다. 심지어 들러리나 얼치기를 동원하여 고객을 끌거나 바람잽이나 동업자를 이용하여 흥정을 붙이는 일도 있다. 따라서 거래활동의 주체로서 상업민속을 전승한 상인, 민중들의 물자교환과 문화교류가 이루어지는 장소로서의 시장[30]을 확인해 보는 일은 중요하다고 하겠다.

"남이 장에 간다고 하니 씨오쟁이 짊어지고 따라간다", "남이 장에 간다고 하니 거름 지고 나선다" 등의 속담들이 있다.[31] 물론 주관 없이 남이 하는 대로 따라 함을 꼬집는 말이다. 여기서 시장이 인간사회의 변화를 주도해 감을 짐작하게 된다. 우리의 장은 물건의 매매가 이루어질 뿐만 아니라 못 보던 신상품도 구경하고 서로가 만나 정을 나누며 세상 돌아가는 소식도 주고받는 등 종합적인 기능을 수행해왔다. 더욱 흥미로운 것은 조선시대 풍속화나 사진을 보면 말 안장에 엽전꾸러미를 싣고 장에 가거나 물건을 사고파는 장터에 득실거리는 남성들의 모습이 눈에 띈다. 신라시대는 시장에서 모든 부녀들이 장사를 했다는 것[32]과 달리 이렇듯이 우리나라에서는 주로 남자들이 시장을 보았다. 남자들의 장보기는 장터가 경제행위보다는 자유로움을 만끽하기 위한 해방공간의 성격이 강했음을 의미한다.

30 우리말로 '저자'라고 하는 장터는 단순히 물건만 사고파는 곳이 아니라 민중의 문화가 총체적으로 숨쉬는 곳이다. 시장의 활성화를 위해 <씨름>·<줄다리기>·<윷놀이>·<남사당패놀이> 등의 민속행사와 별신제 같은 굿판이 벌어졌다. 송파장의 광대줄타기와 산대놀음, 동래시장터의 야유, 은산이나 목계장의 별신제, 강릉 남대천의 단오굿 등이 그 예이다. 시장의 번성을 소망하는 가운데 민요나 설화가 유통되었다. 보부상 놀이패는 시장의 흥행을 위해 민요 <장타령>이나 <각설이타령>을 불렀다.

31 씨앗을 담아놓는 씨오쟁이나 논밭에 뿌리는 거름은 농부에게는 목숨과 같은 것이다.

32 『신당서』 신라전.

남자들이 장에 가는 모습

부족국가시대부터 상인 등장

북만주지역을 차지했던 부여는 일찍부터 외래 금속문화를 섭취함으로써 경제적인 성장을 이룰 수 있었다. 수공업·농업·목축업에 의하여 축적된 잉여생산물의 증가에 따라 필연적으로 교환관계를 촉진시킴으로써 상업의 발전을 이룩하였다. 그리고 외국과의 교역이 중요함을 인식하고 일찍부터 여러 나라와 활발하게 교류해왔다. 부여는 중국과 무역을 했을 뿐만 아니라 고구려와 선비족과의 빈번한 접촉을 통해 상업을 발달시키고 있었다. 중국과의 무역이 가장 왕성하던 때는 후한 광무제때로 이 당시 양국간의 공적 무역은 어느 사회보다도 활발했다.

고구려도 사유재산의 발생으로 가족단위의 새로운 경제체제가 구성되고 다른 부족과 교통을 통해 상업을 발달시키고 있었다. 고구려는 북방의 부여와 한군현과 교섭을 통해 무역을 했다.[33] 고구려는 가까이는 백제·신라를 비롯하여 멀리 일본 및 중국의 진(晋)·연·위 등 제국을 거쳐

33 고구려가 중국에 대하여 행한 조공무역을 살펴보면 대무신왕 14년(A.D.31)에 후한의 광무제에게 사신을 보내어 무역을 시작한 이래 광개토대왕의 영토확장에 따라 무역활동이 융성해지고 장수왕 때에 이르러 무역이 더욱 활발해졌다.

수·당대에 이르기까지 정규적인 조공무역은 물론 사무역도 행하였다. 중국과의 무역에 있어 금·말 등을 수출하고 의관·비단 등을 수입했으며, 일본에 대해서도 철이나 금 등을 수출했다. 백제는 270~311년 사이에 일본에 말을 수출하고 599년에도 다른 가축을 수출했다. 또한 백제 사람들은 바다를 건너 일본에 비단과 베와 각종 공예품을 팔았고, 중국과도 활발히 무역을 전개했다. 신라도 중국이나 일본과 빈번히 무역을 했다.

한국고대 상업의 발전은 고조선때에 이미 곡폐(穀幣)나 피폐(皮幣) 등과 함께 자모전(子母錢)이라는 주화가 사용되는 단계에 이르렀다고 한다. 삼한시대에는 국내상업뿐만 아니라 대외무역도 발달했으며 철이 물품화폐로 사용되었다. 상거래가 이루어지기 위해서는 여러 가지의 물품과 도구가 필요하다. 크게 보아 가치의 교환을 위한 화폐, 거래내용의 기록과 이를 돕기 위한 장부[34]와 셈기구, 상품의 양을 측정할 수 있는 도량형, 상품의 수송을 위한 동력 등으로 나눠볼 수 있다. 우리의 화폐는 시대별 발전상을 뚜렷이 보여준다.

신라에는 3개의 큰 시장이 있었다

우리나라의 경우 수렵 및 농경 중심의 자급자족시대에는 상업의 발달을 기대할 수 없었다. 그러나 고대사회 때부터 농가는 기술적·자연적 제약 때문에 일부 물자를 교역에 의존해야만 했다. 농민들은 집에서 생산한 곡물이나 옷감을 가지고 나가 수공업자가 만든 철제 농기구를 구입해와야만 했고 내륙의 주민들은 행상에게서 생선이나 소금 등을 구할 수밖에 없었다. 삼국시대에는 각국이 모든 수도에 상설시장인 경시를 개설하고 지방에 향시를 열어 행상(行商)들이 활동할 수 있게 하였다.

고구려에서는 일찍부터 행상에 의한 물품교역이 행해졌고, 교역이 확

34 개성의 복식부기는 세계적으로 우수한 거래장부의 면모를 드러낸다. 송상은 서양보다 2세기나 앞서 사개송도치부법(四介松都置簿法)이라는 복식부기를 사용했다.

대되고 상인의 활동이 부각되면서 시장에 대한 의존도도 높아갔다. 압록강을 오르내리며 강변의 촌락에 소금을 공급하는 고구려 소금장수 을불(乙弗)이야기는 유명하다. 백제에서도 행상에 의한 거래가 성행하는 한편 서울인 고마성(固麻城)에는 관설시장이 설치되고 147개의 군현에 성읍시장이 있어 상행위가 이루어지기도 했다.

삼국 중에서도 신라의 경우 시장이 크게 발달되었다. 『삼국사기』에 의하면 470년경 경주에 첫 시장이 생긴 이래 7세기말까지 동시 · 서시 · 남시의 3개 시장이 있었다. 『해동역사』에 따르면 신라통일이후에는 3개 시장 외에 426주읍에 시장이 있었던 것으로 판단된다. 이러한 상업조직들의 활발한 운영과 더불어 행상이 발달하여 물자판매를 주도했다. 삼국통일로 인해 인적 · 물적 자원이 풍부해지고 교통이 원활해지면서 통일신라시대는 민족자주경제의 비약적 발전을 이룩하였다. 대외무역도 활발히 전개되었는데 통일신라때 장보고의 무역활동은 눈부신 것이었다.

개성 시전 / 500여 군데의 향시

우리나라의 상업형태 즉 시장을 보면 삼국시대부터 조선시대까지 비슷한 양상을 띤다. 중앙에는 점포를 가지고 앉아서 장사하는 시전(市廛)이 상설 운영되었다. 즉 시전이란 국가가 지어 상인에게 대여하는 상설점포로서 큰 상점을 말한다. 한편 시전상인의 수가 늘면서 정식 상가 옆에 임시건물을 지어 장사를 하는 상인들도 생겼는데, 이러한 작은 상점인 임시점포를 가가(假家)라고 했다. 오늘날 가게[35]라는 말이 여기서 유래되었다고 한다. 지방에는 행상에 의해 임시로 개설되는 노점으로서 거래가 끝나면 모두 흩어지는 향시(鄕市)가 있었다.

35 고정건물인 가게를 나타내는 말로는 전(廛), 점포(店鋪), 방(房), 가(家), 점(店), 막(幕) 등이 있다. 전이나 점포는 규모가 큰 상점이고, 방은 전보다 작은 방만한 크기의 가게며, 가(家)는 방보다 작은 소매점으로 보통 가게라고 하는 곳이다. 점은 토기나 철기 등을 만들어 파는 곳이요, 막은 주막 같은 곳이다.

고려시대의 도시상업은 시전으로 설명될 수 있는데, 가장 규모가 컸던 시전은 태조 2년(919)에 처음으로 설치된 개성의 시전이었다. 태조 왕건은 상인의 후예답게 개경에 도읍을 정할 때부터 궁성 앞에 대규모의 시장거리를 함께 건설할 것을 명하였던 것이다. 『고려도경』에 의하면 13세기 초에는 개성의 광화문(廣化門)에서 부(府) 및 관(館)에 이르는 길옆에는 시전건물이 들어서 민가를 모두 가렸다고 한다. 국초 이래로 설립된 시전은 중기 이후 더욱 번창하였다. 개성에는 이와 같은 시전 외에 일정한 장소에서 열리는 노상시장이 설치되기도 했다.

지방상업은 교통의 요충지에 개설되는 정기시장인 향시를 중심으로 번성했다. 향시에는 아직 경시와 같은 상설점포는 없었으며 평상시에는 아무런 상품교역이 없다가 시장이 서는 날이면 각자가 생산물을 갖고 나와 매매하였다. 고려에는 513개의 군현이 있었으니 성읍시장도 500여 군데는 되었을 것으로 본다. 향시를 중심으로 활동하는 전업적인 상인으로서 상인단체를 형성하는 행상인들이 있었던 것이다. 고려시대에는 대토지를 소유한 사원이 막대한 재원을 토대로 생산한 불구(佛具)·기와·의류 등 각종 수공업품과 그 잉여생산물을 가지고 상거래를 했으며 대규모로 고리대를 운영하기도 했다. 특히 술과 소금을 제조 판매하는 한편 파나 마늘, 기름과 꿀 등을 생산 판매하여 부를 축적했다.

숙종은 서경의 습속에 상업을 일삼지 아니하여 백성들이 그 이익을 잃고 있다는 말을 듣고, 화천별감(貨泉別監) 두 명을 보내어 날로 시장을 감독하게 하여 상인들로 하여금 모두 무역의 이득을 얻게 하라고 명한 바 있다. 송·여진·거란·원·왜 이외에 멀리 아라비아 등 여러 나라의 상인들과의 교역이 활발해지면서 건원중보를 비롯한 여러 종류의 금속화폐가 등장했다. 그러나 일반백성들은 쌀이나 포 등 물품화폐를 주로 사용하였다.

육의전(六矣廛)의 신용 / 1,000여개의 시장

조선시대의 대표적인 상업조직은 국초 태종때 개설된 서울의 시전과, 선조이후 시전 중에서도 규모가 큰 6개의 상점을 골라 불렀던 육의전이다. 그리고 지방도시의 상설점포와 객주 및 여각,[36] 행상인 보부상, 어용상인인 공인 등을 들 수 있다. 서울에는 지금의 광화문 우체국 앞에 있던 혜정교서부터 창덕궁 입구까지 도로변에 관이 임대하는 800여 칸에 이르는 거대한 규모의 상설점포인 시전이 운영되고 있었다. 그리고 가가(假家) 등 작은 상점이 시중에 산재해 있었으며 몇 군데 시장이 열리기도 했다. 서울 이외에도 개성, 평양, 함흥, 수원, 강경, 나주, 통영, 경주, 전주 등의 도시에는 정부에서 설치한 시전이 있었다.

육의전에는 신주단지 모시듯 하는 '복첩(福帖)'이라는 것이 있었다. 육의전의 규모가 크고 작고는 가게 평수의 넓이나 거래의 많고 적음으로 정하는 것이 아니었다. 얼마나 오래된 단골손님(福人)을 어느만큼 많이 보유하고 있는가, 즉 복첩의 두께로 가늠했다. 육의전에서 신용을 복(福)이라 했으니, 바로 육의전에서의 신용의 위상을 짐작할 수 있다.

대외무역은 명·여진·일본 등과 관무역 중심으로 이루어졌으며, 조선전기 우리나라 최초의 지폐인 저화(楮貨)와 조선통보의 발행 등 명목화폐의 유통을 추진하였으나 사회경제발전의 미성숙으로 여전히 화폐는 널리 통용되지 못했다.

지방에는 일반적으로 10일마다 열리던 장시(場市)가 5일장[37]으로 바뀌면서 상업이 성행했다. 5일장은 조선시대 사회경제사의 상징이자 오늘날에도 이어지는 풍속여서 2006년 100대 민족문화상징에 선정되기도 했다.

---

36 객주의 가장 중요한 업무는 위탁판매이고, 여각은 큰 창고를 보유할 만큼 많은 자본을 가진 객주이다.

37 매일 열리는 상설시장을 비롯하여 5일장·10일장 등은 정기시장이요, 배가 도착할 때 열리는 포구장이나 시장을 처음 열 때 벌이는 난장(亂場) 등은 부정기시장이다. 장이 새로 형성되거나 장소를 옮길 경우 이 사실을 주민들에게 알리기 위해 며칠 동안 '난장판'을 벌이며, 이때 각종 민속놀이가 펼쳐진다.

5일장

장문(場門)이라고도 불리던 장시가 처음 출현했다고도 하는 15세기 후반은 왜구의 침입으로 황폐해졌던 해안지역의 농토개간이 완료되고 농업생산력이 현저히 발달한 시점이었다. 성종 원년(1470) 곡물과 해산물이 풍부했던 전라도 무안, 나주 등지의 사람들은 그 지역에서 처음으로 큰 흉년을 맞아 스스로 한 달에 두 번 읍내 거리에 시장을 열고 필요한 물건을 교역하면서 이를 장문이라고 불렀다.[38] 15세기말에 비로소 일부 지방에 상설 점포가 나타나기 시작했다.

대부분 농민과 수공업자들이 직접 물건을 매매하는 장시가 서게 되자 그 이전부터 농촌을 돌아다니던 행상들의 활동도 영향을 받게 되었다. 장시는 17세기말 이후 더욱 확산하는 추세를 보였으며, 18세기 중반에는 전국의 장시 수효가 1,000여곳에 달하게 되었다. 그러나 5일장은 경제발전에 따른 급속한 도시화와 이농현상으로 현재는 650여개만 남아 명맥을 유지하고 있다.

무엇보다 서울근교인 경기도의 광주 사평장 · 송파장 · 안성 읍내장 · 교

38 『성종실록』 권27, 성종4년 2월 임신.

하 공릉장 등이 유명했다. 서울 외곽에서 가장 번성한 난전이던 송파나루는 강원까지 배가 왕래하고 객주집이 270호나 되는 손꼽히는 상업중심지였다.[39] 상행위가 활발하고 사람의 왕래가 잦은 이 같은 송파장이나 양주장에서는 장의 흥을 돋우기 위해 상인들이 기부금을 거둬 놀이패를 고용함으로써 산대놀이가 성행했다. 박지원의 <허생전>에 나오는, 허생이 거부가 되기 전 1만냥을 가지고 제수(祭需)인 밤·대추·곶감을 모조리 매점했다는 장은 바로 안성장이다.

강경젓갈시장

또 강을 끼고 있는 경상도의 김해, 충청도의 강경 등에서 시장이 크게 발달했다. 전국 젓갈량의 60% 이상을 차지하는 강경은 평양, 대구와 함께 조선시대 전국 3대시장의 하나였다. 강경은 기름진 금강평야를 끼고 충청도와 전라도의 육지와 바다 사이에 있어 수산물·농산물·축산물의 교역장으로 유명했다. 젓갈시장으로는 충청도의 광천이나 서울의 마포도 유명했다. 선박유통을 가능케 하는 대표적인 포구의 하나인 전라도 영광의 법성포에는 그 유명한 영광굴비를 전문적으로 파는 굴비시장이 형성되어 있었다. 이와 관련된 특수시장으로 군산·부산·원산 등의 어시장이 유명했다.

특수시장은 이밖에 우(牛)시장, 약령(藥令)시장, 곡물시장, 죽물(竹物)시장 등이 있었다.[40] '쇠장'이라고 불리는 우시장으로 전국에서 유명한 곳은

39 송파는 한강, 동빙고, 용산, 마포 등과 더불어 한강의 오강(五江)이라 불렸다. 1925년 대홍수로 송파나루가 물에 잠긴 이후 송파장의 옛 모습은 자취를 감추었다.

40 일제시대 이후에는 야시장도 생겼는데, 이는 일제가 기존의 상권을 다 장악한 대신 한

개성시장

대구시장

평양시장

우시장

경기도의 수원 우시장을 비롯하여 함북의 명천장과 길주장, 평양이나 성천의 우시장 등이 유명했다. 원래 서울에는 우시장이 없었다. 약령시장의 경우는 대구·청주·공주의 약령시가 이름이 났는데 그 중 대구약령시는 유명해서 외국상인의 내왕도 많았다. 시장에는 수백 종의 국산약재뿐만 아니라 중국산약재도 나왔다. 곡물시장으로 일제 때 설치된 아홉 군데는 서울·부산·진남포·목포·대구·군산·원산·강경·신의주 등이다.

장시를 주도한 장돌뱅이, 보부상

『경국대전』에 의하면 상인은 앉아서 파는 좌고(坐賈)와 돌아다니며 파

국인들의 숨통을 터주기 위해 만든 것이다. 서울의 종로, 경기도 수원의 야시장이 유명했다.

일용기(장부)

보부상(부상)

는 행상으로 나뉜다. 장시를 주도하던 행상에는 육로를 이용하는 보부상(褓負商)과 수로를 이용하는 선상(船商)이 있다. 삼국시대부터 이미 생겨난 보부상으로는 개성의 송상(松商), 평양의 유상(柳商), 의주의 만상(灣商), 부산 동래의 내상(萊商), 함흥·길주·북청·원산 등지의 북상(北商) 등이 유명하다. 서울의 시전상인과도 맞서 경쟁했던 개성상인은 거의 전국을 무대로 행상활동을 했다. 포구간의 선박유통은 시장경제에서 대단히 중요한 역할을 했는데, 고려전기에는 보부상보다 해상·강상의 선상활동이 더 두드러졌다. 그리고 선박유통은 18세기말이면 전국을 단일한 시장권으로 들어오게 하는 역량을 발휘했다. 대표적인 포구로 한강을 비롯하여 원산포, 칠성포, 마산포 등을 들 수 있는 바, 선상으로는 한강연안의 경강상인이 유명하다.

당시 우리나라에서 가장 부자가 많이 살던 곳이 한양과 개성이었던 것도 우연이 아니다. 조선후기 상품생산의 증대는 시장이나 포구의 발달을 촉진했다. 시장이나 포구에서는 판소리나 탈춤과 같은 민중예술이 연행되기도 했는데, 1960년대까지도 명창이나 놀이패가 호구지책으로 시장과 포구를 돌아다니기도 했다.[41] 그러나 조선초에는 보부상과 선상의 활동이

보부상 물건

봇짐

그다지 활발하지 못했으며, 이렇게 상업이 부진함으로써 화폐경제는 자연 크게 발달하지 못했었다.42

장시를 삶의 터전으로 삼던 수많은 장돌뱅이 가운데 보부상은 장시를 중심으로 행상하면서 생산자와 소비자 간의 교환경제를 매개하는 전문적인 상인이다. 보부상은 보상(褓商)과 부상(負商)으로 나눌 수 있다. 보상은 비교적 고가의 의류・보석・화장품 등의 방물이나, 탕건・지필묵・각종 세공품 같은 것을 보자기에 싸가지고 다니는 봇짐장수이다. 부상은 생선・소금・약재・그릇・가마솥・돗자리 등의 생활용품을 지게에 지고 다니며 파는 등짐장수를 말한다. 산간지역의 주민들은 소금 등의 생활필수품을 등짐장수를 통해서만 구입할 수 있었다.

이 보부상은 육의전과 더불어 조선상업사에 있어 도시와 지방상업의 대표적인 존재로서 19세기 이후에는 특정 물건을 독점하거나 장시에 대

41 보부상들은 공문제(公文祭) 같은 의례를 치렀고, 끝나고 나면 놀이패를 불러 한 바탕 놀이마당을 벌였다. 시장의 활성화를 위한 보부상놀이의 행진은 맨 앞에 봉매기(奉枚旗)가 서고, 청사등롱 수십여 개가 나가고, 다음에 팔십여 보부상을 상징하는 장정의 목화송이를 매단 패랭이와 물미장(勿尾杖) 행렬이 선다. 그 뒤에 각설이・걸궁패・들병이 등의 잡색패, 용천뱅이, 호인(胡人) 환술사들이 따른다. 한편 놀이와 잔치 등의 일로 모이는 보부상들의 친목단체를 모꼬지라 한다.

42 고려시대부터 이미 국가가 금속화폐나 지폐의 유통을 추진했으나 쌀, 삼베, 무명 등 물품화폐에 익숙한 서민들을 설득하지 못한 채 번번이 실패한 점도 화폐의 발달을 막은 원인의 하나다.

덕산 상무사

한 통제권을 가지기도 했다. 기자조선시대부터 있었다든가, 조선건국때 이성계를 도와 많은 일을 한 후 크게 드러났다고 하는 보부상은 국가의 보호 아래 육성되는 대신 유사시에 국가를 위해 일정한 역할을 수행했다. 임진왜란이나 병자호란 때 군수품을 조달하는 등 큰 일을 하였다. 정조가 화성을 축조할 때나 병인양요시 강화도로 군량미를 운반할 때 공을 세웠으며, 동학농민전쟁때 관군을 돕기도 했다.

이들의 조직력은 정치에 이용되거나 국난에 위기극복의 수단으로 쓰일 만큼 막강했다. 전통사회에서 보부상만큼 자율적이며 강한 결속력을 지닌 조직도 드물다.[43] 1910년 이후 일제가 경제적 독자성을 갖는 이 애국적인 상업단체의 말살을 획책함으로써 전국의 보부상단은 거의 소멸되어 버렸다. 저산(苧産) 8읍[44]의 상무사(商務社) 좌사와 우사만이 형식적으로

43 서로 '동무'라 부르며 다져진 보부상의 강력한 집단의식은 의병이나 독립군 같은 조직체계에 영향을 미쳤다. 이들 조직은 도나 군에 임방(任房)을 갖추고 있는데, 조직의 문서 가운데 『예산임방입의절목(禮山任房立議節目)』을 보면 잘못을 저지른 자에게 다음 같은 벌을 내리기도 했다. "시장에서 물건을 억지로 판매하는 자는 볼기 30대를 친다", "불의를 저지른 자는 볼기 30대를 친다" 등의 내용이다. '방물장수'라 불리던 여자 보상은 조직에는 직접 참여하지 않았지만 집집마다 자유롭게 드나들며 물건을 팔았으며 바깥세상에 돌아가는 사정이나 소식을 전달하는 구실을 하였다.

부활되어 그 명맥이 유지되고 있다.

공인자본 · 상평통보, 상업발달촉진

전쟁으로 재정적 타격을 입은 조선정부는 폐농 등으로 농경지에 의한 세수가 줄자 상업세부분에서의 세수증대를 목적으로 상업억제정책을 다소 완화하였다. 경제적 어려움을 겪던 정부가 조선후기에 이르러 점차 상인자본을 축적해온 상인들의 재력에 의지할 수밖에 없었던 것이다. 정부는 상업을 육성하는 시책과 함께 육의전에 금난전권을 부여하는 보호책도 마련했다. 종로 네거리일대에는 시전 가운데 확고한 위치를 차지하는, 비단 파는 선전(縇廛), 무명 파는 면포전(綿布廛), 종이 파는 지전(紙廛) 등 육의전이 있었고, 단일품목을 거래하는 90여전의 상설점포가 있었다.

대동법 실시 이후에는 다양한 품목을 대량으로 취급하는 도매상격인 공인(貢人)이 등장하였다. 이들은 우리나라 최초의 상업자본가로서 서울과 지방에서 크게 활동함으로써 화폐의 유통과 상업 및 수공업의 발달을 자극했다. 정부에 필요한 물품을 구입 조달하던 공인은 특권층에 기생하여 부를 증대시켰다는 비난도 받을 수 있다. 그러나 공인자본의 확대는 사회경제의 발전과정에서 볼 때 공장제수공업의 발전에 기여하였고, 경제유통을 원활히 하여 국가산업발전에 공헌했다는 점을 소홀히 할 수 없다.

경제 재건책의 일환으로 새로운 화폐의 발행도 추진하였다. 17세기 중엽부터 점차 국내외 문물교류가 활발해지면서 유통부문에 일반적 교환수단의 재개가 요구되었다. 이에 따라 숙종 4년(1678)에는 동(銅)으로 상평통보[45]가 주조되어 우리나라 화폐사상 처음으로 전국적으로 유통되었다.

44 한산, 부여, 서천, 은산, 홍산, 비인, 남포, 임천 등 충남일대 모시 생산으로 유명한 8개 지역을 말한다.

45 상평통보는 전체가 둥글고 중앙에 네모난 구멍이 뚫렸는데(圓形方孔), 이는 진시황제가 화폐 제작시 하늘은 둥글고 땅은 네모나다는 세계관을 가지고 디자인한 이후 2천

상평통보

고종 25년(1888)까지 200년이상 지속된 상평통보의 통용력은 상업의 발달을 촉진시켰다. 또 도시중심으로 도매상인인 동시에 대금업 · 위탁판매업 · 여관업 등을 겸하는 객주나 여각이 있어 상권을 확대하여 갔다.

근대경제로 나갈 사상(私商)의 활약

18세기에 이르러 전국 각지에서 뛰어난 자금력과 우수한 조직망을 토대로 사상들의 활약이 커짐에 따라 전국적으로 시장이 확대되어 갔다. 사상은 주로 서울근교에 근거지를 두고 서울로 진입하는 물품들을 중간에서 사모아 장사를 하는 사람들이었다. 함경도나 강원도 등지에서 서울로 들어오는 길목인 의정부의 다락원이나 포천의 송우점, 삼남지방에서 서울로 들어오는 길목인 송파, 한강연안의 용산이나 마포 등이 대표적인 사상의 거점이었다. 사상들은 이곳을 기반으로 서울의 종루(種樓, 현 종로), 칠패(七牌, 현 남대문시장), 배오개(梨峴, 현 동대문시장 또는 광장시장)[46]에 생긴 3대 상설시장의 소상인과 지방의 대표적인 상인이었던 개성상인들과 연계하여 그동안 특권을 누리던 시전상인이나 공인들을 압박하면서

년 간 동양화폐의 기본 꼴이 되었다. 백성들은 상평통보를 '엽전(葉錢)'이라 불렀다. 상평통보의 형틀을 만들 때 서로 연결되도록 골을 팜으로써 쇳물을 부으면 한꺼번에 여러 개가 주조되었고 이것이 굳어지면 하나씩 떼어내어 연마했는데, 떼어내기 전의 모습이 나뭇가지에 매달린 잎사귀 같다 하여 엽전이라 부르게 되었다.

46 일제는 1914년 법령으로 시장규칙을 정하고 각종 시장의 상권을 독차지했는데, 예외적으로 남대문장과 동대문장만은 한국인들의 것으로 남겨 두었다. 임진왜란 이후 '동부채 칠패어(東部菜 七牌魚)'라는 말이 생겼듯이 동대문시장에는 과일 · 채소 · 잡화가 유명하고, 남대문시장에는 수산물이 많았다.

남대문시장

동대문시장

광장시장

점차 서울의 상품유통을 장악하여 갔다.

정조 말년인 1795년에는 드디어 사상이 중심이 된 난전의 합법적인 상업활동이 공식적으로 인정됨으로써 봉건적 경제체제는 해체되기 시작하고 새롭게 근대적인 경제체제로 나아갈 조짐을 보였다. 즉 조선후기는 국내적으로 보부상의 활동, 전국적 시장망의 형성, 화폐유통의 보편화, 사상의 등장 등 상업이 크게 발달했다. 한편 대외무역에 있어서도 청·일본 등과의 관무역 이외에 사무역이 활발히 전개되었다.[47] 이로써 상업에 의한 자본축적이 이루어지면서 근대자본주의 싹이 돋아났다.

47 청·일 중계무역 등 대외무역의 발전은 국내의 상업은 물론 공업, 농업 등 다른 산업을 자극하여 그 이전에 볼 수 없었던 상업적 분위기를 연출 확산시키는 데 크게 기여했다.

4. 어업(수산업)

오늘날 우리의 조선업을 비롯한 수산업·어업의 발달은 놀라울 정도이다. 100여년 전 바닷가의 진(津)이라 불리던 포구들은 근대적인 시설을 갖춘 항구로 바뀌었고, 사람의 손으로 움직이는 떼배, 바람의 힘으로 움직이던 범선들은 자취를 감춘 지 오래고 공선(工船), 원양어선 등 거대한 배들이 들락거리고 있다.

대한해협을 통해 북쪽으로 흘러 동해로 들어오는 난류인 대마해류는 북에서 내려오는 한류인 리만해류와 부딪쳐 동으로 꺾이어 일대는 좋은 어장이 되어 있다. 남쪽과 서쪽에는 난류가 흐르고 있고, 황해는 수심이 1000m가 넘지 않으며, 넓은 대륙붕을 이루어 역시 많은 어족들이 살고 있다.

한반도에 농경생활이 시작되기 전에는 어로와 수렵이 식량획득의 좋은 방법이었다. 신석기시대에 들어와 어로작업에 사용된 것으로 짐작되는 혈암제(頁巖製)결합 낚시유물이 강원도 동해안의 오산리 유적에서 발견되었다. 그리고 부산의 동삼동 유적에서는 조개더미와 조가비 인면(人面)이 출토되어 그 시대에 어로활동이 왕성했음을 추정케 한다. 청동기시대에 들어와서는 바늘을 이용한 조어법과 그물을 사용하는 망어법이 보다 발전되었다. 3~4세기 경에는 조선기술이 발달하여 근해어업으로 확대되면서 어획량이 증가하고 종류도 많아져서 곡물 다음의 기본식품이 되었다. 철기시대이래로 삼국을 거치면서 어구의 철제화가 이루어지고 조선술 및 항해술의 발전에 의해 해안을 중심으로 한 연안어업의 형태를 갖추게 되었다.

또한 삼[麻]의 재배가 시작되면서 어망의 제작이 가능하게 되어 어획이 향상되기에 이르렀다. 그러나 불교가 유입되면서 백제와 신라 그리고 고려에 걸쳐 살생을 금지한다는 취지에 따라 어업의 퇴조와 함께 어민을 천시하는 경향을 보였다. 더욱이 불교가 융성했던 고려시대는 어로활동이 부진했음은 물론 어류는 하층민들이 주로 먹었다.[48] 하지만 고려시대에는 새우잡이를 잘하여 젓갈을 만들어 귀천이 모두 즐겼으며, 불빛을 이용한 게잡이도 매우 성했다.

조선시대에는 고려때보다 어로가 활발히 이루어졌으며 어느 정도 원양어업도 발전했다. 조선후기에는 건조·염장 등의 가공품이 산지에서 생산 보급되었으며, 다양한 어종이 포획되었다. 명태가 대표적인 어종이었으며, 멸치[行魚]는 18세기 말에서 19세기 전반에 이르러 우리나라 연안에서 대량으로 포획되기 시작했다.[49] 멸치가 널리 쓰이게 된 것은 20세기 초부터로 생각되며 그 이전에는 바싹 말린 청어를 많이 썼다. 청어는 사시사철 전국에서 잡혔는데, 『선조실록』(1614년 7월조)을 보면, 청어가 많이 생산되어 상선들이 구름처럼 모여들었다고 되어 있다.

어구(漁具), 채취류 · 낚시류 · 그물류

어구는 강이나 내에서 쓰이는 강천어구와 바다에서 사용되는 바다어구로 나눌 수 있다. 바다어구는 크게 채취류, 낚시류, 그물류, 막이류 등으로 나누어진다.

채취류는 조개를 비롯하여 굴·김·다시마·멍게 등을 채취할 때 사용하는 것으로 쪼새, 조개틀, 호미 등이 있다. 조개류 가운데 식용으로 널리 쓰이는 것은 백합으로, 백합 살은 단백질이 풍부하여 고급영양식품으로 애용된다. 껍데기는 바둑알이나 노리개를 만드는 데 쓰인다. 고막에는 가장 작은 고막, 그보다 큰 새고막, 가장 큰 피조개가 있다. 새고막과 피조개는 생식용으로 많이 쓰이며 전량 수출된다. 조개는 예로부터 경포호수에서 생산되는 것이 이름 높았다. 미역은 울릉도에서는 나는 것이 대나무처럼 마디가 굵고 좋았다.

48 『고려도경』 권20 잡속 2 어조에 보면 "고려에서는 양고기·돼지고기 등의 축육은 왕공·귀인이 아니면 먹지 않으며, 서민은 수산물을 많이 먹는다"고 나온다.

49 조선시대 크게 성행한 것이 멸치 어업이다. 잡는 즉시 말리지 않아 썩은 멸치는 거름으로 삼기도 했다.

낚시류는 대에 낚시 바늘을 하나에서 서너 개 다는 것과 수백 개를 달아놓은 주낙(연승)으로 구분된다. 주낙이라 부르는 어구는 고기를 살아 있는 채로 잡아 올릴 수 있는 게 특징이다. 따라서 수산물 개방화시대에도 불구하고 고급의 자연산 활어 횟감을 선호하는 사람들의 기대에 부응할 수 있다.

주낙

그물류는 수백 m에서 몇 km씩 되는데, 걸그물[刺網]·끌그물(후리그물, 오타트롤otter trawl)·들그물[敷網]·두리그물[旋網]·자리그물[建網] 등이 있다. 현재도 조업 중인 후리그물작업은 대개 일제침략기에 시작된 것이며, 정치망(定置網)이나 안강망(鮟鱇網) 등의 그물작업도 그 당시에 전파된 것으로 보인다.

걸그물은 그물 위쪽에 뜸[浮子]을 달고 아래쪽에 발줄과 발돌(沈子一錘)을 단 장방형의 그물이다. 해저에 치는 저자망(底刺網)과 물의 표면에 띄우는 유자망(流刺網)·부자망(浮刺網) 등이 있다.

끌그물은 물고기가 많이 있는 곳에 그물을 넣고 끌어서 자루처럼 생긴 그물 속에 물고기가 들어가도록 해서 잡는 것이다. 끌그물에는 지인망(地引網)과 선인망(船引網)이 있다. 지인망은 우리말로 '후리그물'이라고 한다. 해저가 모래나 뻘로 된 평탄한 내만(內灣)에서 울타리처럼 생긴 긴 그물을 바다에 길게 둘러 쳐놓고 그물의 양쪽 끝을 육상에서 잡아당긴다. 선인망은 물리적인 힘이나 기관의 힘으로 배가 그물을 끌고 다니게 하거나, 배는 고정시켜두고 먼 곳에 있는 그물을 배 위에 사람의 힘으로 끌어 그물과 배 사이에 있는 물고기를 잡는 것을 말한다.

들그물은 수중에 그물을 펼쳐두고 그 위에 대상물이 오도록 기다렸다가 그물을 들어올려 떠서 잡는 어구이다. 두리그물은 주로 표층에 무리지어 있는 어군을 탐색하여 둘러싸거나 야간에는 심층에 숨은 어군을 집어 등(集魚燈)으로 부상시킨 다음 그물로 싸고 밑발에 달린 와이어 로우프를 졸라 물고기가 밑으로 숨어 달아나는 것을 막으며 그물로 싸서 잡아 올리는 것이다. 두리그물 가운데 근해어업 중 가장 규모가 큰 어업으로 그 대표적인 것이 건착망(巾着網)이다.

자리그물은 정치망이라고도 한다. 대부분 일정한 장소에 고정시키는 그물인데, 수심과 유속이 알맞은 곳이라야 한다. 자리그물 가운데 주목할 만한 것은 장망류(張網類)이다. 물살이 빠른 길을 택하여 부설하는 그물로서 자루처럼 생긴 낭망(囊網)만으로 된 것과 낭망의 입구 양끝에 날개 그물이 달린 것 등이 있다. 서해 및 남해 서부의 조류가 빠른 곳에서 조업하는 안강망·중선(中船)·주목망(柱木網)·낭장망(囊張網) 등이 여기에 속한다. 안강망은 서해와 동지나해가 주어장이 되고 조기와 갈치 등을 주로 잡는다. 우리나라에 옛부터 내려오는 죽방렴이나 어전(漁箭)·어장(漁帳) 등도 이 장망류에 속한다.

막이류, 독살·죽방렴·덤장

막이류는 바다의 조수를 이용한 어법으로 갯벌이 발달한 바닷가를 중심으로 설치한다. 해안에 둑처럼 돌을 쌓아 만든 독살(돌살), 대나무 발로 만든 죽방렴(竹防簾),[50] 그물과 발을 이용해서 설치한 덤장[擧網]과 어장(漁帳) 등이 있다. 막이류에는 끝에 통발이 설치되어 있다. 통발은 대나 싸리나무로 둥우리를 만들어 한쪽 끝에 입구를 만들고 깔때기를 달아 물고기가 한 번 들어가면 나오지 못하게 만든 것이다. 통발의 설치는 넓은 강 한 쪽에 돌담을 쌓아서 차차 좁아지도록 차단하고, 그 끝에 통발의 입구가 놓이도록 고정시킨다. 오늘날에도 강변 사람들이 흔히 쓰고 있는 어구이며, 바다에서도 통발을 많이 쓴다. 주로 장어잡이에는 대로 엮은 통

50 예로부터 우리나라 서해안에서 널리 보급되어온 어전(漁箭)을 설치재료에 따라 구분할 때 돌로 쌓은 독살, 대나무를 이용한 죽방렴, 흙을 쌓아 만든 토방렴이 되는 것이다.

독살

죽방렴

발을 많이 쓰며, 게잡이에는 그물통발을 많이 쓴다.

독살은 해변에 석축을 쌓아 고기를 잡는 어법 중의 하나이다. 밀물에 밀려들어 왔던 고기들이 썰물에 빠져나가지 못하고 석축 안에 갇히게 하는 방법으로 고기를 잡는다. 썰물때 미처 보(洑)를 넘지 못하고 '독 안에 든 고기'가 되는 것이다. 보통 움푹 들어간 해변이 독살을 설치하기에 좋은 장소가 된다. 충남 태안군 남면 몽산1리 굴혈포구는 전국에 몇 안 되는 온전한 형태의 독살이 남아 있는 곳이다.

죽방렴은 참나무살(말목)을 부채꼴모양으로 10여m쯤 촘촘히 박은 뒤 대를 쪼개 그물을 치고 꼭지부분에 대나무로 둥글게 통발을 만들어 고기가 들게 한다. 살과 통발이 만나는 곳에 안쪽으로만 열리는 쇠발을 설치한다. 물이 빠질 때 문이 열리지 않게 하는 일종의 자동문인 셈이다. 썰물이 되면 어부는 배를 타고 나가 통발에 든 고기를 뜰채로 건진다. 요즘에는 태풍에도 견딜 수 있도록 참나무말목 대신 H빔을 박은 곳이 많다. 항해술이 신통찮고 그물 만들기도 어려웠던 시절엔 이런 식의 함정어법이 대세였다. 전라도지역에서는 대나무가 많기 때문에 죽방렴이 어로형태의 주종을 이루었다. 죽방렴이 발전된 형태의 그물로 건강망(乾綱網)이라는 것도 있는데, 주로 개펄이 발달한 곳에서 볼 수 있다.

덤장은 거망(擧網)이라고도 하며, 자리그물의 일종이자 크게 보아 어장(漁帳)의 일종이다. 비교적 얕은 바다에 일정한 간격을 두고 일렬로 말목을 박아 울타리처럼 그물을 치고 바다쪽 끝에 뚜껑 없는 뒤주처럼 생긴 4

각입방체의 통그물을 단다. 조선말기의 대표적인 어구의 하나이다. 어장은 구한말까지 우리나라에서 쓰이던 각종 어구 중에서 가장 규모가 큰 어구였다. 어전·죽방렴·어장은 어법면에서 모두 동일계통의 어구라 할 수 있다.

서해안의 조기와 염장

서해안에서는 조기[石水魚]가 대표적인 어종이다. 조기는 동해안의 명태, 남해안의 멸치와 함께 우리나라 바다에서 나는 대표적인 물고기 가운데 하나이다. 전북 위도의 칠산어장, 황해도 해주 앞바다의 연평어장이 유명하다. 정약용은 『경세유표』에서 충청도의 어전에 관하여 청어와 조기가 수입이 제일 많고 준어와 잡어가 다음 간다고 말하고 있다.

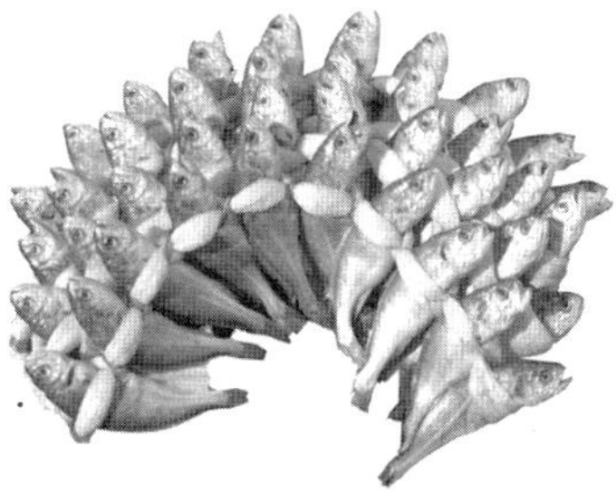

굴비

서해안은 간만의 차가 심해서 바닷물의 유입이 쉬울 뿐만 아니라 갯벌이 발달되어 있어 염전(鹽田)을 만드는데 가장 유리한 조건을 갖추고 있기 때문에 조기를 소금에 절여 굴비[51]를 만들었다. '돌아앉은 시앗이 다시 오고 송장이 된 시어미가 벌떡 일어서게 한다'고 하는 게 영광굴비 아닌가. 굴비는 우리나라 고유의 이름 있는 수산제품이다. 건조방법은 절였던 조기를 20마리씩 짚으로 엮어 두름을 만들어 건조책에 걸어서 햇볕에

51 고려 때 예종과 그 아들 인종에게 두 딸을 왕비로 바치면서 권세를 누리던 이자겸이 급기야 왕을 독살하려다가 영광으로 유배되었다. 그는 그곳에서 처음 굴비를 먹어보고 맛에 반해 바로 왕에게 이 굴비를 장문의 글과 함께 진상했다고 한다. 재기의 기회로 삼으면서도 자존심은 필요했든지 억울하게 귀양을 왔지만 복원될 그날까지 결코 비굴하게 살지 않겠다는 결연한 의지를 보여주기 위해 비굴이라는 글자의 순서를 바꿔 '굽히지 않는다'는 뜻의 '굴비(屈非)'라 이름 지어 보냈다는 것이다. 물론 이자겸은 풀려나지 못하고 그곳에서 죽음을 맞았으나, 그 후 영광굴비는 궁중 진상품이 되었다.

말린다.

우리나라산 어물염장품 가운데 고등어는 일제말기 중국대륙 및 만몽(滿蒙)의 오지까지 석권하여 절대적인 인기를 끌던 수출품종이었다. 이밖에 우리나라에서 많이 만드는 염장품은 갈치·복어·민어·전어 등이며, 최근에는 염장미역을 많이 만들어 수출하고 있다. 무엇보다 전라도와 충청남도의 연안 및 도서를 위시한 서해안 일대의 소금생산은 국내생산의 대부분을 점하였다.

우리생활과 가장 밀접한 동해안 명태

동해안의 주된 어종은 명태이다. 특히 여름의 조기, 겨울의 명태가 유명한데, 물이 맑은 동해의 명태는 찬물을 좋아하는 냉수성 어류로서 겨울에 주로 잡힌다. 명태는 17세기 이후에 나타난(『신증 동국여지승람』) 새로운 어종으로 16세기까지 우리나라 역사기록에 보이지 않는다. 명태는 동해에서도 북쪽인 함경도 앞바다에서 많이 잡혀 북어(北魚)라고도 불린다. 최근 남한에서 소비되는 명태는 북태평양 원양어업으로 그 대부분을 충당하고 있다.

어느 집에서나 말린 명태가 부식용으로 부엌이나 창고에 자리를 잡고 있었다. 더욱이 제사·고사 등 의례에서는 빠지지 않는 품목이다. 18세기 중엽에는 전국의 모든 시장치고 명태가 상품으로 팔리지 않은 곳이 없다. 수백년 동안 민중의 사랑을 받아온 명태이기에 이름도 가지가지다. 얼리지 않은 것은 생태(生太), 얼린 것은 동태, 말린 것은 북어, 동건(冬乾)[52]한 것은 강태(江太),

명태를 말리고 있는 모습

질이 좋은 동건 명태를 황태, 명태새끼를 노가리, 이밖에 은어(도루묵)바지 등 십 수가지의 이름이 있다.

생선으로 취급되는 명태 즉 '생태'는 주낙으로 잡은 것이 그물로 잡은 것보다 더 비싸게 소비되어 일반음식점에서도 '생태탕'은 '동태탕'보다 비싸다. 우리 생활과 밀접한 명태는 알과 내장은 젓갈로 제조하여 명란·창란·아가미 젓갈까지 버릴 게 하나도 없이 유용하게 쓰이며, 몸체는 덕장에서 건조하여 '황태'로 만들어 출하한다. 인제군 용대리, 평창군 횡계리, 고성군 거진항 부근의 명태 덕장이 유명하며 특히 용대리는 30여개의 덕장에서 국내 황태의 약 80%를 생산하고 있다.

황태의 경우는 추울 때 단단히 얼어야 더욱 쫄깃쫄깃해진다고 하며, 이렇게 얼었다가 다시 녹았다 하기를 20여차례 반복해야 최고의 몸값을 받는다고 한다. 현재 대부분의 사람들이 즐겨 먹는 어묵, 어육소시지 등 이른바 연육(煉肉)제품은 거의가 명태의 냉동연육으로 만들어지고 있다. 심지어 게맛살은 게의 살로 만드는 것이 아니라 명태의 살로 만든 가공식품이다. 일본사람들이 좋아하는 명태음식은 우리나라에서 건너간 것이다.

'판자 한 장 밑이 지옥'이라는 어촌사회의 말처럼 지금도 어업은 비교적 위험한 직업에 속한다. 바다는 태풍이나 해일 등 어민들의 생명을 위협하는 요소가 생활의 일부를 차지하고 있기 때문에 무사태평과 풍어를 기원하는 제의는 현재도 강한 신앙형태로 전승되고 있다. 어로신앙을 대표하는 것은 풍어제와 뱃고사이다. 풍어제는 마을공동으로 주관하여 무당을 청해서 신을 위한 제의가 이루어지는 특징을 보인다. 현재 중요무형문화재로 지정되어 있는 대표적인 풍어제로는 동해안의 별신굿, 서해안의 배연신굿, 전북 위도의 띠뱃놀이 등을 들 수 있다. 뱃고사는 개인적인 제의형태로 주로 설이나 정월대보름 등의 명절에 지낸다. 어부들 자신의 배에 제물을 차리고 지내기도 한다.

거친 바다를 상대로 하는 어민들에겐 특별히 상호 협동의 정신이 요구

52 얼리기와 녹이기를 반복하여 건조시키는 것이다.

되었다. 이 땅의 농민들이 어려움을 함께 하며 공동체 의식을 발휘하던 것보다 어민들의 유대와 공동체적 사고는 훨씬 강했다. 위험 앞에서 전원이 일체감을 갖고 공동채취, 공동분배의 원칙으로 공동체를 경영해 나갔다.

5. 수렵(사냥)

우리나라는 산이 전국토의 70% 이상을 차지하므로 산은 생활기반의 주무대로 중요한 위치를 차지한다. 오늘날은 수렵의 일종인 사냥이 스포츠나 오락으로 변한 감이 있지만 과거에는 생활을 위한 경제활동이었다. 세계 어느 민족이든 대부분의 수렵에는 남자들만이 참가하며 여성이 참가하는 것은 금기로 되어 있다. 산신이 여성이기 때문일 것이다. 고려태조 왕건의 6대조인 호경(虎景)이 수렵에 능한 사람으로 산신과 결혼했다는 설화[53]도 이와 무관하지 않다고 본다. 산신은 여성으로서 호랑이나 곰 등으로 변신하여 사냥꾼과 결혼하는 설화는 전국적으로 분포되어 있다. 특히 호랑이는 산신의 사자로서 산신상(山神像)에는 백발의 노인이 호랑이를 타고 나타나는 모습이 묘사되어 있다.

구석기 내지 신석기시대에는 물론 삼국시대까지도 많은 사람이 사냥을 생업으로 삼았다. 사냥을 할 때는 주로 활을 사용했는데, 화살촉은 청석(青石)으로 만들며, 화살대는 싸리나무로 만들었다. 고려 및 조선시대에도 직업적인 사냥꾼이 있었으나 1900년대 초기에 이르러 이들의 수는 많이 감소했다. 이 때부터 사냥은 일부 산간지역 주민들이 생활의 보탬을 얻기 위해 행하거나 극소수의 직업적인 사냥꾼에 의해서 명맥이 이어지게 되었다.

그 뒤 1920년대초 서양의 총포가 수입되자 사냥은 경제적인 여유가 있

53 『고려사』 권1.

는 일부 상류층의 오락이나 스포츠로 바뀌었다. 그리고 이들의 무분별한 총기와 착기류의 사용, 독극물 살포 등으로 인하여 근래에는 깊은 산에서도 사냥감을 구하기 어렵게 되었다. 1965년에 정부가 법으로 사냥을 금지한 것은 이 때문이며, 그 결과 멧돼지를 비롯한 야생조수 등의 수가 늘어가고 있지만 전래의 사냥방법은 점점 희미해져 가고 있다.

멧돼지 · 곰은, 창사냥으로

사냥은 주로 겨울에 이루어진다. 사냥방법에는 창사냥, 함정사냥, 덫사냥, 그물사냥, 피리사냥, 섶사냥, 개 · 매사냥 등이 있다. 창사냥은 짐승을 창으로 찔러서 잡는 것이다. 이 경우에도 달아나는 짐승의 발자국을 따라가 가까이서 창을 던져 잡는 법, 몰이꾼으로 하여금 짐승을 몰게 하고 창잡이는 목에서 기다리고 있다가 잡는 법, 굴속에 들어 앉아있는 짐승을 끌어내 창으로 찔러 잡는 법, 썰매를 타고 산등성이에서 골짜기로 짐승을 몰아 잡는 법 등이 있다. 옛날에는 멧돼지나 곰 등의 맹수를 주로 창을 사용하여 잡았다. 썰매의 재료로는 눈이 들어붙지 않는 벚나무가 가장 이상적이다. 눈에 빠지거나 미끄러지지 않기 위해 착용하는 나무 덩굴로 만든 '설피'는 강설량이 많은 지역 주민들이 겨울철에 신발 위에 덧신는 것이다.

멧돼지의 경우는 몰이꾼을 동원하여 돼지가 숨어있는 계곡을 털게 하고 창잡이들은 짐승이 달아나는 목을 지키고 있다가 창으로 찔러 잡는다. 이때 선창잡이(선질꾼)의 역할이 중요하다. 단번에 급소를 찌르지 못하면 돼지가 오히려 사람에게 맹렬한 반격을 가하기 때문이다. '삼창(三槍)'이라는 것이 있는데, 이는 급소 부위를 이르는 것으로, 일창은 머리와 쇄골사이를, 이창은 등뼈를, 삼창은 쇄악가리를 찌르른 것이다. 능숙한 창잡이는 일창에 멧돼지를 쓰러뜨릴 수 있다. 처음 창질을 한 선질꾼이 돼지에게 부상당했을 때는 돼지의 쓸개를 주어 치료비에 보태도록 한다.

겨울잠을 자는 곰은 주로 썰매사냥으로 잡는 편이다. 썰매사냥은 3인 1

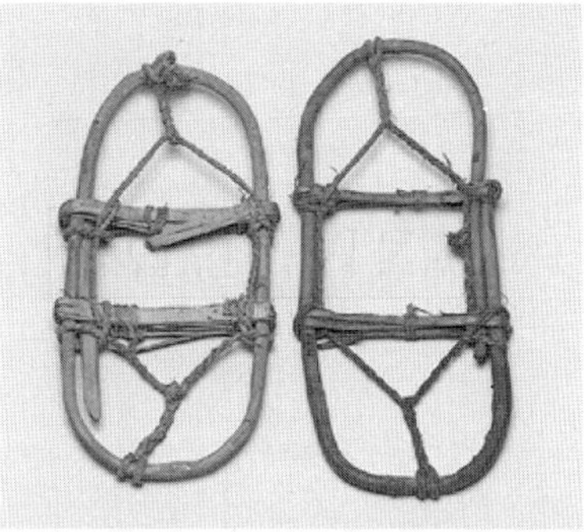

설피

조로 조직된다. 첫눈이 내렸을 때 곰의 발자국을 따라가서 굴을 확인해두었다가 창꾼들이 굴앞에 서서 큰 소리를 내면 곰이 기어나오기도 한다. 대개의 경우 동면하는 곰을 발견하면 나무가지에 불을 붙여 굴 속에 던져 연기를 가득 채워 곰을 굴 밖으로 나오게 한다. 이때 1번수가 썰매를 타고 재빨리 추격하여 곰의 목과 어깨 사이를 창으로 찔러 앞으로 넘어지도록 한다. 그리고 다른 창꾼들은 곰의 허리를 찔러 공격한다. 노루나 사슴을 깊은 눈 속에 몰아넣어 잘 뛰지 못하게 하여 사로잡는 방법을 추적사냥이라 한다. 이때 청장년들은 설피를 신고 추적하기 마련이다.

함정·덫·그물 등의 사냥법

창사냥은 사람이 짐승을 따라가 직접 대결하는 사냥법인데 비하여 함정사냥 같은 방법은 짐승과 격돌하는 대신 꾀를 써서 잡는 간접적인 사냥법이다. 함정사냥은 곰이나 돼지가 다니는 길목에 구덩이를 파놓고 '건불새'라는 풀을 덮고 그 위에 가랑잎을 뿌려놓는 방법이다. 함정에 빠진 돼지는 주둥이로 함정의 벽을 파고 흙을 메워서 달아나는 일이 있으므로 바닥에는 끝을 뾰족하게 깎은 참나무를 박아놓아 한번 빠진 짐승이 움직이기 어렵게 한다. 함정을 팔 때 밑으로 내려갈수록 넓게 파는 것도 이 때문이다. 주로 다리가 짧은 멧돼지를 산 채로 잡을 수 있는 이점이 있다. 산 채로 포획한 짐승은 사육의 발달을 가져오게 했다. 멧돼지는 잡식성동물이기 때문에 사료 마련에 부담이 적으므로 가축으로 사육하기에 적합했을 것이다. 이 방법으로 노루나 들꿩을 잡기도 한다.

덫을 놓아 잡는 덫사냥에는 덫의 종류에 따라 코류, 덮류, 착기류가 있

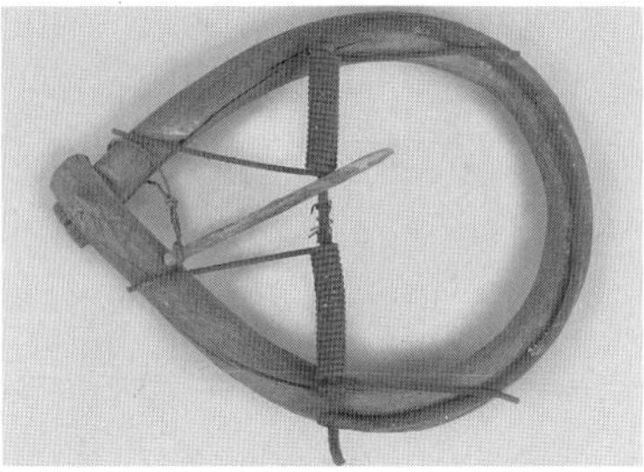
창애

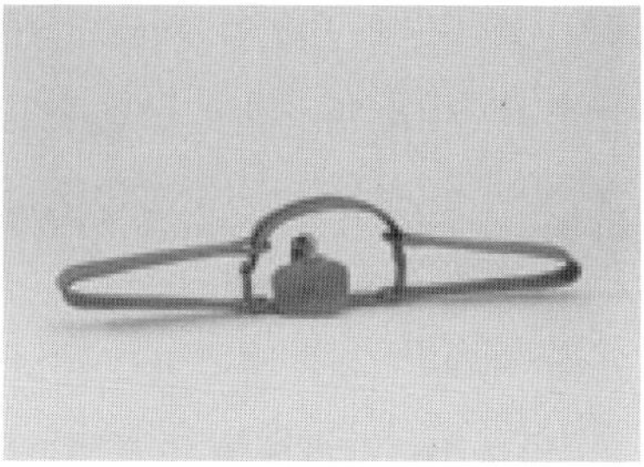
찰코

다. 코류에는 올무, 낚시코, 물코, 지게코, 하늘코, 함정코 등이 있다. 덮류에는 통방이, 벼락틀, 가루택이, 투대, 낭투, 엎덮이, 매덮이, 광지덮이 있다. 착기류에는 찰코와 창애 등이 있다. 덫 가운데 흔히 사용되는 '올무'는 고리를 가리키는 말이다. 칡이나 삼끈 또는 철사로 적당한 크기의 고리를 지어서 짐승이 잘 다니는 길가에 놓으면 짐승의 목이나 다리가 이에 걸려들게 되는 간단한 구조이다. 올무로는 겨울철에 토끼를 비롯해서 멧돼지나 노루도 잡으며, 참새나 오리를 잡기도 한다.

덫사냥에는 창애나 찰코도 많이 쓰인다. 창애는 흔히 꿩을 잡는데 쓰기 때문에 '꿩창애'라고도 한다. 용수철이 감긴 철사를 억지로 뒤로 젖히어 미끼 달린 고리에 걸어 둔다. 꿩이나 새가 미끼를 건드리면 고리가 벗겨지면서 반달모양의 철사가 번개같이 제자리로 돌아오기 때문에 새가 치이게 된다. 몸체는 보통 물푸레나무를 쓴다. 집안에서는 주로 쥐덫으로 많이 쓴다. 찰코는 집게덫, 집게틀, 착기라고도 불린다. 짐승이 다니는 길목에 얕게 묻어놓고 나뭇잎 따위로 위장한다. 짐승이 밟으면 젖혀져 있던 틀이 제자리로 돌아오는 큰 힘에 발목이 물린다. 가장 널리 알려진 덫사냥법은 노루를 잡는 데도 쓰인다.

그물사냥은 물고기를 잡듯이 그물을 쳐서 새나 짐승을 잡는 사냥법이다. 그물 설치는 질긴 나무껍질로 엮은 그물의 양끝을 팽팽하게 잡아당겨 나무에 맨 다음 막대기를 중간 중간에 세워서 고여 놓는다. 짐승이 달아나다가 그물에 걸리면 그물에 넘어지면서 짐승을 덮치게 된다. 그물로는 주로 참새와 토끼를 잡는다. 토끼는 언제나 제가 다니던 길로만 돌아다니는 습성이 있으며, 높이 뛰지 못하므로 길목에 그물만 잘 쳐 놓으면 모두 그물에 걸리게 된다.

매

피리사냥은 노루의 번식기인 5월 단오를 지나서 피리로 노루새끼 우는 소리를 내면 암수를 가리지 않고 노루가 모이게 되는데, 사냥꾼이 숨어 있는 곳 주위로 모이면 사격을 해서 잡는 방법이다. 야생동물의 고기는 가을~겨울에 지방도 적당하여 독특한 맛을 낸다고 한다. 그러나 노루는 오히려 봄~여름에 고기 맛이 좋다고 하여, 이때 노루잡이를 많이 한다.

섶사냥은 섶을 태워서 그 연기가 짐승이 숨어 있는 굴속으로 들어가도록 하여 짐승을 굴 밖으로 유인한 뒤 잡는 사냥법이다. 굴 입구에는 사람들이 몽둥이를 들고 서 있다가 짐승이 나올 때 때려잡는다. 너구리, 살가지, 오소리, 족제비 등을 이 방법으로 잡는다.

개나 매를 사냥에 이용하기도 한다.[54] 개를 사냥에 쓸 경우 개가 직접 짐승을 물어서 잡게 하는 방법과 숨어있는 짐승을 찾아내어 사냥꾼의 눈에 띄게 하는 방법이 있다. 개 가운데 일제때부터 천연기념물로 지정된 풍산개는 몸집이 클 뿐만 아니라 성질이 사나워 맹수사냥에 적합하다. 진도개는 체구가 작으나 냄새를 잘 맡으며 성질이 사나워서 너구리·노루·오소리·토끼 등을 잘 잡는다.

매를 길들여서 꿩이나 토끼 등을 잡는 매사냥도 삼국시대부터 이미 행해졌다.[55] 현재 국내에 매를 훈련시켜 꿩이나 토끼를 사냥하는 풍습이 남아있는 곳은 전북 진안군 백운면이다. 잡은 꿩을 매로부터 빨리 빼앗지

54 『삼국사기』에는 진평대왕이 "부렵사(扶獵士)와 더불어 매와 개를 놓아 돼지·꿩·토끼를 잡으려고 뛰어다닌다"는 기록이 있다.

55 『일본서기』에는 백제사람들에게 매를 이용한 사냥법을 배웠다는 기록이 전한다.

않으면 배가 불러진 매가 달아나는 일이 있다. 매의 주인인 수할치가 이름과 주소가 새겨진 얇게 깎은 소뿔을 꽁지에 달아두는 것도 이 때문이다. 이 표지를 평북에서는 '시치미'라고 한다. 사냥을 잘 하는 매 가운데 주인에게 돌려주지 않는 일이 있는 것이다. 알고도 모르는 체 하는 것을 "시치미 뗀다"고 하는 말은 여기서 나온 것이다. 매가 늙어 쓸모가 없게 되면 산에 데리고 가서 제가 가고 싶은 곳으로 가라고 놓아주는데, 대부분 다시 주인집으로 돌아온다. 매가 죽으면 한지로 잘 싸서 산에 묻는 게 관습이다. 매에는 1년생 햇새끼인 보라매, 산에서 야생하는 몇년 묵은 생매인 산진이, 어린 새끼를 잡아다가 집에서 기른 수진이 등 세 종류가 있다. 간도와 북한지방에서 생산되는 해동청(海東青)은 질이 좋아 중국이나 일본에 수출되었다.

II. 철에 따른 풍속은 무엇이었는가

세시풍속은 민족적 슬기다

세시풍속의 '세(歲)'는 한 해를 뜻하고, '시(時)'는 네 계절을 뜻한다. 따라서 세시풍속이란 특정한 시기나 계절마다 되풀이되는 관습이자 명절에 행해지던 여러 가지 행사와 놀이[1]로서 어느 민족에게나 다 있는 것이다. 이 세시풍속은 지루하기 쉬운 일상생활을 보다 탄력 있고 활기차게

1 놀이를 하려면 우선 생각하는 힘이 있어야 하고, 직립보행으로 도구를 손에 쥘 수 있는 능력이 있어야 한다. 인간에 대한 '놀이하는 동물'이라는 정의야말로 인간이 지닌 여러 특징을 한꺼번에 나타내는 말이라 할 수 있다. 놀이는 노동에서 오는 피로, 인간끼리의 갈등, 자연의 두려움을 없애주는 역할을 한다. 세시성과 계절성과 지역성을 띠면서 민간에서 전승되고 있는 민속놀이는 일반놀이와 다르다. 뿐만 아니라 민속놀이는 특정 시기에 벌어지는 세시놀이와, 연중 언제든지 놀이가 이루어지는 비세시놀이로 구분해 볼 수 있다. 세시놀이는 특별한 시공간에서 행해지는 비일상적 놀이라고 한다면, 비세시놀이는 일상적인 놀이라 하겠다. 세시놀이는 설(1월 1일)을 중심으로 하는 정월놀이, 정월보름(1월 15일)을 전후하는 대보름놀이, 삼짇날(3월 3일)의 답청놀이 등 세시마다 이루어지는 놀이가 모두 이에 속한다. 비세시놀이 중 계절을 반영하는 놀이는 <풀각시>·<써레씻기> 같은 봄놀이와 <고누>·<풀싸움>·<풍뎅이놀이> 같은 여름놀이와 <썰매타기>·<팽이치기> 같은 겨울놀이가 있는가 하면 두 계절에 걸치는 놀이도 있다. 연중놀이로는 <돌치기>·<구슬놀이>·<봉사놀이>·<죽마타기> 등이 있다.

만들어주는 시간적·문화적 장치라고 할 수 있다. 궁극적으로는 세시풍속을 통해 제액초복(除厄招福)하여 풍요와 건강을 지속적으로 획득하는 데 목적이 있다.

별나게 삶의 리듬을 중시하는 우리 민족은 명절이 되면 우리네의 모든 일이 잘 되기를 기원하면서 신명을 풀고자 했다. 따라서 우리의 세시풍속은 민족사의 역경과 고난 속에서 피어난 민족적 슬기요 축제문화의 정수라 할 수 있다. 특히 우리나라의 세시풍속은 농경생활을 밑바탕으로 조상숭배와 민간신앙과 집단 내의 협동정신이 자연스럽게 조화되어 이루어졌다. 다만 우리나라를 비롯하여 일본이나 중국도 계절의 변화에 민감한 농경중심 사회였기 때문에, 계절에 맞춰 관습적으로 되풀이되던 세시풍속에 있어 세 나라는 공통점도 많다.

오늘날 외국풍속이 들어오고 의식이 바뀜에 따라 세시풍속이 많이 사라지거나 변했다. 그러나 여전히 명절이 되면 '민족의 대이동'이라 할 만큼 전체인구의 과반수 이상이 조상을 찾거나 고향을 향하는 열정을 보이고 있다. 아직도 우리에게 세시풍속은 중요한 의미가 있음을 말해준다. 세시풍속 가운데 놀이[2]의 경우는 오히려 오늘날 확대 수용되었다고 할 수 있다. 애초에 세시놀이였던 <씨름>이라든가 <연날리기>, <윷놀이> 등이 최근에는 명절에 관계없이 시·군 또는 읍·면 단위의 지역축제 속에 편입되어 종합적인 행사로 치러지는 등 광범위하고 다양하게 행해지기 때문이다.

2 민속놀이는 일반적으로 풍농과 풍어를 빌거나 개인과 마을의 번영을 기원하는 데 목적을 둔다. 이러한 목적에 따라 민속놀이를 다음과 같이 분류할 수 있다. 첫째, 풍농·풍어를 바라는 놀이로 <거북이놀이>·<호미씻이>·<놋다리밟기> 등은 풍농을, 강화 시선뱃놀이나 제주도의 영등굿놀이 등은 풍어를 위한 놀이다. 둘째, 개인과 마을의 번영을 기원하는 놀이로 <다리밟기>·<달맞이> 등은 개인의 건강과 행복을, <소놀이굿>·<은산별신제> 등은 마을의 번영을 위한 것이다. 결국 세시놀이가 민속놀이의 특징을 극명하게 드러낸다고 하겠다. 이밖에 놀이자체를 목적으로 하거나 겨루기만을 추구하는 놀이도 있다. 이런 목적에 따라 분류되는 민속놀이로서 <그네뛰기>·<줄타기> 등은 놀이자체를 즐기는 것이며, <씨름>·<장치기>·<낫치기>·<투전>·<줄다리기> 등은 겨루기 놀이이다. 현재 알려진 민속놀이는 대강 300여종이다. 민속놀이는 단순한 놀이가 아니라 그 가운데 예술성이 내재하므로 '민속예술'에서 다루기도 한다.

벚꽃놀이

더구나 요즘 생활풍속 가운데는 우리가 미처 점검하지 못했을 뿐이지 전통적인 세시풍속이 새로운 양상으로 바뀌면서 새 시대에 적응된 것이 적지 않다. 경남 진해를 비롯한 곳곳에서는 벚꽃놀이를 하고, 봄이나 가을이 되면 학생들이 소풍을 간다. 이는 삼짇날과 중구절에 산과 들에서 화전을 해 먹으며 즐겼던 것과 관련시킬 수 있다. 여름철에는 피서니 바캉스니 하여 더위를 피하기 위해 여행을 떠나느라 야단들이다. 우리의 세시풍속 가운데도 더위를 피하거나 이기기 위한 유두와 복날의 물맞이나 복대림[3] 같은 것이 있었다.

3 복날에는 몸보신을 위하여 특별한 음식을 장만하여 먹는다. "복날 개 패듯 한다"라는 말이 있듯이 주로 개를 잡아서 개장국을 끓여 먹는다. 남자들의 경우 산간계곡에 가서 물에 발을 담그고 개를 잡아 끓여 먹으며 더위를 피한다. 수캐고기는 오로칠상(五勞七傷)을 보하는 데 쓰이며, 그 가운데 황구(黃狗) 수컷을 최상으로 치고 백색·흑색의 차례로 좋다. 『동의보감』에도 수캐고기는 더위를 이겨내고 오장을 편안하게 하며 혈액을 조절하고 위장을 튼튼하게 하며 골수를 충족시켜 허리와 무릎을 보호하고 기력을 증진시킨다고 되어 있다. 고려시대부터 서민들 사이에 개가 널리 식용되고 있었다. 개장

또한 요즈음의 신식교육제도에 따른 학교운동회에도 학생과 학부모만이 아닌, 학교 인근주민들과 각종 행상들이 많이 참여하는 것을 볼 수 있는데, 이는 우리의 전통적인 세시풍속과 관련이 된다. 전통사회에서 명절 때가 되면 마을사람들이 모여서 즐기던 <줄다리기>, <씨름>, <동채싸움> 등이 학교운동회에서 재현되고 있기 때문이다. 학교운동회가 학교의 구성원만의 행사가 아니라 지역사회의 공동축제로 계승 발전되고 있는 것을 보면 세시풍속의 가치와 생명력을 새삼 느끼게 된다.

물론 새 시대에는 새로운 풍속이 요구된다. 그러나 풍속은 그 사회가 보편적으로 받아들이는 관행을 뜻하며, 풍속으로 정착되기까지는 일정한 시간의 깊이가 있어야 한다. 세시풍속은 새로운 시대에 맞는 보편성과 역사성을 지니면서 생존력을 강화하는 길로 나가야 할 것이다.

음력에 양력을 보태 쓰다

중국과 마찬가지로 우리나라에서 오랫동안 사용되던 역을 태음력(太陰曆), 즉 음력이라고 말한다. 우리의 세시풍속도 음력을 기준으로 한다. 달에 대한 우리 민족의 관념이 태양보다 강했기 때문에 일찍부터 우리나라는 음력을 따랐던 것이다. 태양은 그 모습이 변하지 않고 일정하지만, 달은 초승달에서 반달로 그리고 보름달로 변화해간다. 죽었다가 다시 살아나는 것이 달이요, 그래서 달은 재생(rebirth)을 상징한다. 우리 민족은 달을 보면서 삶에 대해 깊이 있게 관조하고 사색해왔다.

국이 서민의 복날음식이라면 양반층에서는 이날 소의 살코기로 육개장을 끓여 먹었다. 한편 비싼 개 대신 닭을 쓰기도 하여 영계백숙이나 삼계탕을 끓여 먹기도 한다. 영계백숙은 어린 닭(300g~400g 정도)의 뱃속에 인삼·황기·찹쌀을 채워 실로 동여 매어, 물을 붓고 고기가 무르고 뽀얀 국물이 한 보시기 정도가 되도록 푹 곤다. 맛이 개운하고 소화가 잘 되며 영양에 좋은 음식이어서 삼복의 절식이 되고 있다. 닭 중에서도 햇보리 나기 전의 병아리가 애용되었고, 오골계는 더욱 귀하게 여겼다. 또 더위를 먹지 않고 병에도 걸리지 않는다 하여 팥죽을 쑤어 먹고, 제철에 나는 과일로 참외와 수박을 먹으며, 미역이나 오이로 만든 냉국도 복중에 먹는다. 이를 '복대림'이라 한 것이다.

서양의 경우 드라큘라백작이 활동하고 사람이 늑대로 변하는 시간대가 달이 뜨는 밤이다. 세익스피어는 변덕스런 달에게 맹세하지 말라 했고, 이탈리아 민요에는 "오 솔레미오"라고 했듯이 서양에서는 태양을 더 숭배했다. 그러나 우리는 민요 <달타령>, 백제가요 <정읍사>, 향가 <찬기파랑가>나 <원왕생가>, 시조 <오우가> 등에서 알 수 있는 바와 같이 달을 기원과 선망의 대상으로 여겼다. 그렇지만 태양은 만물에 생명력을 부여하는 경외의 대상이었음에도 불구하고 천지창조와 연관되어 전하는 이야기가 없듯이 신앙의 최고대상으로까지는 발전하지 못했다. 동양사상에서 양보다 음을 앞세우는 음양적 사고도 이를 뒷받침한다. 여성의 역할이 얼마나 중요한가를 느끼게 하는 '맹모삼천(孟母三遷)'의 고사도 음(陰)을 근원적인 존재로 인식하게 한다. 우리가 흔히 말하는 "며느리 잘못 들어오면 아들 농사 망친다."는 것도 여성 곧 음의 절대적 영향력을 시사한다.

그러나 삼국시대이후 우리나라에서 실제로 사용된 역은 태음력이 아니라 태양태음력이었다. 농경생활을 하는 데는 계절의 변화가 중요하므로 계절에 맞지 않는 태음력의 약점을 보완할 필요가 있었다. 그러니까 태양태음력은 태음력과 태양력을 동시에 만족시키면서 1년의 길이를 조정하려고 노력한 역법이다. 이렇듯 우리는 달의 움직임은 날짜로 나타내며, 태양의 운동은 24절기로 나타냄으로써 해와 달을 함께 나타낸 훌륭한 역법을 가지고 있다.

어쨌든 우리나라의 경우 삼국시대부터 음력에 따른 세시풍속이 지속되어 오다가 1895년 이후 일제의 강요에 의해 양력이 채택되면서 우리의 세시풍속도 변화하기 시작했다. 오늘날 전 세계가 사용하는 태양력 즉 양력은 1582년에 로마 교황 그레고리 13세가 교서로 발표한 그레고리 역법이다. 우리나라가 이 역법을 채택한 것은 엄밀히 말해 고종 33년 11월 17일인 1896년 1월 1일이다.

홍석모[4]가 지은 『동국세시기』에는 우리나라 과거의 1년 행사와 각 지

4 홍석모(洪錫謨)는 조선 정조~순조 때 학자로서 부사(府使)를 지낸 바 있다. 그는 천재

방의 온갖 민간풍속이 기록되어 있다. 다만 저자가 우리 민속을 정리함에 있어 중국 세시풍속에 관한 최초의 기록이라는 종름(宗懍)의 『형초세시기(荊楚歲時記)』를 참고하였다. 이 『동국세시기』는 정월부터 12월까지 1년간의 행사와 풍속을 23항목으로 분류하여 설명하고 있다.

세시풍속에 수반되는 행위의 목적은 생업의 풍요, 집안과 마을의 평안, 개인의 건강과 복을 기원하는 데 있다. 세시풍속의 내용에는 크게 음식·제의·놀이·점복 등이 있다.

1. 설·정월대보름

섣달그믐밤, 액맥이굿을 하다

설은 우리 민족의 최대명절[5]로, 묵은 해에서 분리돼 새해에 편입되기에 익숙하지 못한 '선날'이기 때문에 몸과 마음을 차분하게 갖고 근신해야 한다고들 한다. 설은 한자로 신일(愼日)이라고도 했는데, 설이 어원적으로도 '사리다[신(愼)]'의 '살'에서 비롯했다는 학설이 있는 만큼, 1년이 시작되는 첫날이요 마음과 몸을 정중히 하고 근신하여 새해의 첫날을 맞이한다는 뜻이 있다. 즉 설을 경건하게 맞이함으로써 생활의 안정과 행복을 기원했던 것이다. "설날에는 욕하거나 꾸짖거나 거짓말하지 않는다"고

였다고 하나 시운을 타지 못해 불우하게 살았던 인물이다. 그는 실의에 차서 시나 읊어 소회를 푸는 한편, 우리의 민속을 정리하여 『동국세시기』를 지었다. 이 책은 민속을 가장 풍부하면서도 바르게 기록해놓은 소중하기 그지없는 보물이다.

5 설날에 가장 집착하는 민족은 중국인이다. 전세계 중국인들은 설날 즉 춘절(春節)을 한 해의 대축제로 여기고 있다. 중국 정부의 공식적인 휴일은 1주일 정도지만 실제로는 한 달 가까이 쉰다. 2004년 설에 해당하는 춘절 기간(1. 22~1. 28)을 맞아 연인원 18억 9천만명(교통편 사용횟수 기준)의 거대한 인구의 이동이 시작되었다는 보도를 들은 적이 있다. 중국에서는 옛부터 지금까지 새해 첫날이 되면 집안에 복이 깃들기를 기원하며 '복(福)' 자를 써서 대문에 붙이고, 오래 살기를 축원하는 뜻에서 신년 아침에 국수를 먹기도 한다.

하는데, 만일 설날 욕하고 꾸짖고 거짓말하면 1년 내내 하게 된다는 뜻에서 나온 금기풍습이다. "설날 돈을 빌리면 복이 나간다"거나 "정월 초하룻날 눈물을 흘리면 1년 내내 눈물을 흘린다"고 하는 속신의 금기어도 마찬가지다.

이같이 설은 새해가 시작되는 명절이므로 1년간의 건강과 평안을 비는 안택고사를 비롯하여 온갖 치성을 드린다. 『열양세시기』에 의하면 '3일 파시(罷市)'라 하여 설날부터 3일까지 관청과 시장이 문을 닫고 쉬었다. 『용재총화』에서도 '3일간 출근하지 않는다'고 했다. 이러한 풍속은 오늘날도 마찬가지로 설 전후 3일간을 공식적인 국가공휴일로 지정하여 지내오고 있다.

설 하루 전 섣달그믐날은 한 해를 마감하는 날이다. 시작도 좋아야 하지만 마침도 이에 못지않게 좋아야 한다. 섣달그믐날에도 설날과 같이 차례와 세배를 올린다. 조상께는 만두국을 올리고, 집안어른께 한 해를 잘 보냈다는 뜻으로 세배를 드리는데, 이를 '묵은세배'라 한다. 섣달그믐날 젊은이들이 친척집이나 훈장 그 밖에 평소에 신세진 집을 방문하여 어른들께 묵은세배를 드렸다.

"섣달그믐날은 부지깽이도 꿈틀거린다"는 말이 있듯이 한국의 가정에서는 집 안팎을 깨끗이 하고 마을사람들이 모두 모여 구석구석 대청소를 하며, 설음식을 마련하는 등 묵은해를 보내고 새해를 맞기 위한 준비로 한창 바쁘다. 그리고 "섣달그믐이면 나갔던 빗자루도 집을 찾아온다"고 빌려준 돈은 받고 꾼 돈은 갚아야 하는 등 한 해 동안의 거래관계를 모두 청산하여 마무리 짓는다.

날이 어두워지면 마을과 집안에 머물고 있던 묵은 액을 몰아내는 <액맥이굿>을 벌인다. 마을의 맨 윗집에서 시작하여 마을어귀에 있는 집까지 차례로 풍물굿을 치며 액을 몰아 내려온다. 묵은 액을 떨쳐버린 다음 온 집안에 불을 밝히고 새로운 다짐으로 한 해를 맞을 준비를 하는데, 이를 '수세(守歲)'라 한다. 섣달그믐날 잠을 자면 눈썹이 센다 하여 온 가족과 친척이 <윷놀이>를 하며 밤을 샌다. 예전에는 어린이들이 잠을 자면 눈썹에 쌀가루를 발라놓고 잠이 깨면 눈썹이 셌다고 놀려주기도 했다. 국가에서는 나례(儺禮)[6]의식을 갖추었으니 모두가 잡귀를 몰아내고 차분한 가운데 새해를 맞이하려는 정성에서 비롯된 것이다.

조허모 · 폭죽놀이

민간에서는 1년 내내 그 집안의 소행을 낱낱이 지켜보았던 부엌신인 조왕(竈王)이 12월 25일에 승천하여 도교의 최고신인 옥황상제에게 모조리 보고함에 따라 선행이 많으면 응분의 복을, 악행이 많으면 화를 내린다고 믿었다. 악행을 저지른 집주인이 아궁이에 깨엿을 발라두었던 것은 조왕신이 말을 못하도록 하기 위해서였다. 조왕신이 승천한 날부터 심판받는 섣달그믐까지는 매사를 조심하여 부부간에 방사(房事)도 하지 않았다. 기생집도 파리 날리며 도둑들도 이 동안만은 휴무를 하는 것이 관습이 돼 있었다. 마침내 조왕신이 돌아오는 섣달그믐날 밤에는 부엌을 비롯하여 방과 마루, 외양간, 칙간까지 구석구석에 등불을 켜 집안을 밝힌 다음 경건하게 자신의 운명을 기다리며 밤샘을 했다. 이렇게 집안에 불을 켜놓고 잠자지 않고서 마중하는 풍습을 '조허모(照虛耗)'라 하였다. 섣달그믐에는 밤이 칠흑같이 어두워야 새해가 대길하고 그렇지 않으면 불길하다고 생각했다.

한편 제석(除夕) 또는 제야(除夜)라고 하는 섣달그믐날 밤 자정 무렵에 가정에서는 푸른 대나무[靑竹]를 태워 폭음을 내는 <폭죽(爆竹)놀이>를 했다. 일명 '대불놓기'라는 <폭죽놀이>의 경우, 대나무의 마디가 탈 때마다 큰 소리를 내며 요란스럽게 타므로 폭죽이라 했던 것이다. 이렇게 하

6 중국의 구나의(驅儺儀)가 고려시대에 들어와 조선시대 성행한 것으로 섣달그믐날 궁중에서 악귀역신을 쫓아내는 의례였는데, 나례는 점차 예술적 장르로서의 성격이 두드러졌다. 고려시대에는 대궐에서 12세 이상 16세 이하의 사람을 뽑아 진자(侲子)로 삼아 이들에게 가면을 씌우고 붉은 옷을 입히고 손에는 채찍 · 방패 · 창 · 몽둥이를 들게 하고, 가무악을 하는 의식으로 대대적인 나례를 거행하였다.

면 묵은 해에 집안에 있던 잡귀들이 놀라서 달아나고 신성한 새해를 맞이할 수 있다고 믿었다.

제야에 치는 보신각종

조선조 대궐 안에서는 '연종포(年終砲)' 또는 '세포(歲砲)'라는 축하의 대포를 쏘았으며 지방관아에서는 소총도 쏘고 징도 울렸다. <폭죽놀이>가 우리나라에서 자취를 감춘 지 오래 되었지만, 세계에서 <폭죽놀이>를 가장 즐기는 중국인들은 지금도 명절때를 비롯 결혼식, 개업식 등 각종 의례에서 폭죽을 터뜨린다. 물론 이는 잡귀가 물러가도록 위협하는 제의이다. 이 폭죽과 세포는 오늘날 양력 12월 31일 자정에 '제야의 종'이라 하여 서울 종로 보신각에서 타종하는 의식으로 이어진 뜻 깊은 놀이이다.

세배와 세찬, 성묘

설에 사는 조리에는 복이 있다고 해서 설날 이른 새벽에는 복조리를 산다. 복조리는 쌀을 이는 것처럼 복을 일어 집안으로 들어오게 해준다 하여 안방이나 대청에 걸어놓았다. "정월에 조리를 먼저 사 두지 않으면 가난해진다"는 속신도 있다. 요즈음 농촌에서는 새해 첫 장날인 '개시장' 때 가서 조리를 사온다. 도시에서는 그믐날 밤중이나 설날 새벽에 대문 안에 조리를 넣어놓고 며칠 뒤에 돈을 받으러 다니기도 한다.

명절을 앞두고 대목장이 서는데, 이와 관련 "눈까진 새도 장보러 간다"는 말이 전하여 오고 있다. 설날이 되면 설빔[7]으로 차려 입고, 정성껏 장

7 우리에게는 명절빔이라는 것이 있는데 설날의 설빔, 단오날의 단오빔, 추석의 추석빔이 그것이다. 설날에는 남자아이들은 바지저고리 위에 조끼 또는 까치두루마기를 입고 그 위에 전복을 더 입고 복건을 쓴다. 여자아이들은 치마저고리에 배자를 입고 외출시

세배하는 모습

만한 세찬(歲饌)으로 조상에게 차례[8]를 올리는 일이 무엇보다 중요한 일이다. '떡국차례'라 할 만큼 메는 짓지 않는 게 원칙이다. 술은 원칙적으로 소주를 쓰지 않는다. 차례가 끝나면 자리를 정하고 앉아 어른들께 세배를 드린다. 세배를 드릴 때에 새해 인사말로서 서로 덕담(德談)을 나누는데, 이는 "말이 씨가 된다"는 속담이 있듯이 기원하는 말대로 그렇게 되어지리라 믿는 주술적 심리가 작용하고 있다. 아랫사람은 어른의 건강과 장수와 복을 비는 내용의 말을 하고 어른은 아랫사람의 소망이나 발전을 기원하는 말을 하게 되니 상하가 서로 존경과 사랑으로 엮어지게 된다.

두루마기를 덧입는다. 성인남자의 경우 바지저고리 위에 조끼를 입고 그 위에 마고자를 입으며 그 위에 두루마기를 입는다. 여자들의 경우, 비단이 흔하지 않던 시절 시골에서는 길쌈한 무명베에 반물을 들여 이를 정성스럽게 다듬이질한 반물치마를 해 입는 것이 설날 옷치레의 한 특징이었다.

8 차례상은 일반적으로 앞줄에서부터 과일－반찬(포, 나물 등)－탕－전－밥(떡국, 송편)의 순으로 차린다.

세배가 끝나면 아침식사를 하는데, 세찬으로는 떡국이 대표적이다.[9] "몇 살 먹었느냐?"는 말을 "떡국 몇 그릇 먹었느냐?"는 말로 대신할 정도이다. 설은 새로 시작하는 날로 모든 것이 엄숙하고 청결해야 하므로 떡국을 먹게 되었다. 흰떡국은 흰색이 상징하는 신성함·정결함의 의미를 지닌다. 떡을 썰 때는 어슷 썰지 않고 돈처럼 동그랗고 얄팍하게 썰었는데 이는 돈을 많이 벌라는 뜻이 있으며, 돈짝모양은 새해 아침에 떠오르는 둥근 태양을 상징한다. 떡국에 꿩고기를 넣는 것은 꿩이 길조이기 때문이다.[10] 그러나 꿩이 드물기 때문에 닭을 넣는 경우도 많았다. 그래서 "꿩 대신 닭"이라는 속담이 나왔다. 떡국을 특히 북쪽지방의 겨울음식인 만두와 함께 먹기도 한다. 만두는 고려 때 중국에서 온 것으로, 고향이 중국의 북쪽이고 속이 들어 있어 더운 날씨에는 상하기 쉬운 음식이다.

이 날은 세찬과 세주(歲酒)로써 여러 손님을 대접하기도 한다. 세주로는 약제를 술에 넣어 담근 도소주(屠蘇酒)와 초백주(椒柏酒)가 있었다. 도소주는 매우 오래 전승된 술로서 육계·산초·백출·길경·방풍 등 여러 한약재를 넣어서 만든 술이다. 설날에 이런 술을 마시면 괴질과 사기(邪氣)를 물리치며 장수한다고 하는데, 주로 상류층에서 마셨다. 민간에서는 청주를 마시는데 새 봄을 맞는다는 뜻에서 데우지 않고 차게 마셨다. 세주 마시는 것을 '음복한다'고 하는데, 차례 뒤에 모두 둘러앉아 마셨다. 특이한 것은 "송곳도 끝부터 들어간다" 하여 나이 어린 사람부터 먼저 마시기 시작하여 차차 나이가 많은 노인의 순서로 마신다. 이 풍속이 현재에도 시골에는 흔히 남아 있다.

식사후 조상의 산소를 찾아가 성묘를 한다. 간단하게 술·과일·포를 별도로 장만해 가지고 가서 산소 앞에 돗자리를 깔고 자손들이 모두 늘어서서 인사를 드린다. 설빔으로 단장한 자손들이 나이 많은 어른들의 뒤를 따라 논길·밭길을 줄을 지어 성묘하러 가는 광경은 매우 한국적이다.

9 중국의 시골에서도 설날 음식으로 떡국을 먹었다.(『동국세시기』)
10 "꿩이 내려오면 그 동네에 액운이 생긴다"하여 흉조로 보기도 한다.

성묘를 한 다음에는 일가친척과 이웃 어른들을 찾아 세배를 한다. 하루 동안에 먼 곳에 있는 일가친척이나 어른들에게 세배를 다 할 수 없으므로 정월보름까지만 하면 되는 것이 관례이다. 조상이나 어른들의 은혜에 보답하는 일은 인간 윤리의 기본이라 생각하여 새해를 맞이하는 첫날 차례나 세배 등을 첫 행사로 치렀던 것은 한국인의 확고한 가치관의 소산이다.

널뛰기 · 윷놀이

설날의 대표적인 놀이로는 <널뛰기>와 <윷놀이>를 들 수 있다. 다른 나라에도 비슷한 형태가 보이기는 하나 우리나라에만 있다는 <널뛰기>는 주로 소녀들 사이에서 하는 놀이로서 부녀자의 외출이 자유롭지 못하던 시대에 담 너머로 바깥세상을 볼 수 있는 흥미로운 놀이다. 추위를 잊게 하며 몸의 균형을 잡고 다리 힘을 기를 수 있는 매우 활달한 운동이다. "널뛰기를 하면 그 해는 발바닥에 가시가 들지 않는다"는 말이 있을 정도로 활동적인 놀이로 여성들에게 사랑받았다.

널뛰기하는 장면

윷과 윷판

윷놀이 모습

길다란 널판 가운데 짚단이나 가마니 같은 것을 고이고 양쪽에 한 사람씩 올라가서 한쪽에서 힘껏 내리 디디면 다른 한 쪽에서는 높이 솟아오른다. 이를 양쪽에서 번갈아 하게 되는데 그 뛰는 모습만 보아도 활기가 넘친다. "정초에 널을 뛰지 않으면 발에 좀(무좀)이 생긴다"고까지 했다.

<윷놀이>는 처음엔 정초에 농사의 풍흉을 점치는 놀이로서 시작되었으나 점차 순수한 놀이로 변모했다. <윷놀이>는 번거로운 절차를 거치지 않고 남녀노소가 어디서나 함께 즐길 수 있는 놀이다. 과거에는 주로 설을 절정으로 겨울에 행해지는 오락과 운동을 겸한 흥미진진한 경기였다. 요즈음에는 명절에 즐기는 세시놀이가 아니라, 전천후 즐기는 '열린 놀이'가 되었다. 윷의 재료로는 박달나무·싸리나무·밤나무 등이 많이 쓰이는데, 특히 박달나무 윷이 좋다. 윷판은 초패왕 항우가 마지막 결전장이던 해하(垓下)에서 진을 친 모습을 본뜬 것이라든가 윷판의 동그라미는 북두칠성을 뭇별이 둘러싼 것이라는 등 설명이 구구하다. 윷가락을 던져 나오는 도는 돼지, 개는 개, 걸은 양, 윷은 소, 모는 말을 가리킨다.

설

의정부대신은 모든 관원을 거느리고 대궐에 나가 새해문안을 드리고 송축의 글과 거친 천을 바치고 정전(正殿)의 뜰로 가서 하례를 올린다. 8도의 관찰사·병사·수사·각 주의 목사도 글과 방물을 바치며, 주·부·군·현의 우두머리 아전들도 모두 와서 반열에 참례한다. 물론 동지에도 송축의 글을 올리는 행사를 한다. 서울풍속에 이날 사당에 제사 지내는 것을 차례라고 한다. 남녀어린이들이 모두 새옷을 입는 것을 설빔이라 하고, 집안어른들을 찾아뵙는 것을 세배라 한다. 이날 시절음식으로 대접하는 것을 세찬이라 하고, 이때의 술을 세주라 한다. 생각건대, 최식의 『월령』에 "설날 조상에게 깨끗한 제사를 올리고 초백주[11]를 마신다."고 했다. 또 종름의 『형초세시기』에서는 "설날 도소주와 교아당[12]을 올린다."고 했다. 이것이 세주·세찬의 시초다.

사돈집에서는 부인들이 근친하는 뜻으로 하녀를 서로 보내어 새해문안을 드린다. 이 하녀를 문안비라 한다. 참봉 이광려의 시에 "뉘 집 문안비가 문안하려고 뉘 집으로 들어가는고"라고 하였다. 각 관청의 하급관리, 각 군문의 장교·나졸 등은 종이를 접어 이름을 쓴 명함을 관원이나 선생의 집에 드린다. 그러면 그 집에서는 대문 안에 옻칠한 쟁반을 놓아두고 이를 받아들인다. 이것을 세함이라 한다. 각 지방의 관청에서도 그렇게 한다. 생각건대 왕기의 『우포잡기』에 "서울풍속에 매년 설날이면 주인은 모두 하례하러 나가고 백지로 만든 책과 붓, 벼루만 책상위에 배치해두면 하례객이 와서 이름만 적을 뿐 환영·환송하는 일은 없다."고 했다. 이것이 곧 세함의 시초다.

멥쌀가루를 쪄서 큰 널판지 위에 놓고 자루 달린 떡메로 무수히 쳐서 길게 만든 떡을 흰떡이라 한다. 이것을 얄팍하게 돈같이 썰어 장국에다 넣고 쇠고기나 꿩고기를 넣고 끓인 다음 고춧가루를 친 것을 떡국이라 한다. 이것은 제사에도 쓰고 손님접대에도 사용하므로 세찬에 없어서는 안 될 음식이다. 국에 넣어 끓였으므로 옛날에 습면이라고 부르던 것이 바로 이와 같다. 시장에서는 시절음식으로 이것을 판다. 속담에 나이 먹는 것을 떡국을 몇 그릇째 먹었느냐고 한다. …………

연소한 친구를 만나면 "올해는 꼭 과거에 합격하시오", "부디 승진하시오", "득남하시오", "돈을 많이 버시오" 하는 등의 말을 한다. 이것을 덕담이라고 하는 바, 서로 축하하는 말이다. 꼭두새벽에 거리로 나가 어떤 방향에서 들려오든지 관계할 것 없이 첫번 들려오는 소리로 1년간의 길흉을 점

11 초백주는 후추와 측백의 잎으로 담근 술이다.

12 도소주는 산초(山椒)·방풍(防風)·백출(白朮)·밀감피(蜜柑皮)·육계피(肉桂皮) 등을 조합하여 만드는 술이며, 교아당(膠牙餳)은 이를 단단하게 하는 엿이다.

친다. 이를 청참이라 한다. 생각컨대, 연경 풍속에 제야에 부엌 앞에서 방향을 일러달라고 빈다. 그리하여 부엌귀신이 일러주는 방향을 따라 거울을 가지고 문밖으로 나가 거리에서 들려오는 첫번 말을 듣고 새해의 길흉을 점친다. 우리나라 풍속도 그와 같다. 오행점을 쳐서 새해의 신수를 점치는데, 오행점에는 각기 다른 점사[13]가 있다. 나무에 금·목·수·화·토를 새겨 장기쪽같이 만든다. 그것들을 일시에 던져 자빠지고 엎어진 것을 보고 점괘를 얻는다.

남녀가 1년간 빗질할 때 빠진 머리카락을 모아 빗상자 속에 넣었다가 반드시 설날 황혼을 기다려 문밖에서 태움으로써 나쁜 병을 물리친다. 생각컨대, 손사막의 『천금방』에 "정월 인일에 백발을 태우면 길하다."고 했다. 설날에 머리카락 태우는 일이 여기에서 비롯된 것이다. 속담에 야광이란 귀신이 있다. 이 귀신이 이날 밤 인가에 내려와 아이들의 신을 두루 신어보고 발에 맞으면 곧 신고 가버린다. 그러면 신을 잃은 주인은 불길하다. 그러므로 여러 아이들이 이 귀신을 두려워하여 모두 신을 감추고 불을 끄고 잔다. 그리고 체를 마루벽이나 뜰에다 걸어둔다. 그러면 야광신이 와서 이 체의 구멍을 세느라고 아이들의 신을 훔칠 생각을 잊는다. 그러다가 닭이 울면 도망가버린다. 야광이란 어떤 귀신인지 모르겠으나 혹 약왕[14]의 음이 변한 것이 아닌가 한다. 약왕의 형상이 매우 추하여 아이들을 두렵게 할 수 있으므로 그렇게 생각된다.

『동국세시기』

윗글은 『동국세시기』에 나오는 설날[원일(元日)]에 관한 내용이다. 설은 한 해가 시작되는 세수(歲首)이기 때문에 365일간 건강하기를 기원하는 의미에서 액을 물리치기 위한 각종 주술적인 의식이 전승되었다. 윗글에서와 같이 야광귀(夜光鬼)를 쫓기 위하여 신을 감추고 체를 걸어둔다든지, 벽 위에 닭과 호랑이[15] 그림을 붙이는가 하면, 삼재[16]를 당한 자는 세

13 점괘에 나타난 말을 가리킨다.

14 약왕보살의 준말로서 양약으로 중생의 심신의 병고를 덜어주고 고쳐주는 보살이다.

15 닭그림은 빛(밝음)을 부르는 권능과 악귀를 쫓는 힘 때문에 중문에 붙였다. 닭은 가정화합과 부부 사랑의 상징이다. 수탉은 암탉과 병아리를 보호하기 위해 목숨을 걸고 적과 싸우는 습성이 있고, 암탉은 지극정성으로 병아리를 품거나 데리고 다니면서 양육한다. 일반적으로는 닭그림을 아이들 공부방에 많이 붙였다. 닭의 붉은 볏(벼슬)은 부

마리의 매를 그려 문설주에 붙이기도 했다. 또한 '소발(燒髮)'이라 하여 한 해 동안 빠진 머리카락을 모아 설날 황혼을 기다려 문 밖에서 태우기도 했다. '머리카락 태우기'는 부모에게서 받은 소중한 것이기 때문에 1년 동안 모아두었다가 태운다는 의미가 있다. "머리카락 버린 것을 새가 물어 가면 평생 가난하다"는 말도 있다. 그런가 하면, 민속학적으로는 산발한 여인을 귀신에 비유하듯이 머리카락 자체를 귀신으로 인식하여 머리카락을 태움으로써 귀신을 쫓는다고 생각한 것이다.[17] 『경도잡지』에서는 야광을 '구귀(癯鬼)'라고 부르고, 아이를 일찍 재우기 위해 만들어낸 것이라고 적고 있다.

한편 누구나 묵은해가 가고 새해가 밝아오면 그해에 전개될 모든 일들이 궁금할 것이다. 이에 설날이 되면 여러 가지 점을 쳐서 그해의 일을 미리 알아보고자 하였다. '청참(聽讖)'은 새해 첫날 첫번째로 들려오는 소리가 상서로운 의미를 주는 소리면 그해는 길하다고 점을 치는 것이었다. 까치소리나 소울음소리를 들으면 그해에는 풍년이 들고 행운이 오며, 참새소리를 들으면 곡식의 피해를 당해 흉년이 들고 불행이 올 것이라고 점친다. 그리고 오행점으로 그해의 신수를 미리 알고자 점을 치기도 했다.

정초에 점괘를 통해 행해지는 보편적인 점복의 하나는 조선말기부터 보급됐다고 하는 『토정비결(土亭秘訣)』을 보는 것이었다. 이 책은 철관(鐵冠)을 쓰고 다니며 한 말의 밥을 지어먹고는 보름 동안이나 밥 먹지 않았다는 조선중기의 기인이었던 토정 이지함(李之菡)[18]이 지었다. 이 『토정

귀를 상징하기 때문이며, 닭이 아침 일찍 우는 것처럼 아이들이 일찍 일어나 공부를 열심히 하라는 뜻도 담고 있다. 결국 닭은 벼슬을 지녔기에 문재가 있고(文) 날카로운 발톱으로 무덕을 갖췄으며(武) 적 앞에서 물러서지 않고(勇) 나눠 먹을 줄 알며(仁) 새벽마다 시간을 알려주는(信) 오덕(五德)을 갖추었다 한다. 호랑이는 두려움과 공경의 대상이므로 이를 통해 액막이를 하였다. 이밖에도 한지에 호랑이를 뜻하는 호(虎)자와 용을 뜻하는 용(龍)자를 써서 대문에 붙였다. 용 역시 위력 있는 존재로 인식했다.

16 삼재(三災)란 수재·화재·풍재 또는 병난·질역·기근을 말하기도 하는데, 여기서는 이들을 포함한 모든 액운을 뜻한다. 액운은 나이에 따라 들어오게 되는데 3년간 머문다 하여 삼재라 하기도 한다.

17 머리카락을 태우거나 반쯤 태운 지푸라기를 집 주위에 있는 구멍에 넣어 뱀의 침입을 막기도 했다.

비결』은 『주역』에 뿌리를 두고 있는 책으로서 그 해나 달의 간지를 미리 보거나 일진을 숫자로 따져 새 해의 신수를 보는 데 사용되었다. 한국인이 가지는 '첫마수' 혹은 '초장마수'가 바로 정초의 일이 1년 동안의 운수와 관련 있다고 여기는 데서 나온 말이다. 섣달그믐날 고드름이 길게 달리면 농사가 풍작이 된다고도 하였다.

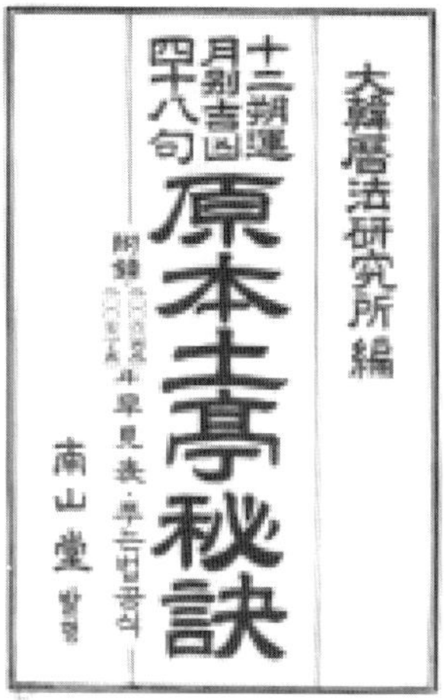

『토정비결』 표지

사실 윗글에서 보듯이 궁중에서 왕이 신하들의 하례를 받는 것에서부터 과거 설의 풍속 대부분이 오늘날과 크게 다르지 않다. 다만 문안비(問安婢)나 세함(歲銜) 같은 것은 특이한 풍습 같은데, 이것도 경건하게 새해를 맞으며 정초에 한 번 인사차 방문하는 것이라 보면 의외는 아니다. 일가친척에게 여비(女婢)를 보내 새해 문안을 드리게 했던 문안비 제도는 부녀자들의 출입이 자유롭지 못하던 시절에 예의를 갖추기 위해 생긴 지혜라 하겠다.

세함은 세배를 다니다가 어른이 계시지 않으면 자신의 이름을 적은 종이를 놓고 돌아왔던, 우리나라 명함의 역사를 말해주는 내용이다.[19] 얼마 전(2001년)에는 근대식 명함의 효시로 추정되는, 한말의 대신이자 명성황후의 친정조카인 민영익(閔泳翊)의 명함이 공개된 바 있다. 한미통상조약이 맺어진 후 전권대사가 되어 한국사람으로는 최초로 미국에 갔던 그가 미국인에게 주었던 명함으로, 요즈음 명함크기에 붓글씨의 자필 이름이 적혀있을 뿐이었다. 서양에서는 16세기경 독일에서 처음 명함 즉 연하장이 사용되었다고 하는 것에 비하면 우리가 훨씬 오래되었음을 깨닫게 한다. 동양에서 명함의 시초는 '알(謁)'이다. 한나라 고조 유방이 봉기했을

18 이지함은 철관을 머리에 쓰고 다녔기 때문에 '철관자'라는 별호를 얻었다. 그는 팔도를 유람하다가 때가 되면 철관을 벗어 밥짓는 솥으로 사용했다.

19 사실 세함은 명함보다는 연하장의 성격이 강했다고 본다.

때 유학자인 력식기가 군문을 찾아가 알(길이 24.8cm, 폭 9.5cm, 두께 3.4cm의 나무판자)을 올렸다고 한다. 종이로 된 명함이 나온 것은 당나라 때부터이다.

정월대보름, 거문고집을 쏘라

정월 15일을 상원(上元) 또는 대보름이라고 한다. 보통의 보름보다 큰 보름이라는 뜻으로 이 날을 대보름이라고 하였던 것이다. 보름은 어원적으로 '밝음'에서 나왔듯이 이 날은 잠을 자지 않고[20] 사방에 불을 환하게 켜둔다. 밤에 밖에다 등불을 켜놓고 밤을 밝힌다 하여 '등석(燈夕)'이라고도 하였다. 이렇듯 새해 들어 처음으로 달이 가득 차는 대보름은 명절 가운데 으뜸으로 친다.

정월대보름의 시절음식으로는 약밥, 즉 약식을 빼놓을 수 없다. 약식을 만드는 법은 찹쌀을 쪄서 밥을 짓고, 곶감·밤·대추 등을 넣고 맑은 꿀과 참기름·간장 등을 섞어 다시 찐 다음 또다시 잣과 호도열매를 넣어 만든다. 이 약밥에는 까마귀와 관련된 이야기 즉 <사금갑(射琴匣)설화>가 전하고 있다.

신라왕이 정월 15일에 천천정(天泉亭)에 거동하였다. 까마귀가 은으로 만든 함을 왕앞에 물어다 놓았는데, 함 속에는 글이 쓰여 있으나 단단히 봉해져 있었고, 그 겉면에는 "열어보면 두 사람이 죽고, 열지 않으면 한 사람이 죽는다."고 쓰여 있었다. 이때 왕이 두 사람의 목숨이 끊어지는 것보다는 한 사람의 목숨이 끊어지는 것이 낫다고 하자, 대신이 그렇지 않다고 하면서, 한 사람이란 임금을 말하는 것이고, 두 사람이란 신하를 말하는 것이라 주장했다. 드디어 열어보았더니, 그 속에는 "궁중의 거문고 집[匣]을 쏘라."고 쓰여 있었다. 왕이 말을 달려 궁궐로 들어가 거문고

20 섣달그믐밤이나 이 날 일찍 잠에 들면 눈썹이 센다고 하여 잠을 자지 않고 해를 지키는 '수세(守歲)'를 했다.

집을 향해 활을 당겼다. 그 집 속에는 사람이 있었는데, 바로 내전에서 향을 피우고 수도하는 승려가 궁주(宮主)와 사통하여 왕을 죽이려고 그 시기를 미리 정하였던 것이다. 결국 궁주는 중과 더불어 죽음을 당하였고, 왕은 까마귀의 은혜를 생각하여 해마다 이날에는 향기로운 밥을 만들어 까마귀에게 먹였다[21]는 것이다.

약식(약밥)

지금까지도 이 설화에 근거를 둔 민속적인 전통은 지켜지고 있으며, 약식을 명절의 아름다운 음식으로 삼고 있다. 그 맛이 매우 좋고 영양가가 풍부하다 하여 이를 '약밥'이라 하는 것이다. 세속에서는, "약밥은 까마귀가 일어나기 전에 먹어야 한다."고 말하는데, 이것도 대체로 천천정의 고사에서 연유한 것이다. 정월대보름을 오기일(烏忌日: 까마귀가 꺼리는 날)로 삼아 까마귀에게 찰밥으로써 제사를 지냈다는 풍속은 쥐나 돼지와 달리 까마귀는 태양을 상징[22]하는 만큼 태양을 숭배하는 사상의 일단이라 하겠다. 정월대보름은 태음력이 충만한 날이라 이날 음양의 조화가 깨지면 그해 좋지 못하다는 인식에서 태양력을 보강하기 위해 만들어낸 것이 <사금갑설화>일 것이다.

묵은나물에, 하루 아홉번 밥을 먹다

이 날은 무엇보다 쌀(찹쌀과 멥쌀) · 수수 · 콩 · 팥 · 조 등 다섯 가지의

21 『용재총화』 제2권 / 『삼국유사』 제1권.

22 태양숭배사상을 믿는 알타이어권의 우리 민족은 까마귀를 하늘의 뜻을 인간세상에 전하는 신성한 새로 생각했으며, 늙은 어미에게 헌신적으로 먹이를 물어다주는 효성스러운 새로 인식했다. 그러나 오늘날 "길 떠날 때 까마귀 울면 재수 없다"든지 "까마귀가 울면 그 동네 초상이 난다"는 등 건망증이나 죽음을 상징하는 흉조로 변질되어 전하고 있다.

곡식으로 '찰밥'이라고도 하는 '오곡밥'을 지어 먹는다.[23] 맛을 더 내기 위해 밤이나 대추를 넣기도 한다. 오곡밥은 쌀밥과 달리 비타민, 미네랄, 식이섬유가 풍부하다. 오곡밥과 함께 고비·도라지·석이버섯·표고버섯·무·숙주·콩나물·오가리·시래기(무청을 말린 것) 등 9가지로 만든 묵은 나물(陣菜)을 먹었는데, 이를 '진채식(陳菜食)'이라 했다.

정월대보름에 묵은 나물을 먹으면 여름에 더위를 타지 않는다는 말이 있을 만큼 묵은 나물은 우리에게 친숙한 음식이다. 묵은 나물은 비타민·미네랄의 보고이며, 콜레스테롤의 흡수를 줄이고 당분의 흡수를 느리게 하므로 당뇨병·고지혈증 환자에게 특별히 좋다. 한국인은 명절이나 제사때는 반드시 삼색 나물, 즉 시금치·도라지·고사리 나물을 마련했다. 한편 정월대보름날에는 오곡밥을 취나물로 싸서 먹는 '복쌈' 풍습이 있는바, 복쌈은 새해에 복을 받기를 소망하는 음식이다.

정초의 여러 근신이 끝나고 보름날부터는 농사일에 들어가게 된다. "정월대보름날 아침에 식사후 물을 남에게 주면 그해 자기 논의 물이 마른다"고 했던 것도 정월대보름이 농사가 시작되는 때임을 강조한 것이다. '구회식(九回食)'이라 하여 농사가 시작되는 이날은 밥도 아홉 그릇(번)이나 먹으며, 남자는 아홉 짐의 나무를 하고 여자는 아홉 광주리의 삼베를 삼아야 했다. 또 '백가반(百家飯)'이라 하여 여러 집의 밥을 얻어다먹고, 이날은 손님이 오면 밥을 권하는 것이 인사로 되어 있다. "정월대보름날 밥을 얻으러 온 사람에게 밥을 주면 좋다"는 말도 있는가 하면 "정월대보름에 찰밥을 얻어먹으면 무병하다"고까지 했다. 국수를 먹으면 장수한다고 하여 정월대보름날 국수를 먹는 풍속도 있다. 정월 14일에 점심으로 국수를 먹는데, 이것은 국수 올처럼 오래 살 것을 기원하는 의미가 있어 '명길이 국수'라고도 한다. "정월 14일 저녁 칼국수를 굵게 해 먹으면 오래 산다"는 말도 있다.

농사의 어려움에 대응하는 강인한 의지와 풍농을 기원하는 화합의 정

23 오곡밥은 일반밥을 지을 때보다 물을 적게 넣으며 소금으로 간을 하여 짓는다.

신이 엿보이고 있다. "정월 보름에 거름을 일찍 져내면 농사가 잘 된다"고 했던 것은 근면의 중요성을 촉구하는 지혜의 소산이라 하겠다. 농사의 시점은 15일이지만, 농사 관련 보름행사는 14일에 시작되었다. 대개 14일에는 1년간 집에서 쓸 수수비를 매기도 했다.

더위팔기 · 쥐불놀이

정월대보름날 아침 일찍 일어나 사람을 보면 급히 불러, 상대방이 대답을 하면 곧 자신의 더위를 사가라고 외치는 <더위팔기[賣暑]>도 있었다. 다시 말해 해 뜨기 전에 일어나 친구를 찾아가 이름을 부른다. 친구가 무심코 "왜 그러느냐"고 대꾸하면, "내 더위 사가라"고 말한다. 판 사람은 더위를 면하고 멋모르고 대답한 사람은 친구 몫까지 더위를 당해야 한다고 믿는다. 액막이로 행하는 이 <더위팔기>는 친구를 골탕 먹이려는 것이기보다 농사철이 시작되기에 앞서 부지런해야 함을 강조하기 위한 의도에서 생긴 것이라 하겠다.

불놀이는 정월대보름을 대표하는 놀이다. 원래 쥐날을 가려서 쥐불을 놓는 풍속이 있었으나 쥐날을 가려내는 것이 귀찮아지자 정월 열 나흗날 달맞이불(달불)과 합쳐져 쥐불이라고 하게 되었다. 논두렁24과 밭두렁을 태우는 <쥐불놀이>는 매우 흥미가 있었다. 남자들은 논둑과 밭둑에 불을 질러 쥐구멍 속에 든 쥐를 없앰으로써 그 해 풍년을 바라는 뜻을 표출했고 여성들은 빈 방아를 찧으며 쥐가 없어지라고 소리를 질렀다. 논둑·밭둑에는 논밭에 낸 거름기를 빨아들여 잡초가 잘 자란다. 이 풀이 겨울을 맞아 자연히 말라 있는데 여기에 불을 놓는 것이다.

사실 쥐를 쫓기보다는 마른 풀포기에 나붙은 병균이나 해충을 죽이고, 타고 남은 재는 거름으로 쓴다. 나아가 논밭에 있는 잡귀들을 쫓아낼 수 있어 풍년이 든다고 믿었던 것이다. 열 나흗날 또는 대보름날 저녁에 아

24 두렁은 논밭의 작은 둑을 가리킨다. 논밭 둑을 '방아리'라고도 한다.

쥐불놀이

이들은 깡통에 불을 담아 돌리며 논다. 이를 <망우리 돌리기>라고 하는데, 망우리는 망월 곧 보름달을 가리킨다. 실제로 깡통이 돌아가면 밝은 달이 돌아가는 것처럼 장관을 이룬다. <망우리 돌리기>와 <쥐불놀이>를 하다 다른 동네 아이들이나 청장년들을 만나면 과격해지면서 <횃불싸움>으로 이어졌다. 1980년대까지만 해도 농촌에서 불놀이가 행해졌으나 화재의 위험과 함께 요즘에는 사라지고 말았다.

나경(裸耕) · 볏가릿대

정월대보름날 관동 · 관북지방에서는 <나경(裸耕)>이라 하여 숫총각으로 불리는 성기 큰 건장한 장정으로 하여금 성기를 노출시킨 채 목우(木牛)를 몰아 땅을 갈게 하는 의식이 있다. 이 역시 풍년을 관장하는 여신과의 상징적 성행위로 절실한 풍년기원의 수단이다. 이 같은 풍습이 관동지방에만 있고 남쪽에 없었다는 것은 이 지역의 토질이 척박하여 곡식의 결실이 잘 되지 않는 데서 풍년을 비는 마음이 절실했기 때문일 것이다. 한편 <과일나무 시집보내기>라 하여 대보름날 아침에 과일나무 가지 사이에 돌을 끼워 놓고 그 해 열매의 풍년을 빈다. 물론 이는 생산과 풍요를 위한 모의 성행위이다.

정월 14일이나 보름날 세우는 <볏(낟)가릿대[禾竿]>는 농사를 가장한 가(假) 농작이다. 실제 농사가 아닌, 농사철이 되기 전 미리 농사짓는 것

볏가릿대

을 가장하여 풍년을 기원하는 전형적인 농경의례다. 긴 소나무 장대에 벼·조·기장 등 각종 곡물 주머니를 달아 마을 큰 마당에 세우거나 또는 개별적으로 집안에 세우는 경우도 있다. 심지어 궁중에서도 볏가리대를 세워 풍농을 축원했다. 낟알이 이렇게 많도록 풍년이 들라는 기원이다. 진도지방에서는 이 풍습을 아직까지 지키고 있다.

정초에 고사를 지내기도 한다. '고사'라고도 하는 <안택고사>는 집안의 평안과 풍요를 위하여 가신을 대상으로 고사를 지내는 의례이다.[25] 무당이 굿의식으로 행하는 것이 보편적이지만 간혹 집안의 주부가 주재하기도 한다. 어촌에서 선주가 배에서 고사를 지내는 것도 안택고사에 포함시킨다. 14일 저녁 가난한 사람이 부잣집에 남몰래 들어가 마당이나 뜰의 흙을 파다가 자기네 부뚜막에 바르거나 뜰에 뿌리면 부잣집 복이 옮겨와서 잘 살 수 있다고 하여 <복토 훔치기>도 했다.

25 가을에 지내는 <안택고사>는 '성주고사'라 한다.

홍수매기 · 매성이심기

정초에는 그 해에 닥칠 횡수(橫數)의 재앙을 막는 <홍수매기>도 한다. 보통 무당을 불러 <홍수매기>를 하는데, 횡수가 없다 하더라도 새해에 복을 얻기 위해 좋은 날을 받아 행하기도 한다. <안택고사>와 <홍수매기>는 별도로 하거나 겸해서 하기도 한다. "정월대보름날 널을 뛰면 귀신머리가 깨진다"는 말도 있고, "정월대보름에 신을 벗어 바다에 던지면 모든 액운이 없어진다"는 말도 있다. 정월대보름에는 흰색 종이로 달과 버선을 만들어 지붕에 꽂아 모든 액을 면하려고도 했다.

전남에서는 14일 저녁 액을 없애고 무병하게 지낼 수 있길 기원하며, 삶은 팥을 밭에 묻었다. 이를 <매성이 심기>라 했는데, 삶은 팥을 액막이할 사람의 나이 수대로 세어 밭에 가서 구덩이를 파고 묻었던 것이다. 서울에서는 14일 밤에 당년의 신수가 나쁜 사람은 적선(積善)을 해야만 액을 면할 수 있다고 해서 개천에 다리를 가설하거나 유두돌을 놓는 일이 있었다. 남에게 도움이 되는 착한 일을 하면 액을 면할 수 있다고 하는 것으로 보아 과거에 액의 유무를 문제 삼았던 것은 인간의 선행을 유도하기 위한 민족적 지혜에서 나온 것이 하겠다.

팔매싸움 · 차전놀이 · 쇠머리대기

정월대보름날은 여러 가지 민속놀이가 전개되는데, <팔매싸움(돌싸움)>, <차전놀이>, <횃불싸움>, <줄다리기> 등이 대표적인 예이다. '석전(石戰)놀이'라고도 하는 <팔매싸움>은 우리나라 전역에 분포한다. 특히 고구려의 정월축제놀이로서 패수(浿水)의 석전을 들 수 있는데, 이것은 새해맞이 의식이자 군사회적 성격을 띠었다. <팔매싸움>이 널리 오랫동안 전승되어 올 수 있었던 것은 이 싸움이 갖는 상무적 성격 때문으로, 유사시에는 지역을 방위하는 데 팔매꾼들의 활약이 컷음을 많은 기록들은 말해주고 있다. 왜구가 침입하였을 때 안동과 김해의 팔매꾼들이 차출

차전놀이

되어 선봉으로 활약한 사실이나 제너럴 셔먼호 사건 때 평양부민들이 팔매로 이를 격퇴한 사실은 <팔매싸움>이 갖는 실전적 효과를 대변해준다. 『삼국사기』및 『삼국유사』에는 팔매꾼들로 이루어진 전투부대가 있었음도 전한다.

<차전놀이>는 고려의 왕건이 견훤을 격퇴 승리한 것을 기념하기 위한 고사에서 유래했다고 하는 것으로, '동채싸움'이라고도 한다. 주로 정월 보름때 행하는 안동의 <차전놀이>는 중요무형문화재 24호이다. 동채머리에 대장을 태워 동채꾼이 어깨로 상대방을 밀어 밑에 깔리게 하면 이긴다. 수천 수만 명의 구경꾼들이 동부와 서부로 나눠 응원을 하는데 자신의 출생지를 응원하기 때문에 부부간에도 편을 갈라선다고 한다.

현재 '영산 3·1 민속문화제'의 주요 레퍼토리가 된 경남 창녕 영산면의 <쇠머리대기>[26]는 원래 정월대보름 놀이였다. 중요무형문화재 25호로

26 소는 우리와 가장 가까운 가축인 만큼 전통놀이에도 유난히 많이 등장한다. 이는 우리가 소와 항상 함께 하려는 마음에서 비롯된 것이라 하겠다. 소 관련 놀이로 기호지방의 <소먹이놀음>과 <소놀음굿>, 경남 창녕 영산의 <쇠머리대기(나무쇠싸움)>, 경상도

지정된 이 놀이는 청장년들이 어깨에 나무소를 어르고 다니다가 세차게 맞부딪치는 놀이로 안동지방의 동채싸움과도 비슷하다. <쇠머리대기>는 소싸움을 모방하고 있다는 점에서 농우(農牛)의 중요성과 신성함을 되새기는 뜻으로 해석할 수 있다.

<횃불싸움>은 주로 쥐불놀이, 달맞이, 달집태우기 등에 이어서 행해진 이차적인 싸움이다. 대보름 저녁이 되면 집집마다 청소년들은 싸릿가지, 마당비, 대나무 등으로 횃불을 만든다. 달이 뜰 즈음이면 마을 뒷산이나 언덕에 모여 동네끼리 불붙인 홰를 휘두르며 <횃불싸움>을 시작한다. 대개 아이들만 참여하는 싸움이지만, 어른들이 주도하는 경우 <횃불싸움>은 격렬해지면서 목숨을 잃기까지 했다. 보름달을 배경으로 풍물패가 신나게 자진가락을 쳐대고 불꽃이 난무하며 함성이 하늘을 울리는 장관이 벌어진다.

놋다리밟기 · 죽마놀이

정월대보름날의 놀이가 주로 남자들의 것이나 <놋다리밟기>[27]만은 여자들 놀이다. 경북 안동지방에서 전승되고 있는 <놋다리밟기>는 대보름날 저녁에서부터 수일간 수백명의 여성들이 모여 노래를 부르며 논다.[28] 고려말 공민왕이 한족 반란군인 홍건적의 난을 피해 왕비인 노국공주를 데리고 도망가다가 안동 가까이에 이르러 소야천 나루가 나타나자, 이 때

지방의 <소싸움> 등을 들 수 있다. <소먹이놀음>은 경기도·황해도 지역에서 정월대보름이나 한가위에 행해진 비경쟁적인 놀이다. <소놀음굿>은 기호와 해서지방에서 전승된 것으로 알려져 있으나 현재는 경기도 양주시에서만 전승되고 있다. 이 굿은 신곡맞이의 경사굿에서 제석거리에 이어 행해졌다.

27 <놋다리밟기>와 <강강술래>류의 여성집단놀이가 그동안 서로 다른 놀이들로 알려져 왔지만 근래에 여성들의 보름놀이로서 공통성을 지님이 밝혀졌다.

28 안동에서는 부인들이 밤에 떼지어 성밖으로 나가 물고기를 꿴 모양으로 길게 엎드린다. 그리고 나이어린 한 소녀가 그 등위로 걸어다니면서 "이것이 무슨 다리인가"하고 선창을 한다. 그러면 엎드려 있는 여자들이 합창으로 "청계산의 동교(銅橋)지"하고 후창을 한다. 이렇게 동서로 왔다갔다 하는데 밤이 깊어서야 그친다.(『동국세시기』).

그 고을의 원이 마을의 젊은 부녀자들로 하여금 일렬로 엎드리게 하여 공주가 등을 밟고 건너게 해주었다는 전설에서 유래했다는 놀이다. 소녀와 노부(老婦)가 함께 모여 거리를 누비며 노래와 놀이로 밤늦도록 즐기는 바 남성의 접근은 허용되지 않았다.

놋다리밟기

백성들의 충성에서 유래했다는 놀이인 만큼 품위가 있고 향토적인 독특한 맛이 있다. 다양한 놀이들의 복합으로 이루어진 이 <놋다리밟기>에 포함된 '꼬께싸움'은 경북 북부지역을 중심으로 나타나는 양식화 관행화된 편싸움으로서 대보름에 행해졌으며 경우에 따라서는 남녀노소를 불문하고 전체 마을사람들의 후원 속에서 치러진 대동놀이였다. '꼬께'란 안동지방의 방언으로 두 사람이 서로 손목을 잡아 우물 정(井) 자 모양으로 만드는 것을 말한다. 이 꼬께 위에 공주를 태운 다음 동·서부의 공주가 싸운다.

대체로 <놋다리밟기>와 같이 원무(圓舞)와 선무(旋舞), 그리고 나선무(螺旋舞)가 복합된 여성들의 보름놀이는 보름달의 차오름과 이지러짐을 묘사한다. 이렇듯 보름달의 풍만함과 생생력fertility을 통해서 풍요를 기원하는 의도로 생성된 것이기 때문에 특정지역에 한정된 발생론이나 전파론을 펴기는 어렵다.

한편 정월놀이로서 특기할 만한 것으로 목마(木馬)타기, 즉 <죽마놀이>가 있다. 남자아이들이 대(竹)로 만든 말(馬)을 타고 논다고 해서 <죽마놀이>라는 것이다. 이 놀이는 동양의 한국·중국·일본 삼국에서는 오랜 옛날부터 아이들이 즐겨 노는 건전한 놀이였다. <죽마놀이>의 기구인 '죽마'는 통대를 아이 키만큼 자른 다음, 밑동에서 30cm 정도의 높이에 30cm 가량의 통대를 가로로 단단히 묶어 만든다. 이 가로로 묶은 대를 발판으로 딛고 올라서서 걸어가는 것이다. 어릴 때부터 죽마를 타가며 친하게 놀았던 친구라는 뜻의 '죽마고우(竹馬故友)'는 바로 이 놀이에서 나온 것이다.

달맞이 · 달집태우기 · 소밥주기

정월대보름날은 새해 농사일에 접어드는 시점이므로 다양한 방법으로 풍년을 점치게 된다. 그 가운데는 초저녁에 횃불을 들고 높은 곳에 올라 다른 사람보다 먼저 떠오르는 달을 보면 그해 운수가 좋다는 <달맞이> 행사가 있다. 풍요를 예축(豫祝)하는 집단적인 대보름 행사는 <달맞이>로부터 시작된다. <달맞이>를 하기 전에 <쥐불놀이>를 할 수 없었던 것은 <달맞이>가 신성한 제의임을 확인시켜주는 것이다.

달이 뜨면 달의 빛깔이나 형체와 크기, 달이 뜬 높이 등으로 1년의 농사를 점쳤다. 달빛이 몹시 붉으면 그 해 여름 가뭄이 들고, 달빛이 희거나 달무리가 생기면 비가 많이 올 징조이다. 또 달의 윤곽과 사방이 짙으면 풍년이 들 조짐이고 엷으면 흉년이 들 조짐이며 차이가 없으면 평년작이 될 조짐이다.[29] 마을 뒷산에 올라가 달을 보고 풍년과 건강을 기원하기 위해 횃불을 들고 갔던 것은 불이 지닌 생산력 때문이다. 또한 달맞이를 하고나서 이웃 마을과 경계되는 냇가 다리에서 <횃불싸움>을 했는데, 이도 불이 갖는 상징성에 따른 것이라 하겠다.

달집을 태워 점을 치는 <달집태우기>도 있다. 볏짚으로 만드는 달집의 형태는 대개 세 개의 긴 막대기 끝을 묶어서 적당한 간격으로 벌려 세운 뒤 달이 떠오르는 쪽은 터놓고 나머지 두 면은 이엉으로 감싸며, 오래 탈 수 있도록 솔가지 등으로 덮어둔다. 터놓은 쪽으로는 새끼로 달모양을 만들어 매단다. 이윽고 달이 떠오르면 달집에 불을 당기는데, 달집이 한꺼번에 잘 타오르면 풍년이 들고 타다가 꺼지거나 불길이 약하면 흉년이 든다고 믿는다. <달집태우기>는 액을 막는 기능도 하게 된다. 달집을 세

29 『동국세시기』.

달맞이

운 뒤 그 해에 운수가 좋지 않은 사람의 저고리 동정 따위를 달집 속에 넣어 함께 태우는 것이다. 그렇게 하면 여름에 더위를 먹지 않고 병이 나지 않는다고 한다.

대보름 전날 저녁에 콩 12개에 열두 달을 표시하여 수수깡 속에 넣고 묶어서 우물 속에 집어넣는 점복으로 <달불이>가 있다. 이튿날 새벽에 꺼내보아 점을 치는데, 비가 많이 와야 하는 5월이나 6월로 정해진 콩이 많이 불어 있으면 그해는 풍년 들 것이라 생각한다. <집불이>라는 것도 있어 콩알을 동네의 가구수대로 골라서 각 콩알에다 호주를 표시하고 짚으로 묶어서 우물 또는 사발이나 종지 속에 집어넣는다. 역시 많이 불어 있으면 그해에는 그 집에 풍년이 든다고 여기는 것이다. 이 밖에도 대보름 점복으로는 <사발점>, <소밥주기>, <닭울음점> 등이 있다.

정월대보름날 외양간에 음식을 차려주어 소가 먹는 것을 보고 그해 농사를 점치는 것이 <소밥주기>다. 이날 장만한 나물과 밥을 키 위에 상처럼 차려서 소에게 준다. 소가 밥을 먼저 먹으면 그해 농사가 잘 될 것이요 나물을 먼저 먹으면 흉년이 들 것이라 믿었던 것이다. 대보름날에 소는 이렇게 우대하는 반면 개는 굶긴다. 정월대보름에 개에게 일부러 밥을 안 주는데, 이날 개에게 밥을 주면 개가 마를 뿐만 아니라 파리가 꼬여 더러워진다는 믿음 때문이다. 이러한 풍속 때문에 우리가 명절에 잘 먹지 못하고 쓸쓸하게 지내는 경우 "개 보름 쇠 듯한다"는 소리를 듣는다.

이상과 같이 정월대보름에 각종 의식이나 점복, 놀이 등이 집중적으로 펼쳐진 까닭은 새해에 들어와 처음으로 가득 찬 달을 신성하게 여겼기 때문이다. 정월대보름의 놀이가 전체 민속놀이 가운데 가장 많은 비중을 차지하는데, 이는 생업의 측면에서 농사의 풍년을 기원하는 의미와 관련 있다고 본다. 정월대보름은 한 해의 농사가 시작되는 시점이다. 14일 새벽닭이 울면 일어나서 퇴비장에 있는 퇴비 한 짐을 져다 논에 갖다 부었던 것도 금년 농사가 이미 시작되었다는 신호이며, 이렇게 부지런히 농사를 시작했으니 풍년이 되어달라는 기원의 뜻이 있다. 따라서 그 해 농사의 풍흉 여부가 커다란 관심거리일 수밖에 없으며, 풍농을 위한 놀이행위가 활발하게 이루어진 것이라 하겠다.

정월대보름

찹쌀을 잠깐 쪄서 밥을 만들어 기름·꿀·진간장을 섞고, 대추의 씨를 빼고 밤도 까서 잘게 썰어 섞는다. 비율은 그 밥을 대중 삼는다. 이것을 다시 푹 쪄서 조상에게 제사도 올리고 손님도 대접하며 이웃에 보내기도 한다. 이것을 약밥이라고 한다. 우리나라 풍속에 꿀을 약으로 쓰므로 이 꿀밥을 약밥이라 하고, 유밀과를 약과라고 한다. 전설에 의하면, 신라 소지왕이 까마귀가 알려줘 거문고집을 쏘아 음해하려는 자를 잡은 뒤로 까마귀에게 고마움을 갚기 위해 먹이려고 만든 것이 풍속이 되었다고 한다.

통역관들의 말에 의하면 우리나라 사신이 연경에 갔을 때 마침 정월보름을 당하면 반드시 음식을 만드는 사람들에게 이것을 만들도록 했다고 한다. 그러면 연경 안의 귀인들이 그 맛을 보고 반색하며 그 여러 가지 맛을 좋아하지 않는 이가 없었다고 한다. 그래서 그 방법을 전해 주었으나 기어이 만들지를 못한다고 했다. 까마귀가 알려주었다는 이야기는 대단히 황당무계한 말이다. 그러나 중국에는 이런 이야기가 없으니 이 약밥은 우리나라 풍속에서 나왔으리라고 하는 것이 거짓이 아닐 것 같다.

그러나 당나라때 사람 위거원의 『식보』[30]를 요사이 자주 보았는데 거기에 '유화명주(油畵明珠)'[31]라는 말이 있고 주를 달기를 "정월보름의 유반(油飯)은 약밥의 재료를 모은 것으로 간략히 말하면 이는 반드시 유반이라고 해야 한다. '화(畵)'란 붉은 빛과 검은 빛이 뒤섞인 것을 말한 것이요, 명주

30 『식보(食譜)』는 위거원(韋巨源)이 지은 음식에 관한 해설서다.

31 유화는 유반화(油飯畵)의 준말로 유반 곧 약밥의 모양이란 뜻이요, 명주란 그 약밥을 형용한 말로 약밥의 모양이 검붉고 그 밥알 하나하나가 구슬같이 빛난다는 뜻이다.

란 매끈하고 고운 빛깔을 말하는 것이다"라고 했다. 그러므로 이는 약밥을 의미하는 것이다. 따라서 중국의 것이 우리나라로 전해진 것이다. 그런데 신라때부터 시작했다고 하는 것은 일을 벌이기를 좋아하는 자가 멋대로 까마귀 전설을 억지로 끌어다가 합리화시킨 것이다. …………

이 날 새벽에 술 한 잔을 마시는 데 이것을 귀밝이술이라 한다. 또 밤 세 개를 깨물어 버리는데 그 밤을 부스럼 깨무는 과일이라 한다. 이날 꼭두새벽에 정화수 한 그릇을 긷는 것을 용알뜨기[32]라 한다. 또 깨끗한 종이에 흰 밥을 싸서 물에 던지는 것을 어부습(魚鳧施)[33]이라 한다. 아이들이 10월 초부터 사내는 연을 날리고 계집애는 나무로 만든 작은 호로 세 개를 차고 다니다가 정월대보름이 되면 연은 공중으로 날려 보내고 호로는 길에다 버리는데 돈 한 푼씩을 매단다. 이것들을 액막이라 한다.

보름날 저녁에 열두 다리를 건너면 열두 달 동안의 액을 막는 것이라 하여 재상과 귀인으로부터 촌의 서민에 이르기까지 늙고 병든 사람 외에는 나오지 않는 이가 없다. 가마를 타거나 말을 타고, 또는 지팡이를 짚거나 나막신을 신고서 이들은 거리를 메운다. 악기와 술병 등이 사람 모이는 곳마다 벌여 있기도 한 바, 1년 가운데 도시에서의 놀고 즐기는 일이 정월대보름과 4월 초파일에 가장 성하다. 이 두 밤에는 항상 임금이 명령을 내려 야간 통행금지를 해제한다. 농촌에서는 이날 초저녁에 홰를 묶고 불을 붙여 무리를 지어 동쪽으로 향해 달린다. 이것을 달맞이라 한다. 달이 뜨면 그 달 바퀴의 빛을 보고 그 해의 풍년과 흉년을 점친다.

『열양세시기』

---

32 정월대보름 이른 새벽에 부녀자들은 서로 다투어 샘(우물)에 가서 물을 떠온다. 이 물을 '용알[龍卵]'이라 하는데, 하늘에서 용이 내려와 우물에 알을 낳았다는 것이다. 이 물로 밥을 지으면 집안에 행운이 온다고 믿는다. 예전에는 용알을 뜨기 위해 밤을 꼬박 새우는 일도 있었다. 먼저 물을 푼 사람은 이미 용알을 떠갔다는 사실을 알리기 위해 짚으로 만든 또아리라든가 나뭇잎 같은 것을 샘물에 띄워놓았다. 전하는 바에 의하면, 정월 14일 밤에 용이 내려와 우물에 알을 낳고, 그 알을 먼저 떠간 집안은 그 해 농사를 제일 잘 짓는다고 한다. 한편 이른 새벽에 일어나 우물에 비치는 잔월(殘月)을 확인한 다음 우물을 길어 정화수로 삼고 치성을 드렸다고 하는 바에 따르면 용알은 우물에 비친 잔월이라고 할 수 있다.

33 어부슴 또는 어부시란 대보름 새벽에 그 해의 액막이를 위하여 조밥을 강물에 던지는 것이다. 이 어부슴은 중부지방을 중심으로 행해진 의식으로서, 부녀자들은 가까운 냇가로 나가 가족들의 생년월일과 이름을 부르면서 밥을 세 번 덜어내 버린다. 이 의식은 물고기나 오리에게 먹을 것을 베푼다는 뜻이기도 했을 것이다.

윗글은 김매순[34]이 지은 『열양세시기』에 나오는 정월대보름에 관한 것이다. 정월대보름날은 다른 날보다 치러야 할 일들이 많다. 아침에 일어나 밤, 호도, 잣, 은행 등 딱딱한 열매(부럼)를 깨물어서 그 해 이를 튼튼히 하며 종기나 부스럼이 나지 않기를 비는 <부럼깨기>를 했다. 깨물면 '딱' 하는 큰 소리에 놀라 잡귀가 물러간다고 한다. 부럼, 즉 껍질이 단단한 과일 하나를 단 번에 이로 깨문 후 "내 부럼"하고 외치는 소리와 함께 지붕으로 던지거나 마당에 버리고 나서 다음 것들은 보통 자기 나이 수대로 깨서 먹는다. 근래에는 땅콩을 흔히 쓴다. 지금도 대보름 전날에는 이런 등속의 실과들을 가게에 준비하고 있다. 청주 한 잔을 데우지 않고 마시면 귀가 밝아지고 1년 동안 기쁜 소식만 듣는다는 <귀밝이술>도 있었다.

자신의 나이 수대로 건너거나 또는 1년 열두 달을 상징하는 열 두 다리를 건너면 그 해 다리에 병이 생기지 않는다는 <다리밟기[踏橋]>도 성행했다. <다리밟기>는 남녀노소 구분이 없이 누구나 참여했는데, 옛날 서울에서는 청계천(淸溪川)[35]에 있는 광통교(廣通橋)와 수표교(水標橋)에 <다리밟기>를 하는 사람이 많아서 매우 혼잡했으며 풍기가 문란해져 명종때 일시 금지시키기도 했다. 여성스런 기운인 음기(陰氣)는 달이 발산하는 것[36]이기 때문에 여성으로 하여금 그 생식력을 얻기 위해 달이 제일 큰 밤에 달의 정기를 마시게 한다는 것이 <다리밟기>의 명분이라는 설도 있다.

궁중에서 임금에게 찍힌 궁녀는 용손(龍孫)을 보기 위해 '흡월정(吸月

34 김매순(金邁淳)은 조선 정조 때의 학자로서 호는 대산(臺山)이다. 벼슬이 참판에 이르렀으며, 문장과 덕행으로 세상에서 아낌을 받았다. 언제 세상을 떠났는지 확실히 알 수 없으며, 문집으로는 『대산집』이 전한다.

35 한양성내의 모든 물줄기와 민가의 하수구를 한 곳으로 뽑아내던 곳으로 당시에는 이름이 개천(開川)이었다.

36 달이 지니는 인력(引力)은 지구상의 만조와 간조에 영향을 미친다. 인체의 혈액도 액체상태이므로 초승달이냐 보름달이냐에 따라 영향을 받는다. 보름달이 뜰 때는 사람의 피도 더 많이 끌어당기게 된다. 여자들의 생리를 '월경'(月經, 달이 다니는 길)이라고 부르는 이유도 달과 피가 함수관계에 있기 때문이다.

광통교의 과거(좌)와 현재(우)

수표교의 과거(좌)와 현재(우)

精)'이라 하여 대보름날 달 기운을 들이마시는 고된 호흡운동을 하다가 기절하는 경우도 허다했다. 달의 정기를 마시는 흡월정은 3, 7, 9 등 홀수 번으로 하는데, 27기통까지 마신 궁녀가 있었다고 한다. 서울에서 맨 처음 만들어진 가장 크고 정교하다는 광통교가 최근 청계천 복원과 함께 되살아나면서 다리를 밟기 위해 대보름날 밤을 기다리는 사람도 많아질 것이다.

14일 밤에 1년 동안의 재앙을 막기 위해 '제웅'이나 나무조롱을 만들어 길에 버리는 행위도 있었다. 제웅이란 짚으로 만든 허수아비(인형)로, 뱃속이나 허리부분에 돈이나 쌀을 넣고 액이 든 사람의 생년월일시를 적어넣은 다음 길가에 던져두는 것이다. 이것을 지나가다가 밟거나 주우면 그 사람에게 액이 옮아간다고 믿는다. 곧 제웅은 없애고 싶은 악의 상징으로서 인형극의 소박한 형태라 할 수 있다. <홍수매기>와 같은 큰 고사를 지내고 이 제웅을 버리지만 간단히 액막이를 하며 제웅을 버리기도

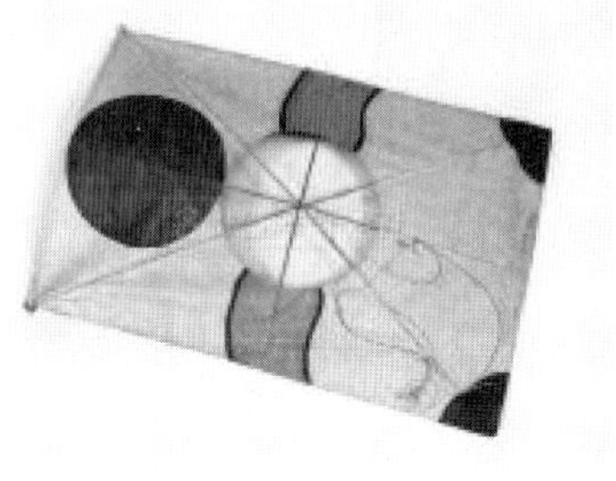

방패연

연날리기

한다. 제웅의 유래에 대해서는 신라의 처용설화에서 기원했다고 한다. 동해 용왕의 아들인 처용의 아내가 천하의 미인이었으므로 역신이 반해서 침범했다가 처용에게 발각되었다. 그러나 처용이 노하지 않고 태연자약하자 역신이 감동하여 사죄하고 다시는 처용이 나타나는 곳에는 침범치 아니하겠다는 약속을 하고 내뺐다고 한다. 이후 신라인들은 처용상을 부적으로 삼았다는 것이다.

한편 섣달에서부터 정월대보름 사이에 소년들은 <연날리기>를 한다. 『동국세시기』에 의하면 정월대보름이 가까와 오면 수표교 근처의 청계천을 따라 연싸움 구경꾼이 인산인해를 이루었다고 한다. 연은 여러 해 두고 띄지 않는다. 겨울 동안 띈 연은 정월대보름날에 모질고 사나운 운수를 떨쳐 버린다는 뜻으로 '송액(送厄)'이라 써서 하늘 높이 띄어 올린 다음 줄을 끊어 멀리 날려 보낸다. 이렇게 하면 1년 내내 행운이 따르고 복을 받는다고 전한다.

삼국시대이전부터 있었던 우리나라의 연에는 대체로 직사각형모양에 가운데 방구멍(바람구멍)을 낸 '방패연'이 대종을 이룬다. 다른 나라의 연은 방구멍이 없다.[37] 그렇기 때문에 우리나라 연처럼 높이 뜨지도 못하고

37 일본의 방패연에는 바람구멍이 없고 대신 사각형 밑에 종이로 만든 다리를 두 개 붙인다. 일본에서는 주로 설 때 <연날리기>를 즐긴다.

날렵하지도 않다. 우리나라 연은 창호지 등 종이를 물에 축여 다듬질하고 말려 질기게 한 다음 잘 마른 댓가지를 가늘게 다듬어 만든다. 방패연 외에도 주로 어린이들이 많이 날리는 마름모꼴의 '가오리연'과 사람이나 동물 등 여러 가지 형태를 본 딴 '창작연' 등이 있다.

<연날리기>는 세계 여러 나라에서 행해지지만 우리만큼 연의 종류와 연을 매체로 한 놀이가 다양한 데는 없다. 연놀이방법에는 높이띄우기, 재주 부리기, 끊어먹기 등이 있다. 무엇보다 자신의 연줄로 다른 사람의 연줄을 끊어버리는 연싸움놀이가 흥미롭다. 연싸움에서 이기려면 질긴 연줄[38]에 감을 잘 먹여야 하고, 더 중요한 것은 연 날리는 기술의 문제다. 여기에 기능이 좋은 '얼레'가 필요한 것이다. 연실을 감고 풀어주어 연을 띄우고 조정하는 기구가 바로 '얼레'다. 이 얼레의 형태는 평면 4각 장방형의 두발얼레, 발이 십자형으로 된 네발얼레, 육각으로 된 육각얼레, 외형은 원형같이 보이나 발이 여덟 개 달린 팔발얼레 등이 있다.

2. 추석(한가위)

한가위 같기만 하여라

우리나라에서 가장 중요하게 여기는 명절은 설과 함께 8월 15일에 해당하는 추석이라 할 수 있다. 고려시대는 9대 명절이 있었다가 조선시대는 4대 명절인 설 · 한식 · 단오 · 추석으로 줄었다. 오늘날은 2대 명절이라 할 수 있는 설과 추석만을 국가적인 공휴일로 정하여 온 국민이 이날을 함께 즐기고 있다.

'가운데'란 뜻의 가배 또는 '정 가운데'란 뜻의 한가위라고도 불리는 이 추석은 덥지도 춥지도 않은 쾌청한 날씨에다 새로운 곡식이 나오고

38 예전에는 주로 명주실이나 무명실을 사용했지만 최근에는 나일론실을 많이 쓴다.

온갖 햇과일도 푸짐하며 흩어졌던 가족들이 한자리에 모여 풍성한 가을을 즐길 수 있다. 때문에 세간에서는 이 날을 지목하여 "더도 말고 덜도 말고 한가위 같기만 하여라."[39]라는 속담이 전하고 있다.

정월대보름이 농사력이 시작되는 한 해의 첫 보름이라면, 한가위는 농사력이 마무리되는 보름이라는 점에서 중요한 의의를 갖는다. 5월부터 시작되는 무더위 속에서 고생하던 농부가 8월이 되면 그 보람으로 만곡이 결실하여 수확을 맞이하게 되니 신선처럼 행복감을 느낀다 하여 "5월 농부 8월 신선"이라는 말도 전해 오고 있다. 따라서 추석에는 나라 전체가 축제 분위기 속에서 넉넉하게 음식을 장만하고 서로 즐겁게 놀게 된다.

추석에는 농사일로 바빴던 일가친척들이 서로 만나 하루를 즐기는데, 특히 시집간 딸이 친정어머니와 중간지점에서 만나 반나절 회포를 풀고 가져온 음식을 나누어 먹으며 즐기는 것을 중로상봉(中路相逢), 즉 '반보기'라고 한다. 한편 추석을 전후하여 농가도 잠시 한가하고 인심도 풍부한 때이므로 며느리에게 말미를 주어 반보기가 아닌 '온보기'로 하루 동안 친정나들이, 즉 근친을 가게 하는 것은 여성들에게 큰 기쁨이며 희망이었다. 지금은 추석 뒤에 친정에 가서 놀다 오게 한다.

이렇듯 우리나라에서는 한가위가 중요한 명절이지만, 같은 문화권에 속한 중국이나 일본에서는 큰 의미를 가지지 않는 점에서 특이하다고 볼 수 있다. 중국에서도 '중추' 또는 '월석(月夕)'이라 하여 한가위를 지내지만, 보름달 모양의 월병(月餠)을 먹고 달구경을 하는 것이 고작이다.[40] 달떡의 유래도 한족이 원나라에 대항하고자 비밀 쪽지를 감추기 위해 만든 떡이라고 한다. 그래서 중국인들은 그 날을 기념하기 위해 달떡을 먹지만, 반대로 몽골족은 달떡을 먹지 않는다. 일본에서는 양력 8월 15일을 오본(お盆)이라 하여 달을 닮은 월견단자(月見團子)를 만들어 먹는 정도이다. 우리 같은 추석명절은 없다고 해도 과언이 아니다.

39 『열양세시기』 8월 중추조

40 우리는 발전하는 것을 좋아하는데 비해, 중국인은 원만·완성의 상태를 좋아하는데서 설날·정월대보름까지 월병을 먹는 것으로 본다.

가장 정서적 율동적인, 강강술래

일반적으로 추석에 행해지는 세시풍속 놀이는 남성의 <쾌지나칭칭나네>,[41] 여성의 <강강술래>와 함께 <거북이놀이>, <소놀이>, <줄다리기> 등이 있다. <강강술래>는 8월 보름 명절놀이의 극치를 이루는 것으로서 추석빔으로 곱게 단장한 여자들이 손에 손잡고 원무를 그리며 노는 모습은 한 폭의 그림 같다. <강강술래>는 일설에는 임진왜란때 이순신 장군이 우리의 군사가 많은 것으로 위장하기 위해 고안했다고 전하나 이미 학자들에 의해 부정되고 있다. 한편 <강강술래>라는 말이 '강강수월래(羌羌水越來)' 또는 '강강수월래(江江水越來)'라 하여 '오랑캐가 물을 건너온다'는 뜻이라고 한다.

그러나 원시시대부터 우리나라에 달밤이면 축제를 벌여 노래와 춤으로 즐기는 풍습이 있었으니, 오랜 전통을 지닌 민속무용의 하나라 해야 할 것이다. 따라서 이 <강강술래>는 중요무형문화재 제8호로 지정되어 보존되고 있다. 우리나라 여성놀이에서 가장 정서적이고 율동적인 이 놀이는 지금은 주로 해남을 비롯하여 전라도 남해안지방에 분포 전승된다.

<강강술래>에서 춤추는 동작 가운데 가장 역동적인 것이 손 밑으로 빠지는 동작이다. 춤이 빨라지면 앞소리꾼이 "꺾자 꺾자 고사리 꺾자, 제주도 한라산 고사리 꺾자"라는 식으로 말머리를 돌린다. 그러면 앞줄에서 뛰는 사람은 잡았던 손을 놓고 뒷줄 적당한 곳의 사람이 손을 높이 들어준다. 춤은 이 같은 동작을 되풀이하면서 계속된다. <강강술래>는 여러 가지 놀이로 구성되어 있는데, 대체로 다음과 같은 14가지로 진행된다. (1) 늦은강강술래 (2) 중강강술래 (3) 잦은강강술래 (4) 남생아 놀아라[42] (5) 고사리꺾자 (6) 청어엮자 (7) 청어풀기 (8) 지와(기와)밟기 (9) 덕석(멍

41 <강강술래>, <놋다리밟기>, <월월이청청> 등이 여성들의 원무 중심의 놀이인데 비해, <쾌지나칭칭나네>는 남성들의 원무 중심의 놀이다.

42 남생이(원숭이) 흉내를 잘 내고 놀라는 데서 나온 '남생아 놀아라'는 설소리꾼이 "남생아 놀아라"를 부르면 받는 사람들이 "절래 절래 잘 논다"라는 노래를 부를 뿐이다.

강강술래

석)몰이 (10) 덕석풀기 (11) 쥔쥐새끼놀이[43] (12) 문열어라 (13) 가마등등[44] (14) 도구대(절구공이)당기기.[45]

소놀이 · 거북이놀이

추석날 풍물패들이 집집마다 돌아다니며 풍물을 치고 놀면 주인은 술과 음식을 대접한다. 이때에 멍석을 뒤집어쓰고 <소놀이> · <거북이놀이>

43 앞사람의 허리를 잡고 일렬로 늘어선 놀이대열에 맨 끝 아이를 잡아매는(떼어내는) 놀이다. '닭살이', '꼬리따기', '기러기놀이' 등으로도 불린다.

44 두 손을 맞잡고 강강술래를 하다가 선두가 앞사람의 손을 놓고 일렬로 끌고 가다 정렬이 되면 "가마 타세"하고 외친다. 그러면 다른 놀이꾼들이 "위－"하는 소리를 지르면서 가마를 만들고 한 사람을 올라타게 한다. 선두가 "가마 띄세"하는 소리를 외치면 전원이 일어서서 일렬로 행진해간다.

45 <줄다리기>와 비슷한 놀이다. 놀이꾼이 두 편으로 갈라 먼저 중앙에 절구공이를 갖다 옆으로 놓고 양편에서 힘센 사람이 나와 양끝을 잡은 다음 놀이꾼들은 이 절구공이를 중심으로 늘어서서 앞사람의 허리를 잡고 맨 앞사람은 절구공이에다 발을 버티고 양손을 잡는다. 손이 잡히면 끌어당기기를 시작하는데 서로 절구공이에다 버티고 있기 때문에 승부가 나지 않는다. 만약 앞사람 손이 빠지면 모두가 뒤로 엉덩방아를 찧으면서 넘어지고 이러한 모습에 박장대소하며 논다.

를 하게 된다. <거북이놀이>는 8월 한가위날 밤 청소년들이 즐겼다. 이 놀이는 경기남부를 중심으로 해방 전까지만 해도 몹시 성행했는데, 1970년 초에 경기도 이천시 대월면에서 재연하여 그 지역의 대표적인 민속놀이로 자리를 잡았다. <거북이놀이>는 물의 신이라 할 수 있는 거북이를 즐겁게 함으로써 비를 내려 농사가 잘 되게 해 달라는 소망에서 나온 것이라 하겠다. 장정 두 사람이 나란히 엎드려 그 위에 멧방석을 덮어 마치 거북이의 등처럼 만든 다음 앞사람은 거북머리를 만들어 들고 뒷사람은 빗자루를 들어 꼬리처럼 내밀어 거북을 만든다.[46]

수신(水神)이자 장수(長壽)의 상징인 거북이를 앞세워 가가호호를 방문하며 지신을 밟아줌으로써 잡신을 몰아내고 가뭄과 홍수를 막으며 가신에게 평안을 빌고 농사의 풍년을 기원한다. 선도하는 질라아비와 함께 거북이가 앞장서고 풍물패가 농기를 앞세우고 이에 참여한다. 질라아비가 "이 동해 거북이 바다를 건너오느라고 시장하니 맛있는 것을 한상 차려주시오" 하면 집주인이 미리 장만한 음식으로 일행을 대접한다. 거북이를 포함하여 모두가 하나가 되어 먹고 즐긴다.

<소놀이>는 마을 사람들이 멍석을 쓰고 소 모양으로 가장하여 집집마다 찾아다니며 즐겁게 놀아주고 음식을 나눠먹는 풍년 기원놀이다. <소놀이>에서는 농사를 가장 잘 지은 집의 머슴을 뽑아 소에 태워 마을을 돌기도 한다. 사실 <거북이놀이>는 소 대신 거북이로 가장하여 노는 것이다. 한편 추석이나 단오 명절 때는 <소싸움>을 시키며 즐기기도 한다.

<소싸움>은 황해도·강원도·경기도 등에서 했으나, 경상남도에서 많이 볼 수 있다. 우리나라의 소는 원래 온순한데, 소주를 먹여 흥분시켜 싸우게 하였다. <소싸움>은 여름 동안 어느 집 머슴이 소를 잘 먹여 힘이 가장 센가를 가려 치하하는 데서 시작되었다. 근래에는 돈을 걸어 도박화되고 있는데, 최근까지 마산·진주·밀양·청도지방에서 <소싸움>

46 수수 또는 옥수수 대와 잎으로 거북이 모양을 만들고, 거북이 안에 들어갈 두 사람도 잎으로 분장을 하고, 한 사람은 거북이의 머리쪽으로 들어가고, 다른 한 사람은 허리를 숙여 앞사람의 허리를 잡는 방식으로 만들어지기도 한다.

소싸움

대회가 자주 열린다. '정월 씨름, 팔월 소싸움'이라는 경북 청도지역에서 하는 말처럼 <소싸움>이 추석무렵에 행해졌을 것이나 요즈음 청도에서는 매년 봄에 <소싸움> 축제가 열려 주목을 받고 있다.

풍년을 기원하는 줄다리기

놀이 가운데 <줄다리기>는 특별히 중요한 놀이로 인식되었다.[47] 풍년을 기원하는 이 놀이는 추석뿐만 아니라 설이나 정월대보름에 행하기도 한다. <줄다리기>는 쌍방간에 끌려가지 않으려고 몸전체에 힘을 주고 버티기에 근력을 기르는 훈련도 되며, 많은 사람이 한 덩어리로 큰 힘을 만들어야 하기에 협동심도 중시된다. 마을사람들은 이 놀이를 통하여 공동체의식과 향토애를 기르게 된다. 『수서(隋書)』 지리지에 의하면, '견구(牽鉤)' 또는 '발하(拔河)'라고도 하는 <줄다리기>는 춘추시대부터 있었다. 이렇듯 중국에서 발생한 놀이는 우리나라의 경우 15세기에 편찬된 『동국여지승람』에 처음으로 등장한다. 이 놀이는 세계적인 분포를 보이는데, 특히 한국·중국·일본 등 동남아시아에서 성행한다. 일본 오끼나와 지역에서는 양력 7월 마을굿 형태로 <줄다리기>를 대대적으로 행한다.

<줄다리기>가 주로 중부 이남에 집중되어 있다는 것은 벼농사와 깊은 관련이 있음을 시사해 준다. 줄의 모양은 용의 상징물이요, 용[48]은 물을 지배하는 수신 내지는 농신으로 신앙의 대상이었다. 우리는 용을 섬김으

47 <고싸움>은 <줄다리기>의 한 파생형이다.

48 마룻대에 쓰인 상량문의 위와 아래에 '귀(龜)' 자와 '용(龍)' 자를 쓰는데, 이는 수신(水神)을 상징하는 것으로 집에 불이 나는 것을 방지하기 위해서이다.

기지시줄다리기

로써 풍요와 다산을 보장받을 수 있다고 믿었던 것이다. 암줄과 수줄을 고리로 연결하고 비녀목을 꽂는 것은 생산을 상징하며 다산을 기원하는 뜻을 담은 것이다.[49] 줄을 당기는 과정 또한 성행위를 상징하는 것이요, 성행위를 모방함으로써 풍요와 다산을 부를 수 있다고 하는 유감주술적인 인식을 분명하게 나타낸다. 물론 줄을 당기는 과정은 재액을 물리치는 싸움이기도 하다. 사람들은 집단의 결속된 힘을 과시함으로써 이미 들어와 있는 재액을 물리치거나 들어오지 못하도록 미리 막고자 했다.

<줄다리기>가 끝난 후 이긴 편의 줄을 썰어 거름으로 쓰면 풍년이 든다고 했다. 남정네와 여인네들이 편을 갈라 <줄다리기>도 하는데, 여인네들이 이겨야 풍년이 든다고 하여 남정네들이 슬그머니 져주기도 했다. 원래 밤에 행해진 놀이라는 점도 <줄다리기>가 생산 행위적 성격임을 말해준다. 경북 김제(金堤) 입석리의 <줄다리기>에 있어 줄을 입석(立石)에 감아 두는데 이런 경우에도 입석은 남근을 상징하고 있으며, 전북 부안(扶安) 읍내의 석주(石柱)도 같은 의미를 지니고 있다.

충남 당진군 기지시리(機池市里)에서 매년 행하는 <기지시줄다리기>의 경우 송악면을 중심으로 수상(水上)과 수하(水下)로 나뉘어 줄다리기를 함으로써 마을간의 결속력을 강화하는 역할을 한다. 수상이 이기면 그해

49 긴 줄 하나로 경기하는 것을 '외줄다리기'라 하고, 제각기 줄을 만들어 연결해서 줄다리기 하는 것을 '쌍줄다리기'라 하는 바, 이 경우는 쌍줄다리기라 하겠다.

'국태민안(國泰民安)'이 되고 수하가 이기면 '시화연풍(時和年豐)'이 든다고 믿기 때문에 승패에 크게 구애받지 않는다. <기지시줄다리기>는 단순한 놀이가 아니라 마을의 구성원들의 결속을 다지고 이웃지역을 함께 아우르는 지역의 축제로서 이름이 높다. 현재 대규모의 향토축제에서 행하는 줄다리기는 거의가 쌍줄다리기이다. 중요무형문화재로 지정되어 있는 경남의 <영산(靈山)줄다리기>와 충남의 <기지시줄다리기> 등이 대표적인 예이다.

가마싸움 · 수건돌리기 등, 다양한 놀이

추석 전날 밤에 전남 진도(珍島)에서는 사내아이들이 밭에 나가 벌거벗고 고랑을 기어다니는 풍속이 있다. 이렇게 하면 밭 곡식이 풍년들어 많은 수확을 올릴 뿐만 아니라 아이들의 몸에 부스럼이 나지 않고 건강해진다고 믿었다. 추석의 놀이로는 아이들의 <가마싸움>,[50] · <원놀음>,[51] <장치기> 등이 있고, 그밖에 <씨름> · <활쏘기> 등이 있다. 특히 여자아이들은 <수건돌리기>를 했는데, 둥근 원을 그리고 앉은 소녀들이 수건을 가지고 노는 놀이로서 '수건 찾기'라고도 부른다. 지금도 이 놀이는 널리 행해지고 있다. 남도지방에는 <닭싸움> · <소싸움> 등이 성행했듯이 지역에 따라 추석날에 행하는 놀이가 각기 다르다고 할 수 있다.

그 가운데 제주도의 풍습은 다음에서도 제시되고 있듯이 본토와 달리 <줄다리기>인 '조리희'를 비롯해서 <그네뛰기> · <닭잡기> 등 행사가 특색있고 다채로웠다. <줄다리기>의 경우, 남녀가 함께 모여 노래하고 춤추고 좌우로 편을 갈라 큰 줄의 양쪽을 잡아당겨 승부를 겨루는데, 줄이 중

50 추석 때 훈장이 명절 쇠러 간 사이에 서당의 학동들이 모여 <가마싸움>을 많이 했다. <가마싸움>은 양편이 각기 지상에서 바퀴가 달린 가마를 갖고 출전하여 가마를 호위하는 전위들끼리 싸움을 전개하다가 마침내 균형이 깨져 어느 한 쪽의 전위가 상대편의 가마를 직접 부숴버림으로써 승부를 결정하는 것이다.

51 수십 명의 아이들이 원님 · 육방관속 · 통인 · 나졸 · 사령 등으로 분장하고 죄인을 다스리는 놀이로서 모의재판을 하는 셈이다.

간에서 끊어지면 양편이 모두 땅에 넘어진다. 구경꾼들이 크게 웃었으므로 '조리희(照里戲)'라 한다는 것이다.

가마싸움

여러 지역에서 여자아이들이 많이 하는 <닭잡기>는 '닭살이'라고도 하는데, 살쾡이가 닭을 잡아 먹듯이 맨 끝에 있는 아이를 떼어 먹는다는 뜻에서 붙여진 이름이다.[52] 추석날 제주도에서는 이 <닭잡기>를 했으며, <닭싸움>을 시키기도 했다. <닭싸움>은 동남아 여러 나라에서 많이 볼 수 있으나, 우리나라에서는 경상남도에서 성행해 왔다. 경남 창녕지방에서는 싸움닭을 키워 <닭싸움>을 시킨다. 우리나라 싸움닭으로는 재래의 잡종인 '우두리'가 유명한데, 목이 길고 동작이 매우 민첩한 것이 특징이다.

추석

추석이라는 말은 『예기』의 "조춘일(朝春日), 추석월(秋夕月)"에서 나온 것이다. 8월 15일을 우리나라 풍속에서 추석 또는 가배라고 한다. 신라 풍속에서 비롯되었다. 시골 농촌에서는 일년 중 가장 중요한 명절로 삼는다. 이미 새로운 곡식이 익어 추수가 멀지 않았기 때문이다. 이날 사람들은 닭고

52 놀이방법은, 가위 바위 보를 하여 맨 꼴찌가 된 아이가 살쾡이가 되고, 그 다음 아이가 닭이 된다. 나머지 놀이꾼들은 손과 손을 마주잡고 원을 그리고 앉는다. 그러면 닭은 원 속에 들어가 서고 살쾡이는 원 밖에서 서성거린다. 살쾡이가 원 밖을 거닐다가 손잡고 있는 아이 하나가 딴 곳을 본다든지 마음을 놓고 있는 틈을 타서 급히 달려가 손위를 뛰어 넘으려 한다. 그러면 손잡고 있는 아이는 빨리 일어서서 못 들어가게 막는다. 만약 손을 놓게 되어 살쾡이가 원 속으로 들어가 닭을 잡게 되면 닭이 살쾡이가 되고, 손을 놓아 들어오게 만든 아이가 닭이 된다.

기 · 막걸리 등으로 모든 이웃들과 실컷 먹고 취하여 즐긴다.

경주풍속에, 신라 3대 유리왕 때 6부[53]의 중간을 나누어 두 부로 만들고 왕녀 두 사람으로 각각 한 부 안의 여자들을 거느리고 편을 갈라 7월 16일부터 매일 일찍이 큰 부의 뜰에 모여 베를 짜게 했다. 그들은 밤 10시경이 되어서야 헤어졌다. 8월 보름까지 하여 그 동안의 성적을 가려 진편에서는 술과 음식을 장만하여 이긴편에게 사례했다. 이때 노래와 춤을 추며 온갖 놀이를 다했다. 진편의 한 여자가 일어나 춤을 추면서 탄식하되 "회소, 회소" 하니 그 소리가 애처롭고 아담하여 그 소리를 따라 노래를 지었다. 이 노래를 <회소곡>이라 하는데, 우리나라 풍속에 지금도 이를 행한다.

제주도풍속에, 매년 8월 보름날 남녀가 함께 모여 노래하고 춤추며 좌우로 편을 갈라 큰 줄의 양쪽을 잡아당겨 승부를 겨룬다. 줄이 만약 중간에서 끊어져서 양편이 모두 땅에 엎어지면 구경꾼들이 크게 웃는다. 이를 조리희라 한다. 이날 그네도 뛴다.

『동국세시기』

여기서 무엇보다 『삼국사기』 의 기록에 근거한 추석의 유래를 알 수 있다. 위 내용으로 보면 7월부터 8월 한가위까지 한 달 동안 여성들만의 축제판이 벌어졌다. 그것도 왕녀가 거느린 두 패의 여성들이 길쌈하기 경주를 했다. 그리고 8월 15일에 이르러 길쌈대회에서 진 편이 이긴 편에게 사례하고 음주가무한 것을 '가비(嘉俳)'라 했는데, 이 말이 변하여 '한가위'라 부르는 추석명절이 되었다는 것이다.[54]

사람들의 보편적인 일상은 일과 놀이의 연속이다. 이러한 일과 놀이 즉

53 신라 때 씨족 중심으로 나눈 경주의 행정구획으로서 급량부, 사량부, 본피부, 점량부, 한기부, 습비부를 말한다.

54 한가위의 기원에 대해서는 신라가 북방나라와 싸워 대승을 거두었으므로 이를 기념하여 내려온 것이라는 설이 있다. 즉 일본 승려 엔닌(圓仁, 794~864)이 지은 『입당구법순례행기(入唐求法巡禮行記』에 의하면, 장보고가 세웠다는 법화원에서 8월 보름 명절을 지냈는데 이 명절은 신라에만 있다고 했다. 그리고 추석의 유래에 대한 노승들의 설명을 적고 있는데, 신라가 발해와 전쟁을 하다가 이날 승리를 했으므로 온갖 음식을 마련하여 노래하고 춤추며 사흘을 쉰다고 했다. 또한 신라에서 8월 15일이면 풍류를 베풀고 관리들에게 활쏘기 경기를 시켜 시상하는 일이 있었는데 이것이 전해진 것이라는 설도 있다.(『수서』동이전).

생산과 유희의 연결 고리로 상호보완과 규제기능을 갖는 게 바로 축제이다. 일하는 인간에서 놀이하는 인간으로의 환치는 축제를 통해서 이루어졌다. 축제에 의해 노동의 권태와 사회적 억압을 해소하고 육체적 충동과 삶의 환희를 자유롭게 발산하였다.

위 글을 통해서도 농경생활을 한 우리 민족에게는 먹을 것을 해결하기 위한 농사와 함께 입을 옷을 만들기 위한 길쌈[55]이 매우 중요한 생활의 자산이었음을 확인하게 된다. 아울러 신석기시대 이래 가장 일반적으로 사용된 옷감이 베였음도 상기하게 된다. 신라에서는 8월 15일에 조정에서 <활쏘기> 대회를 열어 우승한 사람에게도 삼베를 상으로 주었다.

옛 직물에 있어 포(布)란 대마포(大麻布)와 저포(苧布), 즉 삼베와 모시를 뜻한다. 이 삼베나 모시는 우리나라 풍토에서 재배하기 적당하여 면화가 들어오기 전, 즉 고려말까지 비단을 입을 수 없었던 서민층이 많이 이용해왔다. 서민들은 베옷을 주로 입었으며, 상류층에서는 명주옷을 입었던 것이다. 오늘날 무형문화재로 지정된 한산의 모시, 나주의 무명(샛골나이), 곡성의 삼베(돌실나이), 의녕·동복 삼베를 제외하고는 대부분의 길쌈기술이 거의 잊혀져 가고 있는 실정이다. 위와 같이 길쌈겨루기를 하며 놀던 가배에서 한 여성이 춤추며 슬프고 청아한 곡조로 불렀다는 <회소곡>은 2003년말 현대화가 최민화에 의해 '상고사 메모-회소'라는 이름으로 다시 태어나 봉건체제 묶여있던 미천한 계급의 애잔함을 드러내기도 했다.

부녀자들의 길쌈솜씨는 예로부터 유명하며, 이능화의 『조선여속고』에 보면, "우리 조선은 자고로 여자가 남자보다 일을 더 많이 하였다. 우리나라에서 산출되는 명주·베·모시·무명 등의 옷감 중 여인의 손을 거치지 않고 된 것은 하나도 없다"고 하였다. 이처럼 길쌈은 모두 농촌의

55 우리 고유 민속인 길쌈이란 가정에서 부인들이 베·명주·모시·무명 등의 피륙을 짜는 일을 이르는 말이다. 이 중에 베가 가장 오래되고 널리 이용되었다. 나머지 세 가지도 '베'자를 붙여 명주베·모시베·무명베라고 하는 것도 이 때문이다. 베의 뒤를 이어 명주와 모시가 나오고 무명은 훨씬 뒤에 나타났다.

송편

올게심니

부녀자들이 전담했으며, 이들이 길쌈을 통해 벌어들이는 수입은 농사짓는 남자들 수입의 몇 배에 이르렀다. 추석에도 다른 명절과 마찬가지로 아침 일찍 일어나 새옷으로 단장하고 새 곡식으로 떡도 하고 술도 빚어 정성스레 상을 차려 조상님께 감사한다는 뜻에서 차례를 지내며 성묘를 한다. 추석날 여자아이들은 색동저고리에 치마를 입고 남자아이들은 바지저고리에 조끼와 마고자를 입는다. 성묘하기 전에 벌초(伐草)를 하는 것도 매우 중요한 일이었다.

추석의 대표적인 시절음식은 단연 송편[56]으로서 '올벼'라는 이른 벼로 빚은 송편을 '오려송편'이라 한다. 솔잎을 깔고 찐다 해서 송편인데, 솔의 향뿐 아니라 켜켜로 쌓아 찔 때 떡끼리 들러붙는 것을 방지하는 슬기가 엿보인다. 햅쌀에 청대콩, 깨, 녹두, 밤 등 햇것으로 소를 넣으니 햇곡식의 총집합이다. 둥근 보름달 아래서 먹는 초생달 또는 반달 모양의 송편은 앞으로 점점 커져 융성할 것임을 상징함으로써 백성들에게 큰 희망을 주는 떡으로도 인식되었다. 옛부터 '송편을 잘 빚으면 딸을 예쁘게 낳는다'고도 했다.

추석에 마시는 술은 백주(白酒)라고 하며 햅쌀로 빚기 때문에 '신도주

56 송편은 매우 귀하게 쓰였는데, 옛날 서당교육 받을 때 한 단계의 책을 마치면 송편을 빚어 선생님께 드리고 동료친구끼리 나눠 먹기도 했다.

(新稻酒)'라 하였다. 이 밖에 시절음식으로는 인절미, 율단자(栗團子), 토란국 등을 들 수 있다. 토란국은 주로 서울·중부지역에서 절식으로 먹었다. 토란은 가을에 캐는데 향기와 단맛을 띠는, 풍미가 있는 식품이다. 전분을 내어 먹으면 위(胃)를 튼튼하게 한다.[57]

남원지방에서는 <올게심니(올벼심미)>라 하여 추석을 전후해서 벼·수수·조 등 그 해 가장 잘 익은 곡식의 목을 한 줌 가량 베어다가 묶어서 안방이나 벽 또는 기둥에 걸어놓았다. 이렇게 해 놓으면 다음 해 풍년이 든다고 믿었던 것이다. 정월대보름에 농사가 잘 되라고 비는 <볏가릿대>와 같은 기풍의례의 하나이다.

추석도 경제가 뒷받침 돼야 명절 값을 다하는 것이다. 그래서 추석이 유구한 역사를 지녀온 우리의 대표적인 명절이지만 논농사보다는 밭농사를 위주로 하는 이북지방에서는 본래 보리 추수가 끝난 후에 맞이하는 단오를 추석보다 더 크게 여겨왔다.

3. 한식·단오·동지

앞에서 말한 설, 정월대보름, 추석 외에 오늘날까지도 중요하게 여기고 있는 세시풍속으로 한식(寒食), 단오(端午), 동지(冬至)를 들 수 있다. 더구나 중국이나 일본에서 단오는 성대한 명절로 인식되어 민간에서는 많은 축하행사가 열린다.

새로 떼를 입히는, 한식날

한식은 동지로부터 105일째 되는 날이다. 대부분의 명절이 음력에 의

57 <농가월령가>의 8월령은 다음과 같다. "장구경도 하려니와 흥정할 것 잊지마소 / 북어 한 쾌 젓조기로 추석명절 쇠어 보세 / 신도주 오려송편 박나물 토란국을 / 선산에 제물하고 이웃집 나눠먹세".

해 결정되는 데 비해 한식만은 음력이 아닌 양력에 의해 날짜가 정해진다. 대개 양력으로 4월 5~6일경으로 청명과 같은 날이거나 하루 뒤에 든다. 식목일(4월 5일)과도 겹치게 되는데, 이때는 나무심기에도 적절한 시기이다. 예로부터 봄철을 맞아 이 한식날에 조상께 제사를 올리고 성묘를 했으며 오늘날까지 이 관습이 남아 있다. 자손마다 조상의 묘앞에 술, 과일, 고기, 떡 등을 차려놓고 차례를 지낸 것이다. 이 때 겨우내 훼손된 봉분을 손질하면서 새로 떼를 입히기도 하는데, 이를 '개사초(改莎草)'라고 한다. 또 이날 묘지 주위에 나무를 심기도 한다.

한식은 중국에서 시작된 것이 분명한데, 한식 때면 공기가 건조해지고 봄바람이 불어 화재의 위험이 높아지기 때문에 불을 금하고 찬밥을 먹게 했다는 이야기가 예로부터 전해져 왔다. 사실 세종대왕도 관리들에게 명하여 한식 때는 바람 부는 일이 많으니 불을 금지하라고 지시한 바 있다. 조선시대의 한식날에는 환절기 불조심 행사를 겸하였던 것이다.

그러나 중국의 개자추(介子推)의 전설[58]도 널리 알려져 있다. 춘추시대의 충신이었던 개자추는 진(晋)의 문공(文公)이 망명시절을 보내던 19년간 자기의 넓적다리살을 잘라 구워먹이면서 그를 모셨다. 그러나 막상 정권을 잡은 문공은 개자추를 잊었다. 울분을 삭이지 못한 개자추는 홀어머니를 모시고 면산(綿山) 속으로 은둔해버렸다. 얼마 뒤에야 이를 알게 된 문공은 그를 부를 길이 없어 산에 불을 놓으면 길을 따라 내려오리라는 기대를 가지고 면산에 불을 질렀다. 그러나 개자추는 속세로 내려오기를 거부한 채 버드나무 아래서 어머니를 껴안고 죽고 말았다. 이후 사람들은 불에 타죽은 개자추의 원혼을 위로하는 뜻에서 그 날만은 불을 지피지 않고 찬밥을 먹게 되었다[59]는 것이다. 한식날에는 메밀국수를 먹기도 했다.

58 이익, 『성호사설』 제10권, 인사문,

59 『후한서』 주거전(周擧傳).

발렌타인 데이, 단오날[60]

단오(端午)의 단(端)은 초(初)의 뜻이고, 오(午)는 오(五)와 상통하던 글자로서 단오는 초닷새를 뜻한다. 5월 5일 단오는 1년중 양기가 가장 왕성한 날로 꼽혀,[61] 조선 중종때는 설·추석과 함께 3대명절로 정해진 적도 있다. 사물의 기운이 1년 가운데 제일 크게 활동한다고 하여 계절 중 으뜸이란 뜻에서 단오를 '수리[戌衣]날'이라고도 한다. 모든 기운이 왕성하고 혈기가 치솟기 때문에 단오날에 부부관계를 하는 것은 위험하다고도 하였다. 중국의 맹상군(孟嘗君)을 아버지가 버리려고 했던 것이나, 고려의 궁예가 버림을 받았던 것 등도 기운이 너무 세다는 단오날에 출생했다는 이유가 아닌가.

단오 무렵이면 모내기가 끝나게 된다. 고된 농사일의 한 고비를 넘기고 맞는 단오는 큰 명절이다. 모내기와 씨뿌리기 등 1년 농사준비를 끝낸 뒤 잔치를 벌이며 풍년을 기원하던 농경사회의 풍습이 단오풍속으로 자리잡았다. 그러나 5월은 속칭 악월(惡月)이라고 부르는데, 그것은 더위가 닥치는 시기인지라 음식이 상하기 쉽고 각종 질병이 만연할 수 있기 때문이다. 단오에는 호리병이나 작은 인형을 만들어 허리띠에 차기도 하는데, 이것은 질병과 역병을 쫓는다는 이유에서이다.

더운 여름을 맞기 전 단오날에 창포 삶은 물에 머리를 감고 창포뿌리

60 풍속화가 신윤복은 다음과 같이 <단오풍정(端午風情)>을 통해 신록이 우거지고 생명이 약동하는 조선의 단오날 개울가 모습을 낭만적으로 묘사하였다. 네 명의 여인네가 저고리를 벗어던지고 가슴을 훤히 드러낸 채 맑은 계곡물에 나와 앉아 몸을 씻고 있다. 나무에 걸린 그네에는 또 다른 여인이 한 발을 올려놓았으며 그 옆에서 머리를 매만지는 여인들은 막 창포물에 머리를 감은 모양이다. 그림의 압권은 바위 틈에 숨어 여인들만의 비밀스러운 공간을 훔쳐보고 있는 두 까까머리 상좌승의 횡재한 듯한 표정이다.

61 삼짇날, 단오, 칠석, 중구는 한국의 전통적인 명절인데, 3·3, 5·5, 7·7, 9·9로 홀수가 겹친 날이다. 홀수는 양(陽)의 수로서 이 날들은 양의 수가 겹친 날로서 양기(陽氣)가 왕성한 날이다. 달은 생명체의 출생·번식·풍요를 주관하는 힘 즉 생생력을 지닌 최고의 존재인데, 달이 점점 커지는 초순의 양기가 넘치는 날이 바로 달과 날짜가 10 미만의 수로 겹치는 날이다. 그래서 이러한 날을 명절로 정한 것이다.

신윤복 〈단오풍정〉

를 잘라 비녀처럼 머리에 꽂는 풍습[62]이 생긴 것도 바로 질병과 잡귀를 막고자 하는 이유에서였다. 물론 비누가 없던 시절 천연세제를 썼는데, 가장 인기 있던 고급 세제는 창포 우린 물이었다. 오늘날 널리 쓰이는 '비누'라는 말은 '더러움을 제거하는(날아가게 하는) 것'이라는 뜻의 '비루(飛陋)'에서 온 것이라 한다. 창포물로 얼굴을 씻고 목욕도 했을 뿐만 아니라 두통이 없어진다 하여 물을 마시기도 했다.

보통 세수를 할 때는 팥이나 녹두를 갈아 앙금을 받아 말려서 병에 담아 두었다가 사용하며, 머리를 감을 때는 아주까리 머리기름을 바른 것이 잘 빠진다 하여 오줌을 이용했는데 찌꺼기가 가라앉은 맑은 물만 썼다. 당나라 때 절세미인이던 양귀비의 매끄러운 피부는 아이의 오줌으로 목

62 창포뿌리를 깎아 비녀를 만들어 '수(壽)'자나 '복(福)'자를 새기고 끝에 연지를 발라 머리에 꽂아 재액을 물리치는 것을 단오장(端午粧)이라 했다.

수리취떡

욕을 한 덕분이라고 한다. 『위서』와 『당서』에서 "물길족과 말갈족은 소변으로 손과 얼굴을 씻었다"고 하며, 『위서』 동이전에는 "읍루 사람들은 돼지기름을 제거할 때 소변으로 씻는다"고 적고 있다. 두부를 내린 간수물이나 잿물로 머리를 감기도 했다.63 얼마 전에 유명 화장품 회사에서는 샴푸의 향료를 창포에서 뽑아냈다고 선전한 일이 있다. 창포의 상품화를 기대해 본다.

단오날에는 취나 쑥 같은 짙은 초록색의 산나물을 뜯어 쌀가루에 섞어 쪄서 수레바퀴 모양의 둥근 떡을 만들어 먹는데, 이를 '수리취떡'이라 부르기도 한다. 한낮 햇볕이 가장 셀 때 뜯은 쑥은 약효도 그만큼 좋다고 하는데, 고려가요 <동동>에서도 단오날 뜯은 쑥은 약효가 좋다고 했다. <단군신화>에도 쑥은 영약(靈藥)으로 나온다. 대문에 쑥이나 마늘64 등을 걸어 잡귀가 집안으로 들어오는 것을 막으려 했는데, 실제로 이들 식물의 독특한 냄새는 병균을 옮겨주는 파리나 모기를 쫓아내는 역할을 하기도 한다. 익모초(益母草) 즙을 내어 마시는데, 익모초는 옛날부터 여성들의 냉증을 치료하고 무더위에 식욕을 잃은 사람들에게 입맛을 돋우고 몸을 보하는 약재로 이용된다.

단오는 큰 명절이기 때문에 이 날 단오빔으로 단장을 하게 되는데, 단오빔은 명절 옷으로서의 의미뿐만 아니라 여름옷의 시작으로 계절의 분

63 세탁에 있어 세제를 사용하기 시작한 것은 삼국시대 이전으로 과일껍질이나 각종 식물을 태워서 만든 잿물을 썼을 것으로 보인다. 삼국시대에 오면서 녹두와 팥 따위를 갈아서 만든 조두라는 비누가 전해져 빨래풍속이 발달했으나 일반적으로 사용한 세제는 잿물이었다. 마직물은 쌀뜨물에 2~3일간 담가두었다가 두드려 빨았으며, 면직물은 주로 잿물로 세탁했고, 견직물은 팥이나 녹두가루, 쌀뜨물, 두부순을 세제로 이용했다. 1920년대부터 양잿물을 사용했으며 겨비누를 만들어 쓰기도 했다. 일반인들이 비누를 쓰기 시작한 것은 해방이후이다. 서울 성북동 골짜기에는 표백을 하던 마전터가 있었다.

64 서양에서도 드라큘라를 쫓는 데 마늘을 사용했다.

기점을 나타내는 의미도 있다. 나라에서는 '단오선'이라는 부채[65]를 만들어 신하들에게 나누어주며 무더운 여름을 준비하기도 했다.

단오놀이, 씨름 · 그네뛰기

단오의 민속놀이로는 <씨름>과 <그네뛰기>가 가장 대표적이다. 남자들은 '샅바'라는 긴 천을 넓적다리에 매고 자신들의 건강미와 재주를 마음껏 뽐내는 한 판 <씨름>을 벌였다. 여성도 옛날부터 <씨름>을 했다고 하며, 1930년대 경북 달성군 유가면 지역의 조사를 통해 여성씨름의 존재가 입증되기도 한다.[66] <씨름>에는 안걸이 · 바깥걸이 · 둘러메치기 등 여러 가지 기술이 있는데,[67] 마지막에 이기는 사람을 '판막음' 또는 '판[局]을 모두[都] 매듭[結] 짓는다'는 뜻의 '도결국(都結局)'이라고도 한다.[68] 씨름이 가장 성행하는 때는 물론 백종 무렵이지만, 단오날이면 남자들은 씨름을 하면서 무더위를 열기로 식혔다.

<씨름>은 고구려 고분벽화에도 등장할 만큼 대단히 오래된 놀이다.[69] 『고려사』에 의하면 고려 충숙왕은 정사를 멀리 하고 매일 <씨름>만 즐겼다고 한다. 조선시대에는 국왕이 <씨름>을 즐겨 보았으며, 당시에 상대방을 치사(致死)케 한 자를 왕이 관대하게 처분해주었다는 기록이 있는 것

65 한국부채는 대별하여 접는부채(쥘부채)와, 둥근부채(방구부채) 두 가지가 있다. 방구부채는 오색이 있고 그 모양이 여러 가지다. 남자들은 대개 집안에서만 사용하는데 비해, 부녀자와 아이들은 이 방구부채를 많이 사용한다. 자루가 있어 햇빛을 가리는 데도 쓰고 파리나 모기를 쫓는 데도 사용한다.

66 한양명, 「어른놀이」, 『한국민속의 세계』 5, 고려대학교 민족문화연구원, 2001, 473~474쪽,

67 씨름선수 이만기가 오랫동안 천하장사를 할 수 있었던 것은 단순히 힘이 세었기 때문이 아니다. 남들보다 뛰어난 들배지기 기술이 있었기 때문이다.

68 『동국세시기』 오월 단오조

69 상무적인 놀이의 하나인 <씨름>이 각저총 고분벽화에 보이고 있고, 『후한서』 부여국조에 "각저희(角抵戲)를 하여 왕을 맞이했다"는 내용이 보인다. <씨름>은 그 뒤 신당이나 절 마당에서 제의와 함께 병행된 놀이라는 사실에서 제의행위의 하나였음을 짐작할 수 있다.

으로 보아 <씨름>이 어느 정도로 인기종목이었는가를 짐작케 한다. 요즘에 '민속씨름'이라는 말을 자주 쓰는데, 이는 잘못된 것이다. <씨름> 자체가 세시풍속으로서 민속놀이이기 때문이다.

김홍도 〈씨름〉

평소에 외출이 자유롭지 못했던 여자들은 이 날만큼은 대자연 속에서 그네를 뛰며 자신의 아름다운 자태를 한껏 과시할 수 있었다. 여자들이 단오날 곱게 차려 입고 그네를 뛰는 모습은 그야말로 한 폭의 그림 같아 '반(半)선녀'로 불렸다. <그네뛰기>는 본래 북방 유목민족이 몸 단련을 위해 하던 놀이로서 중국에서는 한나라와 당나라에서도 많이 했으며, 우리의 경우 문헌상으로는 고려시대부터 성행했던 것으로 보인다. 고려시대에는 남녀가 모두 즐겼으며, 왕과 권신들이 큰 돈을 들여 대회를 열었다는 기록이 있다.

휴식이 아닌 노동의 세시는 자연환경에 좌우되는 생업에 따라 그 내용이 달라질 수 있다. 밭농사를 주로 하는 북부지방에서는 단오를 추석보다 큰 명절로 쇠는데 비해, 벼농사를 주로 하는 중부이남에서는 모내기로 바쁜 시기인 단오를 큰 명절로 여기지 않고 추석을 크게 쇠고 있다. 단오는 태양과 관계되며 추석은 달과 관계된다. 단오절에는 그네 뛰는 낭자, 씨름하는 낭군들 사이에 남녀의 정을 전하는 은행 씨앗을 남몰래 선물하였다고 하는데, 이는 바로 우리의 '발렌타인 데이'인 셈이다. 신토불이 '연인의 날'이라고 할 수 있는 우리 고유의 풍속은 이 밖에도 정월대보름날의 <다리밟기>나 <탑돌이>에서의 남녀 만남, 또는 칠석날 사랑의 기도였던 '걸교(乞巧)' 행위 등을 들 수 있다. <과일나무시집보내기>[70]라 해서 감나무나 밤나무 가지 사이에 조그만 돌을 끼워 놓기도 했다.

강릉단오굿

세계무형문화유산, 강릉단오제

우리나라 단오절 특성 중의 하나로는 지역의례를 들 수 있는데, 전국 최대의 민속축제로 정착된 <강릉단오제>는 1967년 국가 중요무형문화재 13호로 지정되었으며, 2005년 유네스코 세계무형문화유산으로 선정될 만큼 세계인의 주목을 받고 있다. <강릉단오제>는 유가식 제의와 무속 제의가 혼합된 형태로 그 핵심은 단오굿에 있다.

강릉단오굿은 별신굿의 한 형태로 특히 <동해안별신굿>과 그 제의과정이 유사하다. 그러나 강릉단오굿은 강릉지역에서 매년 단오날에 현행 단오제의 주신으로 삼고 있는 '대관령국사(國師)성황신'을 모시고 행해지는 대규모의 제의라는 점에서 <동해안별신굿>과 차이를 둘 수 있다. <강릉단오제> 때는 강릉지역을 수호해 주는 대관령국사성황신을 나무(단풍

70 과일나무의 가지친 Y자형 사이에 돌을 끼워 두면 과일이 많이 열린다는 <과일나무시집보내기>는 정월대보름에도 행했던 주술행위이다.

나무)에 모신 후 그의 부인이 있는 강릉시내 '대관령국사여성황사'에다 봉안해 놓고 굿을 한다. 이 밖에 자인(경산), 전주 등지에서도 오늘날 단오굿을 성대하게 치르고 있다.

단오는 굴원(屈原)과 관련된 기원 전설이 있다. 중국 초나라 회왕(懷王) 때 굴원이라는 신하가 간신들의 모함에 자신의 지조를 보이기 위하여 멱라수에 투신 자살했는데, 그 날이 5월 5일이었다.[71] 그 뒤 해마다 굴원의 영혼을 위로하기 위하여 제사를 지내게 되었는데, 이것이 단오의 유래가 되었다[72]는 것이다.

겨울밤 입맛 달래주는, 동지팥죽

동지는 밤이 가장 길고 낮이 가장 짧은 날로 태양의 운행의 시발점으로 친다. 그래서 이 날의 행사는 정월과 상통하는 것이 많으며, 이 때부터 짧아졌던 해가 다시 길어져 밝은 세상이 시작된다고 해서 중국 주나라에서는 동지를 새해 첫날로 삼았다. 우리도 "동지가 지나야 한 살 더 먹는다"고 하여 동지를 설날 또는 작은설로 여겼던 것이다. 『고려사』에는 동짓날을 만물이 회생하는 날이라고 하여 고기잡이와 사냥을 금했다는 기록도 있다.[73] 동지를 기준으로 낮이 길어지므로 서양에서는 이를 태양의 부활로 보고 이 무렵을 명절기간으로 했는데, 이에 맞추어 예수 탄생일을 정한 것이다.[74]

동짓날 풍습 중에서 가장 중요한 것은 팥죽을 쑤어먹는 일이다.[75] 귀신

71 중국은 단오날 연꽃잎이나 대나무잎에 싼 찹쌀밥(쫑즈, 粽子)을 먹는 풍습이 있다. 이는 사람들이 물속의 굴원이 배고플까봐 찰밥을 지어 강물에 던지자 물고기들이 모두 먹어 버렸으므로 굴원만 먹을 수 있게 나뭇잎으로 찰밥을 싸서 던진 것이 기원이 되었다고 한다.

72 『형초세시기』.

73 『고려사』 세가 권9 문종3.

74 양력 12월 25일을 예수 탄신일인 크리스마스로 정하고 서양의 대표적인 축제일로 삼고 있지만 이는 후에 정했을 따름이지 이 날 예수가 탄생한 것은 아니다.

75 "동짓날에는 팥죽 아홉 그릇을 먹고 검불 아홉 짐을 지고 와야 좋다"는 속담도 있다.

팥죽

동치미

은 붉은 색을 싫어 한다고 하여 붉은 팥으로 죽을 만들어 여기저기에 놓아둠으로써 액을 물리치고자 했다. 그러나 "애동지에는 아이가 많이 죽는다"는 속설이 있어 동지가 초순에 드는 애동지에는 팥죽을 쑤지 않았다.[76] 중국에서도 동짓날 팥죽을 먹어 귀신을 쫓았다는 풍습이 『형초세시기』에 잘 나타나 있다.

하지만 동짓날에 먹는 팥죽 한 그릇은 긴긴 겨울밤 입맛을 달래주는 별미이기도 하다. 팥에는 비타민 B^1이 풍부하게 들어 있어 각기병, 식욕부진, 피로감, 수면장애 등을 예방해준다. 또한 신선한 채소가 없는 겨울철에 부족해지기 쉬운 비타민을 보충해준다. 팥의 식이섬유는 장운동을 원활하게 해 쾌변에 도움을 준다. 한방에서는 팥이 몸의 수분대사를 원활하게 해주므로 소변을 잘 나가게 하고 부종을 치유하는 효과가 있으며 열기를 삭이고 몸에 나쁜 피를 없애주는 것으로 잘 알려져 있다. 또한 몸에 기를 잘 통하게 하고 췌장의 나쁜 기운을 씻어내는 데도 쓰이며, 겨울 동안 감기에 안 걸리게 된다고 해서 먹기도 한다.

팥죽에 동동 떠 있는 쫀득쫀득한 새알심은 동지팥죽을 더욱 구미 당기

76 『형초세시기』의 기록을 보면 옛날 중국의 요순시대 신화적인 존재였던 공공씨(共工氏)에게 재주 없는 망나니 아들이 하나 있었다. 그 아들이 동짓날 숨져 역귀(疫鬼)가 되었는데, 그 아들이 생전에 팥을 두려워했으므로 동짓날 팥죽을 쑤어 물리친다는 내용이 있다. 이 내용으로 미뤄볼 때 팥죽을 쑤는 이유가 공공씨의 아들을 물리치는 데 있는데, 만약 애동지에 팥죽을 쑤면 자칫 멀쩡한 다른 아이들까지 내칠 수 있기 때문에 애동지에는 팥죽을 쑤지 않는다는 속설이 생겼다는 것이다.

게 하는 또 다른 별미다. 동지팥죽은 찹쌀로 새알심을 빚어 넣는 것이 특징이다. 예로부터 팥죽 먹는 사람의 나이 수만큼 넣어 먹는 새알심은 귀신의 나쁜 기운이 빠져나가고 맑은 영혼을 찾게 된다는 상징적인 의미도 갖고 있다. 한겨울에 시원한 동치미 국물과 함께 먹으면 더욱 맛있는 동지팥죽을 즐길 수 있다. 한나라 때 18만년을 살았다는 동방삭은 팥떡과 동치미를 가장 좋아했다고 하지 않는가.

팥죽 이외의 동지음식으로 냉면·신선로·곶감·수정과·청어·명태 등이 있다. 냉면은 오늘날처럼 여름에 즐겨먹는 음식이 아니라 바로 한겨울 동짓날의 절기 음식이다. 이때 먹는 생선으로 청어가 제철이어서 청어 장수들이 팔러 다니느라 분주했다.[77] 이 청어를 비롯하여 전복·대구는 모두 진상품이며 재상들에게 선물용으로 쓰였다.

동지 다음의 납일(臘日)에 내린 눈을 받아서 녹인 '납설수(臘雪水)'는 약용으로 쓰는 풍습이 있다. 의서에서 납설수는 병을 다스린다고 하였다. 납일에 내리는 눈을 받아서 눈[眼]을 씻으면 안질이 예방되고 눈도 밝아진다고 한다. 민간에서는 납일에 눈이 내리면 장맛이 변하지 말라고 장독의 뚜껑을 열어놓았다.

4. 일상적 민속놀이

민속놀이는 오랜 세월 동안 민간사회에 전승되어 온 놀이로서 즐거움과 흥겨움을 동반하는 행위 일체일 뿐만 아니라 강한 향토성을 띠는 동시에 대부분 제의적 요소가 두루 포함되어 있다. 그러나 오늘날의 민속놀이는 오락적 기능만 크게 부각되고 있다고 하겠다.

민속놀이는 놀이목적, 놀이시기, 놀이규모, 놀이성격, 놀이주체, 놀이방법, 성별, 연령 등에 따라 내용이 달라지고 이에 따라 유형이 구분될 수

77 『동국세시기』11월 월내조(月內條).

있을 것이다. 가령, 놀이의 성격에 따라서는 경기놀이 · 가무놀이 · 오락놀이[78]로 나눠볼 수 있다. 이 경우, 우리의 민속놀이는 주로 겨루기 게임 형식을 띤 경기놀이라 하겠다. 물론 겨루기가 보다 발전되어 정교화된 형태가 소위 스포츠지만 우리의 전통사회에서는 이렇듯 발전된 형태의 겨루기는 나타나지 않는다. 그리고 성별에 따라서는 물론 여성놀이의 수가 극히 적지만 남성놀이와 여성놀이가 있고, 또 연령에 따라서는 어린이놀이와 함께 어른놀이가 있다.

무엇보다 시기를 기준으로 민속놀이를 살펴 볼 때는, 앞에서 언급된 바와 같이 특정한 시기에 세시풍속으로 행해지는 놀이가 있는가 하면, 연중 언제든지 연행될 수 있는 놀이도 있다. 세시 · 명절에 행해지는 놀이를 비(非)일상적 놀이[79]라고 한다면, 연중에 언제든 행해지는 놀이를 일상적 놀이라 할 수 있을 것이다. 비일상적 놀이는 앞에서 다루었으므로 이 장에서는 일상적 놀이만을 고찰하고자 한다.

집단놀이

민속놀이는 규모에 따라서는 크게 둘로, 혼자 즐기는 개인놀이와 여러 사람이 함께 어우러지는 집단놀이로 나눌 수 있다. 또한 공동체 구성원 다수가 참여하는 집단놀이도 소규모의 인원이 참여하는 소집단놀이와 마을 구성원 대다수가 참여하는 대동놀이로 구분할 수 있다. 우리나라 민속놀이는 규모면에서 대부분 집단놀이라 할 수 있다.

78 경기놀이는 <그네뛰기> · <널뛰기> · <씨름> · <줄다리기> · <쥐불놀이> 등이고, 가무놀이는 <풍물놀이> · <탈놀이> · <쾌지나칭칭나네> · <놋다리밟기> 등이며, 오락놀이는 <윷놀이> · <쌍륙> · <장기> · <바둑> · <고누놀이> · <숨바꼭질> 등이다.

79 비일상적 집단놀이들은 주로 대동놀이의 성격을 지닌다. 대동놀이 가운데 편을 갈라 승부를 겨루는 놀이로는 <줄다리기>, <횃불싸움>, <동채싸움>, <고싸움>, <팔매싸움>, <꼬깨싸움>, <박씨싸움>, <달봉뛰기> 등이 있다. 비일상적 집단놀이 중에는 경쟁성이 없는 놀이도 있는데, <지신밟기>, <다리밟기>, <놋다리밟기>, <강강술래>, <달집태우기>, <기세배>, <관원놀이>, <연등놀이> 등이 대표적이다.

자치기

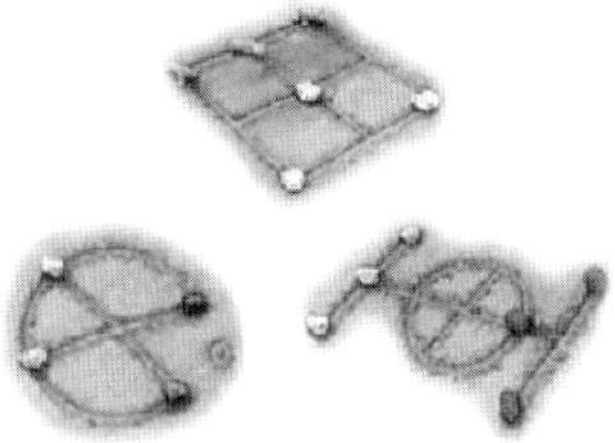

고누

꼬리잡기

일상적 집단놀이는 대개 아이들에 의해서 행해지는 소집단놀이들이며, 어른들의 놀이는 그다지 활발하게 전승되지 않는다. 성인 남자들의 놀이로는 격구가, 성인 여자의 놀이로는 화전놀이가 어른놀이를 대표하는 것이라 할 수 있겠다. 이 놀이들이 일반화된 것은 아니며 일부계층에 국한된 놀이였다고 할 수 있다. 그러나 격구의 경우 삼국시대부터 조선중엽까지 행해진 놀이며, 여자들도 이 놀이에 참여했던 점으로 미루어볼 때 평민들도 즐겼던 것으로 보인다. 술이 달린 장대를 들고 말을 타고 나와 공을 쳐서 상대방의 골문에 넣으면 득점을 하는 경기다.

아이들이 행하는 놀이 가운데 <숨바꼭질> 또는 <술래잡기>[80]라 불리는 놀이 같은 자체의 즐거움을 목적으로 하는 것도 있다. 하지만, 아이들 집단놀이의 경우 거의가 겨루기 형식을 보인다. 남자 아이들의 경우 <자치기>[81] · <장치기>[82] · <비석치기> · <진놀이> · <고누놀이>[83] 등을 하며, 여자 아이들의 경우 <꼬리잡기> 등을 한다.

개인놀이

집단놀이가 개방적이고 사회적 연대감을 다지는 쪽으로 나아간다면, 개인놀이는 폐쇄적이고 자기 만족감에 치우치는 편이다. 개인놀이[84]에 있어 성인 남성의 경우 <쌍륙>[85] · <장기>[86] · <바둑>[87] · <화투>[88] · <투

---

80 전국적으로 행해지던 이 놀이의 방법은 제비로 정한 술래가 기둥 또는 나무 등 적당한 곳에 진을 정하고 그곳에 얼굴을 대고 수를 세는 동안 다른 아이들이 숨는다. 숨은 아이를 찾으러 술래가 가는 동안 술래보다 먼저 진을 손바닥으로 짚으면, 다음 번에 또 숨을 수 있는 자격을 얻게 되나, 술래가 먼저 진에 오면 다음에 술래가 된다. "꼭꼭 숨어라 머리카락 보인다"라는 동요를 합창하면서 홍취를 돋구고 자기편을 응원하는 모습은 참으로 재미있고 멋있는 놀이라 하겠다. <술래잡기>는 세계 여러 나라에서 보인다.

81 나무로 만든 막대기를 가지고 치고 받으면서 노는 아이들의 놀이다. 이 놀이는 전국적인 분포를 보인다.

82 시골장에서는 간혹 나무꾼들의 <장치기놀이>가 벌어지기도 했다. 장작이나 솔가지들을 지게에 지고 사장에 나온 나무꾼들은 무료해지면 이 놀이를 했는데, 편을 갈라 지겟작대기 즉 장채로 공을 쳐서 금 밖으로 내보내는 놀이였다.

83 <고누놀이>는 땅 바닥이나 종이 같은 것에 말판을 그리고 돌멩이나 나무조각 등으로 말을 삼아 약속된 규약에 따라 승부를 겨루는 놀이다. 지금은 대개 시골 소년들 사이에서 노는 놀이가 되었다.

84 한 사람씩이나 서너 사람이 패를 나누어 노는 상대놀이를 개인놀이에 포함시켰다.

85 쌍륙(雙六)은 지금의 서양장기와 같이, 말을 전진시켜 상대방의 궁에 먼저 들어가는 쪽이 이기는 게임이다. 열 석 줄의 말판에 15개 정도씩의 말을 배치해놓고 번갈아 여섯면 주사위를 던져 말을 진격시키는 놀이다. 말판에 말이 하나밖에 없게 되면 적의 공격을 받고, 말이 둘 있으면 쌍륙이라 하여 이기게 된다. 조선시대에는 상류층의 남녀가 놀던 놀이였으나 주로 부녀자를 중심으로 전승되어 왔다.

86 장기는 바둑과 함께 우리나라에서 가장 즐기던 대중적인 놀이기구로 사랑을 받아왔다. 장기는 인도에서 발생하여 송나라로부터 우리나라에까지 전래되었다고 하나 그 과정에서 조금씩 변화되어 중국의 장기, 일본의 장기가 모두 다르다. 고려인들이 송나라사람들과 벽란도에서 장기를 겨루었다는 기록이 있을 정도로 성행하던 장기는 조선조에 들어와 전국에 보급되었다. 점복중 동구밖 정자나무 아래서 베잠방이 차림으로 장기를 두며 물러달라 안 물러주겠다고 다투는 모습은 흔히 볼 수 있는 장면이다.

제기차기

전>89 · <골패>90 등 경합쟁취형 놀이가 두드러진다. 단순 취미의 오락에서 도박성의 내기에 이르기까지 발전하는 경우가 많은데, 민중의 생활에서 대표적인 노름의 형태는 <투전>과 <골패>이다.

87 바둑은 중국의 순임금이 아들을 가르치기 위해 창안한 놀이라는 전설이 있을 만큼 오래된 놀이다. 우리나라에 전래된 시기는 확실하지 않으나 신라 때 많은 국수가 생겨 당나라 국수들과 경쟁했다고 하니까 삼국시대에는 이미 바둑이 성행하였음을 알 수 있다. 고려시대에는 내기 바둑에 속아 아내를 중국상인 하두강(賀頭綱)에게 빼앗긴 슬픈 내용을 담은 <예성강곡>이라는 가요가 있을 정도로 바둑이 보편화되었던 것이다.

88 화투(花鬪)는 우리나라 고유의 놀이가 아니고 19세기경 일본에서 들어온 노름이다. 일본 대마도 상인들이 장사차로 내왕하면서 우리나라에 퍼트린 것으로 알려져 있다.

89 투전(鬪錢)은 화투가 들어오기 전에 하던 도박의 일종으로 사람을 속여가며 남의 돈을 따먹는 노름이다. 화투의 게임방식 중 '섰다'의 족보이름인 '갑오'니 '장땡'이니 하는 것은 모두 투전에서 유래한 말이다. 숙종 무렵 중국에서 수입된 투전은 조선후기에 널리 퍼져 손에 대는 사람이 부지기수였다고 한다. 폭이 좁고 길쭉한 기름종이에 1부터 10까지의 수를 전자(篆字) 모양의 괴상한 모양으로 표시한 패를 쓴다. 투전의 장수는 60매로 되어 있으나 40매짜리를 주로 썼다. 투전으로는 갑오잡기(돌려대기) 놀이를 가장 많이 했다.

90 골패(骨牌)는 마작(麻雀)의 전신인 도박기구로 노는 방법이 복잡하여 보편화되지는 못했다. 사골에서는 아직도 골패놀이를 하는 곳도 있다. 골패짝의 수는 모두 32개이며, 노는 방법은 마작과 비슷하다.

신체단련형 놀이 가운데 도구놀이로서 대표적인 것은 <들돌 들기>이다. 이 <들돌 들기>는 힘의 세기를 통해 일꾼의 품삯을 결정했던 데서 나온 말이다. 1인력 들돌을 머리 위로 넘기면 진쇠의 품을 받고, 2인력 들돌을 넘기면 장사라 하며, 3인력 들돌을 넘기면 머리나이라고 하였다. 신체단련형의 대표적인 <씨름>은 흔히 샅바를 사용하지만 원래 맨손으로 힘을 겨루던 비도구놀이다. <씨름>은 남성 누구나 씨름판에 참가할 수 있어 개인놀이 중에서 가장 넓은 분포를 보이고 있다. 개인 민속놀이로서 <씨름>만큼 실생활에 활기를 주는 경기도 드물다.

아동 중심의 개인놀이는 성인들의 경우와 다르다. 아동들은 성인층처럼 일과 놀이가 엄격하게 구분되지 않는다. 아동들은 놀이를 하면서 지내는 시간이 전체생활의 대부분을 차지한다. 아동의 성장과정에서 놀이는 필수적이며, 놀이 자체가 신체단련이며 개인의 사회화 방식을 터득하는 교육의 장이다. 아이들의 개인놀이의 방식은 성인과 달리 실내가 아닌 실외이고, 앉아서 하는 것보다 서서 노는 경우가 많다.

남녀 아동의 놀이가 선명하게 변별되는 것은 아니나, <닭싸움>·<제기차기> 등은 남아가 선호했고, <풀각시놀이>[91]·<공기놀이>[92] 등은 여아가 선호하였다. 신체단련형으로 남자아이들의 놀이에 <팽이치기>[93]·<딱지치기>·<제기차기> 등이 있고, 여자아이들의 놀이로는 <콩주머니놀이>·<공기놀이>·<새끼줄놀이>가 대표적이다. 경합쟁취형 놀이로는 남자아이들의 경우 <돈치기>[94]·<낫치기>[95]·<못치기>[96]·<구슬치기>·

91 이른 봄에 소녀들이 풀로 인형을 만들어 노는 놀이다.

92 아이들놀이 가운데 돌멩이·흙·모래를 이용하여 노는 놀이가 많은데, <공기놀이>는 돌멩이를 가지고 노는 대표적인 놀이다. 공기돌 다섯 개로 하는 것과 수십 개로 따먹기를 하는 것이 있다.

93 팽이는 고려시대에 한국에서 일본으로 전해져, 17세기만 하더라도 일본에서는 우리나라 팽이로 놀았다. 그러나 일본은 19세기를 전후하여 팽이를 줄에 감아 던지는 '줄팽이'로 만들었고, 이제는 우리나라에 역수출하고 있다.

94 일정한 거리에 구멍을 파놓고 엽전이나 동전을 던져 그 속에 들어간 것을 따먹기도 하고, 또 구멍 밖에 있는 것을 돌로 맞혀 차지하는 놀이다, 우리나라에서 <돈치기>가 성행한 것은 대략 숙종조 이후부터일 것이다, 왜냐하면 돈치기를 하기 위해서는 동전이 많이 유통되어야 하기 때문이다.

<엿치기> 등이 있고, 여자아이들의 놀이로는 <실뜨기>[97] · <공기놀이> · <꽈리불기> 등이 있다. <땅재먹기>[98]는 소년 · 소녀 다 같이 한다. <그림자놀이>[99] · <네거리놀이> · <방아깨비놀이>, <팔랑개비놀이> 등도 어린이들의 개인놀이다.

---

95 초동들이 꼴을 베러 들에 나가 일할 때 쉬는 시간을 이용해서 하는 놀이다. 참가자 전원이 쇠꼴 한 아름씩 붙여 놓고 내기를 한다. 낫을 던져 떨어진 낫의 날이 땅에 꽂혀 낫이 바로 서도록 한다.

96 남자아이들이 마을 앞 양지바른 논이나 무른 땅바닥에서 쇠못이나 나무 또는 대를 가지고 그 끝을 뾰족하게 깎아 만든 못을 서로 쳐서 승부를 겨루는 놀이다.

97 실을 한 발 가량 길게 끊어서 양끝을 매어 당기며 여러 가지 모양을 만드는 놀이다.

98 지면에 둥근 원이나 네모를 그려놓고 집을 마련한 뒤, 자기 땅을 넓혀 가면서 한편으로는 상대방의 땅을 빼앗아 차지해가는 일명 '땅뺏기' 놀이다.

99 등잔 불빛에 손으로 모양을 만들어 벽에 사람이나 동물 또는 그 밖의 사람모습을 나타내는 놀이다.

참고문헌

기초자료

『경국대전』(성종15)
『경도잡지』(유득공)
『고려도경』(서긍)
『고려사』(정인지 외)
『고반여사』(도융)
『고사기』(오노 야스마로)
『구당서』(장소원 외)
『국조오례의』(신숙주 외)
『규합총서』(빙허각이씨)
『근사록』(주희 외)
『금양잡록』(강희맹)
『내훈』(소혜왕후)
『농사직설』(정초)
『다신전』(초의선사)
『동국세시기』(홍석모)
『동국여지승람』(노사신 외)
『동국이상국집』(이규보)
『동다송』(초의선사)
『동의보감』(허준)
『만세력』
『산림경제』(홍만선)
『삼국사기』(김부식)
『삼국유사』(일연)
『삼국지』위지(진수)
『서유기』(오승은)
『선조실록』
『성종실록』
『성호사설』(이익)
『소학』(주희)
『수서』(장손무기 외)
『시경』
『신당서』(구양수 외)
『열녀전』(유향)
『열양세시기』(김매순)
『열하일기』(박지원)
『예기』
『예산임방입의절목』
『오주연문장전산고』(이규경)
『오하기문』(황현)
『용재총화』(성현)
『일본서기』(도네리친왕 외)
『일본식생활사』(와타나베)
『임원십육지』(서유구)
『임하필기』(이유원)
『입당구법순례행기』(엔닌)
『잡보장경』
『조선교회사』(달레)
『조선상식』(최남선)
『조선여속고』(이능화)
『주자가례』(주희)
『증보산림경제』(유중림)
『지봉유설』(이수광)

『천기대요』(지백원)
『태교신기』(사주당이씨)
『형초세시기』(종름)
『청장관전서』(이덕무)
『해동역사』(한치윤)
『후한서』(범엽) 등.

논저

강인희, 『한국식생활사』, 삼영사, 1990.
고려대 민족문화연구원, 『한국민속의 세계』 1~10권, 2001.
국립국어연구원, 『우리 문화 길라잡이』, 학고재, 2002.
김명자 외, 『민속문화, 무엇이 어떻게 변하는가』, 집문당, 2001.
김선풍 외, 『우리 민속학의 이해』, 월인, 2002.
김원룡, 『한국미술사』, 범우사, 1968.
김재일, 『우리 민속 아흔아홉 마당』, 한림미디어, 1997.
김정기, 「한국주거사」, 『한국문화사대계』 IV, 고려대 민족문화연구원, 1964.
김진섭, 『교과서에도 나오지 않는 우리문화 이야기』, 초당, 2001.
김진호・한성일・장권순・이태환, 『한국문화 바로 알기』, 국학자료원, 2002.
문화관광부, 『우리옷 이천년』, 미술문화, 2001.
민속학회, 『한국민속학의 이해』, 문학아카데미, 1994.
박영수, 『테마로 보는 동서문화 풍속』, 학민사, 2002.
신영훈, 『우리가 정말 알아야 할 우리 한옥』, 현암사, 2000.
오페르트, 한우근 역, 『조선기행』, 일조각,
우리전통문화연구회, 『우리 전통문화와의 만남』, 한국문화사, 2000
유애령, 『식문화의 뿌리를 찾아서』, 교보문고, 1997.
이규태, 『한국인의 의식구조』1, 신원문화사, 1991.
이용한, 『옛집기행』, 웅진지식하우스, 2005.
이화형, 『한국문화의 이해』, 집문당, 1998.
______, 『한국문화의 힘, 휴머니즘』, 국학자료원, 2004.
이효지, 『한국의 음식문화』, 신광출판사, 1998.
장정룡 외, 『아시아의 단오민속』, 국학자료원, 2002.
정승모, 『시장으로 보는 우리 문화 이야기』, 웅진닷컴, 1992.
주강현, 『우리 문화의 수수께끼』, 한겨레출판부, 1996
주영하, 「출산의례의 변용과 근대적 변환」, 『한국문화연구』 7, 경희대민속학연구소, 2003.

최남선, 『고사통』, 삼중당, 1982.
최래옥, 『한국구비전설의 연구』, 일조각, 1981.

찾아보기

ㅁ

ㅅ

한국민속문화 깊이읽기 2

하늘에다 베틀놓고 별을잡아 무늬놓고
-한민족의 생활

초판 1쇄 인쇄 2007년 2월 5일 **초판 1쇄 발행** 2007년 2월 9일
지은이 이화형 **펴낸이** 박성복 **펴낸곳** 도서출판 월인
등록번호 제6-0364호 등록일 1998. 5. 4.
주소 142-879 서울특별시 강북구 수유2동 252-9
대표전화 (02) 912-5000 팩스 (02) 900-5036
e-mail worinnet@hanmail.net homepage http://www.worin.net

ISBN 978-89-8477-352-3 94380
ISBN 978-89-8477-350-9 (세트)

☞ 값은 표지에 있습니다.